列島縦断

アユ釣り場

超特選ガイド30河川

つり人社書籍編集部　編

●本書の各情報は２０１３年11月末のものです。解禁期間、遊漁料、漁協連絡先等の各種情報はその後変更されている可能性もあります。同様に釣り場の状況も同じであるとは限りません。釣行の際は必ず事前に現地の最新情報をご確認ください。

つり人社

目次

列島縦断

大アユ釣り場

超特選ガイド30河川

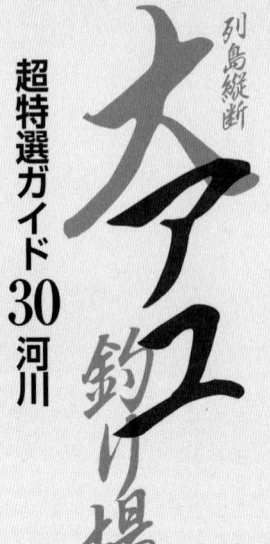

近畿エリア

中国・四国エリア

九州エリア

構成　時田眞吉
イラスト　堀口順一朗

01 秋田県 米《よね》代《しろ》川

大アユ河川の北の横綱は健在
8月中旬からの1ヵ月がチャンスだ

石野橋上流に立ち込む。これぞ米代川と思わせるダイナミックな流れだ

米代川は流域に世界自然遺産の白神山地を抱え、また、河口から約70㎞上流までアユのソ上を妨げる横断工作物がない自然豊かな大河だ。

しかし、東北の河川は水温の関係からか、毎年尺アユをねらえる環境にあるとはいい難い。それでも、過去には34㎝という大アユが記録されているため、条件の整った年には、豊富な水量に育まれた尺アユが手にできるはずだ。

大型に的を絞って釣行されるなら、解禁当初の7月はおすすめできない。水温む8月中旬からの1ヵ月に集中してねらってみたい。お盆頃より24～25㎝が掛かりだして、ツ抜けの釣果が楽しめる。

そして9月に入ると、さらなる大型の期待が高まる。これまでの釣行を振り返ってみても、この時期は10尾も釣ると1～2尾は27～28㎝が混じっていた。私自身も、自己記録となる28・5㎝を手にしている。

米代川に限ったことではないが、大アユの付く流れは共通している。岩盤、深瀬、荒瀬、トロ場など、これらに共通することは、サオ抜けになりやすいこと。立ち位置を変え、広く探って釣果を手にしたい。

大型ねらいもよいが、米代川の魅力は天然ソ上の追い気満々のアユ。1つの流れで次々とオトリにアタックし、数釣れること。支流も数多くあり自分の体力、釣り方にあった場所を捜すことも可能だ。

そんな米代川で大型の確率が高く、ロケーションも最高な釣り場を紹介してみたい。

【鹿角八幡平IC付近】

松谷橋の上下流をねらうポイントで、秋田の釣友に紹介されたところだ。私自身の自己記録もここで上げている。

松谷橋の上流は平瀬、下流は急瀬と様

profile

●波田野篤史

昭和45年生まれ、岩手県在住。アユ釣り歴15年。GFG岩手、NFS岩手所属。ホームグラウンドは桧木内川、雫石川。最長寸は米代川で上げた28.5cm

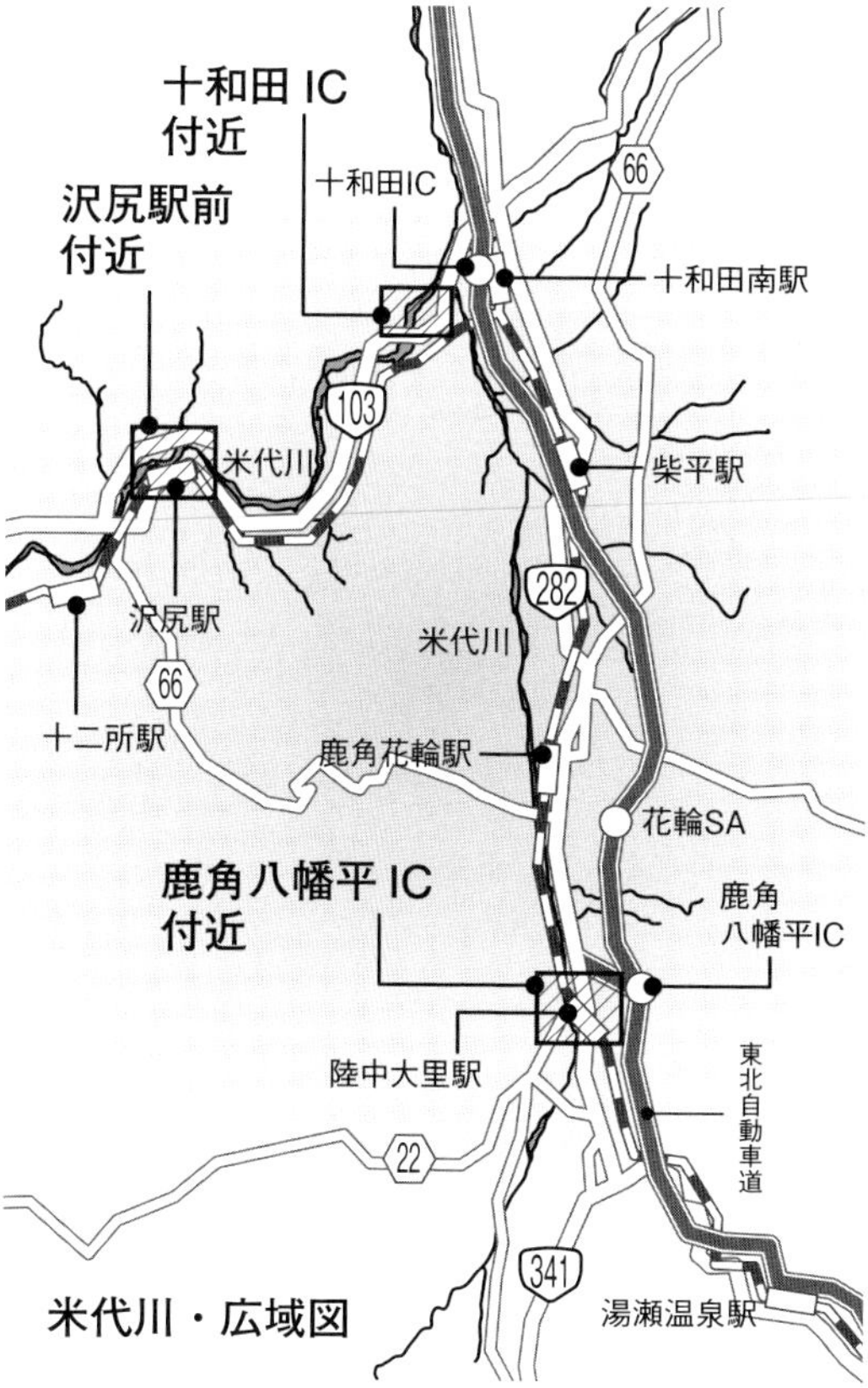

information

- ●河川名　米代川
- ●釣り場位置　秋田県鹿角市〜大館市
- ●解禁期間　7月1日〜10月31日
- ●遊漁料　日釣券1000円・年券1万円（鹿角市河川漁協）／日釣券800円・年券5000円（比内町漁協）
- ●管轄漁協　鹿角市河川漁業協同組合【八幡平温泉郷〜土深井合流点】（Tel 0186-35-2622）／比内町漁業協同組合【土深井合流点〜犀川合流点】（Tel 0186-52-2772）
- ●最寄の遊漁券取扱所　畠山オトリ店（Tel 090-4477-8789）
- ●交通　東北自動車道・鹿角八幡平IC、十和田IC下車して各ポイントへ

比較的釣りやすい、松谷橋下流の急瀬を望む

相を変える。荒瀬からの流れはテトラと大岩の深瀬へと続き、どこでも大型が得られる可能性を秘めている。川幅も狭くなりポイントも絞りやすいはずだ。

なかでも本命となるのは松谷橋下の急瀬で、比較的釣りやすい。ただし油断していると、掛かったアユは左岸側の木の下に吸い込まれるように入りバラしてしまう。少々強引ではあるが止めて引き抜くか、手前側に寄せたい。

【十和田IC付近】

このエリアは十和田ICから5分以内とアクセスがよい。錦木橋の下流側（河原）にある駐車スペースを利用したい。

橋の下流は右岸側にテトラが入り荒瀬から深瀬へと続き、支流・小坂川の流れも合わさり、水量も増えて、これぞ米代川！　と思わせるダイナミックで変化に富んだ姿を見せる。今回紹介するポイントのなかで、もっとも大アユの期待が高い流れだ。

錦木橋から石野橋までの区間は岩盤がからんだ瀬もあり、大アユの実績もある。

時間と体力が許すなら、この区間は足で稼ぎたい。出合下流の平瀬は道路からも隠れているので、ねらう釣り人も少なく、サオ抜けになっていることも多い。

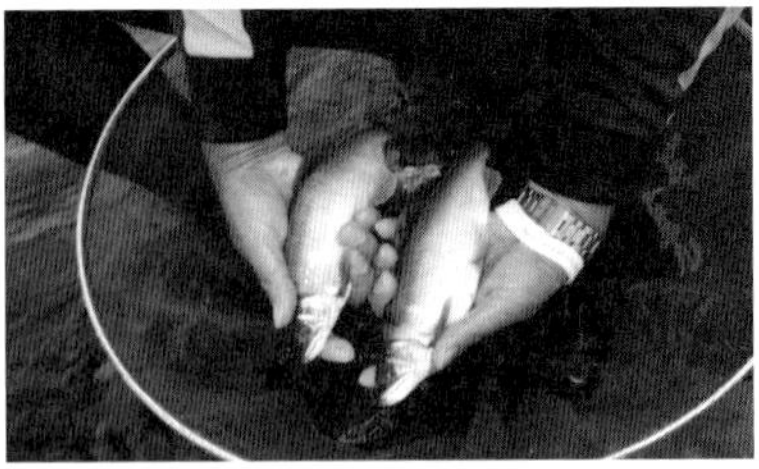
天然遡上のアユの美しさは格別。石野橋上流で掛けた良型を手に

錦木橋から下流の流れを望む。右岸側にテトラが入り荒瀬から深瀬と大アユの潜む条件が揃っている

葛原橋の上流部。大アユの好みそうな水深のある岩盤絡みの深瀬が続く

石野橋上流も水深のあるトロ場に岩盤が入った、尺アユの出る条件が揃ったポイント。まずは左岸からサオをだし、中央部に沈む岩盤をねらいたい。反応がなければ立ち込んで右岸側の流を探りたい。

【沢尻駅前付近】

漁協が看板を出しており、駐車スペースも確保してあるので分かりやすい。駐車スペースに車を停め線路を越えて川に向かう。上流に岩盤絡みの瀬、トロ場を挟んで、下流へと瀬が続いている。午前は上流側、午後は下流の瀬を1日じっくりと探ってみたい。

上流側の瀬は岩盤周りがねらいめとなる。根掛かりが怖いが岩盤の溝や際を丁寧に探りたい。そこから上流にある葛原橋までは、大アユの好みそうな水深のある岩盤絡みの深瀬が続く。右岸側からが釣りやすいが、水深があり釣りきれないので、場合によっては左岸側からもアプローチしたみたい。

下流側は比較的歩きやすい瀬が続く。川全面がポイントになるが、右岸寄りに強い流があり水通しがよい。200mくらいの瀬が終わるとトロ場となり、ここでも尺アユが釣りあげられているので見逃せない。

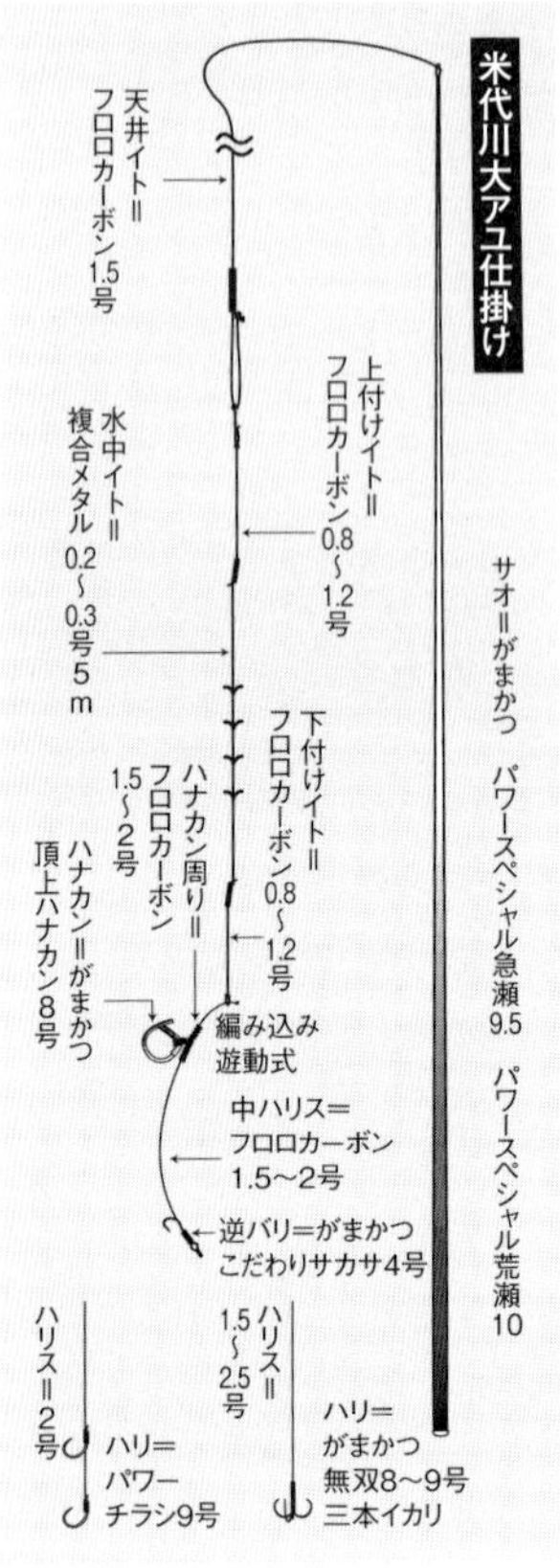

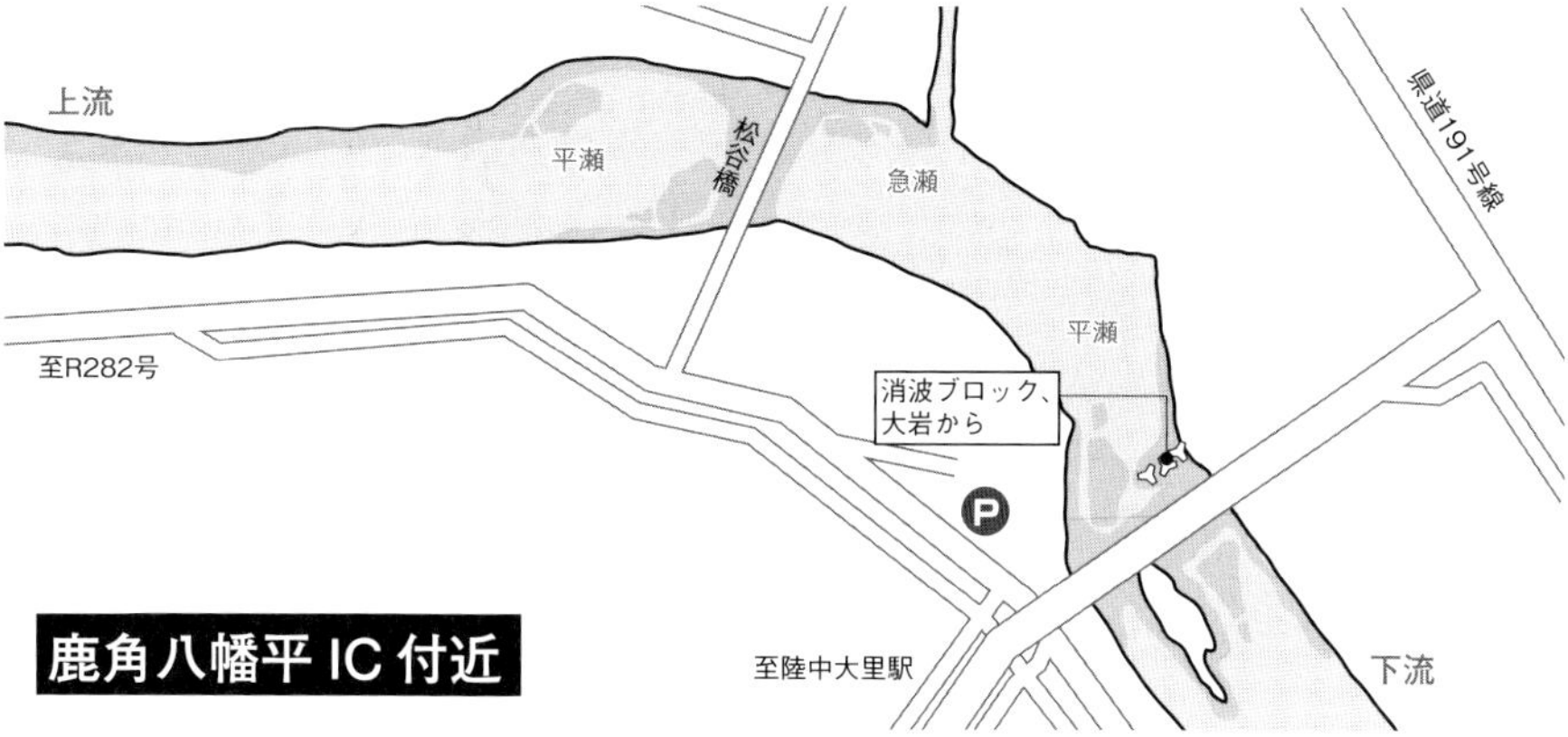
鹿角八幡平 IC 付近
上流
平瀬
松谷橋
急瀬
県道191号線
平瀬
至R282号
消波ブロック、
大岩から
至陸中大里駅
下流

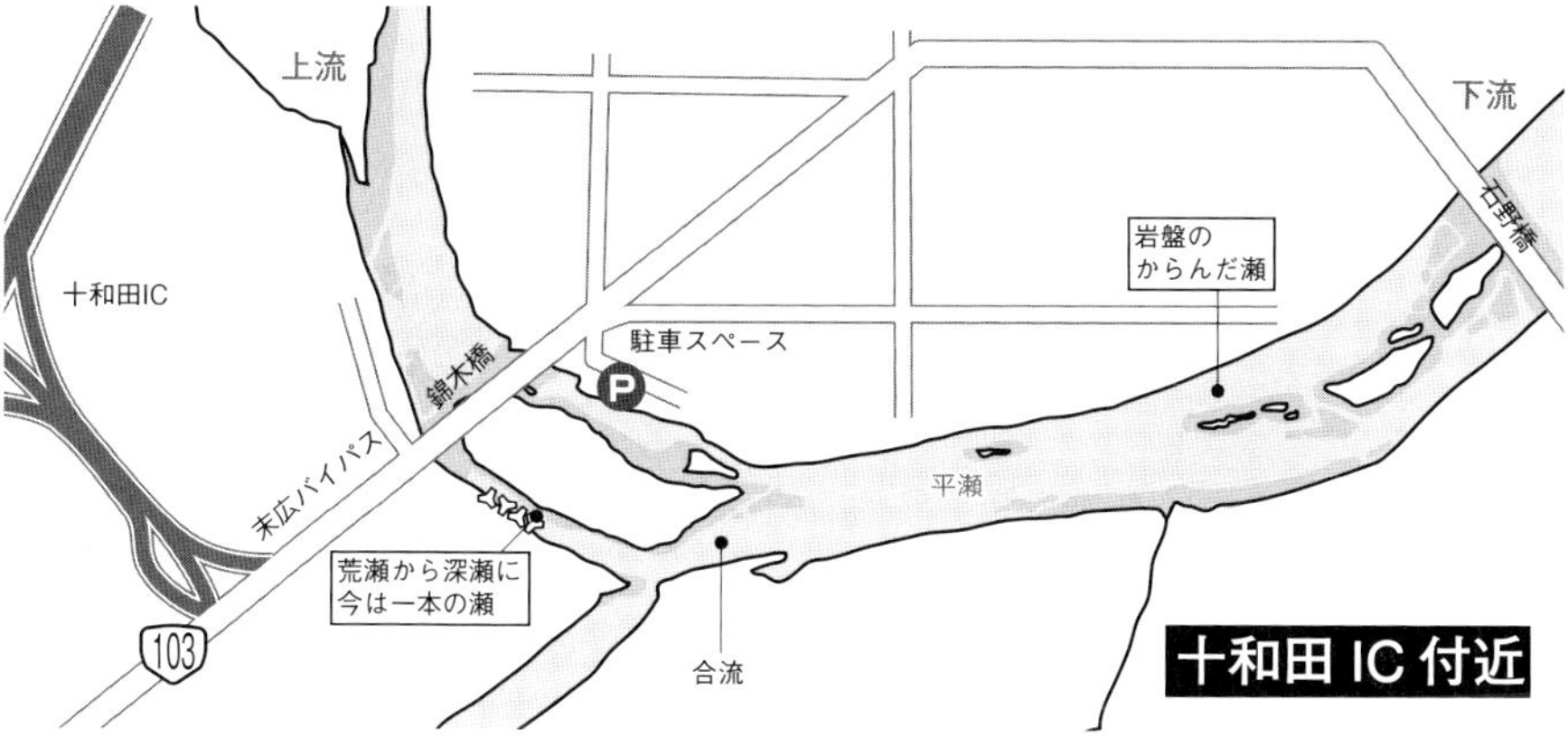
上流
下流
十和田IC
石野橋
岩盤の
からんだ瀬
駐車スペース
錦木橋
末広バイパス
平瀬
荒瀬から深瀬に
今は一本の瀬
103
合流
十和田 IC 付近

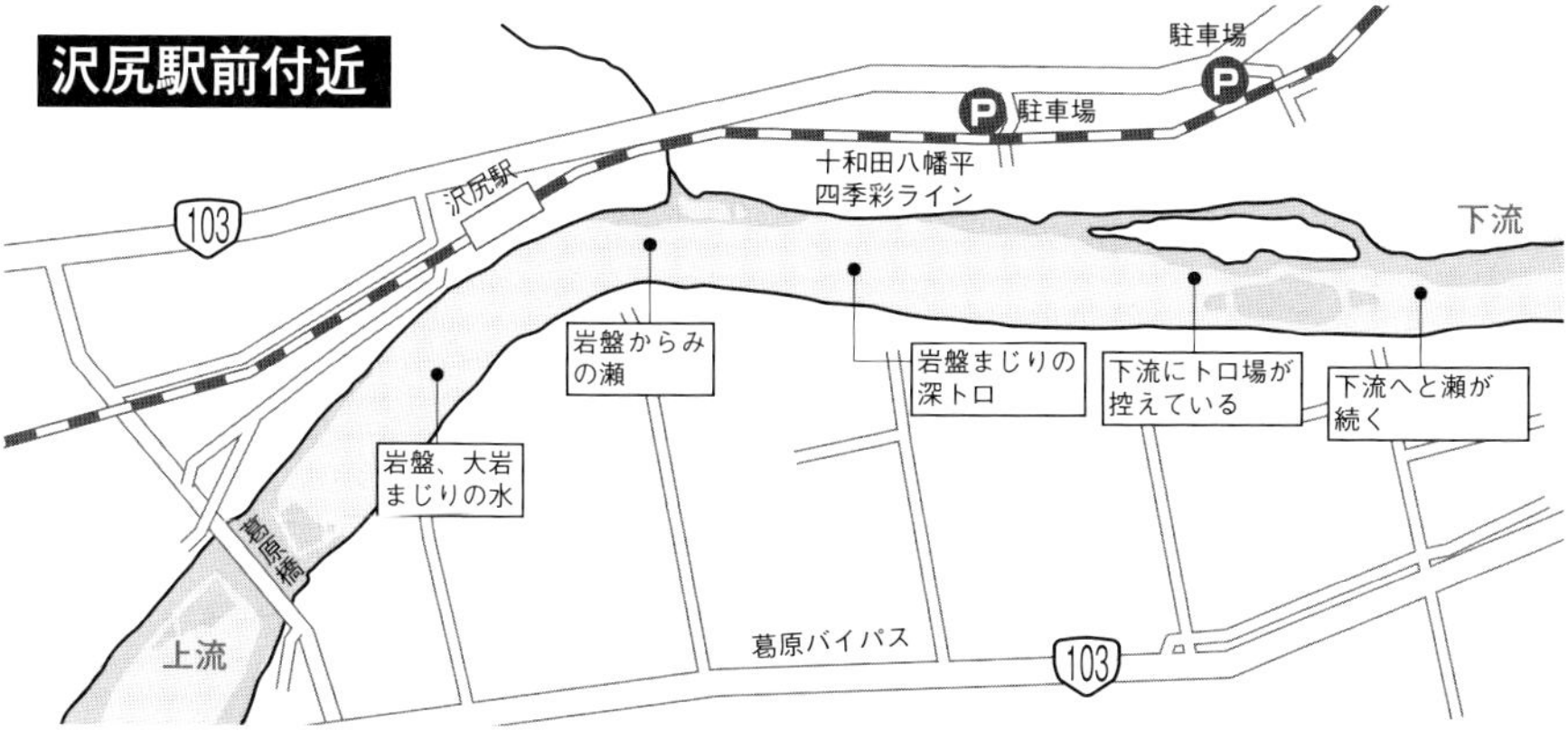
沢尻駅前付近
駐車場
駐車場
十和田八幡平
四季彩ライン
沢尻駅
103
下流
岩盤からみ
の瀬
岩盤まじりの
深トロ
下流にトロ場が
控えている
下流へと瀬が
続く
岩盤、大岩
まじりの水
葛原橋
上流
葛原バイパス
103

02

茨城県 久《く》慈《じ》川

「天然アユがのぼる100名川」にも選出 数・型ともに望める瀬やトロが随所にある

鰐ヶ淵橋上流の流れ。大岩と岩盤の荒瀬や深瀬が続く

2013年の大型記録31.5cm。 こんな大アユが手にできるのだ

profile
●角田恒巳
昭和16年生まれ。茨城県在住。日本友釣同好会日立支部所属。20歳の頃から久慈川に親しみ、トロ場の泳がせ釣りを好む。最長寸は久慈川で釣りあげた29cm

久慈川は、福島県に源を発し茨城県内を大子町、常陸大宮市と流れ、日立市と東海村の境を河口として太平洋に注いでいる。本流は全長約124㎞と中規模な河川であるが、平成2年に行なわれた国土交通省による「河川水辺の国政調査」で、アユの生息割合が43％で全国一となった。

また、日本釣振興会が平成14年に行なった釣り人が選ぶ「天然アユがのぼる100名川」にも選ばれ、文字どおり天然アユソ上の多い川だ。

アユのほか上流域や支流にはヤマメやイワナも生息し、釣り人を楽しませている。秋にはサケが遡り、流域のいたるところで産卵のようすがみられる。一般公募によって「サケ資源有効利用調査」が行なわれるようになり、期間限定で大型のサケ釣りも可能になった。

近年は久慈川でもソ上が遅れ気味で、本格的に天然アユが釣れだすのは6月下旬以降となる。

このため初期のアユを補うことに主眼をおいた放流が行なわれており、この時

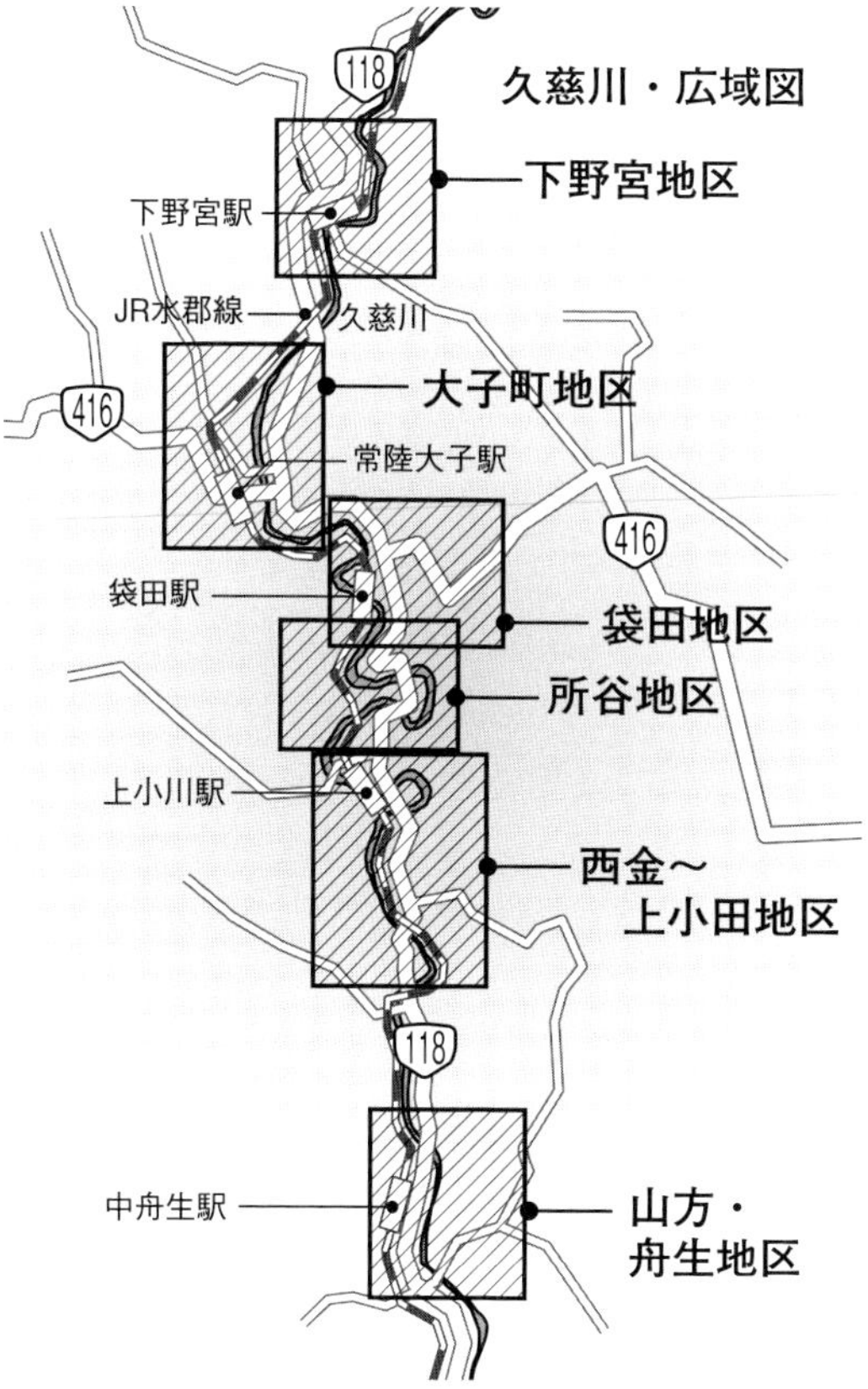

information

●河川名　久慈川
●釣り場位置　茨城県常陸大宮市～久慈郡大子町
●解禁期間　6月1日（支流7月1日）～12月31日
●遊漁料　日釣券1500円・年券8000円
●管轄漁協　久慈川漁業協同組合（Tel 0295-52-0038）
●最寄の遊漁券取扱所　まるしんドライブイン（Tel 0295-57-2037）／芋の里（Tel 0295-74-0123）／鮎の店山水（Tel 0295-72-2840）／菊池商店（Tel 0295-72-3037）／だいご観光やな（Tel 0295-72-3487）／つり道楽（Tel 0295-72-5850）
●交通　常磐自動車道・那珂IC下車して国道118号を右折、大子方面へ

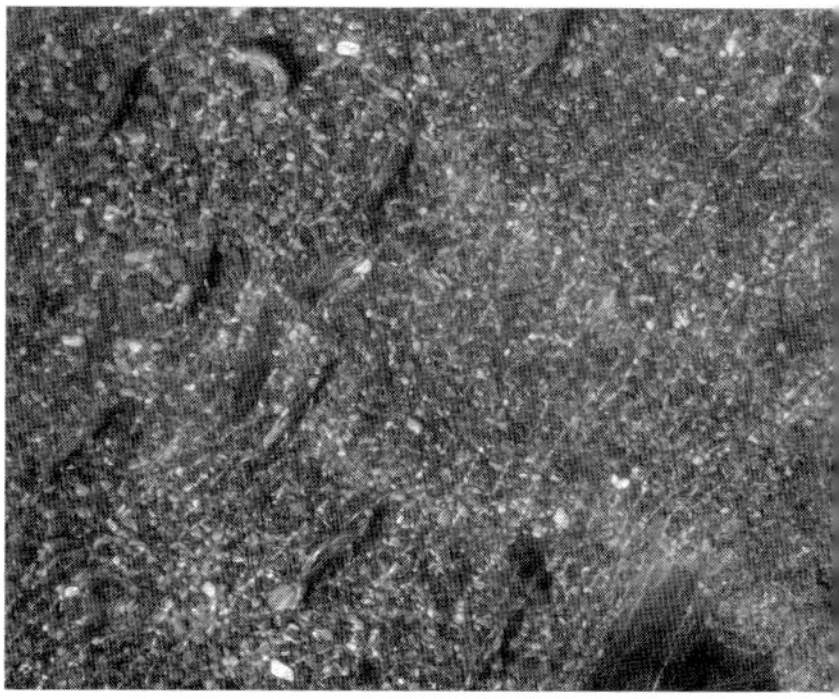

久慈川にはサケも遡り、秋には
各所で産卵のようすがみられる

期になると天然ソ上アユと、２回りも大きくなった放流アユの力強い引きを楽しむことができる。

久慈川の本格的な友釣りエリアは、中流域の常陸大宮市山方の岩井橋辺りからになる。ここから上流に向かって茨城県内では下小川、西金、上小川、袋田、大子、下野宮地区へと、それぞれ特徴ある川相を持った好ポイントが続き、各所に友釣り専用区が設定されている。

さらに上流の福島県に入り矢祭地区も好ポイントを有しているが、県境で漁協が異なるため、解禁日と入漁証などが変わることに注意していただきたい。

久慈川に沿って国道１１８号とＪＲ水郡線が走っておりアクセスもよく、沿線に袋田温泉や大子温泉などの温泉施設や、グループ利用できるキャビンを備えたオートキャンプ場も整備されている。ファミリー釣行でも家族を飽きさせることはないだろう。

久慈川の好釣り場と大アユポイントを、いくつかのエリアに分け下流側から紹介していきたい。

【山方・舟生地区】

　中流域エリアでは岩井橋下、山方トンネル出口上流、舟生橋下流、舟生橋の上下、下小川橋の上下に友釣り専用区が設定されており、それぞれ好ポイントを形成している。

　このうち、岩井橋直下のポイントは台風で少し砂底が目立つようになってしまったのが残念だ。

　しかし、何といってもこのエリアには最も多くのアユが放流されており、天然ソ上と相まって、魚影が多いのが魅力である。

　ポイントからポイントへは少し距離があるので移動はやや面倒だが、河原は広く駐車スペースもあり入川しやすいので、初心者からベテランまで楽しむことができる。

　この区間に設定された専用区は6月1日から10月1日午前5時までと長期間あるので、シーズンなかばから大型アユがねらえる意外な穴場である。

　入漁証とオトリの取り扱いは、岩井橋を渡った下流側に鯉のぼりが目印の「菊池オトリ店」と、舟生橋手前に「まるしんドライブイン」がある。ともに目の前が専用区になっており、最新の情報も入手できるだろう。

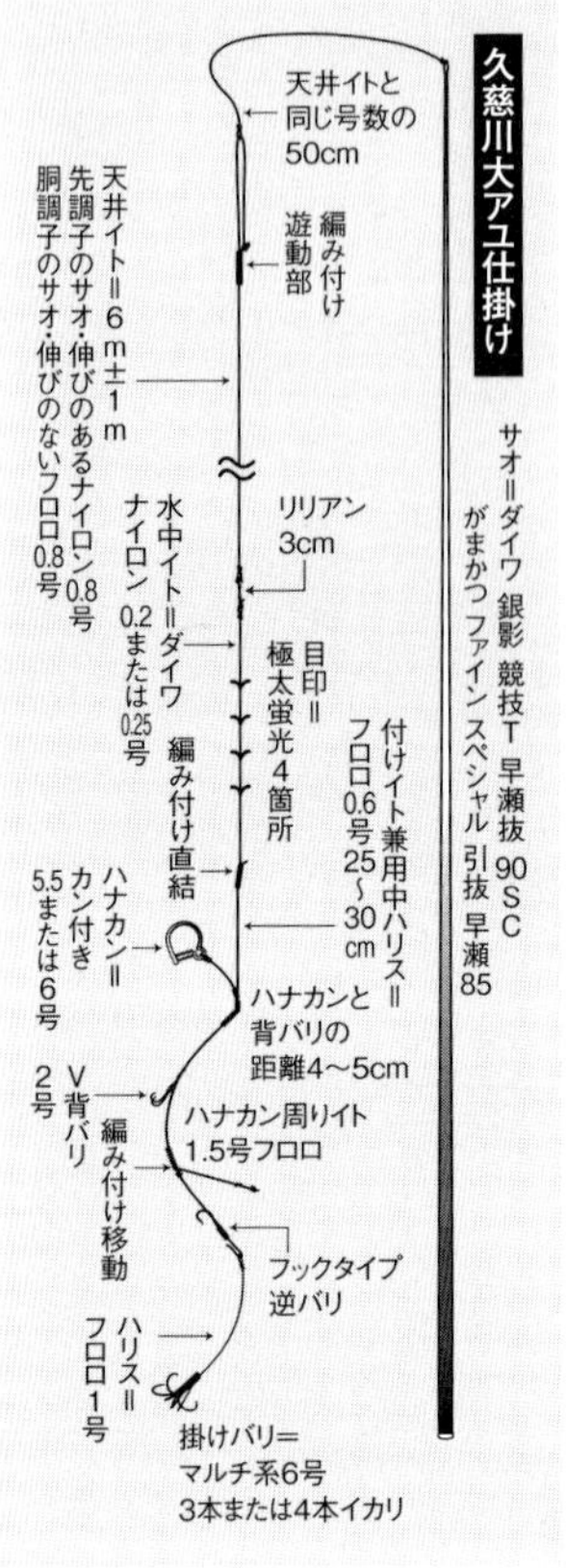

【西金～上小川地区】

　国道118号に架かる大内野橋から上流は大子町となり、ここより上流福島県境に至る間は7月31日までコロガシと投網が禁止される。この期間は専用区以外でも友釣りが充分楽しめるので、ポイントは無数にあるといってよい。

　西金地区では、通称「リンゴ園前」がおすすめのポイント。ここも川原が広く足場がよい。玉石底で比較的浅い平瀬が続くので、アユの付く流れの筋を早く見つけると数を伸ばせる。

　車の場合、大内野橋の次に架かる西金大橋を過ぎ信号を左折、JR西金駅脇の踏切を渡り荒れた旧道を下流側に進むと、キャンプ場跡地への道があり河原に降りられる。

　さらに上流の上小川地区へ進むと、宮平橋下に広がる人気ポイント「お寺前の瀬」があり、釣り人が絶えることがない。地元で「しんかわ」と呼ばれる釣り場で、川相はザラ瀬、荒瀬、深瀬ありの長い瀬が続き、好みのポイントを選べる。少々混み合うのが難点だが、それなりに釣れ

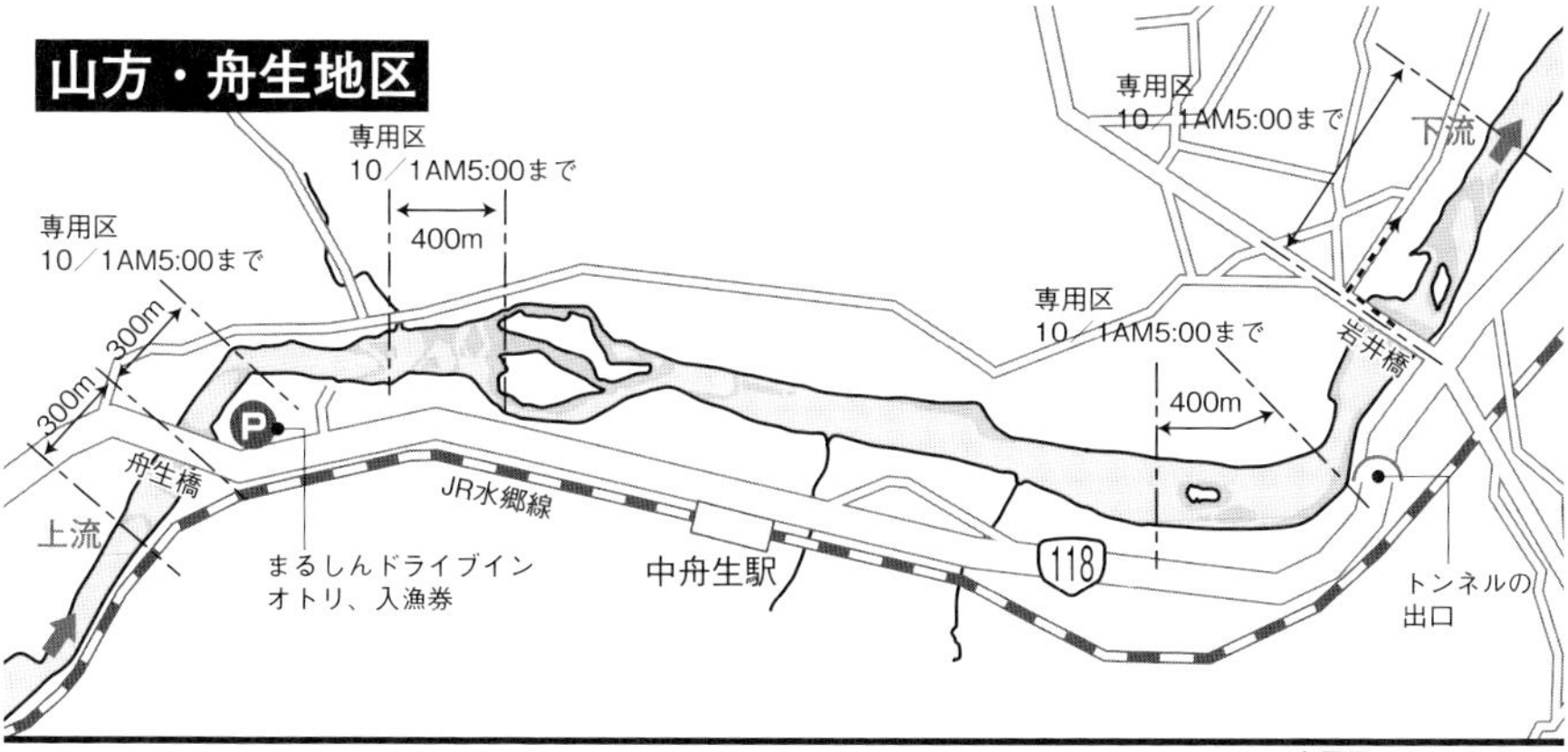

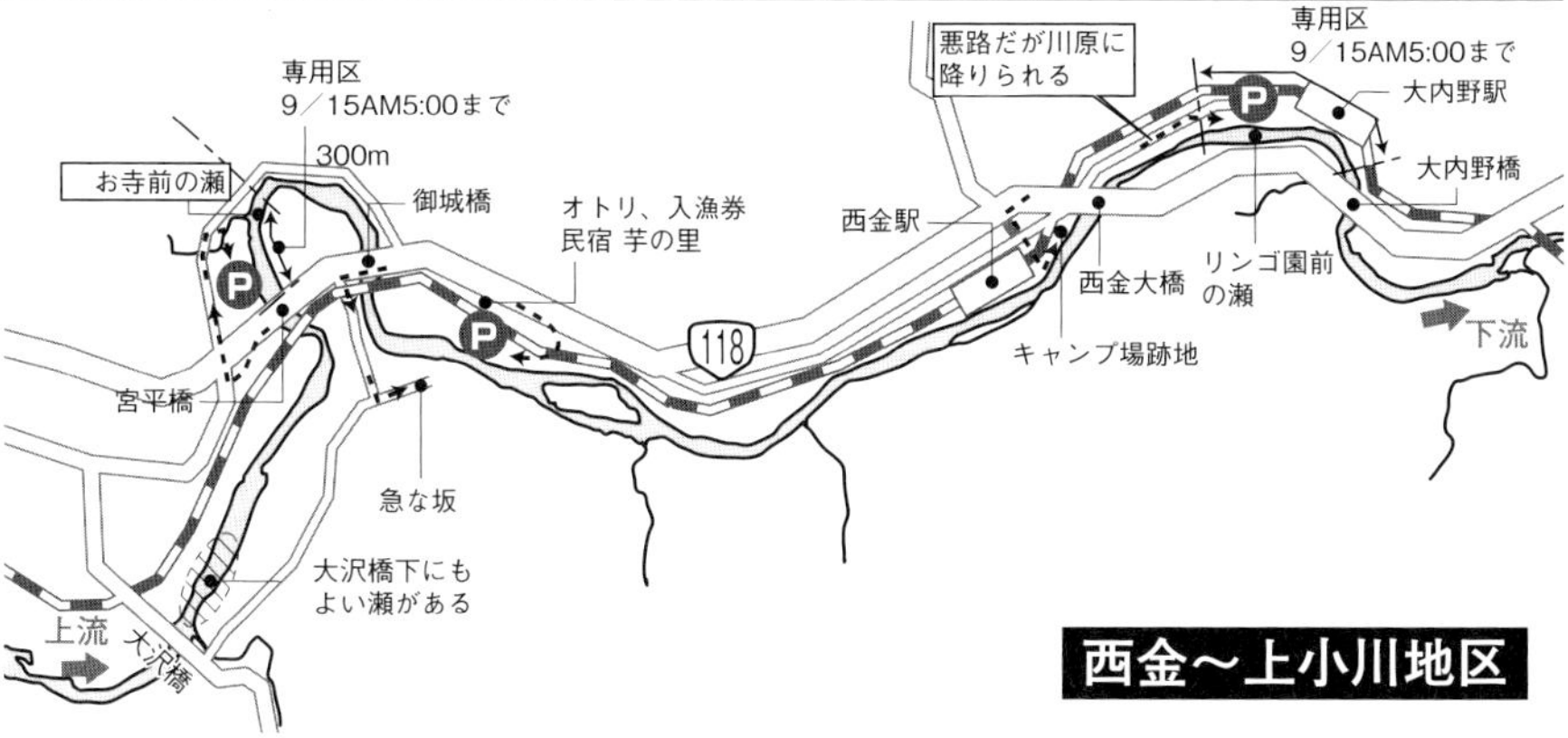

続くのが人気ポイントの所以だろう。
　宮平橋を渡ったところで下り、右折して少し進むと川原に出られる。
　西金と上小川地区の中間に「民宿芋の里」があり、オトリ・入漁証購入のほかに食事や宿泊も可能。芋の里前、JRの踏切を渡ったところにもよい瀬があるので、ポイントの詳細も聞くことができる。
　終期の大アユねらいにとっては残念だが、「リンゴ園前」と「お寺前の瀬」は、専用区設定が9月14日までなので、以降はこの時期を心待ちにした投網を楽しむ方が押し寄せる。トラブルを起こさないよう注意していただきたい。

地元で「しんかわ」と呼ばれる「お寺前の瀬」。いつも混み合うが、長い瀬が続いており好みのポイントを選べる

【所谷地区】

久慈川で唯一といえる山あいの渓相を持つ所谷地区がこのエリアで、袋田地区の手前にある。特に鰐ヶ淵橋から下津原橋にかけては、大岩と岩盤の荒瀬や深瀬が続いている。このエリアだけは友釣り専用区として設定されていないのだが、逆にいえば投網やコロガシができない場所なのである。

所谷地区では毎年、大アユを競う大会が行なわれ、「尺に近くないと入賞できない」といわれるほど大アユの釣れる魅力を秘めている。

反面、足場が大変悪いので入釣には細心の注意を払っていただきたい。取り込みの際など、一歩踏み外すと首まで浸かり流される危険が潜んでいる。足と腕に自信のあるベテラン向きといえよう。

岩盤底の深瀬で、イトを緩めてオトリを自由に泳がせていると、目印を上流に引ったくるように激しいアタリがでる。満月のようにサオを絞り込む大アユとのやり取りは数分にもおよび、この間の緊張と取り込んだ後の安堵感はえもいわれぬものがある。

これが醍醐味というのだろうか、何度となく味わったこの経験が、この地区へ足を運ばせている。私の大好きな場所だが足腰が弱ってきた今は、平水より多目の時は入釣しないことにしている。

地元で「大岩」と呼ばれる流れ。岩盤底に大岩がニョッキリ、大アユが釣れそうな雰囲気充分だが足場が悪いので注意が必要

昭和橋下流の流れ。「タルッパ」と「ミョウガンブチ」がある。橋が架け替えられ直下の瀬が広くなった

南田気橋上流の瀬。2013 年の記録はこの瀬で出た。JR 鉄橋の上流に久野瀬橋があり、その前後もよい瀬が続いている

このエリアは山間で川原がなく駐車スペースが限られるのでトラブルのないようにしたい。

【袋田地区】

久慈川で一番の大アユ人気エリアが袋田地区である。下流から、架け替えられた昭和橋の上下、南田気橋、久野瀬橋へと、いずれ劣らぬ好ポイントが続いている。広く長いエリアが専用区に設定されているので、注意すれば必ずサオ抜けポイントを見つけることができる。

また２０１３年秋に、新しい昭和橋につながる新道が完成したので、下流の下津原橋から南田気橋まで川の近くを走行できるようになった。今後このエリアへの入釣も便利になるだろう。

昭和橋から下流は、古い橋と仮橋が撤去され直下の瀬が広くなった。「タルッパ」と「ミョウガン淵」など魅力あるポイントが続いている。昭和橋下には駐車スペースもあり普通車でも下りられる。

ＪＲ鉄橋を少し下がったところが「ナアライ」の瀬で、袋田の滝で有名な滝川

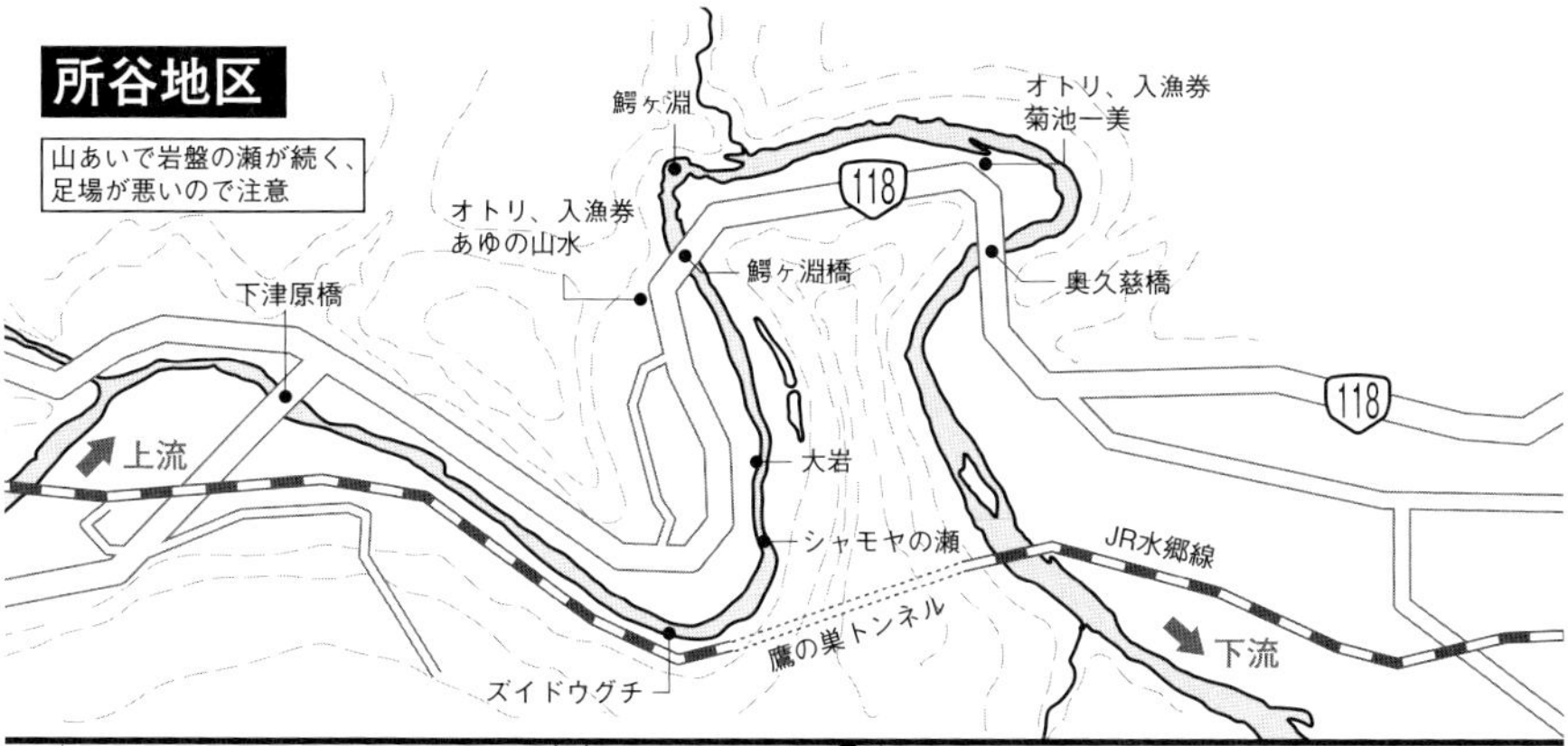

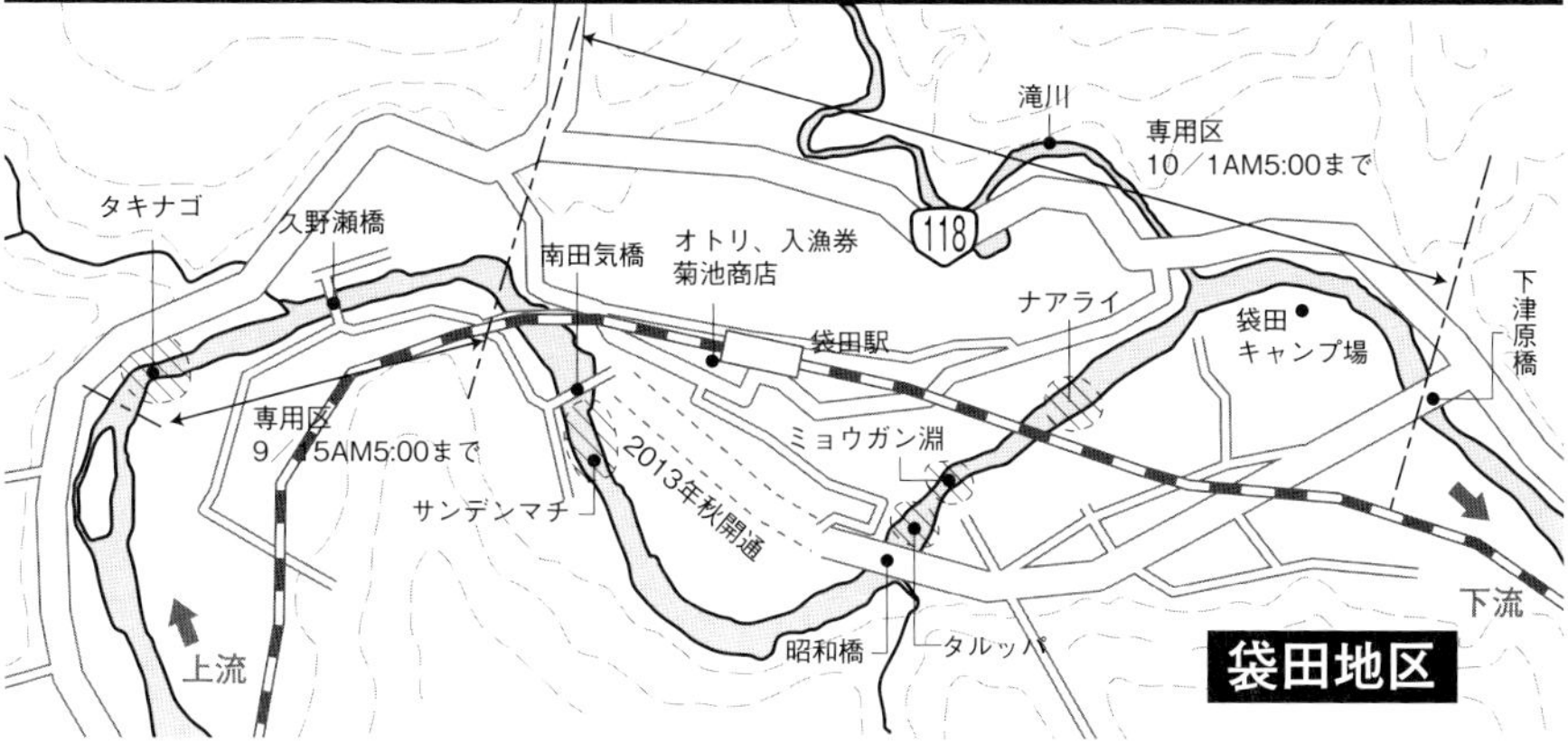

合流点の上にあり、下津原橋を渡ってキャンプ場方向に下りていく。

少し上流の南田気橋の上下は、石が大きく多少荒いが、大アユがいかにも潜んでいそうなサオを入れたくなるポイントばかりが続いている。南田気橋下流の瀬は、少々の出水ではびくともしない。

ＪＲ鉄橋の上流側に久野瀬橋（木橋）があり、上下は岩盤底の瀬が続いている。過去、ここで31・5㎝の大アユを手にしたこともある、絶好の大アユ釣り場だ。

南田気橋の川原に降りるには、新道から4駆が必要だったが、２０１３年のシーズン終了後に川原の改修作業が行なわれており、整備されるものと思われる。

「菊池商店」へは、南田気橋から袋田駅方面に向かってすぐのところなので、下津原橋から新道を廻って状況を確かめながら進むのもよいだろう。入漁証・オトリは常備されており、釣り場の様子も教えていただける。また、袋田の滝、袋田温泉はここからすぐの場所にあるので、チョッピリ贅沢に宿泊釣行や家族サービスを考えるのもよいだろう。

【大子町地区】
大子町の中心街を背に国道１１８号との間の流れで、久慈川漁協おすすめのエリアである。「だいご観光やな」を中心に、久慈川橋（小久慈橋）から池田橋にかけて、瀬ありトロあり岩盤ありの好ポイントが続いている。

この区間は、専用区設定期間が10月15日までと長いのがありがたい。友釣り終期まで安心してサオをだせる。毎年このエリアでは、釣具メーカーや釣り団体による大会が開かれる、第1級ポイントといえる。

だいご観光やな前の瀬。向かい側を走る国道の壁際が流れの芯で大アユのねらいめ

大石の瀬が続いている下野宮駅裏の流れ。リールザオを使っている人も多いので、トラブルを起こさぬように

下野宮橋下流の流れ。大石ゴロゴロの素晴らしい瀬が続いている

国道１１８号から久慈川橋を渡り旧道を街中方面へ進むと、観光やなの案内標識があり広い駐車場にでられる。オトリや入漁証も扱っており、ここを起点にどこからでも入川できる。観光客も多く訪れそれなりに混み合うが、ポイントは無数にあるので、安心して入釣できる。

観光やな前の瀬は、反対側の国道沿いの壁際が流れの芯になっていて、大アユのねらい筋である。手前側は比較的浅く、水中も見通せる広い場所なので、ビギナーが見釣りをしながらの練習場にももってこいだ。観光やなのすぐ上手に支流の押川が合流しており、雨で本流が増水したときなどの逃げ場になっている。

押川合流点の付近の水況をネット上のライブカメラで見ることができるので、釣行の際の参考にされるとよい。「大子町ライブカメラ」で検索できる。

ここから車で10分ほどのところに、広大なオートキャンプ場「グリンヴィラ」がある。車でのキャンプはもとより、グループ利用できる別荘感覚のキャビンがある。キャビンには寝具、調理用具、風呂など生活用品が備わっているので、釣り仲間でワイワイやるのも楽しい。

【下野宮地区】
茨城県最上流部となるのが下野宮地区である。嵯峨草橋周辺から八溝川合流点、下野宮駅裏、下野宮橋にかけて大石ゴロゴロの瀬が続く。川相はすこぶるよくアユも大きいが、反面足場はこの上なく危険なので、入釣にはくれぐれも注意したい。

このエリアでは解禁当初から良型が釣れ、地元の人に人気が高くリールザオを

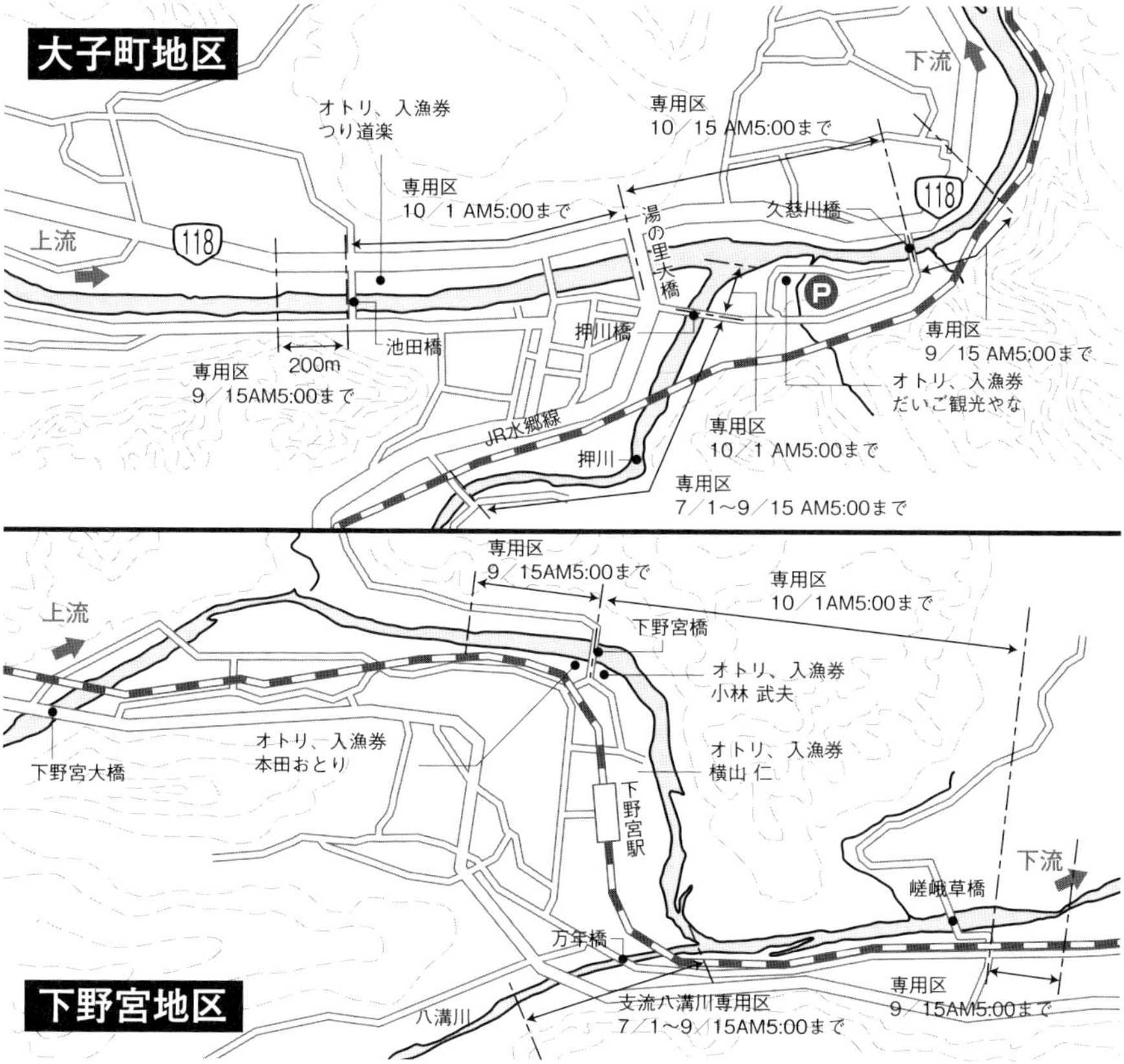

使った釣り人も多い。外来の釣り人には邪道と見えるかもしれないが、彼らがどこをねらい、掛けて取り込んでいるか、その様子をよく観察していただきたい。

大石・大岩に付く大アユをピンポイントで掛け、動かずに抜きタモに収める様は、いわゆる引き抜き技術の原点であり、確実に取り込むため利に適った釣法であることが分るはずだ。くれぐれもトラブルを起こさないようにしていただきたい。

アユにとってよいナワバリは、釣られた後もすぐ補充されるもの。アユの多い久慈川独特の友釣り文化として、後世に残したいものである。

これより上流、福島県に入ると矢祭町である。矢祭川合流点辺りから新山下橋にかけて好ポイントが続く。特に、新夢想橋周辺の岩盤瀬ではサオをだしてみたくなる。ただし、同じ久慈川であるが、福島県側は久慈川第一漁協の管轄となる。例年6月第1日曜が解禁日となるが、日釣券専用区があるなど遊漁規則も異なる。もちろん入漁証も茨城県側と異なるので注意されたい。

03

栃木県 那《な》珂《か》川

アユ河川御三家の異名は伊達ではない
天然ソ上の大型がサオを絞り込む

厚い流れに何人も立ち込んでの釣り。那珂川の夏の風物詩ともなっている光景。8月の声を聞く頃から大アユの釣果に沸く

profile

●岡崎　孝

昭和43年生まれ、栃木県在住。アユ友釣りだけでなく、渓流からワカサギ、海の沖釣りまで楽しむ。アユは那珂川とその支流、久慈川などに精通する。最長寸は28cm

関東第3の大河である那珂川は、関東随一の清流としても知られる。その源は栃木県那須岳山麓に発し、茨城県のひたちなか市と東茨城郡大洗町の境界部で太平洋に注ぐ。栃木県内には4つの漁協があり、入漁券はどの漁協のものでも共通で使用できるが、新那珂川橋下流から茨城県となり、入漁券が別になるので注意したい。

そんな那珂川では、白波渦巻く流れに立ち込み、大アユとの一騎打ちが楽しめるのだ。ただし、大アユを手にするには、いくつかの条件が必要となる。

まず、アユが大きく成長するためには豊富なエサが必要で、良質のコケが付く大石や岩盤が必要となる。荒瀬や深瀬、トロ場など変化に富んだ川相に加え、豊富な水量を誇る那珂川は、この条件を充分にクリアしている。

さらにアユの量が極端に多くてもやはりエサ不足になり、大きく成長することができない。そのためか、以前の那珂川では上流部の鍋掛地区で良型、下流では小型という傾向にあったが、ここ数年は下流部で大アユの釣果がよく聞かれるようになった。

下流部で大アユをねらうなら梅雨明けからになる。一気にアユの成長が加速され、お盆過ぎからは大アユといってもよい25〜28㎝クラスが掛かり始める。

那珂川のアユの下り始めは意外に早く、8月初旬以降、早期ソ上のアユから下り始める。したがってねらうなら下るアユが溜まりやすいトロ場上の瀬だ。夜間はトロ場で休んでおり、日中になると上の瀬で盛んにコケを食むからだ。

ここでは、そんなトロ場、トロ瀬を控えた瀬のあるポイントを紹介してみたい。

【まほろばの湯前】

現在は撤去されてしまった新那珂橋上

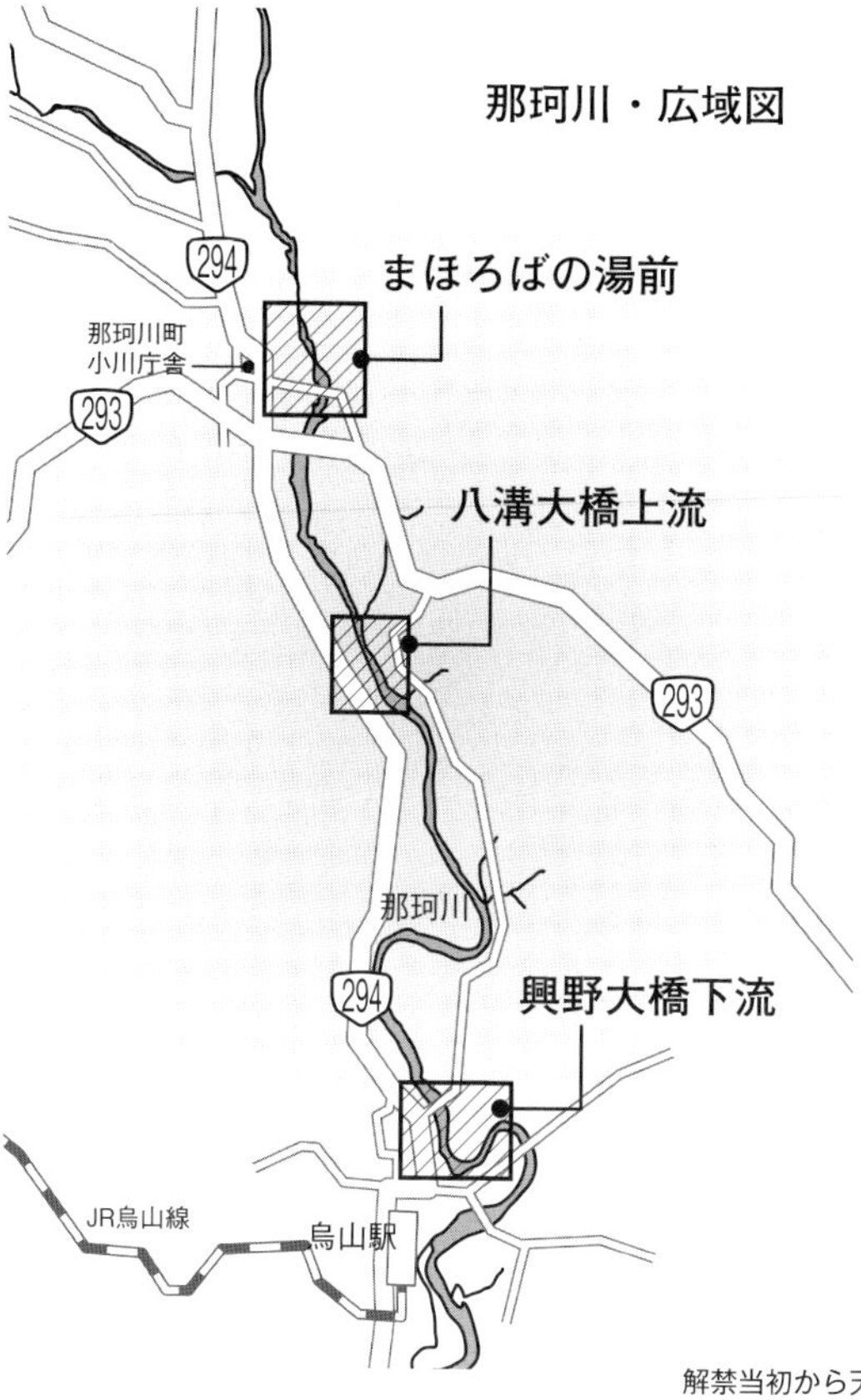

information

●河川名　那珂川
●釣り場位置　栃木県那須烏山市〜那珂郡那珂川町
●解禁期間　6月1日〜11月10日
●遊漁料　日釣券2000円・年券9500円
●管轄漁協　那珂川南部漁業協同組合（Tel 0287-84-1501）
●最寄の遊漁券取扱所　林屋川魚店（Tel 0287-96-3222）
●交通　東北自動車道・西那須野塩原ICより国道400号で大田原市内を抜け、国道294号で各釣り場へ

解禁当初から天然ソ上の良型アユが掛かるのも、那珂川の魅力だ

流の深瀬がポイント。右岸にブロックが入っており、水深1〜2mの底は波打った岩盤で、その溝に入った玉石にアユが付いている。ここは右岸から立ち込んでサオをだしたい。

　解禁初期はパッとしないものの、8月の声を聞く頃より25〜28cmクラスが出始め、30・5cmの釣果も記録されているようだ。

　新那珂橋から上流にある三川又堰までの区間は友釣り専用区となっており入釣する釣り人が多く、ゆったりとサオをだすなら平日がおすすめだ。

【八溝大橋上流】

　橋下に大きなトロ場を控えているため、初期ソ上のアユが溜まりやすく、放流量も多いため魚影の多さは群を抜くポイントだ。

　上流左岸から武茂川が流れ込んでおり、その出合から荒瀬の瀬落ちまでがねらいどころだ。底は岩盤に大小の玉石が噛んだ状態で、アユにとっては成長しやすい環境が揃っている。

そのため解禁初期から20㎝クラスの初期ソ上のアユが手にできる。ベストシーズンの8月になれば25～28㎝へとサイズアップして楽しませてくれる

ただ、このエリアは7月10日より夜網が解禁となり、8月1日からは昼網も入るので注意したい。

さすがに瀬落ちの荒瀬などは投網が利かないので、そんなポイントを丹念に探れば大アユの引きを楽しむことができるはずだ。

【興野大橋下流（那珂川南部組合下）】

掘抜堰から続く深瀬で、最下流部にはアユの溜まりやすい大トロが控えている。

ここも解禁当初よりも、上流からの落ちアユが溜まり始める8月下旬からが面白く、28㎝クラスまでよく釣れる。左岸には4駆であれば水辺まで入れる道がありアクセスもしやすい。

通常であれば、左岸から右岸の岩盤際へサオをだすが、渇水時なら上流の堰下を右岸へと歩くことも可能となる。

右岸にも河原へと下りる階段があるものの、人家が多く駐車スペースがないため、可能なら左岸よりアプローチして右岸へ渡り、左岸寄りも探ってみるのも手だ。

底石は岩盤に小砂利と玉石が噛んだ状態で、よい底石が入っている筋目を見つけることが重要。立ち位置が少しずれただけでも掛からないことがある。

ほかの釣り人の釣れている筋目をチェックしておき、次回釣行に役立てるのもよいだろう。

下流のトロ場も見逃せないポイント。泳がせ釣りで探ると大アユが掛かることもあるので、1ランク上の仕掛けをセットして不意の大ものにも対応できるようにしたい。

まほろばの湯前の深瀬。友釣り専用区となっており、8月の声を聞く頃より25～28cmクラスが出始める

武茂川との出合から続く荒瀬がねらいどころだ。8月になれば25～28cmの釣果が手にできる

八溝大橋より上流を望む。武茂川との出合から荒瀬の瀬落ちまでがねらいどころだ

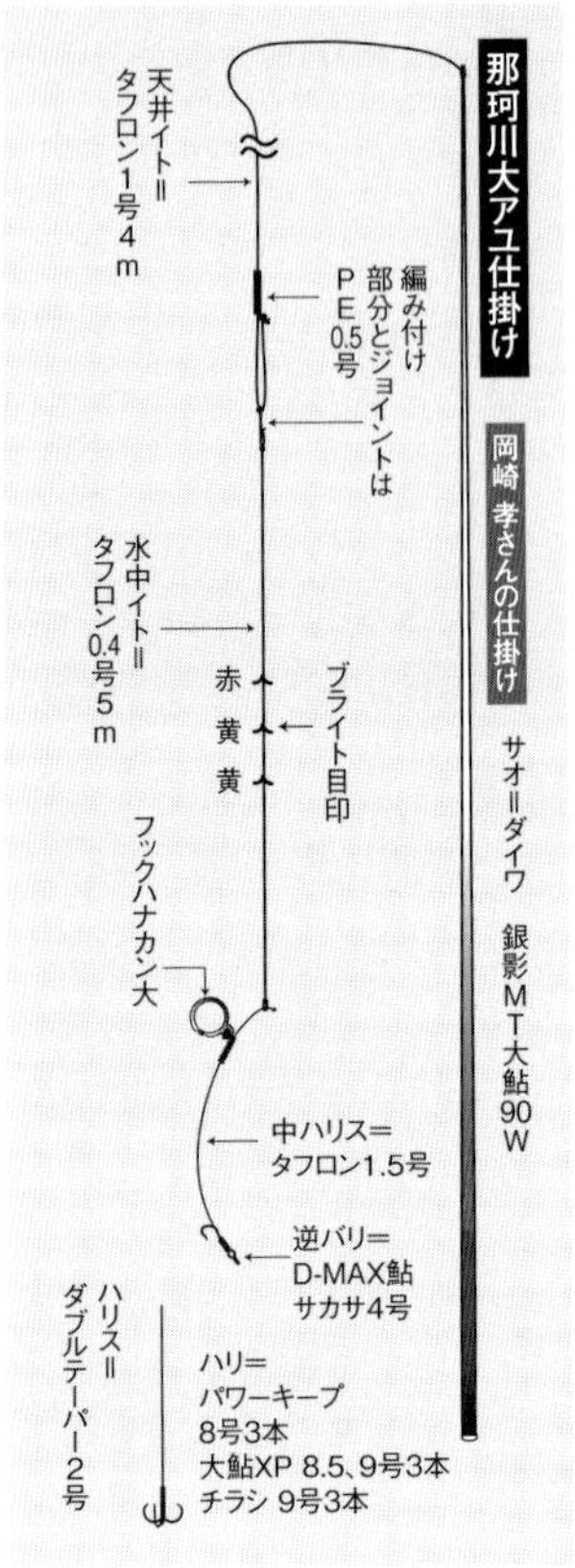

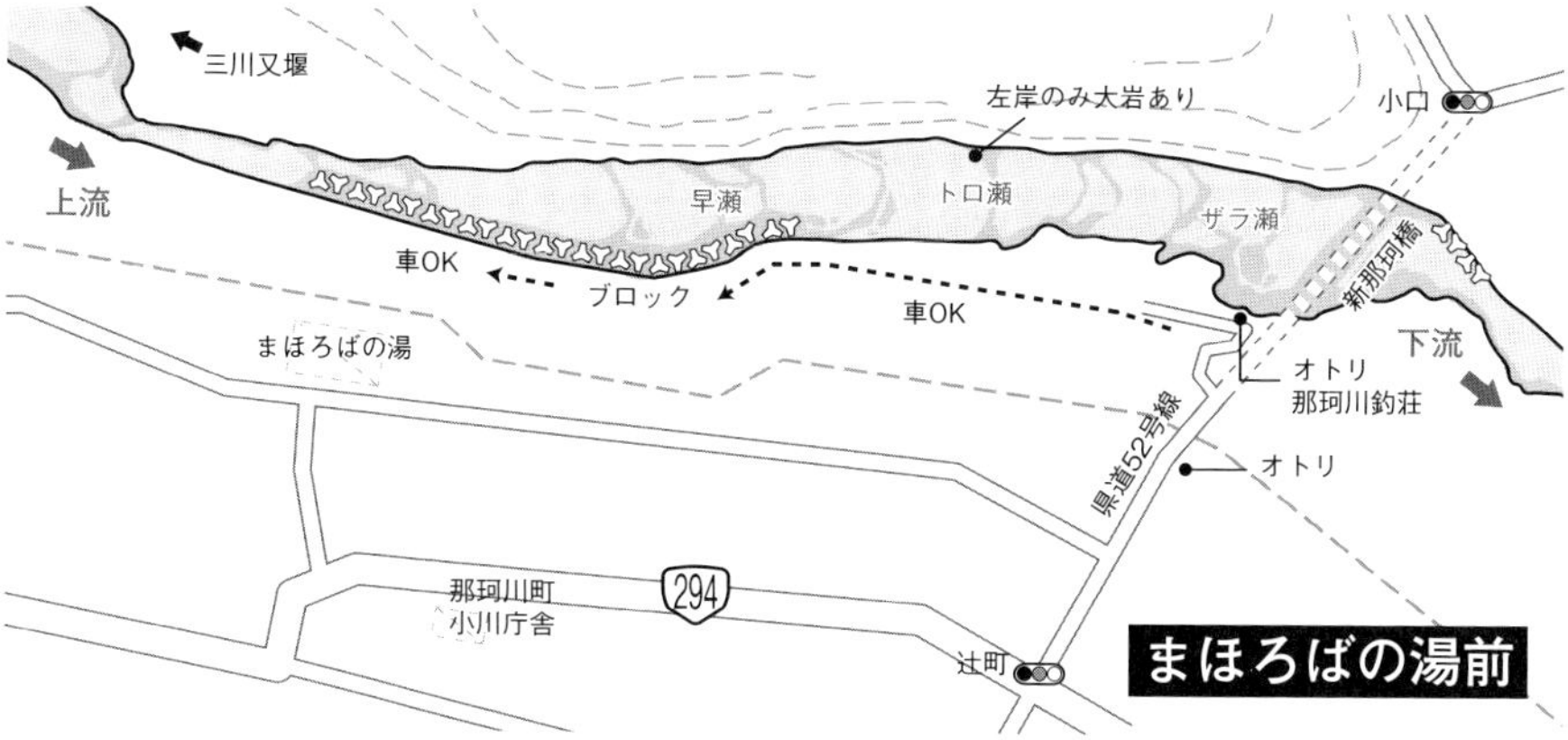
まほろばの湯前
三川又堰
左岸のみ大岩あり
小口
上流
早瀬
トロ瀬
ザラ瀬
新那珂橋
車OK
ブロック
車OK
まほろばの湯
下流
オトリ
那珂川釣荘
県道52号線
オトリ
那珂川町
小川庁舎
294
辻町

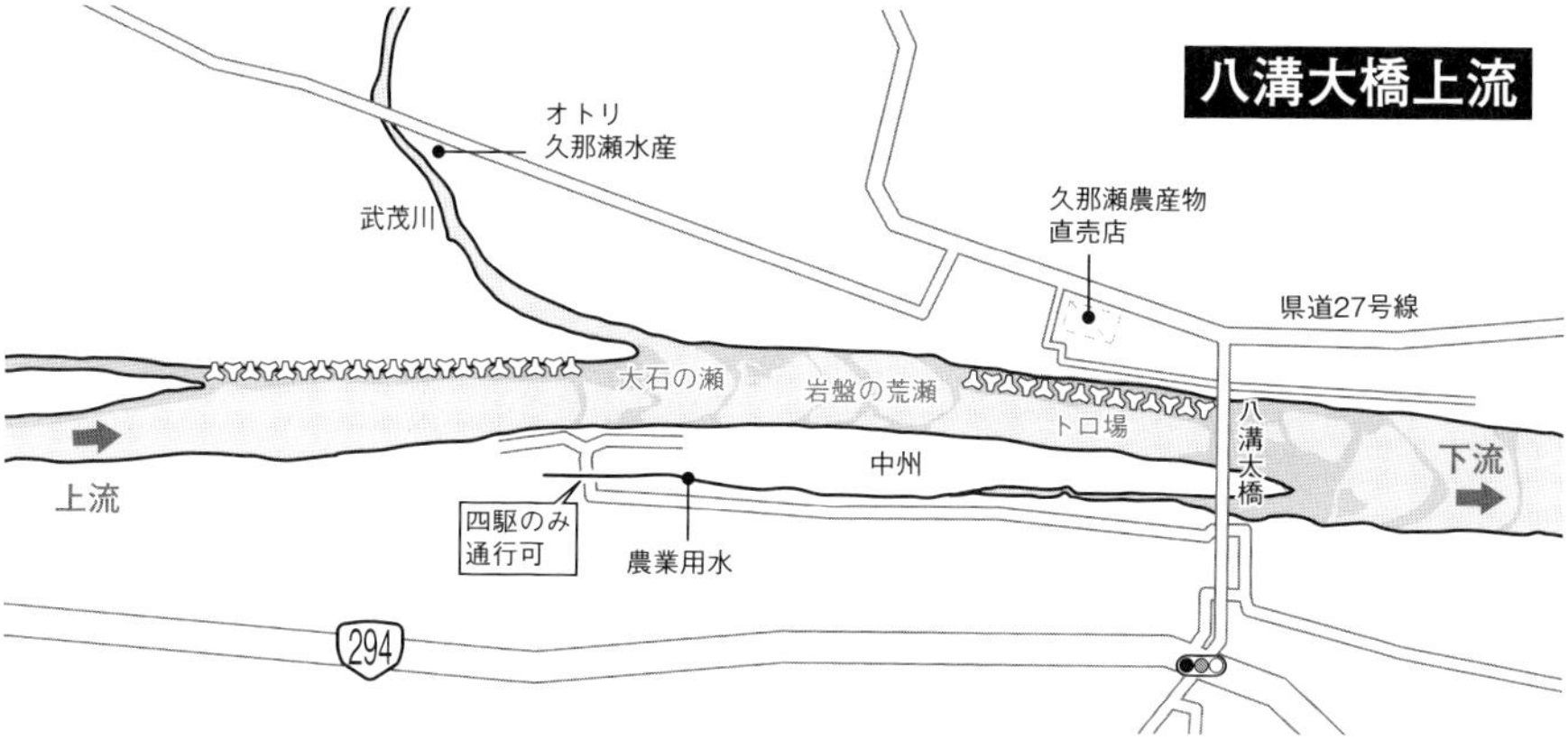
八溝大橋上流
オトリ
久那瀬水産
武茂川
久那瀬農産物
直売店
県道27号線
大石の瀬
岩盤の荒瀬
トロ場
八溝大橋
下流
上流
中州
四駆のみ
通行可
農業用水
294

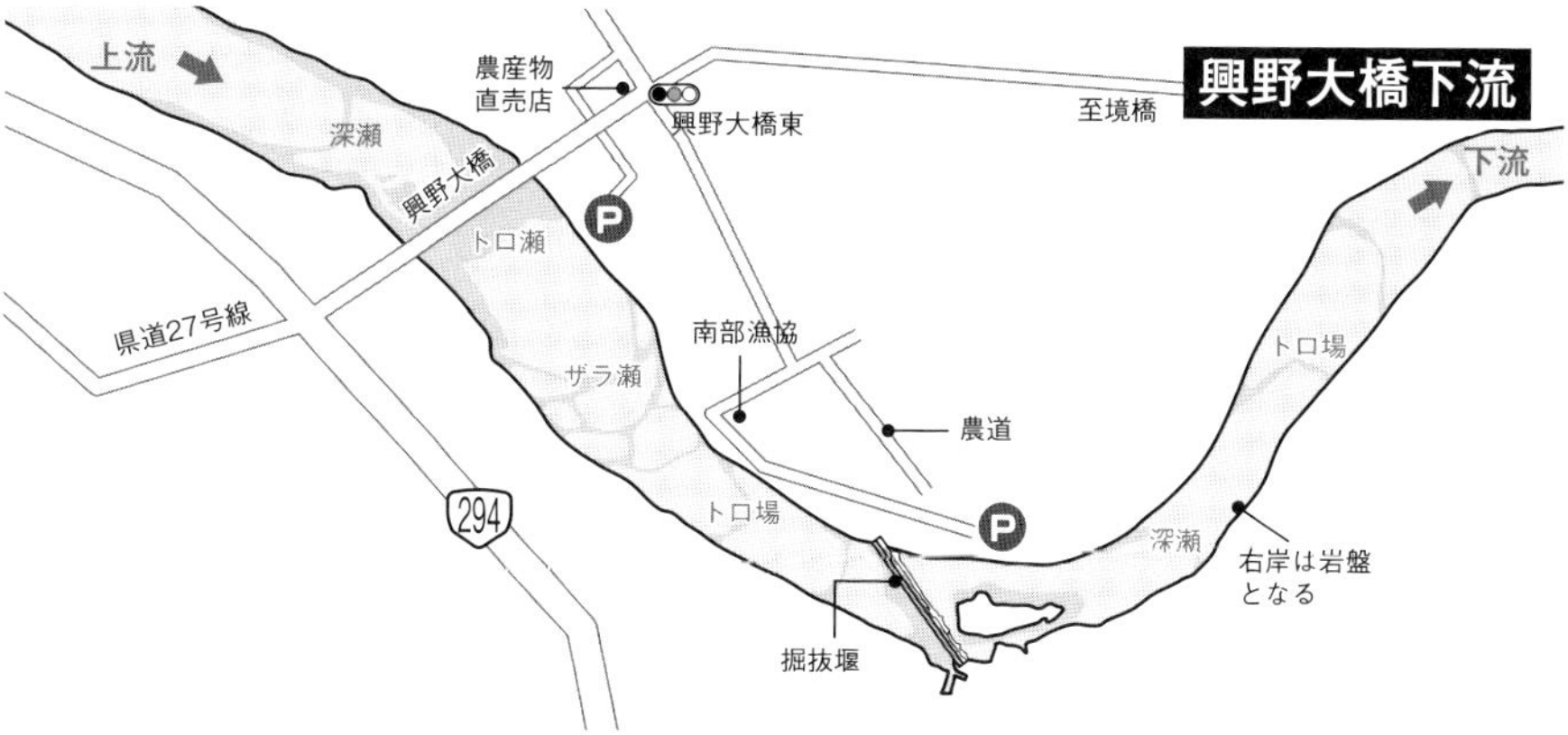
興野大橋下流
上流
農産物
直売店
興野大橋東
至境橋
下流
深瀬
興野大橋
トロ瀬
県道27号線
南部漁協
ザラ瀬
農道
トロ場
294
トロ場
深瀬
右岸は岩盤
となる
掘抜堰

04

栃木県 鬼《き》怒《ぬ》川

大アユ釣り場としては定番の河川
尺ねらいの本番は梅雨明けから！

大アユ処として知られているのが鬼怒川だ

profile

●坂本　禎

昭和45年生まれ、栃木県在住。鬼怒川、那珂川をホームグラウンドに大アユを追究。トーナメントでも活躍する。最長寸は33.4cm

大アユの釣れる河川として昔から知られている鬼怒川は、上流部に川俣ダムや川治ダム、五十里ダムなど複数のダムを抱え、栃木県中央部を北から南に縦断し、茨城県で利根川と合流する。

そんな鬼怒川のなかでも、大アユの付き場となっているのが岡本地区から桑島地区の中流部。河原が広く、比較的落差の少ない釣りやすいポイントが点在する。ねらいめとなるシーズン後半には足繁く通う釣り人も多く、平日でも賑わいをみせる人気のポイントだ。近年は北関東自動車道が開通して宇都宮上三川ICから15分程度で川に到着でき、県外からのアクセスも非常によい。

例年、7月に入ると23㎝クラスのアユが掛かり始めるが、本番は梅雨が明ける頃だ。鬼怒川らしい体高のある25㎝を超えるアユが姿を見せ始める。

さらに、お盆を過ぎると「ラインを切られた！」「掛かるけど捕れない！」などといった声が上がり、28㎝前後の釣果が聞かれるようになる。

そして9月、友釣りマンなら誰でもが

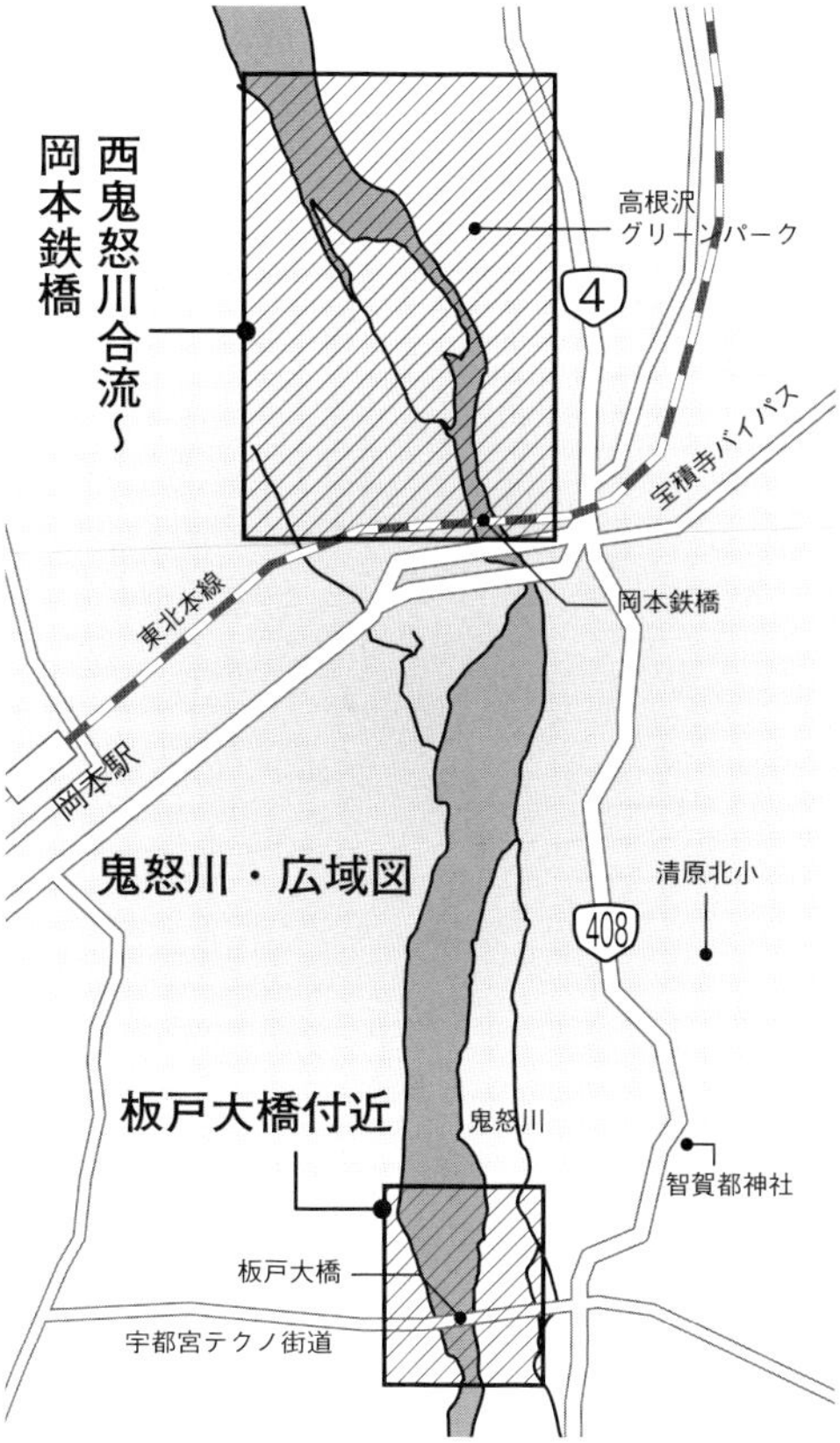

information

●河川名　利根川水系・鬼怒川
●釣り場位置　栃木県宇都宮市白沢町・東岡本町・板戸町
●解禁期間　6月9日～10月31日
●遊漁料　日釣券2500円・年券1万2000円
●管轄漁協　鬼怒川漁業協同組合（Tel 028-662-6211）
●最寄の遊漁券取扱所　食事処たつ味（Tel 028-661-6970）
●交通　北関東自動車道・宇都宮上三川IC下車。国道4号を経由して鬼怒川へ

豊富な水量がアユを大きく育ててくれる

一度は釣ってみたいと憧れる、尺アユに手が届くチャンスとなるのだが、その期間は9月25日まで。コロガシ釣り（掛け釣り）が全面解禁となってしまうため、短い期間に集中してねらうことになる。鬼怒川ではコロガシ釣りが盛んで、解禁日には前日からの泊まり込み組も多い。人気ポイントでは友釣り解禁さながらの賑わいであり、事実上友釣りは終了となるからだ。

　さて、鬼怒川での大アユ攻略のコツだが、8月中は荒瀬がねらいめになる。オモリや背バリを使い、岩盤の溝や切れ込みにオトリをしっかり馴染ませて泳がせたい。9月に入ると流れの強い瀬よりも深瀬や瀬落ちに大アユが付いているので、こういったポイントをじっくり探ってみたい。

　ロッドは最低でも急瀬クラスを使用したい。大アユ釣りでは、掛かってくるアユが大きければ、必然的にオトリも大きくなる。たまに掛かったアユが大きすぎてオトリにならないという釣り人もいるが、やはり友釣りは循環が大切。オトリ

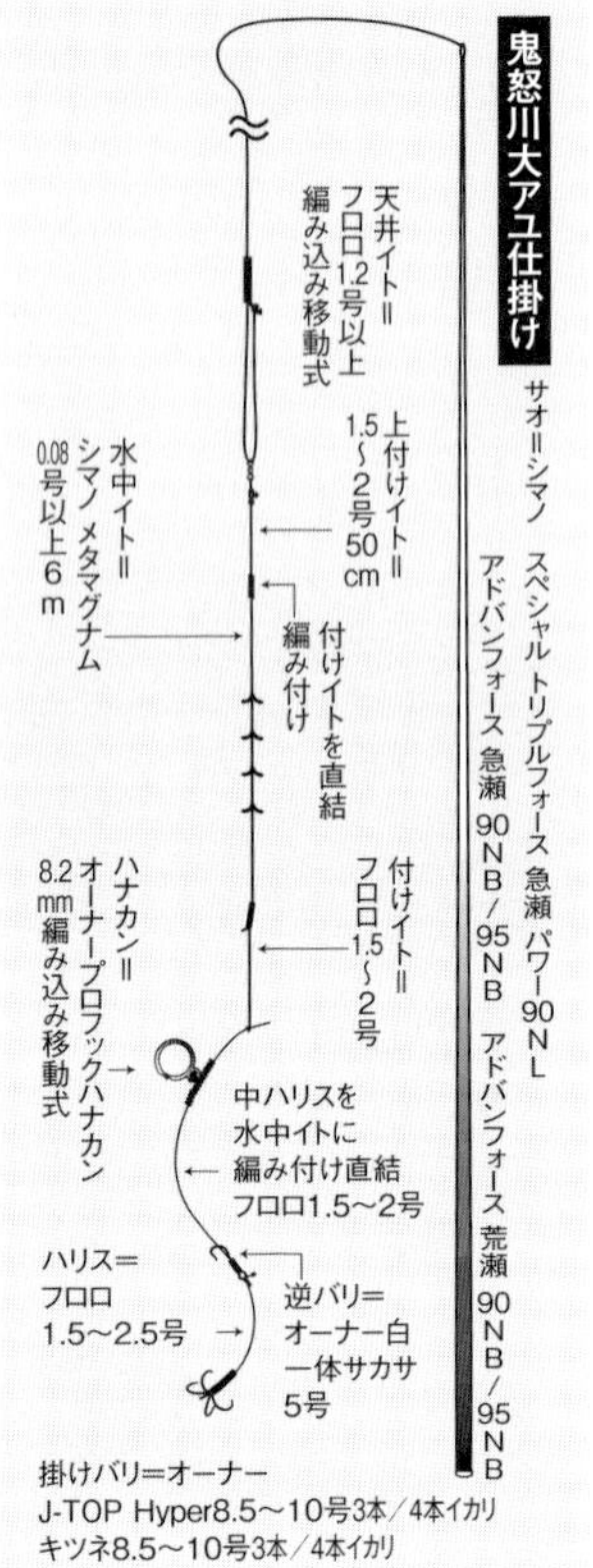

西鬼怒川との出合付近は８月にねらいたい

水量のあるトロ瀬を見せる岡本鉄橋周辺の流れ

は元気な野アユが一番なので、大アユをオトリにして操作できるサオを選択したい。

ハリも太軸で重めがよい。大アユともなると、ウロコも大きく皮も硬くなる。取り込みにも当然時間がかかるため、保持力のあるアイテムを選びたい。

またシーズン終盤では、オスのアユはオトリにして引いている時や引き舟に入れておくと色が黒くなり極端に追いが悪くなるため、できるだけ若いアユをオトリに使うことが掛かりを多くする。最初の養殖オトリもメスを選ぶと黒くならないのでおすすめだ。

【西鬼怒川合流～岡本鉄橋】

鬼怒川の大アユ・ポイントは、なんといっても岩盤周りの深瀬が一級ポイントになる。おすすめなのが「西鬼怒川合流から岡本鉄橋付近までの流れ」だ。

この区間には岩盤の長い瀬やトロ場がいくつかあり、大アユの付き場にもなっている。西鬼怒川合流右岸側、白沢グリーンパーク前、岡本鉄橋上流右岸側と、

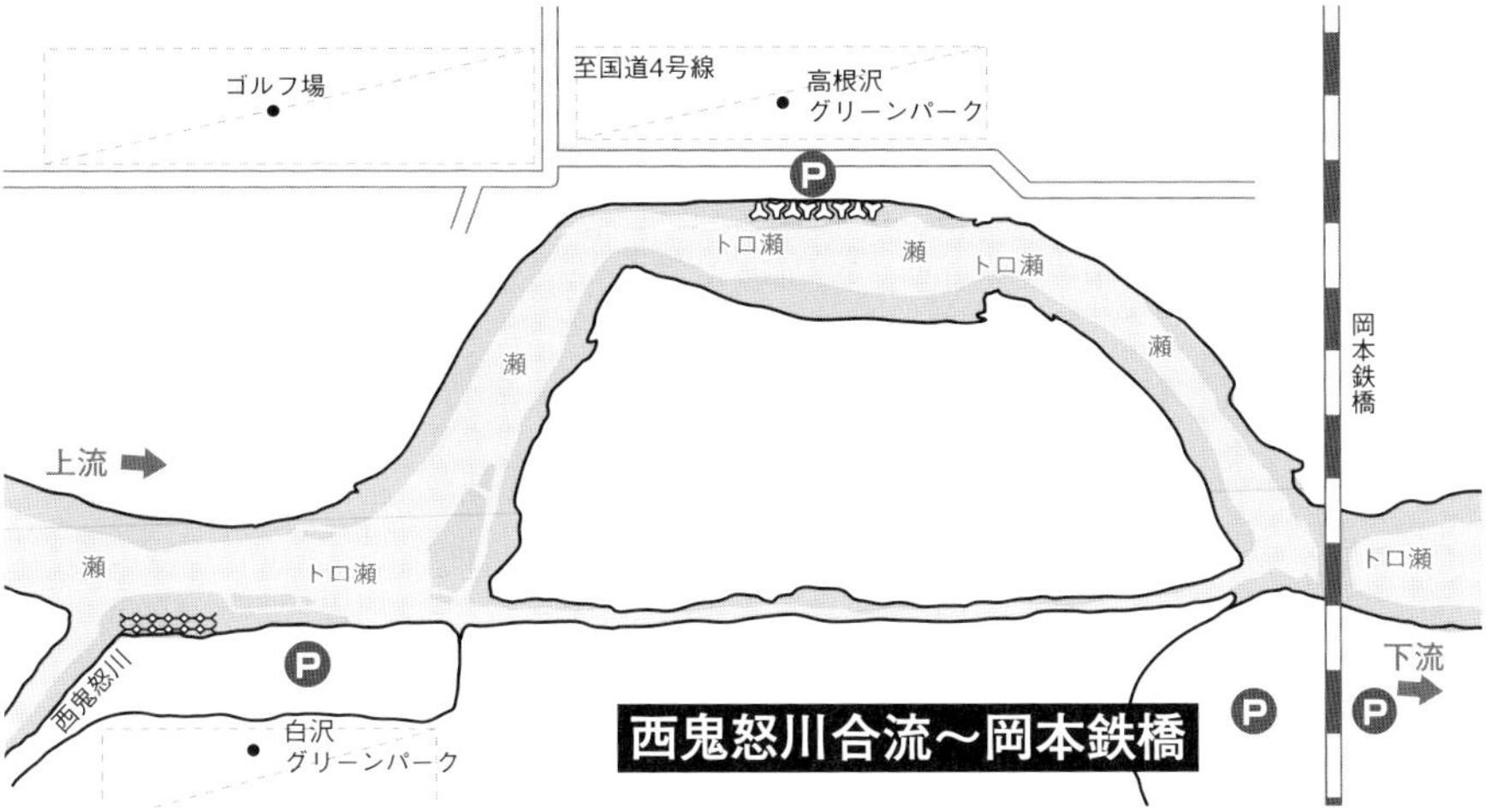

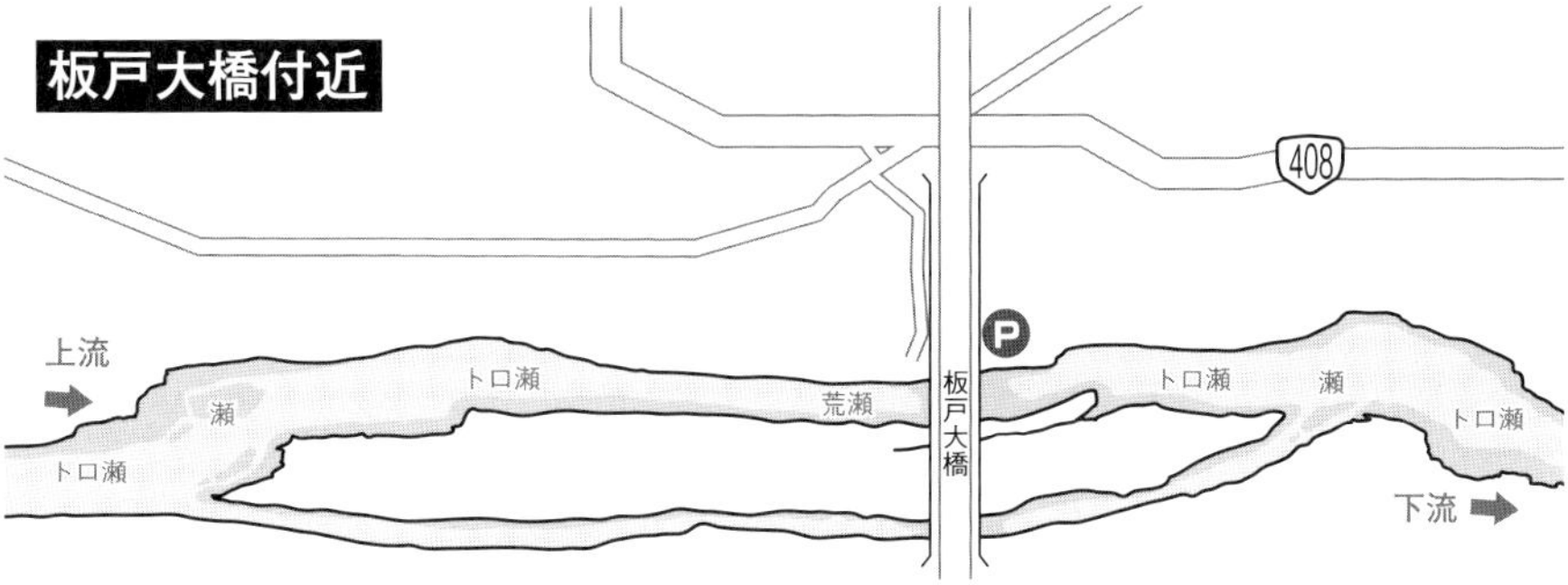

その中間左岸側にある高根沢グリーンパーク前には、乗用車でも川の近くまでアクセスでき、広い駐車スペースがあるので釣りやすい。

オトリ店は、左岸側に高根沢グリーンパーク前と、岡本鉄橋右岸側河川敷にあるので便利だ。

【板戸大橋付近】

その下流部に位置する有力ポイントが「板戸大橋付近」だ。橋の上流はオール岩盤の荒瀬で、下流は、岩盤の急瀬から、深瀬、大トロと多彩に変化を見せる。このポイントも乗用車でもアクセス可能と入川しやすい。

どちらのポイントも岩盤が多く、滑りやすく危険なので、岩盤用スパイクを必ず着用したい。

板戸橋の下流。岩盤の急瀬から、深瀬、大トロと多彩

05

群馬県 神流《かんな》川

関東を代表する清流は小さな大アユ河川の異名を持つ

清冽な流れが育んだ大アユの美しさはひとしお

profile

●松田克久

昭和 44 年生まれ、群馬県在住。アユ釣り歴 29 年。利根川水系をホームグラウンドに新潟、富山など日本海側の天然ソ上河川へも足を延ばし大アユをねらう。最長寸は 31.5cm

利根川水系に属する神流川は、群馬県の最南端、上野村にある三国山に源流を発する。県境付近を源とする流れは南から北に向かい、群馬県と埼玉県の県境付近を流下する。河川規模としては水深、水量とも中小河川に属する規模ながら、関東地区を代表する清冽な流れは、イワナやヤマメなど渓流魚はもとより、アユの釣り場としてもクローズアップされている。

神流湖（下久保ダム）のバックウオーターより上流がアユの釣り場となっており、上流部にあたる上野村地区（上野村

神流川で掛かった 28cm。尺超えも夢ではない

漁協）と、下流の神流町地区（南甘漁協）の管轄に分かれている。

　河川敷が開けているのは、上野村の中央付近までで、川へのアクセスは比較的容易。それより上流は、谷は浅いものの車で河川敷に降りることができる地点が限られるので入川の際は注意したい。

　アユの魚影は多く、6月の解禁当初から小型の数釣りが楽しめる。またシーズン初期でも23㎝クラスが掛かるケースもあり油断ができない。

　山間峡谷の渓流域だが、意外と魚の生育はよいようで、8月の声を聞く頃になると、数は望めないものの26～29㎝の良型がサオを絞り込むようになる。

　もちろん、尺アユの期待も大きく、河川規模を考慮すると「小さな大アユ河川」という言葉がしっくりくる、あなどれない川といえる。


【上野村地区】


　上野村地区のおすすめポイントとしては「上野村役場前」「ヴィラせせらぎ」付近。ここには友釣り専用区が設けてあり、放流量も多いことから実績が高い。

　ただし、人気ポイントのため釣り人の姿が絶えない。アユがスレているケースが多いので、駐車場から足を使い、サオ抜けポイントを丹念に探る拾い釣りも必要といえる。

　こと大アユとなれば、深い淵や岩盤の流れなども見逃せないポイントで、必ずチェックしてみたい。渇水時やアカ腐れ気味の場合は、大石周りの小石底や、砂利場の中にある石がねらいめになる。

　特に渇水の場合は、見えアユがいてもなかなか追ってこないケースもある。そんな時は立ち込みを避けて静かに釣るこ

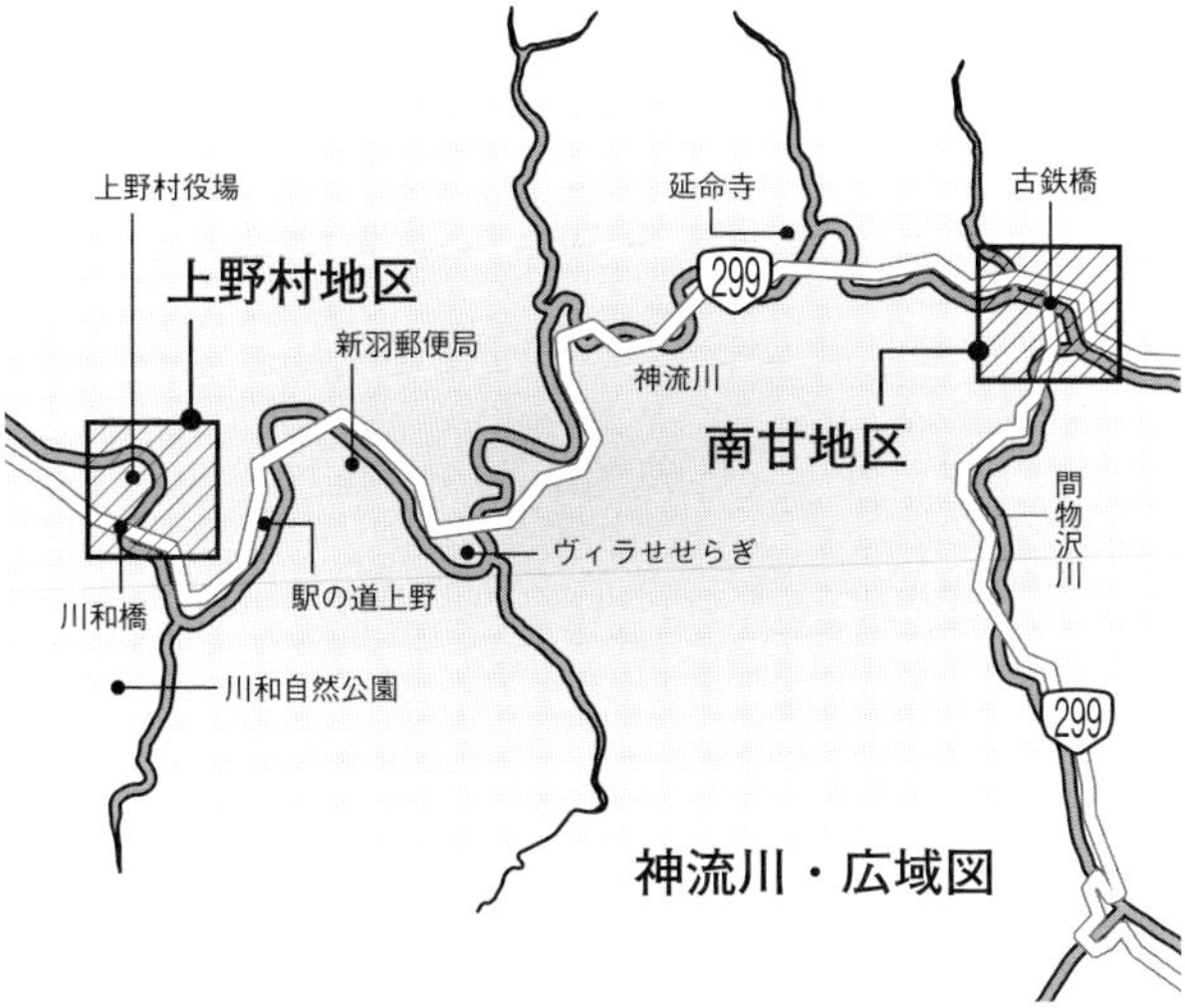

information

●河川名　利根川水系・神流川
●釣り場位置　群馬県多野郡上野村、神流町
●解禁期間　6月1日（南甘漁協）、同第2土曜（上野村漁協）～10月31日
●遊漁料　日釣券2500円・年券1万円
●管轄漁協　南甘漁業協同組合（Tel 0274-57-3464・役場内）／上野村漁業協同組合（Tel 0274-59-3155）
●最寄の遊漁券取扱所　民宿・不二野家（Tel 0274-59-2379）／新井雄二（Tel 0274-57-2823）／天野刃物工房（Tel 0274-57-2620）
●交通　関越自動車道・藤岡IC下車。藤岡市から鬼石方面、神流湖沿いに万場、中里、上野村方面へ。上流部へは上信越自動車道・下仁田IC下車、国道254号で、下仁田から南牧村経由、湯ノ沢トンネルを抜け上野村、神流町へ

上野村地区は友釣り専用区が設けてあり、放流量も多い

南甘地区の流れは透明度が高く見釣り感覚で楽しめる

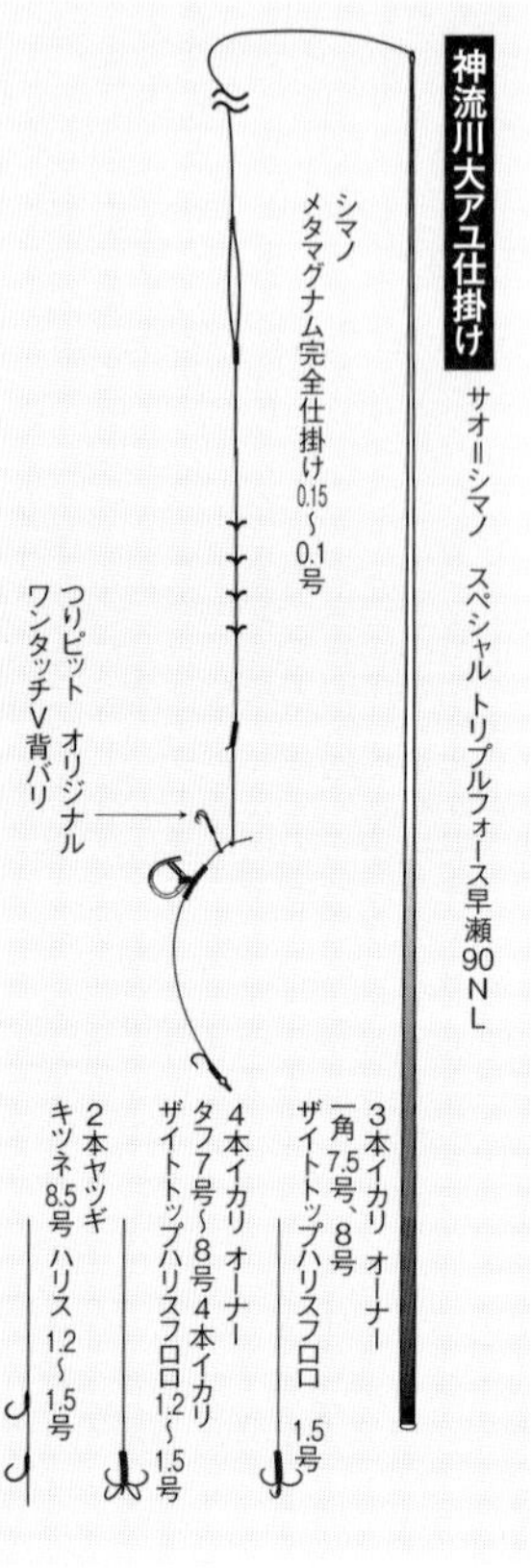

とを心がけると、追いが戻ることも多い。当たり前のことだが、なるべくオトリを弱らせないように釣ることが肝心である。

【南甘地区】

南甘地区の川相は、小砂利と岩盤に石を交えたポイントが多く、水の透明度が高いため掛かった瞬間が丸見えの、見釣り感覚での釣りが楽しめる。

近年は群馬県では一番人気の河川となったこともあり、シーズン中は釣り人の姿が絶えない。駐車場から少しは歩いて移動し、サラ場を探すことが数、型を揃える需要なファクターの1つといえるだろう。

また、淵尻などに群れるアユを攻略すれば数が伸びるが、群れアユ攻略には慎重なアプローチはもちろん、ヤナギバリなど仕掛けを工夫してみるのも得策といえる。

南甘地区での大アユねらいのコツは、比較的大きく育った元気な魚がソ上していることもあり、上流部のほうがよりねらいめとなる点である。「丸岩」あたり

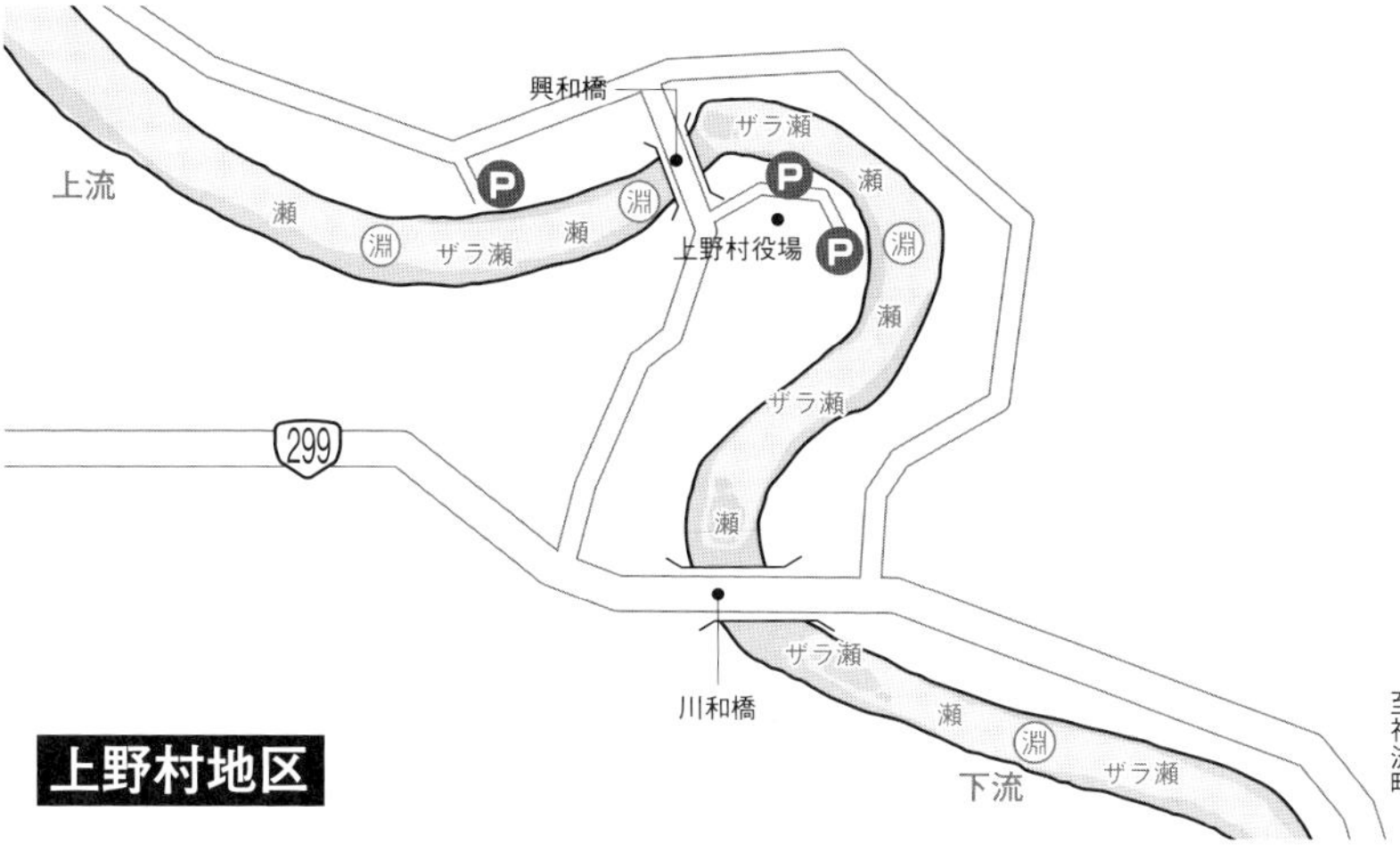

掛かったアユの引きがダイレクトに楽しめる

から上流部は、川幅こそ狭くなるが、サオ抜けになりやすい場所も増えるので、良型が潜んでいる可能性も高くなる。

上野村地区、南甘地区ともに、釣れるアユのサイズは大きくても、水量はそれほどない河川のため、厚い流れに乗って引きが倍加される心配はない。したがって太仕掛けや豪竿は必要ない。

しかし、その分、魚の重さがダイレクトにサオや仕掛けに乗ってくるため、ライトなタックルで安易に引き抜くと、高切れや、サオ折れのリスクも多いので注意が必要だ。

都市近郊にある人気河川だけに、トップシーズンにはすべての流れにアユをねらう釣り人のサオが並ぶ

06 東京都 秋《あき》川

都心近くにありながら清冽な流れを誇る
透明度のある水越しに大アユを追え

奥多摩の山々を水源とし、東京都檜原村、そしてあきる野市を流れる秋川は、昭島市で多摩川に合流し東京湾に流れ込む。上流にはダムなどなく、またあきる野市は下水道の整備が進んでいるため、都会の川ながら水質はよく、夏になると地元の子供たちが川で泳ぐ光景が見られるほどだ。

本流筋となる多摩川へソ上するアユは年々増しているものの、途中にあるいくつもの巨大な堰に阻まれ、秋川に到達するアユはごくわずか。ゆえに、釣れるアユはほぼ放流された個体といえる。

放流に依存する秋川だからなのか、２００４年頃から大きなアユが釣れるようになった。これは宮城産のアユを放流するようになってからだ。

profile

●古山勝也

昭和33年生まれ、東京都在住。釣り歴40年のベテラン友釣りマン。秋川、相模川、神通川をホームグラウンドに、盛期には日本海方面に天然アユを求めて遠征も行なう。最長寸は30.5cm

解禁当初から20㎝クラスのアユが掛かり、7月中旬には25㎝、適度な雨と晴天に恵まれれば、8月末には尺アユがサオを絞り込む

友釣り専用区は9月一杯なので、8月末から9月末までが尺アユをねらうシーズンといえる。ただ、年によって状況は違うので、最新の情報を現地のオトリ店や釣具屋店に問い合わせたい。

秋川は中小規模な河川なので極端な太仕掛けでなくてもよい。しかし、編み込み部分など接続部分はていねいにしておかないと、一瞬で切られたりトラブルを誘発してしまう。

私は水中イトにＰＥラインの０・1号、付けイトに０・５号を使用し対処している。編込みは30回以上しっかりと行ない、ハナカン周りはフロロ1号を用い、付けイトとはトリプル８の字結びで接続する。これが最強の接続方法と考える。

そして、サオは硬い先調子のサオがよい。軟らかい胴調子のサオだと掛かっても制御できずバラシにつながる。

また、寄せた際、軟らかいサオではハ

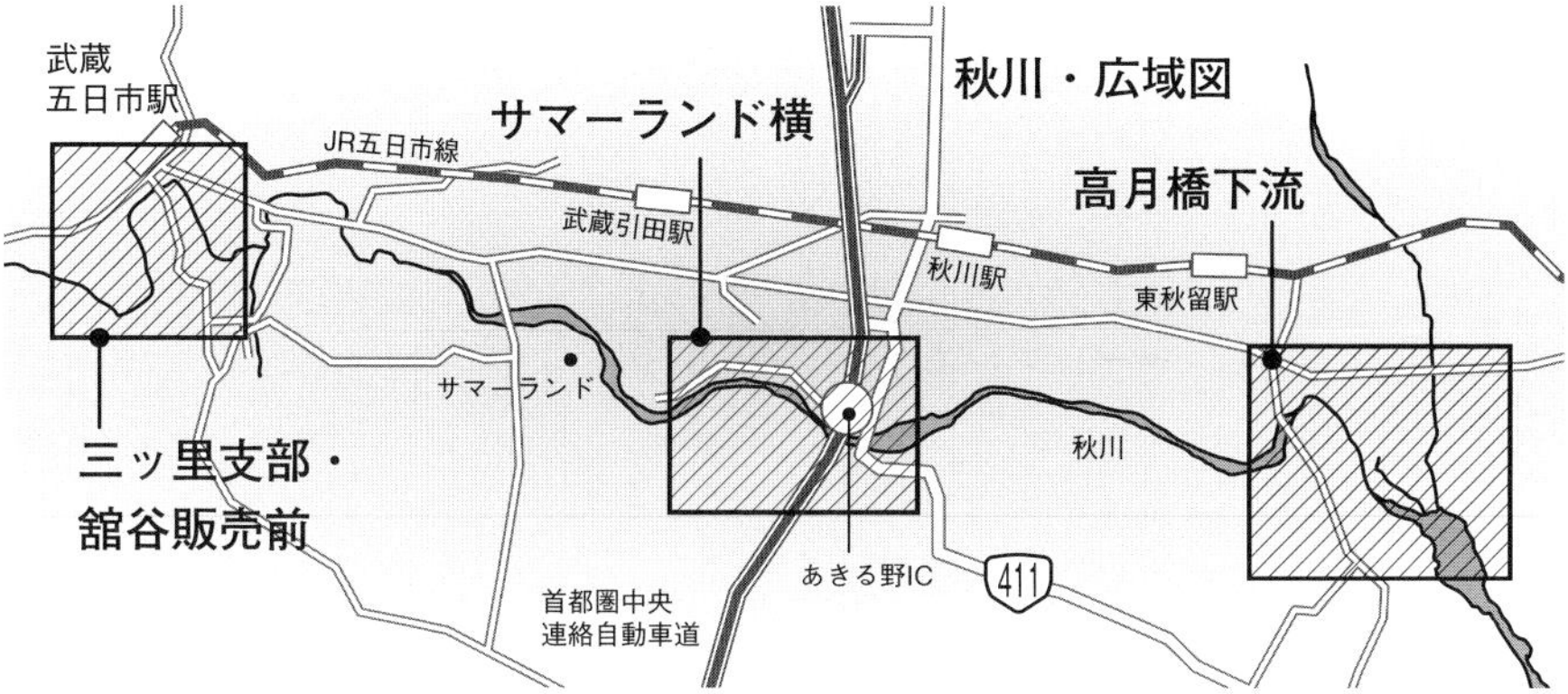

information

●河川名　多摩川水系秋川
●釣り場位置　東京都あきる野市
●解禁期間　6月第1土曜日～12月31日
●遊漁料　日釣券2000円・年券8000円
●管轄漁協　秋川漁業協同組合（Tel 042-596-2215）
●最寄の遊漁券取扱所　小峯オトリ店（Tel 042-596-1124）／松本商店（Tel 042-596-1397）／網元（Tel 042-558-0912・サマーランド前）
●交通　圏央道・あきる野IC下車し各釣り場へ

放流された魚体ながら、清冽な流れは尺アユへと大きく育む

ナカン周りの摘みイト部分をつかめず、細い水中イト部分を誤って手にすると瞬時に切れてしまう。

硬い先調子のサオなら付けイト部分にたやすく手が伸ばせるから、引き寄せて吊るし込む動作がしやすいのだ。その時のコツは、真上に吊るし上げることが重要。アユは意外と大人しく吊るし上げられる。横に引いたりすると、身切れなどバレる確率が高いように思える。

それでは、上流部から順を追って、大アユの期待できる釣り場を紹介したい。

【三ツ里支部内・舘谷売店前】

秋川橋から高尾橋の間で、左にカーブした流れが釣り場となる。小峰オトリ店前は川原に駐車スペースもあり、放流量も多いため秋川でも一番人気のあるポイントだ。岩盤や大きな石が点在し、アユの成長が進むため、例年尺アユがでる。

釣り方は完全な泳がせになる。この場所は川の中がよく見えるポイントなので、アユがいる場所（群れ）を見つけて元気なオトリを泳がせることが重要。

また、少し上流の秋川橋堰下も大アユが溜まるポイントだ。秋川橋たもとに松本商店というオトリ店があり、店主もアユ釣り名手でポイントに精通しているので、オトリを購入しながら最新の情報を聞くことができる。

いずれにしても、アユがいる場所を見つけて、元気なオトリでじっくり泳がせ、尺アユが追うタイミングまで待ちたい。

【サマーランド横】

サマーランド横には堰があり、その下流から圏央道周辺まで、増水により川相が変わりやすいが、よい石が入っているため安定した釣果が望めるうえにアユの成長もよく、大型が期待できるポイントとなる。

左岸側に駐車スペースがあり、休日などは行楽客で賑わいをみせる。また、少し上流の「リバーサイドパーク一の谷」周辺も大アユのポイントだ。

【高月橋下流】

秋川では最下流に位置し、昔から大アユが釣れるポイントとして知られている。橋から200m下流で川が右に曲がり、左岸側は護岸となっている。この周辺にアユが溜まるためねらいめとなるのだ。

護岸前はトロ場となっており、水中が見えるのでアユを確認してサオをだしたい。

多摩川本流の睦橋上流も大アユのねらえるポイントだ。ちなみに羽村堰から拝島昭和堰の間は秋川漁協が管轄しているため、新たに入漁券を買い求めずに釣ることができる。

小峰オトリ店前の川相を望む。放流量も多いため秋川でも一番人気のあるポイントだ

下流から圏央道の陸橋が架かる上流を望む。アユの成長もよいので大型が期待できる

最下流となる高月橋下流。水量は取水によって絞られるが、テトラ前の流れに大アユが潜んでいる

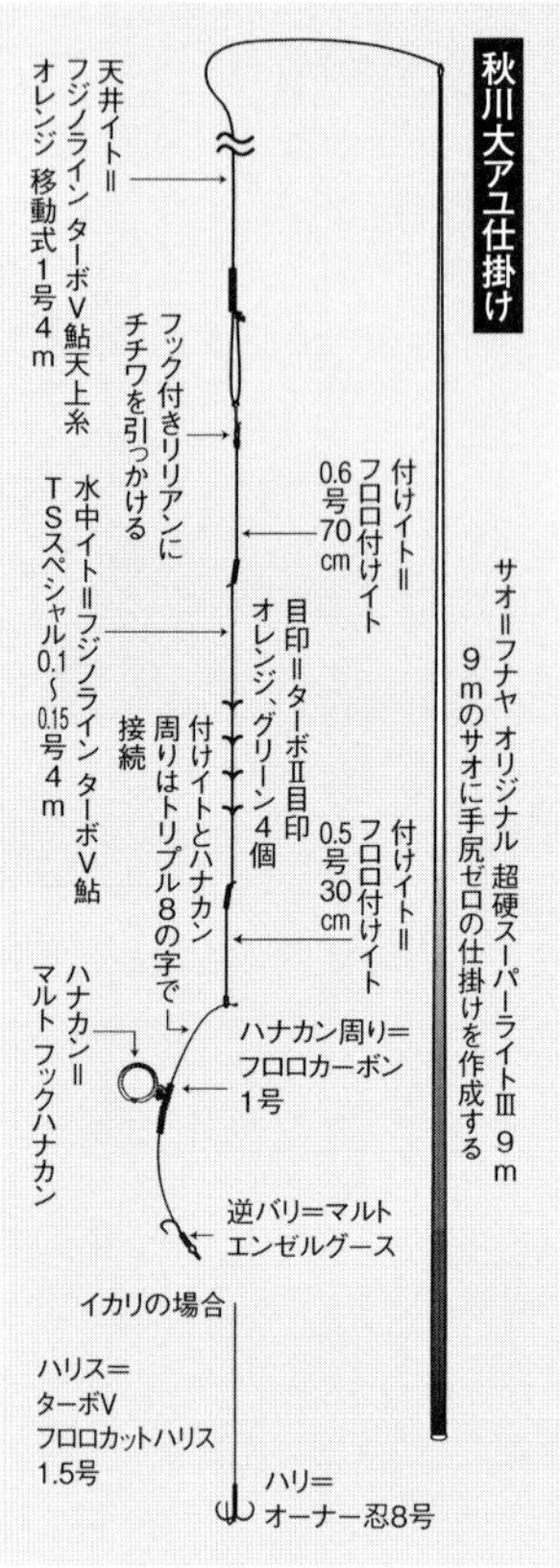

三ツ里支部内・舘谷売店前

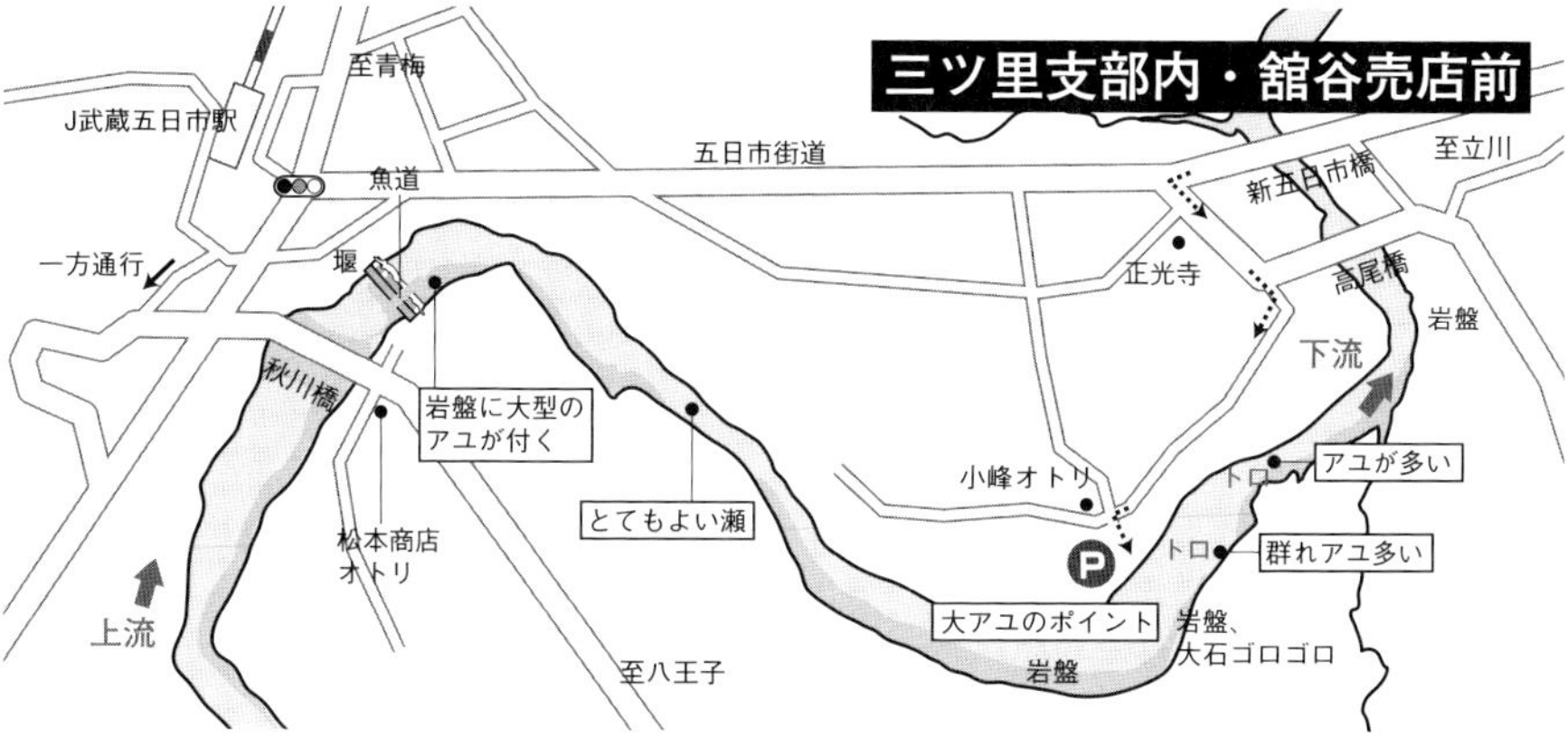

サマーランド横

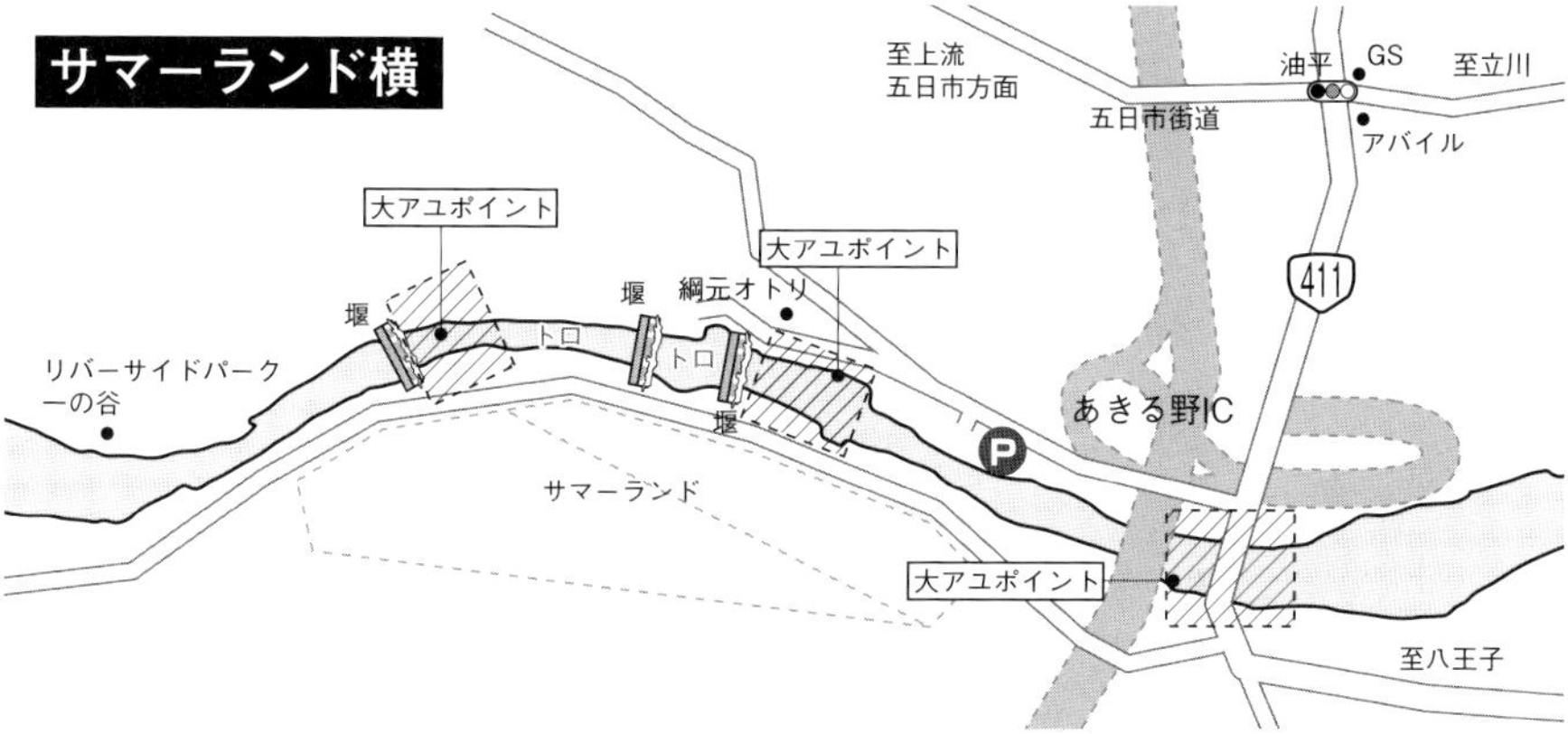

高月橋下流

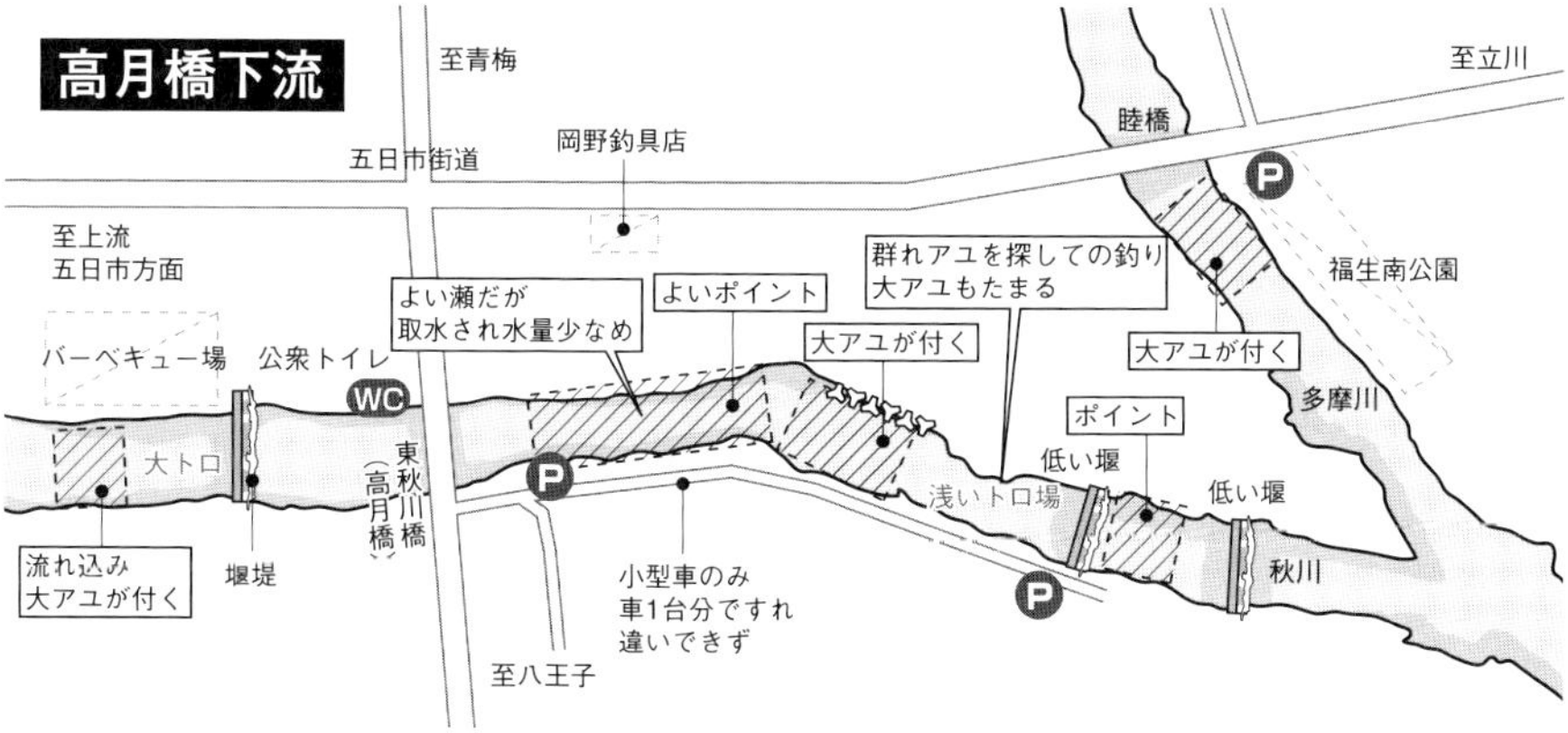

07

神奈川県 相《さ》模《がみ》川

ねらいめは急流にあらずトロ瀬 誰にでも大アユを手にするチャンスがある

トロ場でも、こんな大アユが手にできるのが相模川の魅力だ

profile

●小室伸一

昭和33年生まれ、神奈川県在住。相模友釣同好会所属。G杯アユ全国大会に3度出場を果たす実力派。大アユを追いかけ九州まで遠征する。最長寸は31.5cm

相模川は山梨県山中湖を水源とし、神奈川県平塚市で相模湾に注ぐ流程１１５㎞の河川で、上流となる山梨県内では桂川、神奈川県内では相模川、河口付近では馬入川と名を変える。友釣り区としては、桂川は大月～四方津間の17㎞、相模川は上大島～田名の11㎞程で、その下流域ではコロガシ釣りが主体となる。友釣り区では水質のよい支流が数多く流入して良質なアユが釣れるのだが、大アユ釣り場となると相模川本流・上大島地区から葉山島地区が挙げられる。

この地区の水量は上流にある城山ダムの放水量によるもので、時間にして25tくらいが平水だ。水量としては中規模河川で、大河川のようにサオの入らないサオ抜けポイントがなく、ヘチや立ち位置がサオ抜けになる場合が多くなる。誰にでも大アユを手にするチャンスのある河川といえる。

近年の相模川は尺アユ釣り場としてメジャーになり、都心からも近く大変混雑するようになった。平成26年春には圏央道が神奈川県内全線開通となり、中央自

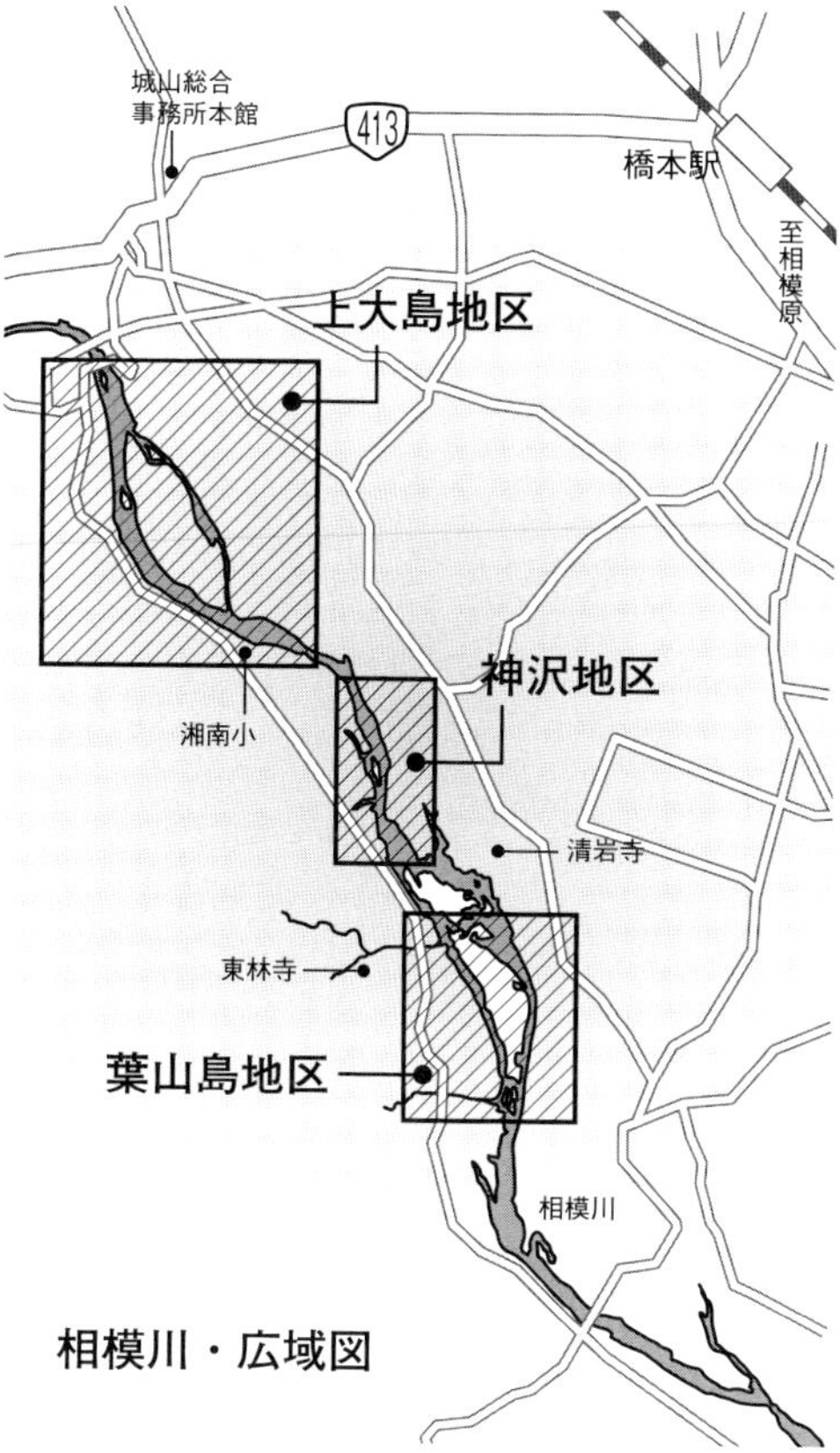

相模川・広域図

information

●河川名　相模川
●釣り場位置　神奈川県相模原市
●解禁期間　6月1日～10月14日
●遊漁料　日釣券1000円・年券1万円
●管轄漁協　相模川第一漁業協同組合（Tel 042-763-2726）
●最寄の遊漁券取扱所　上大島地区・上大島友鮎販売所（Tel 042-761-9405）／葉山島地区・斉藤おとり店（Tel 042-783-0797）
●交通　圏央道相模原・愛川IC下車。県道48号線または県道511号線にて6～7km、15～20分で各ポイントへ

トルクフルな引きが
サオを大きく曲げる

動車道とも接続する予定。都心の釣り人にとっては、ますます身近な大アユ釣り場になりそうである。

解禁期間は6月1日～10月14日まで。期間中でも大アユシーズンは9～10月が有望で、台風などの大増水がない年は10月14日の最終日まで尺アユがねらえる。しかし、増水によってダムに濁りが入ると3週間程度釣りにならず、ベストシーズンを逃してしまうこともある。

相模川では数種類の稚アユを放流しているが、中でも宮城産が大型化し、追いもよいといわれている。一方で多い年には1000万尾もの大量天然ソ上もあり、束釣りのでる数釣り河川に変貌するという両極端な河川でもある。

【上大島地区】

相模川の友釣り区として最上流に位置し、2km程の区域で尺アユの最有力ポイントである。2009年には78尾の尺アユ（30cm以上）が上大島友鮎販売所に持ち込まれ、最長33・5cmが確認されている。そのほか未確認の尺上が多数釣られていると思われる。

釣り場へのアクセスは県道48号線の自然の村入口の信号を入り、突き当りを右折で道なりに進むと上大島友鮎販売所を左に見て河川土手道に出る。その前がシルバーシートまたは売店前と呼ばれる尺アユ有望ポイントで、平日でも早朝からサオの林立となっている。右岸側の分流は水量が減り大アユの実績が少ない。

ポイントAは諏訪森下橋上流の大石、岩の沈む深瀬～深トロで石アカの付きがよく、増水時も残りアカが多い。特に瀬尻付近にアユが溜っているようで数がでる。昨年（2013年）右岸（中島側）消波ブロック内にスズメバチの巣があったので注意していただきたい。

諏訪森下橋の下流となるポイントBは、この地区一番の人気ポイント。全体的に流れは穏やかで釣りやすいが、入川できる人数が限られるような釣り場となるので、午前中は別ポイントでオトリを確保し午後から出向きたい。その場合、消波ブロック前の一級ポイントを外し、午前中釣り人が立っていた所がサオ抜けになり、その場所で思わぬ釣果が得られることがある。

その下流に位置する大島キャンプ場前の絞り込みから右岸分流が合流するポイントCは、川幅の狭い急瀬で数は望めないが良型が釣れ、大アユとの醍醐味あるやり取りが味わえる。合流の上は狭いポイントではあるが数、型とも有望で、オトリ確保の好場所にもなる。

分流合流点から鵜どまりまでがポイン

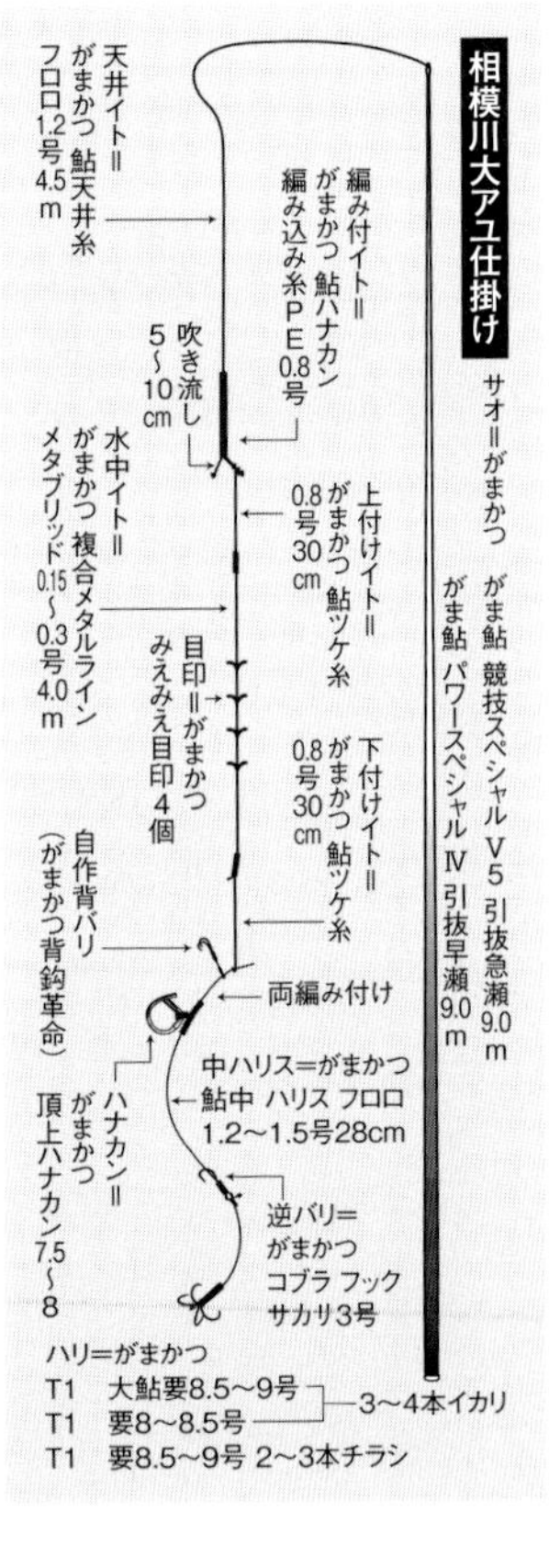

上流部よりポイントAを望む

諏訪森橋より下流部となるポイントBを見る

下流から早瀬となるポイントCを見る

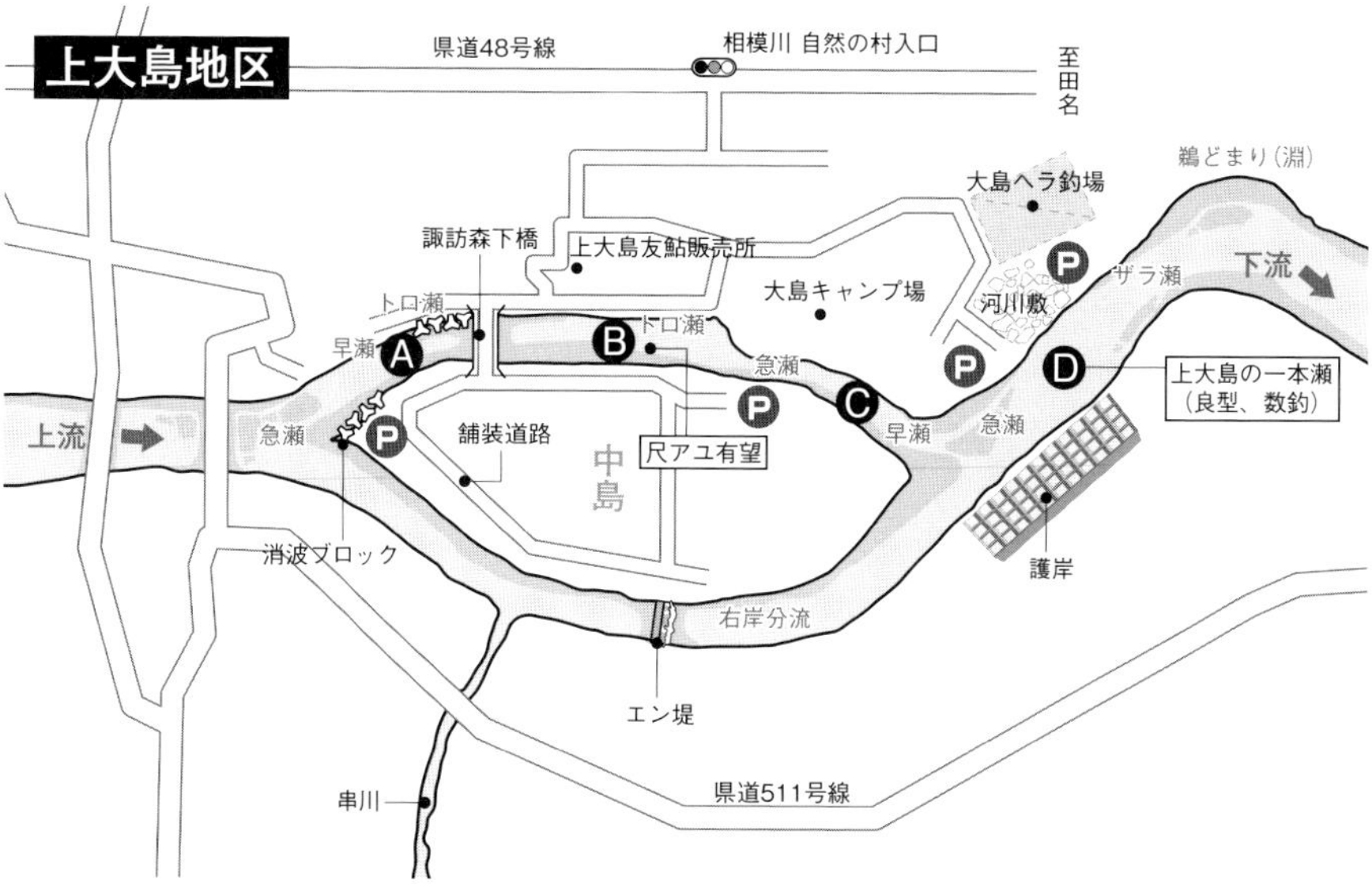

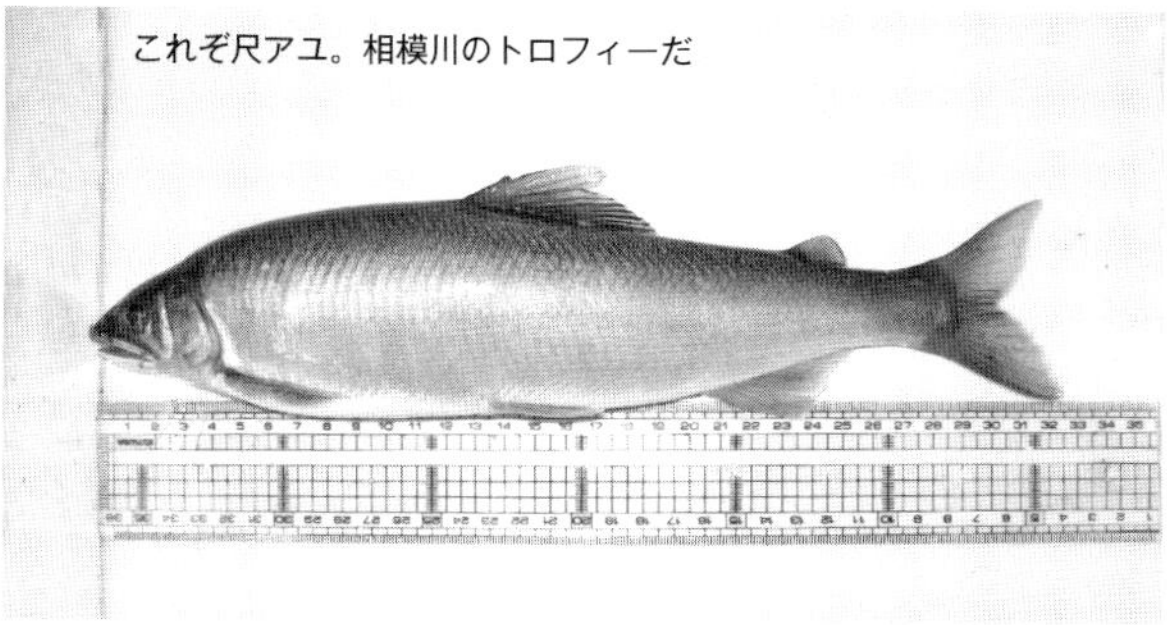
これぞ尺アユ。相模川のトロフィーだ

ポイントDとなる
「一本瀬」のようす

トD。上大島の一本瀬と呼ばれ、長い瀬が続き両岸からサオだし可能で、探り甲斐があり数、型とも有望である。合流点下の急瀬は大石が入り、流心がサオ抜けになりやすく良型が潜んでいる。その瀬尻に消波ブロックが1つ頭を出している場所があり、この周辺が尺アユの実績ポイントである。

ヘチから流心まですべてがポイントで静かに釣れば数も望める。その下流となる鵜どまり上流のザラ瀬はシーズンを通して数がでる。しかし淵から差し上がる大アユが掛ることがあるので油断はできない。

【神沢地区】

この地区は上大島と葉山島の中間に位置し、数年前までコロガシ区になっていた。入川口が分かりづらく悪路でオトリ店もないため釣り人が少なく、静かな釣りが楽しめる。入川口の目印として県道48号線を田名方面から北進（上流側）し、大島T字路手前700m左側の小路を左折。河川敷へは路面が浮石で悪いので注

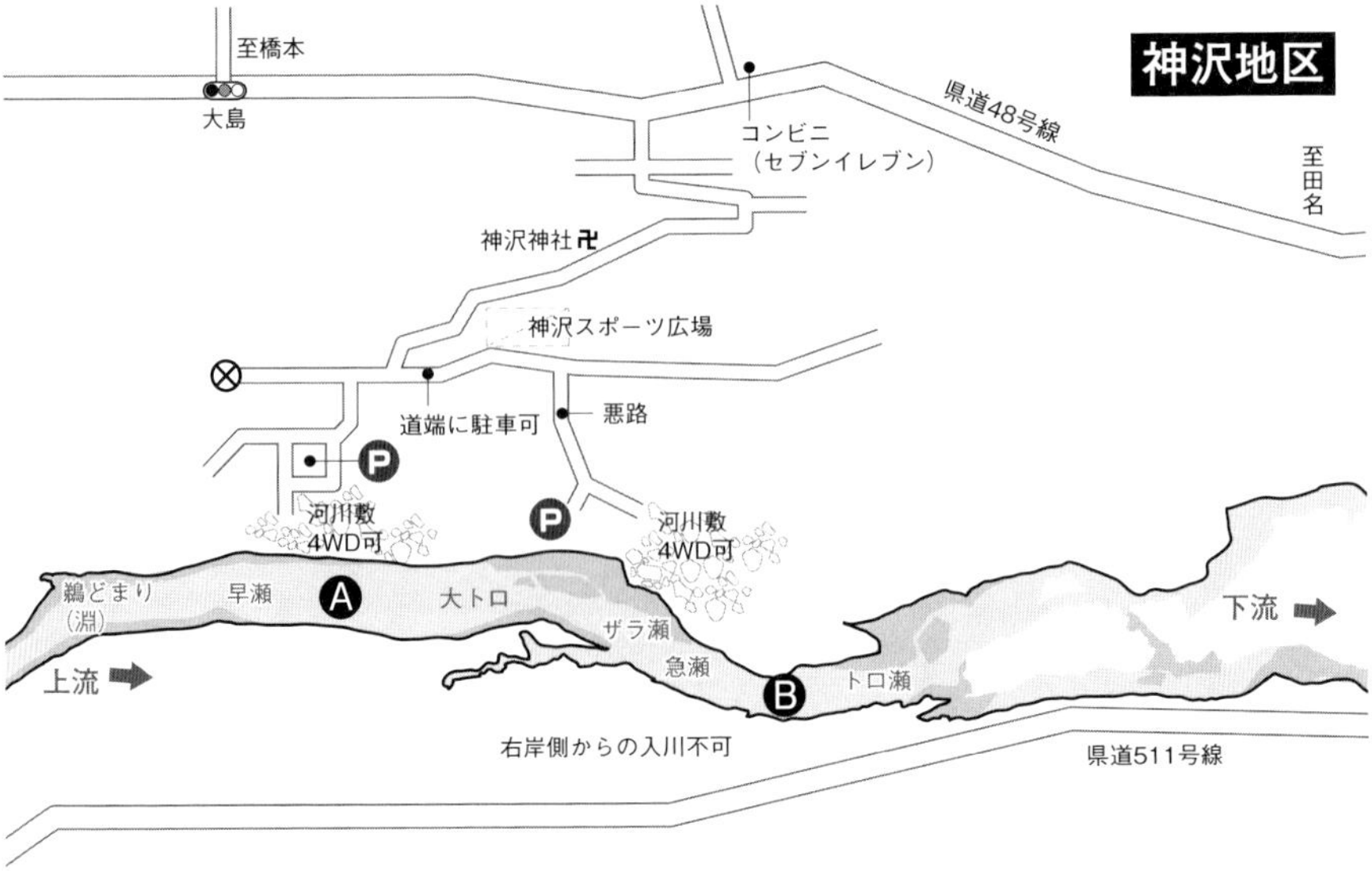

ポイントＢのトロ瀬を望む

ポイントＡ下流部の大トロ

ポイントＡ上流部の早瀬

意していただきたい。

ポイントＡは早瀬から大トロになるこの地区の本命ポイントで、場所ムラが少なく平均的な釣果が得られ、右岸からもサオだし可能である。そこから右岸側にザラ瀬から急瀬となり、ポイントＢに落ちる。ここは長いトロ瀬で左岸片側の釣りになり、泳がせ釣りののんびり派におすすめ。しかし尺アユの実績もあり油断できない。

Ａ、Ｂポイントともに草木が多く、水深もあるので仕掛けの予備は多めに持参したい。なお、付近にオトリ店がないため、事前に上大島地区や葉山島地区で準備する必要がある。

【葉山島地区】

この地区へのアクセスは前記２地区とは逆に、右岸を走る県道５１１号線からとなり、県道脇に斉藤おとり店があり、目印となる。

ポイントＡは目立ちにくい場所にあり変化がなく、釣り人も少ないが条件しだいでは良型がでる。ポイントＢは消波ブ

葉山島地区

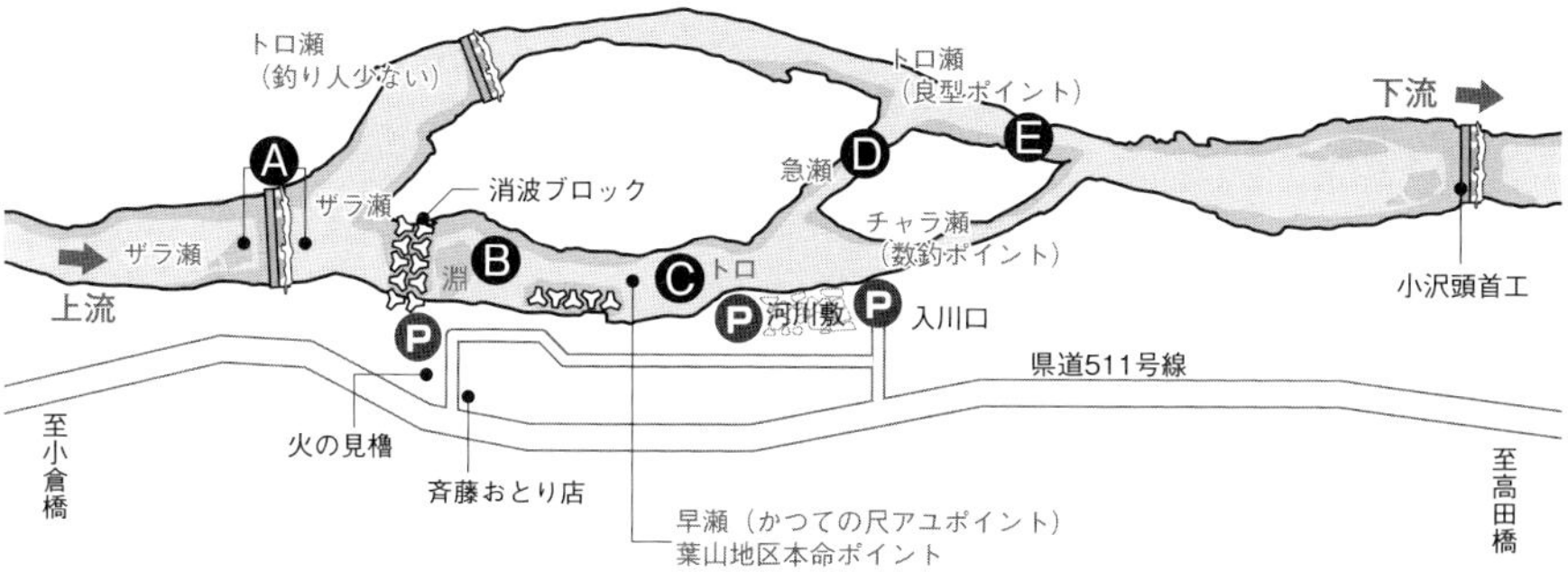

堰堤を挟んでポイントAのザラ瀬が続く

ポイントBの淵

ポイントCから下流部のE、Dを望む

ロックの堰下になる大淵で、良型アユが多数潜んでいると思われ、私も過去よい思い、悔しい思いを何度もしている。ただし両岸ともに2名ほどしか入釣できないので注意したい。

Cはこの地区の中心ポイントで、場所も広く人気がある。流れは早瀬からトロ瀬で、泳がせ釣り主体となる。ポイントDは左岸側に落ちる急瀬。複雑な流れには大アユが潜んでおり、掛けると取り込みに苦労させられる。ポイントEは左岸崖下を流れるトロ瀬で、かつての大アユポイントであったが近年は型が落ちているようである。

相模川は球磨川のような荒瀬に尺アユが潜んでいることはなく。トロ～トロ瀬に多い。したがってチャンスは誰にでもあるといえ、思いもよらず掛けることがあるので、しっかりとした仕掛けを準備してほしい。

08

長野県 千《ち》曲《くま》川

シーズン初期から20㎝クラスが普通サイズ
お盆の頃からはいよいよ大アユの季節が始まる

佐久大橋上流側。佐久大橋～野沢橋間はシーズンを通して投網が禁止されている

佐久大橋下流側の流れ。浅蓼大橋までの間も人気区間だ

profile

●高橋宏明

昭和 38 年生まれ、長野県上田市在住。ホームグラウンドは千曲川（佐久、更埴漁協管内）、依田川。GFG 長野支部内水面統括部長。最長寸は 29.5cm

●金子賢太郎

昭和 50 年生まれ、長野県佐久市在住。ホームグラウンドは千曲川（佐久、更埴漁協管内）。GFG 長野支部渓流副部長。最長寸は 28cm

千曲川は、埼玉・山梨・長野県境に位置する甲武信ヶ岳の長野県側から流れ出し、新潟県で信濃川と名前を変え、日本海へ注ぐ。今回紹介するエリアは管轄漁協が２つあるので分けて記す。

佐久漁協管内

静岡産のアユが放流され、解禁当初から20㎝前後のサイズを楽しめる。初期は少し追いが悪いが20～30尾、ポイント次第では50尾以上も期待できる。お盆頃から25㎝オーバーが釣れ始める。

【臼田地区　臼田橋上下】

右岸は佐久病院裏のゲートボール場付近から橋下へ入川できる。左岸は佐久病院方面から臼田橋を渡ってすぐの道を右折、さらに鋭角に右折し入川。臼田橋上流～真下までの深みのポイントを探ってみたい。

●尺アユ実績　２００５年9月28日。岩松武文＝30・7㎝（３１５ｇ）。臼田橋上流のトロ場。岩松氏にお聞きしたところ、この年は大アユの当たり年で、当日

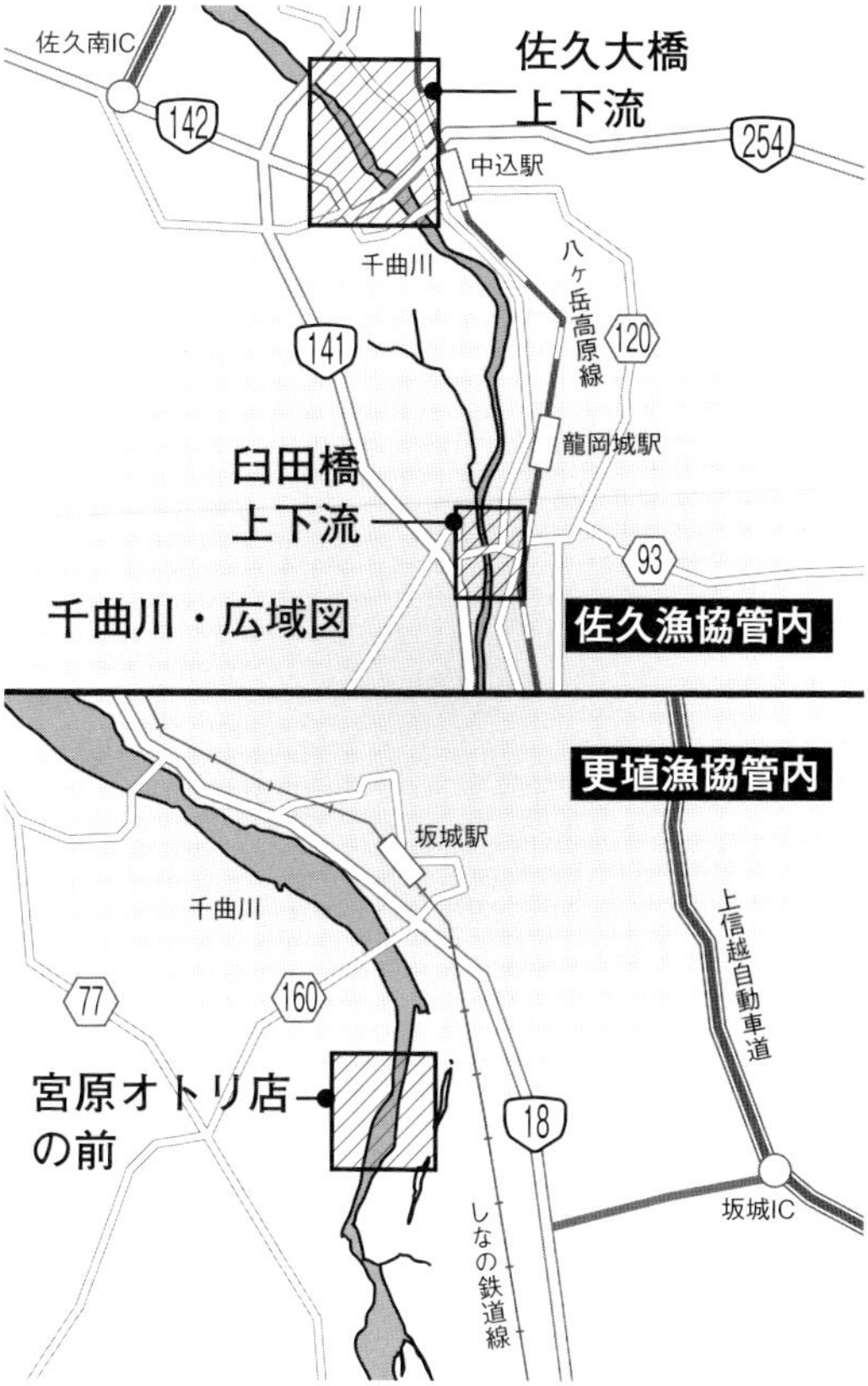

information

●河川名　信濃川水系千曲川
●釣り場位置　長野県佐久市（佐久漁協）、千曲市（更埴漁協）
●解禁期間　6月29日～12月31日
●遊漁料　日釣券2100円・年券1万2600円
●管轄漁協　佐久漁協（Tel 0267-62-0764）／更埴漁協（Tel 026-275-1536）
●最寄の遊漁券取扱所　佐久漁協管内＝魚とよ（浅蓼大橋 Tel 0267-62-8723）／金沢釣具店（佐久大橋～野沢橋 Tel 0267-62-0294）／あわじ（佐久大橋～野沢橋 Tel 0267-62-7538〈夏季〉）／花岡誠一（住吉橋～臼田橋 Tel 0267-82-2545）。更埴漁協管内＝宮原忠則（大望橋 Tel 0268-82-2388）
●交通　更埴漁協管内へは、上信越道・坂城IC下車し釣り場へ。佐久漁協管内へは佐久ICより国道141号を経由して釣り場へ

臼田橋上流のトロ

も釣友数名と川へ入り、全員が25～27cmを4、5尾掛け、夕方の最後にこの大アユがきたとのこと。

【佐久大橋～浅蓼大橋の友釣り区間】

野沢橋と佐久大橋の間はシーズンを通して投網禁止で、友釣り区間として有名。トロ場、チャラ瀬、ガンガン瀬、底石も大小ありバリエーションに富む。河川へのアクセスはオトリ店を目差せば簡単に入川できる。

野沢橋～佐久大橋区間 右岸側は「あわじ」、左岸は「金沢釣具店」、佐久大橋～浅蓼大橋は「魚とよ」。

大アユはどこでもねらえるが、佐久大橋上流、テトラ前のトロ瀬に期待大。

●尺アユ実績　２００８年9月6日。金子昌之＝30・5cm（海産）３７８g　※佐久水産所にて検査。浅蓼大橋の下の瀬落ち。朝から大アユねらいで我慢の釣り。残暑が少し和らいできた午後3時過ぎ、テトラの際をゆっくり引いていると軽いアタリで、サオを立てると一気に目印が下流に流れてサオがしなった。

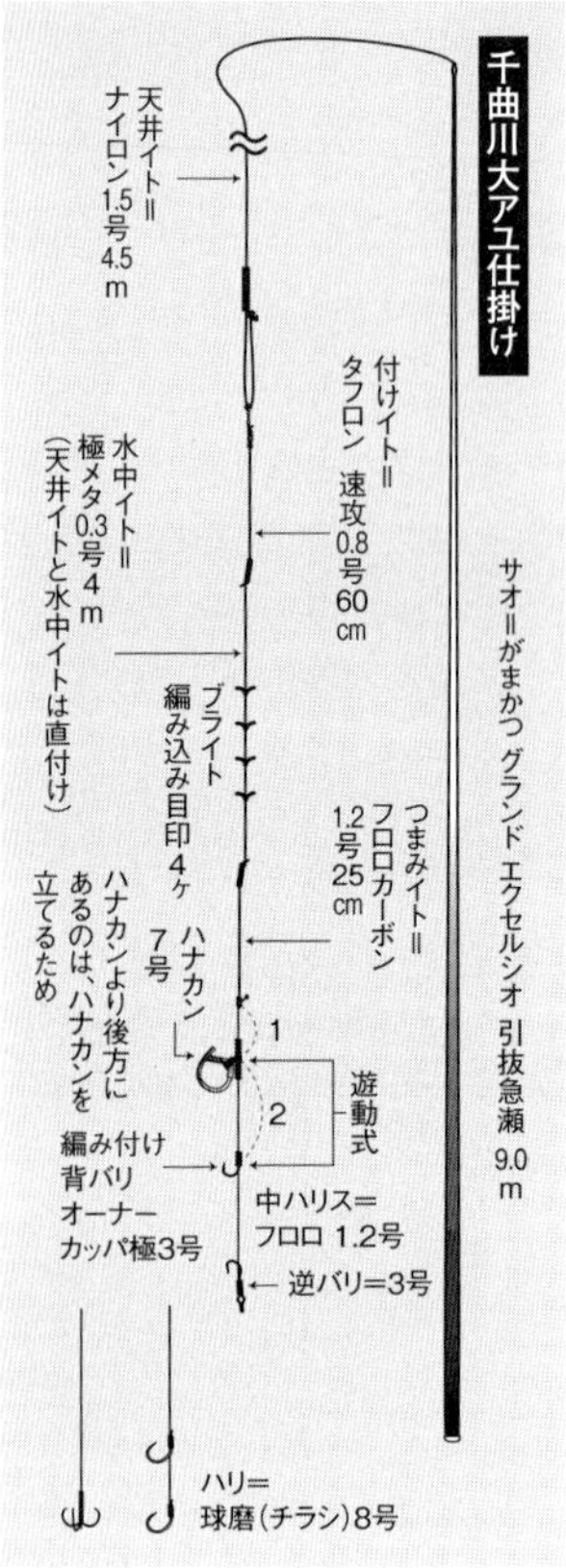

2005年、臼田橋上流のトロ場で岩松さんが釣った30.7cm

更埴漁業協同組合管内

大きな底石はほとんどなく、こぶし大の玉石で敷き詰められているのが特徴。底流れが強く押しが強い川なので、他河川の2倍の強度の仕掛けが必要。

【宮原オトリ店前】

坂城大橋を左岸側に渡ってすぐ左折し直進。堤防へ上がり上流側の宮原オトリ店を目差す。川が2本に流れている右岸側の瀬尻で毎年大アユが掛かる。

川のところどころにある溝を見つけることが、釣果をあげるポイント。釣り方は、最初から1号などの大きなオモリを付けて、オトリを沈めてねらう。オトリは止めずにゆっくり引いていく釣りが向いている。

大アユが出る時期は、佐久地域同様お盆過ぎから。尺まではいかないが、24～29㎝が期待できる。底流れが強いため掛かりアユ＋2～3㎝分のファイトを楽しめる。膝下でもかなり押しが強いので、サオ抜けをねらって無理をすることのないよう、充分注意して安全に釣りを楽しんで頂きたい。

●アドバイス

石の上側にハミ跡がある場合、居着きアユはせわしなくナワバリを泳ぎ回っていることが多く、いろんな角度から石の上を通過させるようにオトリを泳がせる。石の横側にハミ跡がある場合は石のそばに留まっていることが多いので、オトリを止めながら（10秒くらい）引く。

大アユを釣るには、オトリも大きいものを使う。大アユが釣れても大事にキープするのではなく、それをオトリにしてさらなるサイズアップをはかりたい。仕掛けも、大きなオトリに大アユが掛かったことを想定したものを用意したい。

臼田橋上流

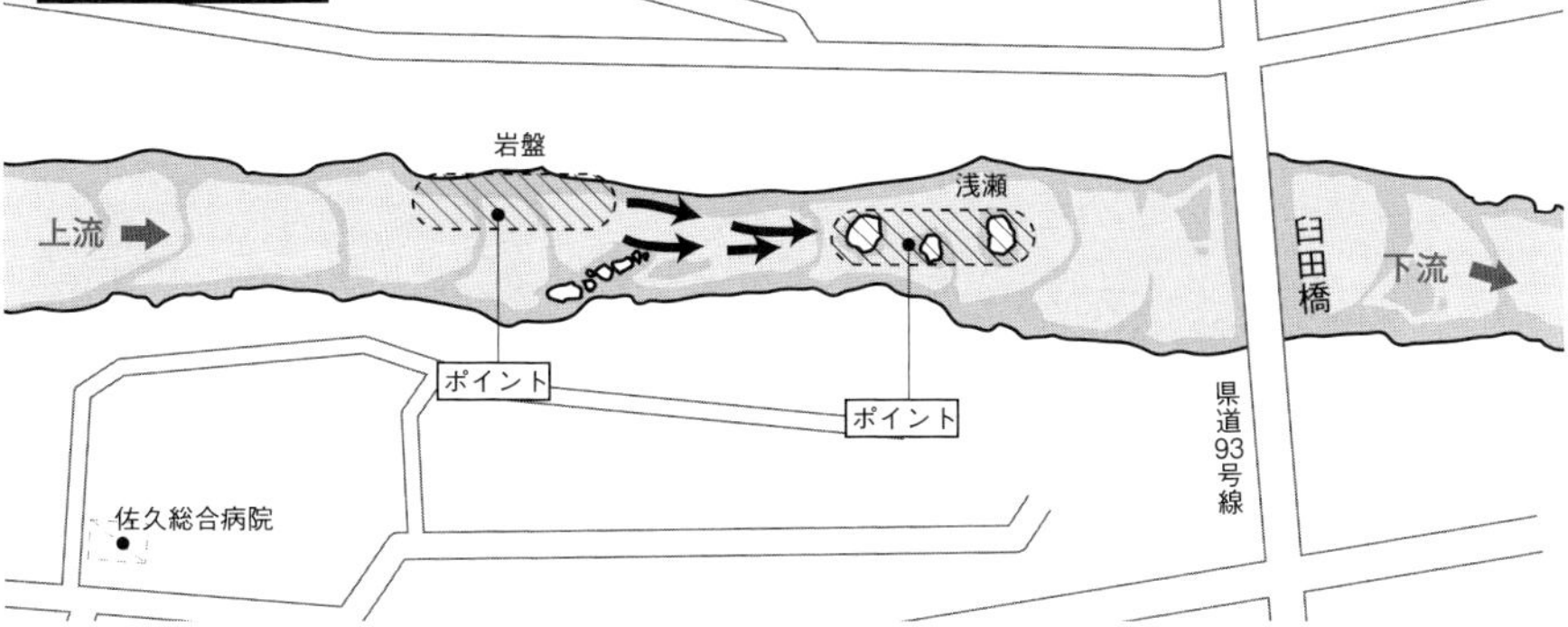

佐久大橋上下流

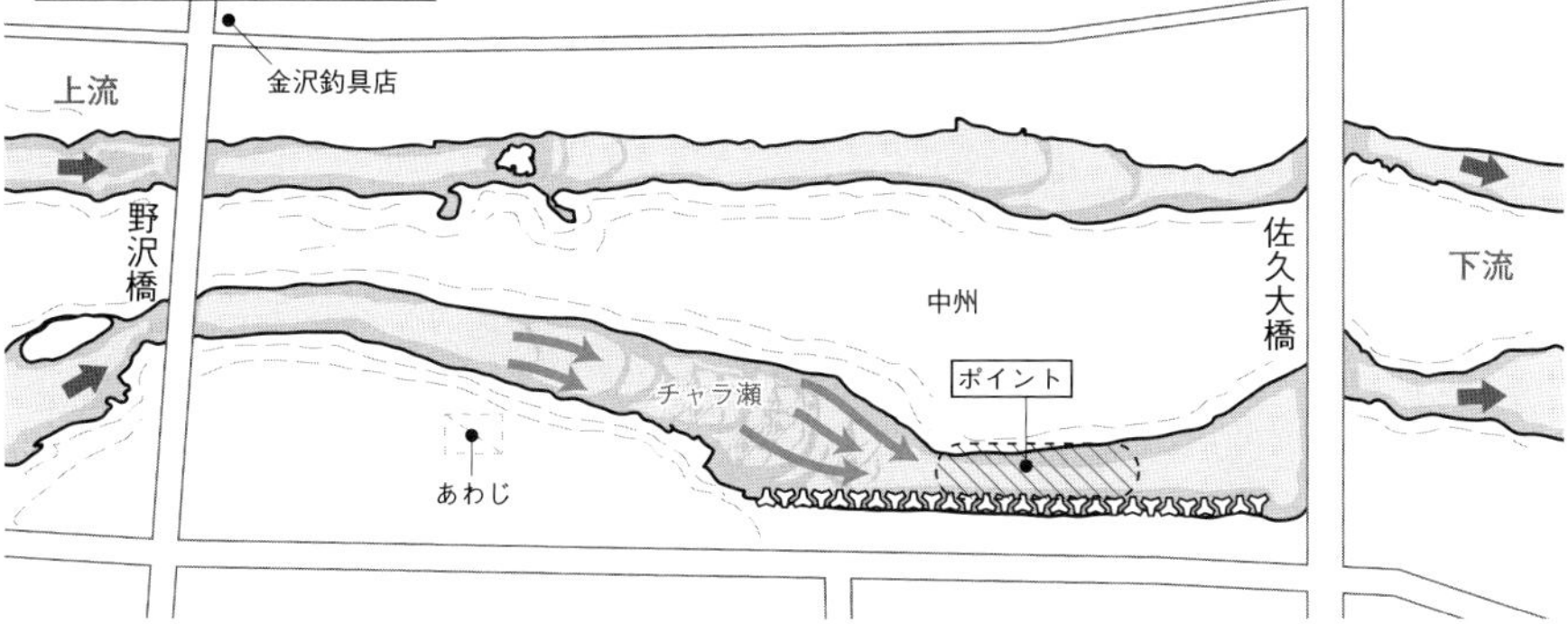

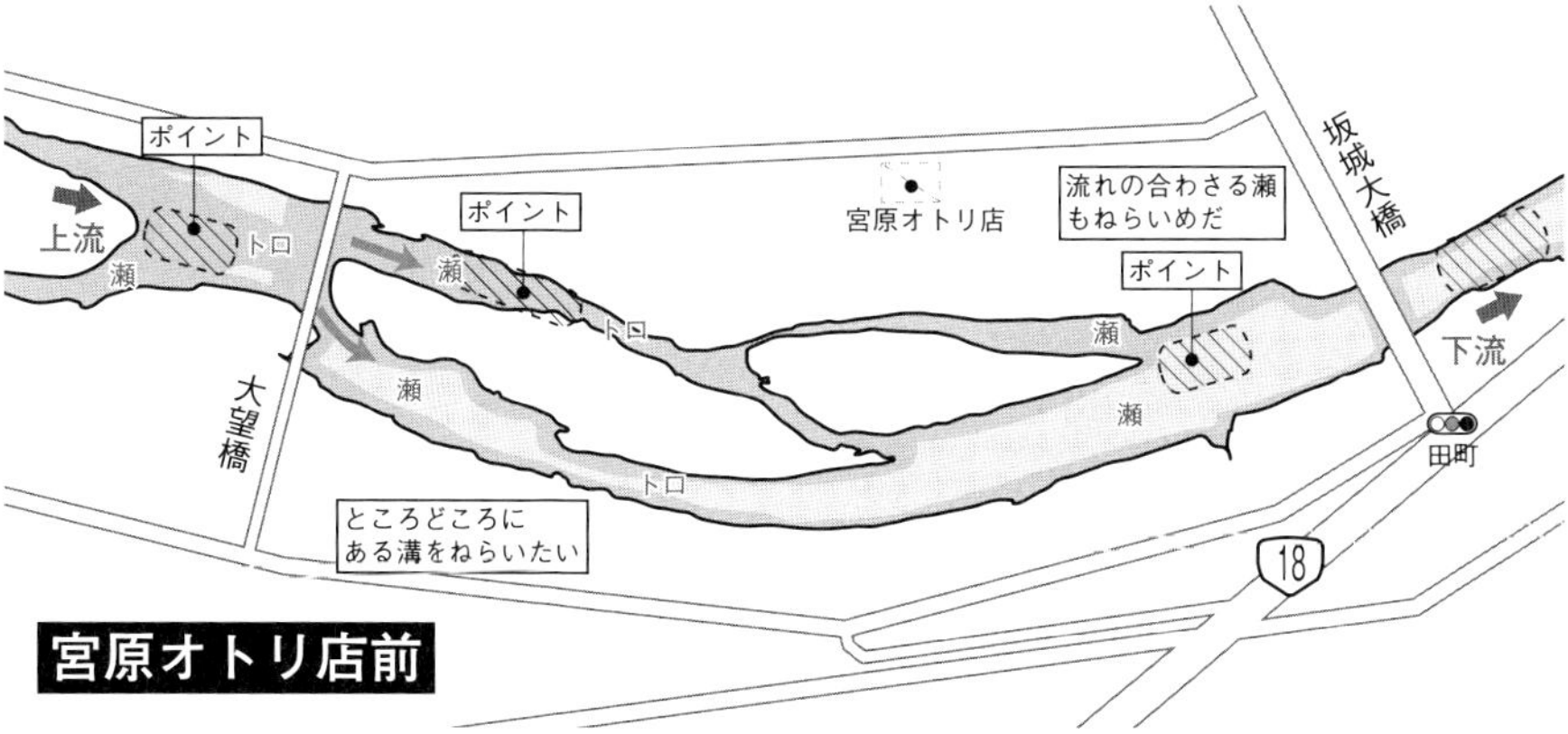

宮原オトリ店前

09

福井県 九《く》頭《ず》竜《りゅう》川

圧倒的な水量を誇る大河 その流れが尺アユを育むのだ！

流心の近くまで立ち込む。これが尺アユを手にする一番のコツ

北島のトロ場で手にした尺アユ

profile

●酒井桂三

昭和38年生まれ、福井県在住。アユ釣り歴20年。九頭竜川をホームグラウンドに、激流で大アユとの格闘を楽しむ。最長寸は30cm

九頭竜川は、岐阜県との県境にある油坂峠に源を発する延長116㎞の大河。アユの友釣りが楽しめるフィールドも広大で、上流から奥越、大野、勝山、中部の4ブロックに分かれ、それぞれの漁協が管轄している。

一般的に激流釣りのイメージが強い九頭竜川は、市荒川発電所で取られる水が合流して水量が多くなる最下流の九頭竜中部漁協が管轄するエリアをいう。そんな激流に泳ぐアユたちは、体高の張ったすばらしい魚体を誇り、育まれた流れに比例して大きくなる。

ここではそんな大アユが手にできる最下流部のポイントを紹介したい。簡単には釣りきれない場所やサオが入れられない場所も多く、太く強い流れの中で育つアユはとてもパワフルで釣り人を魅了する。

例年8月のお盆の頃になると25㎝が出始めるが、尺ものにはなかなかお目にかかれない。しかし水温、水量、石の大きさとも、充分に尺アユの育つ条件を満たしている釣り場なので、期待は高い。

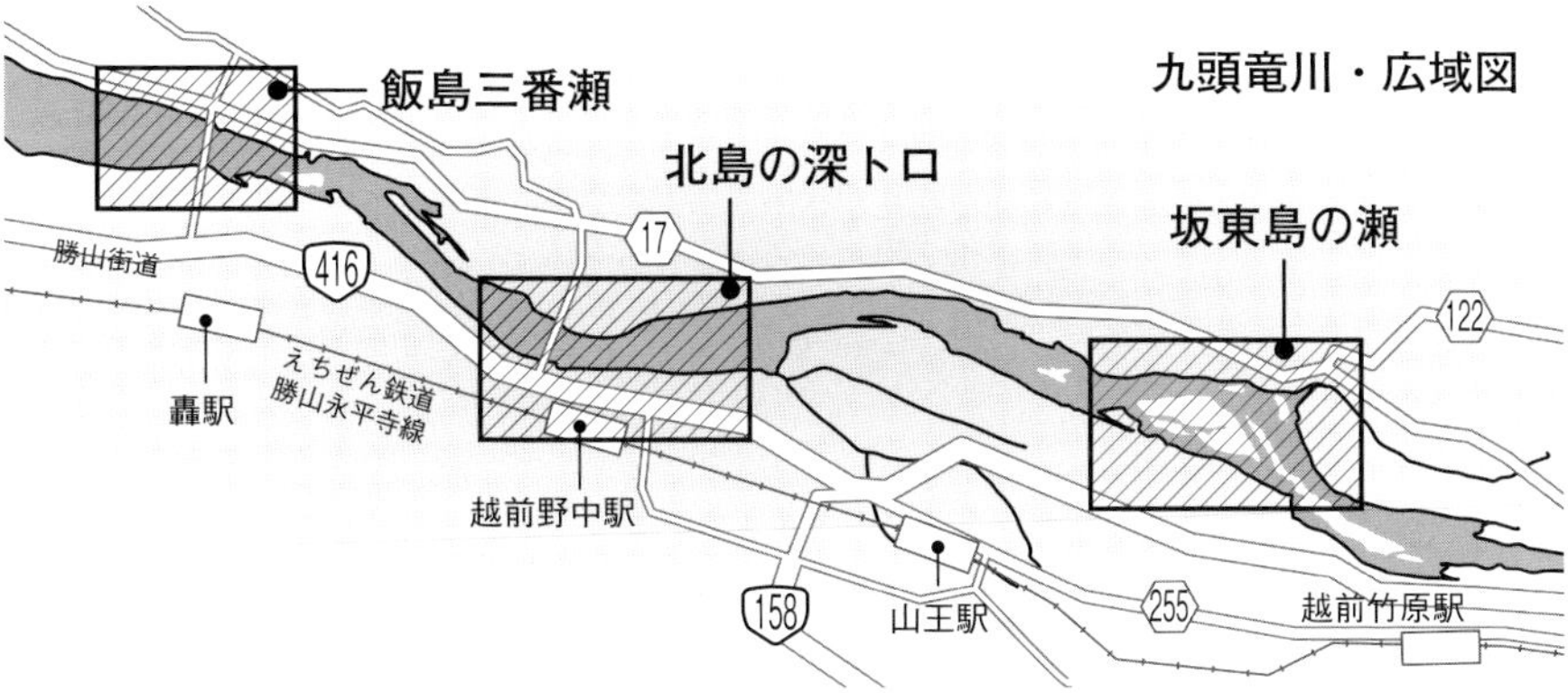

information

●河川名　九頭竜川
●釣り場位置　福井県吉田郡永平寺町
●解禁期間　6月15日～11月14日
●遊漁料　日釣券3000円・年券1万2000円
●管轄漁協　九頭竜川中部漁業協同組合（Tel 0776-61-0246）
●最寄の遊漁券取扱所　笠川一照（Tel 090-4683-2192）／もりいし釣具店（Tel 0776-64-2107）／服部高信（Tel 0776-63-2631）
●交通　北陸自動車道・福井北IC下車。国道416号で九頭竜川へ

川幅一杯に広がる流れ。これが九頭竜川のポテンシャルだ

【坂東島の瀬】

九頭竜川では最も有名な瀬で、上流の広大なトロ場から流れ落ちる荒瀬は、笠川オトリ店まで約３００ｍも続く。両岸から釣ることができるが、より大型をねらうなら流心にどこまで立ち込めるか、体力勝負の場所である。

ましてや流れに休む所がないので、掛けたアユはその場で抜かなければならない。タックルや仕掛けは強靭な物で挑むようにしたい。

とはいっても、この流れの中で大アユを一歩も下がらず抜くのは至難の業なので、自分の下流に釣り人が入っているようなら、そのぶん充分にマージンを取って釣りをすること。浮き石が多く一度体勢を崩すと流されて、なかなか止まることができないので無理をせずに楽しんでいただきたい。

【北島の深トロ】

北島鮎大橋上流の広大なトロ瀬は川幅いっぱいどこも釣れるポイントで、九頭竜川では尺ものに遭遇する確率が一番高い。川幅が広く流れが同じに見えるので、どの筋がよく掛かるかを見極めることが重要になってくる。

　とても釣りきることができる場所ではないのでサオ抜けの筋は必ずある。左岸寄りの筋が一番深く押しが強いため大型が揃うが、流心近くのどこまで立ち込めるかが鍵となる。立ち込むのが苦手な人は、長ザオで広範囲を探るのも手だ。九頭竜特有の、下流からの吹き上げの風が止む夕方近くがチャンスタイムだ。


【飯島三番瀬】


浄法寺橋下流の飯島地区は川がいくつもに分かれ、比較的釣りやすい流れが多い。釣れるアユの型は大小ばらつくが、数釣り場として知られている。そんな飯島にも限られた釣り人しか入れないポイントが1ヵ所ある。

　左岸寄りの流れで、通称・三番瀬と呼ばれている。服部オトリ店前のテトラの切れ目から絞られた水量が直接流れ込むため、水深があり押しも強い。オモリ5号前後で左岸からは強い流れに立ち込んでの釣りでねらいたい。右岸はカケアガリで際にしか立てない。

　流心にはどちらからもサオが届かず大型が残っているが、サオを水平に伸ばして流心で掛けたとしても、アユを浮かせるまでに圧倒的な水量に完全にのされてしまい、まず取り込むことはできない。

　悔しい思いをしたくなければ上ザオ45度以下には下げないことだ。

坂東島の瀬へは笠川オトリ店の前からが入川しやすい

北島鮎大橋より上流のトロ瀬を望む

テトラの切れ目から絞られた水量が直接流れ込む瀬がねらいめ

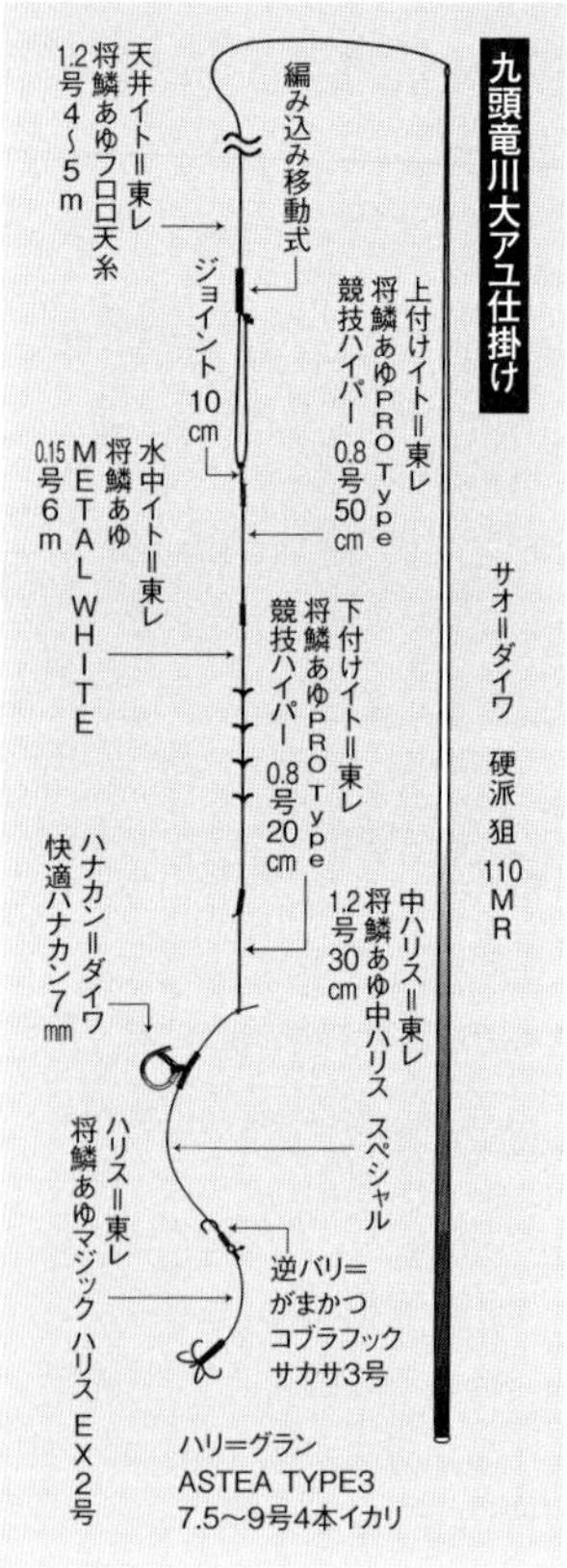

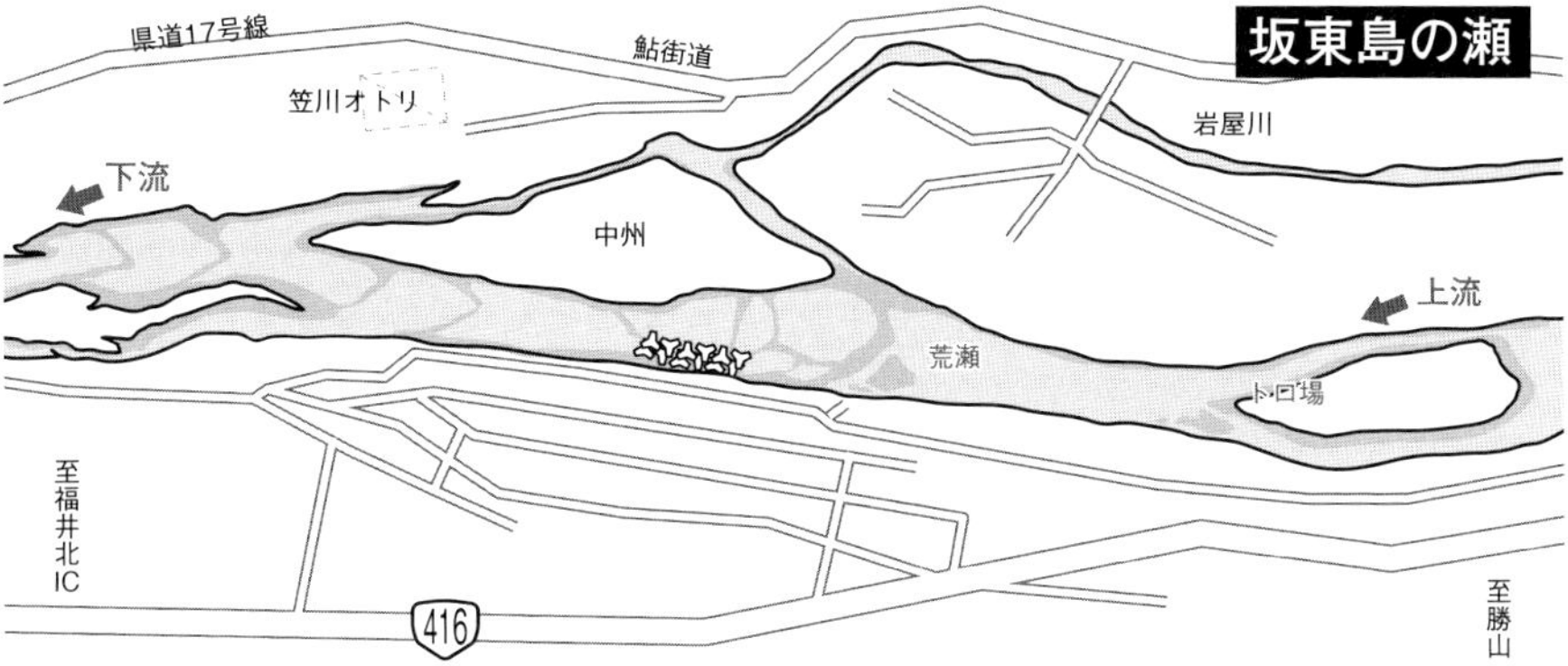
坂東島の瀬
県道17号線
鮎街道
笠川オトリ
岩屋川
下流
中州
上流
荒瀬
トロ場
至福井北IC
416
至勝山

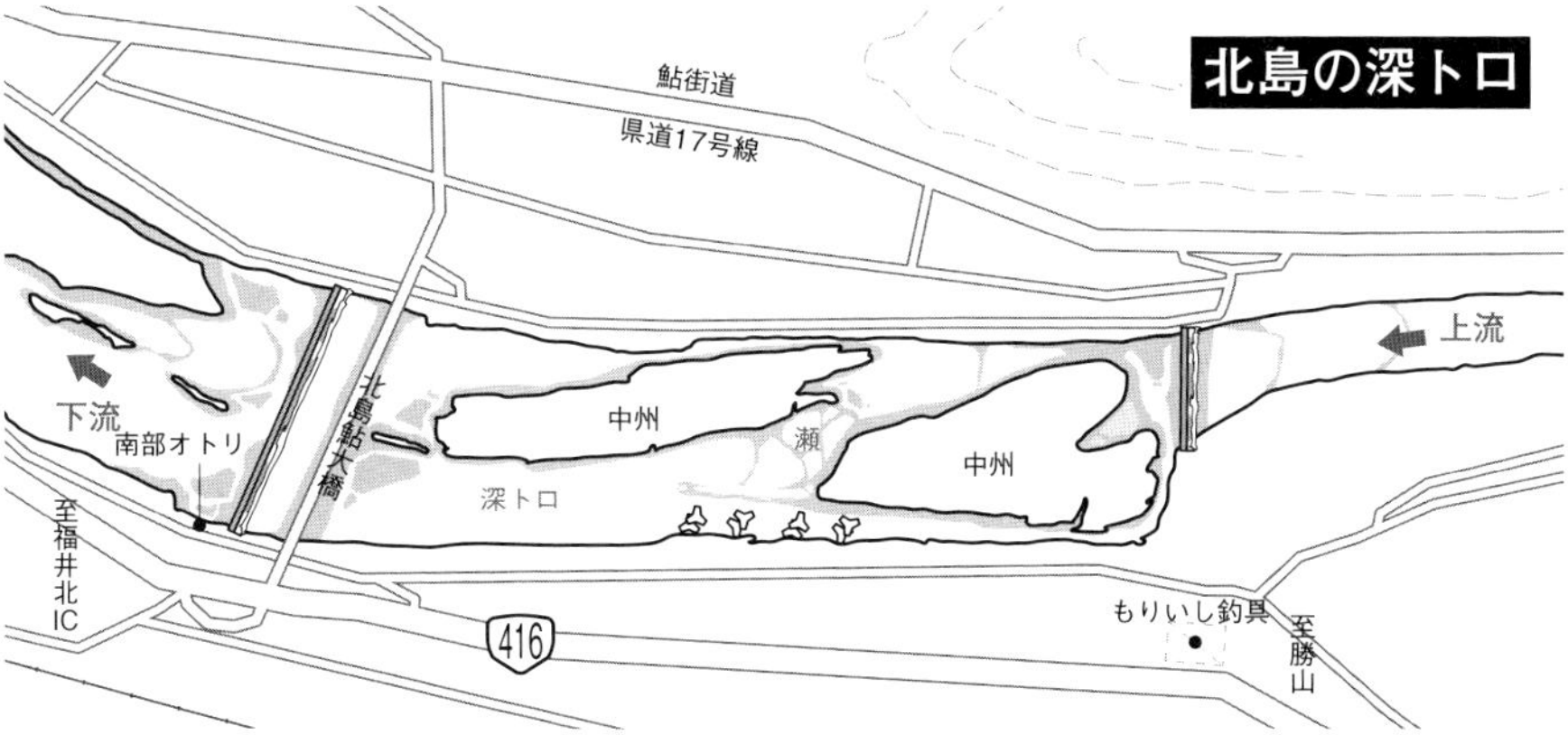
北島の深トロ
鮎街道
県道17号線
上流
下流
南部オトリ
北島鮎大橋
中州
瀬
中州
深トロ
至福井北IC
416
もりいし釣具
至勝山

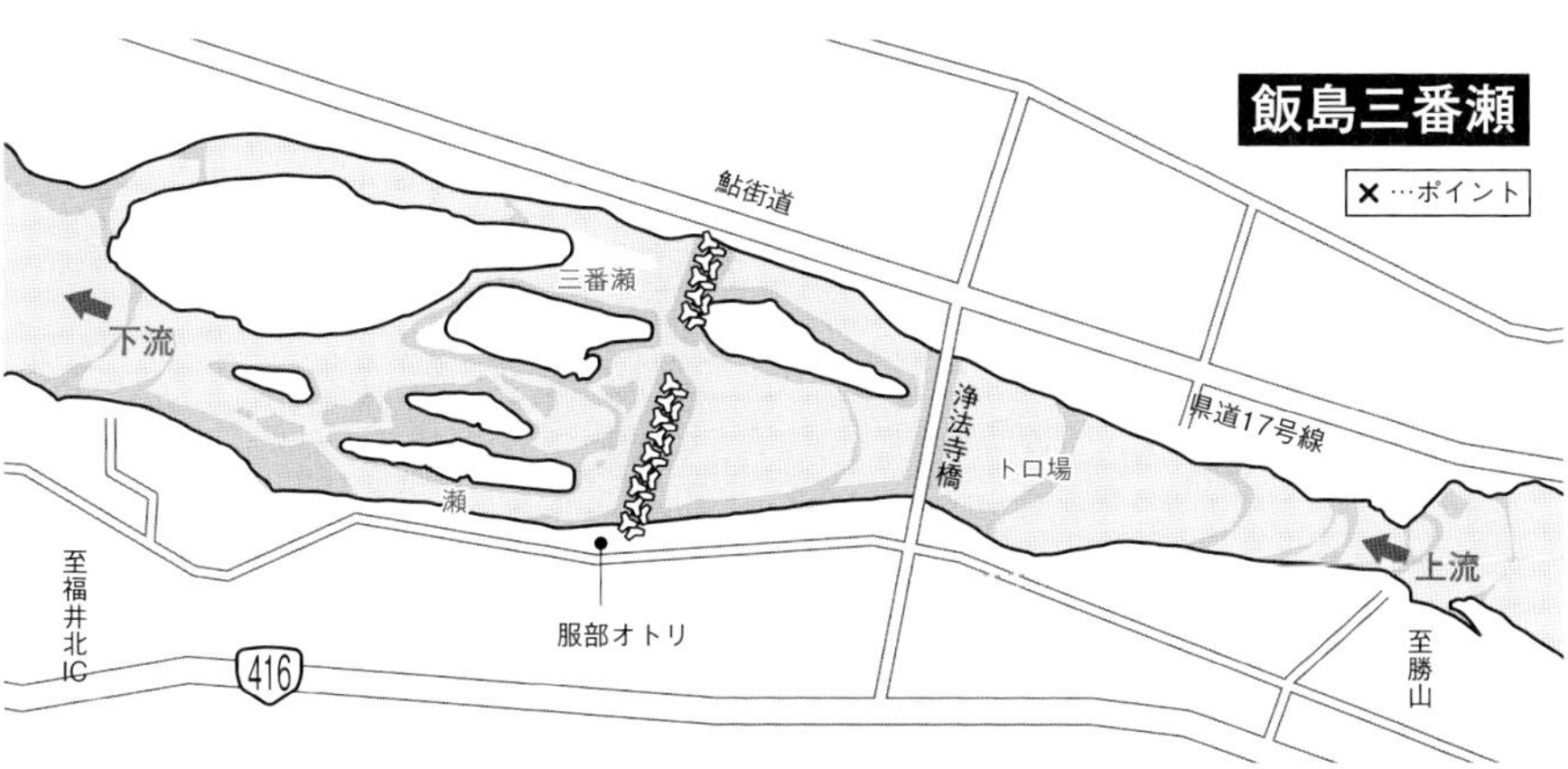
飯島三番瀬
✕…ポイント
鮎街道
三番瀬
下流
浄法寺橋
県道17号線
トロ場
瀬
上流
服部オトリ
至福井北IC
416
至勝山

10

静岡県 狩《か》野《の》川

大アユの川に変身するタイミングを逃すな
補給源のある大アユが付く流れを捜せ

大仁地区・神島橋下流の流れ。ブロック側の流れがねらいめ

下流部のヒラキがアユの供給源になっている

profile

●三嶋英明

昭和46年生まれ。静岡県在住。釣り歴30年以上、トーナメント参加歴約15年になる。2013年シマノジャパンカップ優勝。『狩野川リバースターズ』所属。最長寸は30.7cm

静岡県・伊豆半島を流れる狩野川は、天城山に水源を発して北上し、沼津市で駿河湾に注ぐ。いわずと知れた友釣り発祥の地でありアユ釣りのメッカだ。

狩野川は格別大アユの川とはいえないが、9月に入って支流に放流されたアユが下り始めと、急に大アユ河川に変貌することがある。特に台風時期の増水時は各支流から大アユが下る。本流で大きくなるアユも多いが、支流の好不調で後半の本流が面白くなると私は感じている。9～10月は大アユの確率が上がり、11月も釣れるが、大アユは先に下るようで確率的に分が悪いと感じている。

天然ソ上が少ない年は大アユが多く、2012年は特に顕著だった。私が知る限りでも30・3cm以上が10尾以上。同行者も32cmを釣り、漁協では34cmも確認された。28～30・3cmクラスは出て当たり前状態の大フィーバーだった。

例年の狩野川はシーズン後半でも12～17cmが平均サイズ。そこに大アユが絡むので、この年は仕掛けの設定に悩まされた。しかし、もともと狩野川はソ上期間

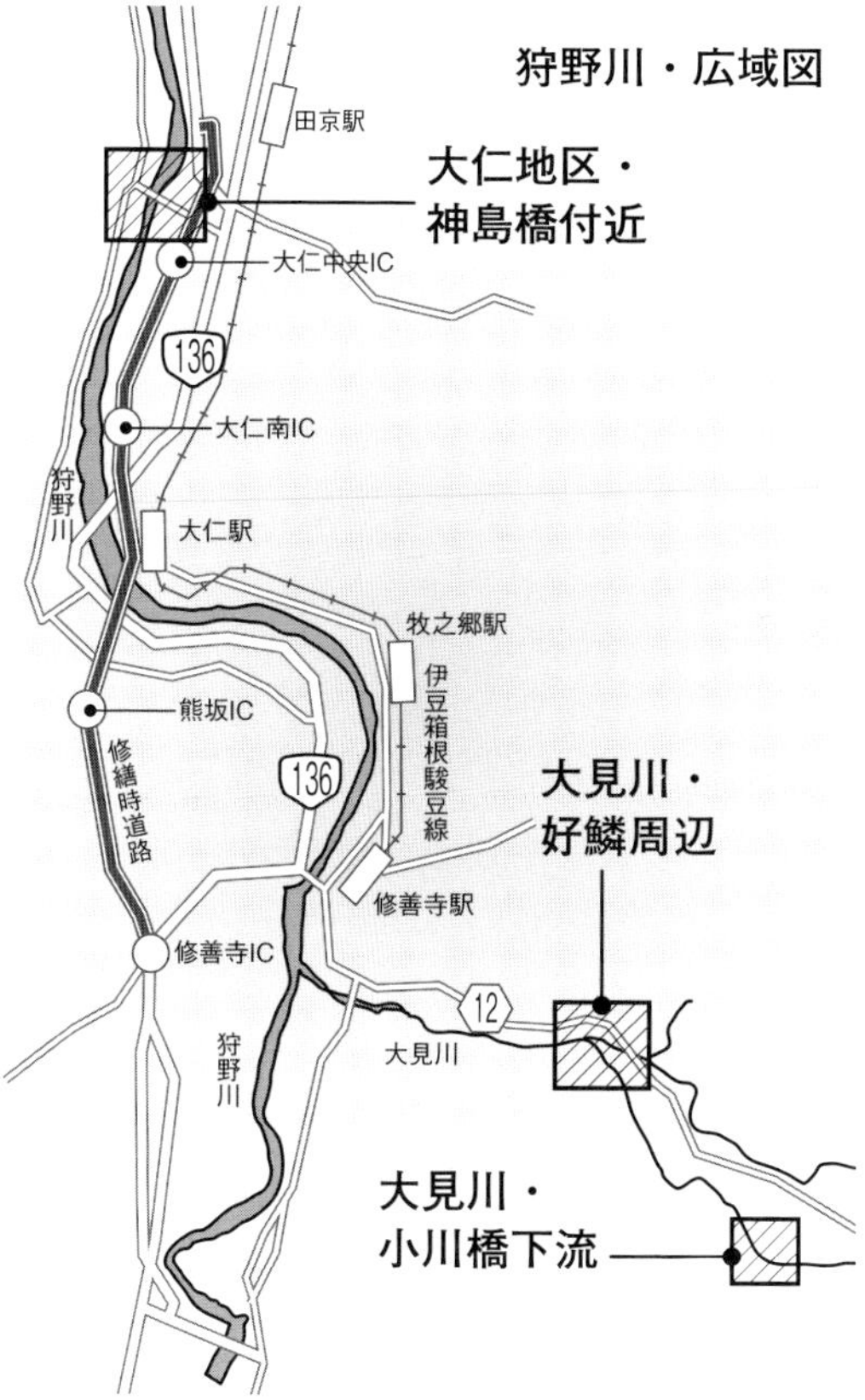

information

●河川名　狩野川
●釣り場位置　静岡県伊豆市修善寺
●解禁期間　5月25日（支流7月1日）～12月31日
●遊漁料　日釣券1600円・年券1万円
●管轄漁協　狩野川漁業協同組合（Tel 0558-72-5945）
●最寄の遊漁券取扱所　狩野川商店（神島橋 Tel 0558-76-2151）／大平ドライブイン（大平 Tel 0558-72-2433）／好鱗（大見川 Tel 0558-72-1315）
●交通　東名高速・沼津ICから県道83号を抜けて、国道246、1、136号経由で狩野川へ

9～10月は水況次第で大アユに出会える可能性が高まる

が長く、サイズがバラつく傾向がある。掛けた野アユが小さくても、どんどんオトリに使ってサイズアップしていく。小さなアユは追われやすく、掛かりが早い。タイミングが合えば大アユの確率も上がるし、掛けた時の取り込みも楽だ。

具体的なポイントとコツを述べよう。

【大仁地区・神島橋付近】

神島橋下流の流れは、ブロックに当たる流れが反転流など複雑な変化を生み、大アユが付きやすい。流心が消える前後のブロック側の流れがねらいめ。サオ抜けの可能性も高く、要注意である。

下流のヒラキは変化に乏しく見えるが、この流れがアユの供給源となる。手前の分流から新鮮な酸素も供給され、合流の変化が大アユを引き付ける。合流下流のブロック側がポイント。また、下流のヒラキに人やカワウが入ると瀬落ちに群れが入り、大アユが釣れる可能性が高まる。ただしヒラキが広いと群れがトロで回遊する可能性も高いので見極めが重要だ。

大アユの確率を上げる条件としては、

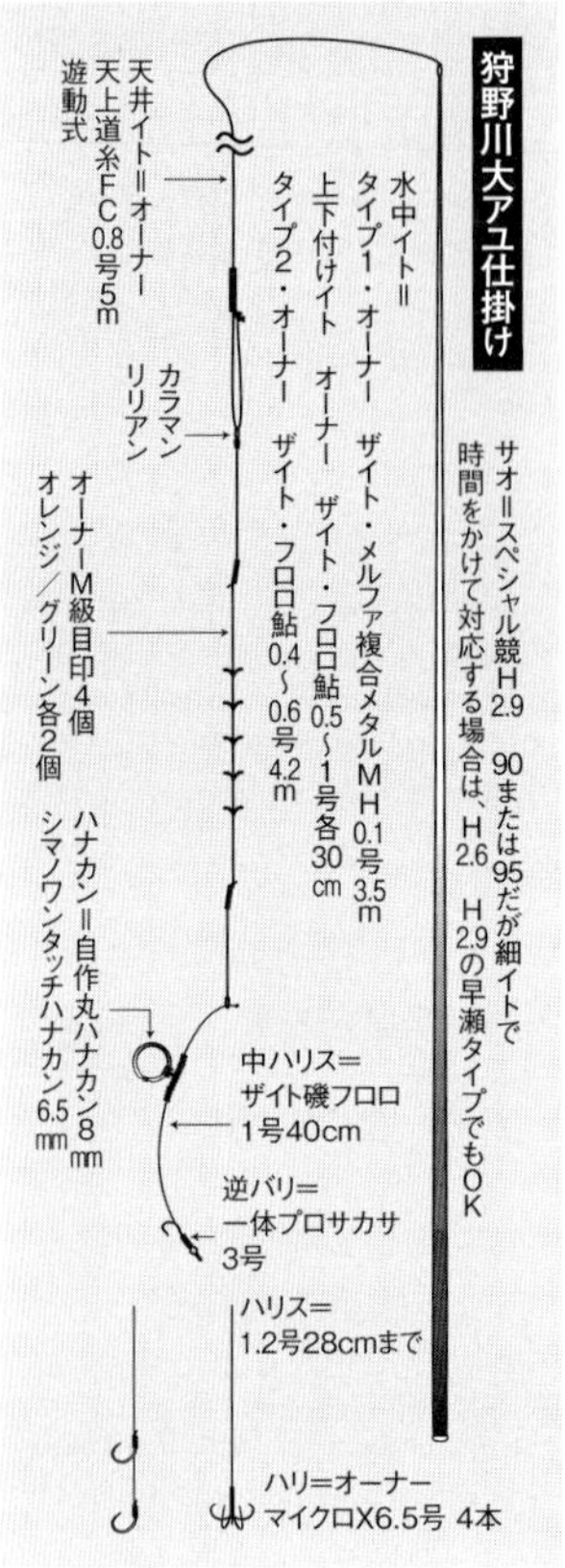

2013年、大仁地区での27cm

右／好鱗（大見川）上流。2012年に尺を2尾取った場所。魚が一度溜まるので魚影は多い
左／好鱗下流。複数のブロック堰と、岩盤もあり変化が多い場所。ここも尺アユの実績がある

①実績のあるポイントでなおかつ補給源が存在する場所。②水中の変化が多いポイントを選択して見極める。③腰またはそれ以上の水深がある。④川のクセをつかみ集中的にねらう時間帯を作る。以上を考慮するとよいだろう。

【支流・大見川】

修善寺橋のすぐ上で本流に合流する大見川は、比較的石が大きく安定した川床が特徴。魚道もありソ上も安定している。釣りにならない淵やアシ、ブロックなどが多く、水質もあまりきれいではないのだが、私にとっては身近で尺をねらえる川の1つで、よく釣りに行く。

上流は、小さなポイントをタイトに釣る技術で差の出る場所が有利。下流は深瀬や深トロをねらう。流域全般としては、ハミ跡と水深（深さ）を考慮してポイントを決める。魚の絶対数は多いので、いつ大アユがくるかというドキドキ感がある。8月を過ぎたら太めの仕掛けでねらうほうがトラブルも少ないだろう。

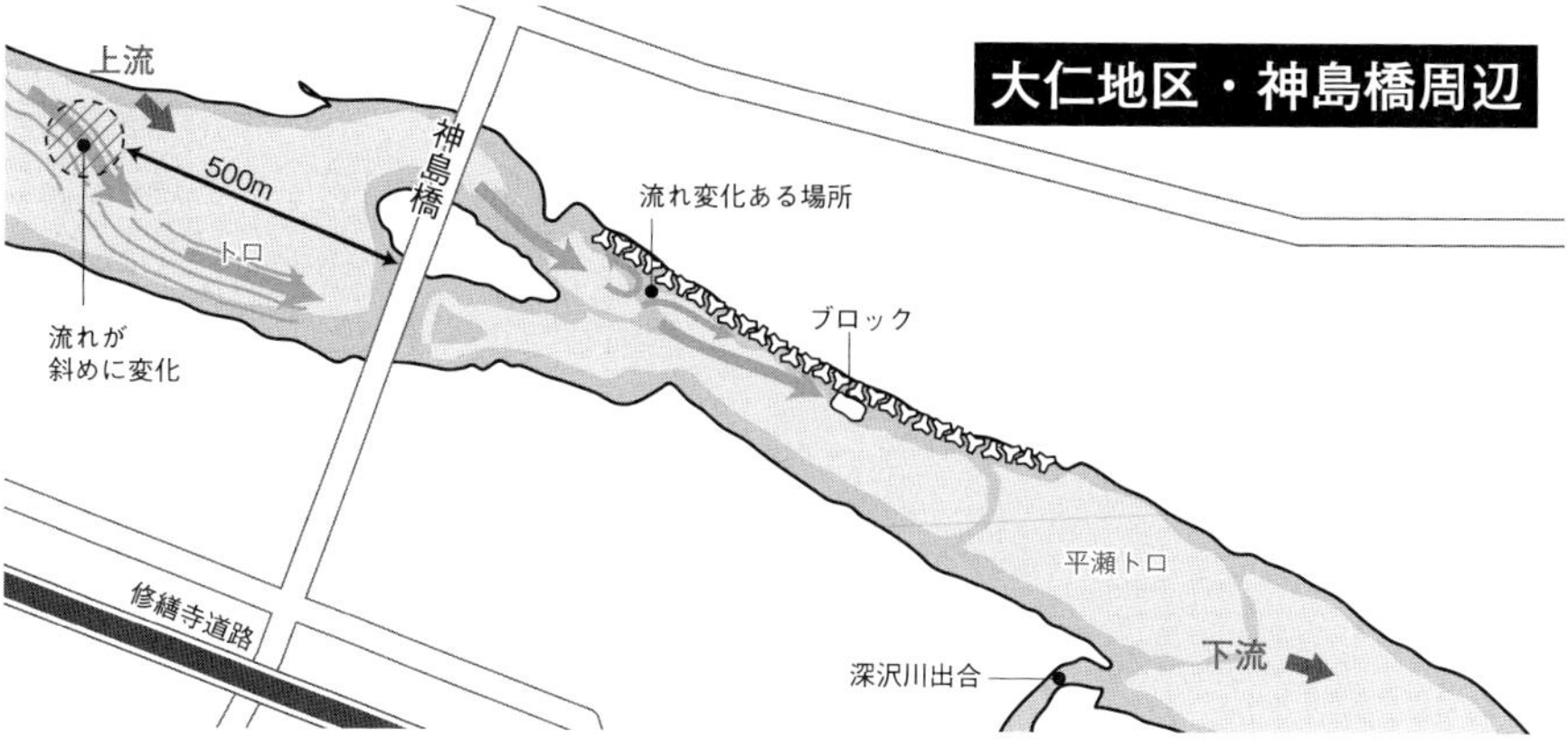
大仁地区・神島橋周辺
上流
500m
神島橋
トロ
流れが
斜めに変化
流れ変化ある場所
ブロック
平瀬トロ
修繕寺道路
深沢川出合
下流

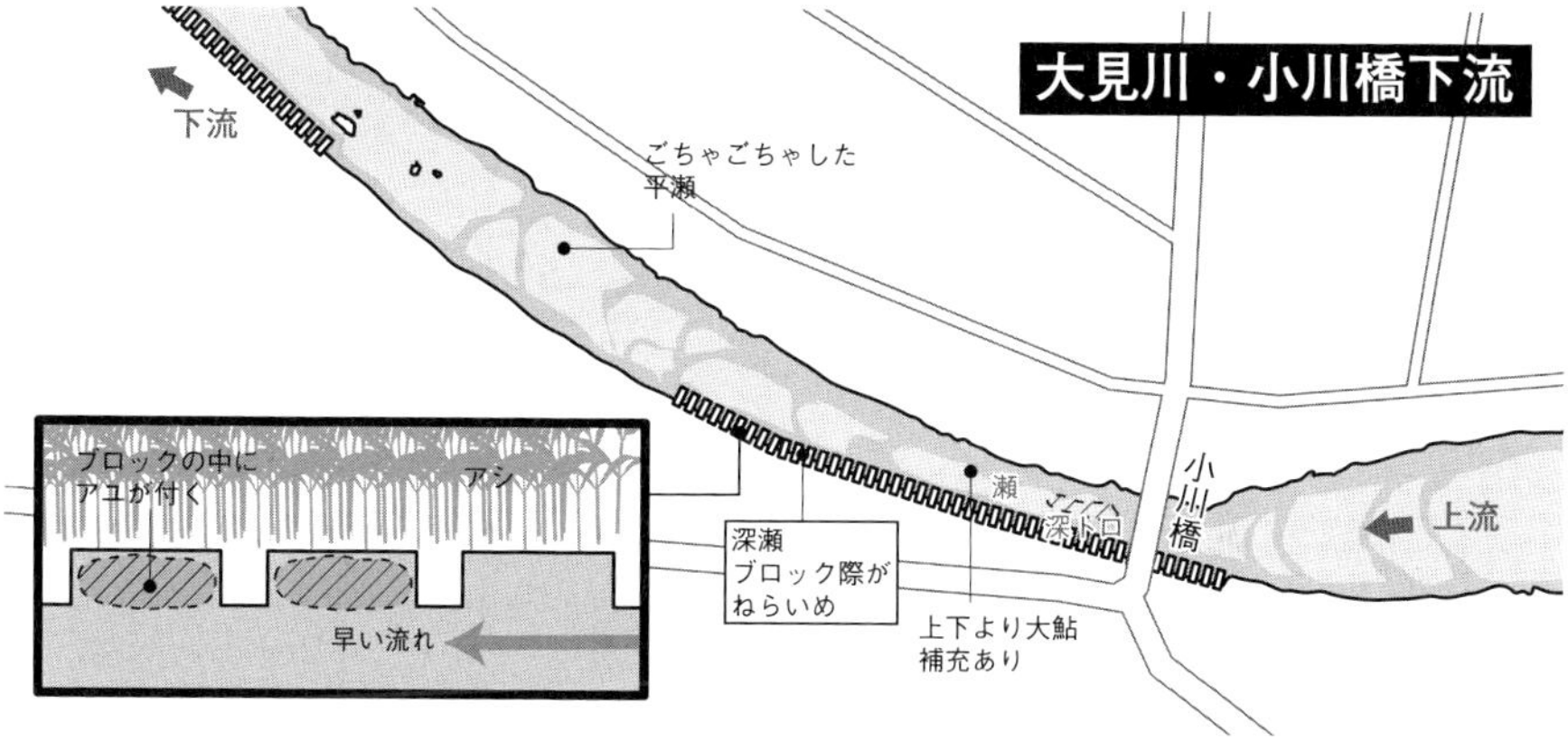
大見川・小川橋下流
下流
ごちゃごちゃした
平瀬
ブロックの中に
アユが付く
アシ
早い流れ
深瀬
ブロック際が
ねらいめ
瀬
深トロ
上下より大鮎
補充あり
小川橋
上流

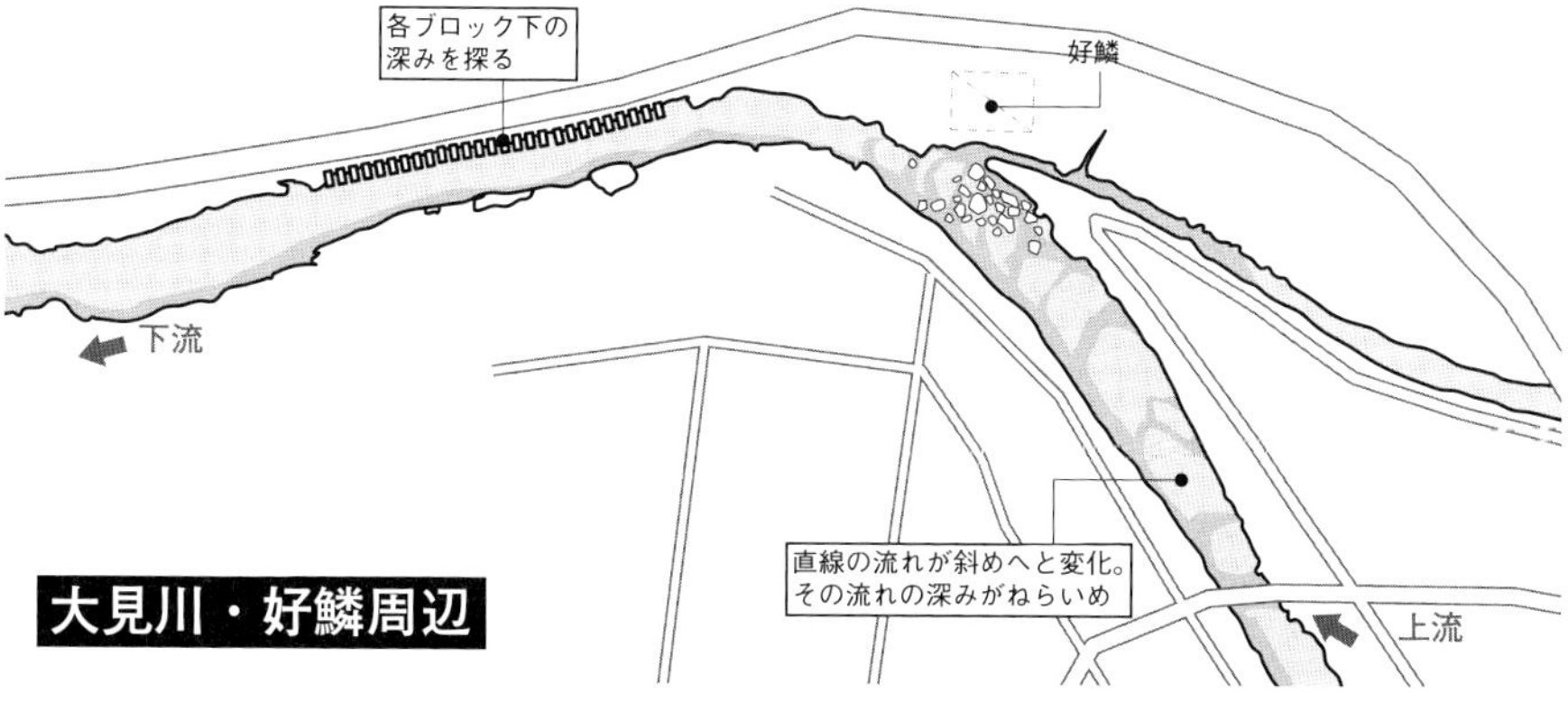
各ブロック下の
深みを探る
好鱗
下流
直線の流れが斜めへと変化。
その流れの深みがねらいめ
上流
大見川・好鱗周辺

11

静岡県 山梨県 富《ふ》士《じ》川

山梨から静岡へ、2県を貫流する流れは日本三大急流の1つであり、大アユの聖地

富士川で記録された31cmの大アユ。広大な流れには、未開のポイントも残されている

profile
●望月 譲
昭和51年生まれ、山梨県在住。GFG東海青年部部長として活躍。富士川をホームグラウンドに東海地区の河川でアユをねらう。最長寸は29cm

富士川はいわずと知れた日本三大急流の1つであり、大アユの聖地としても知られる。甲府盆地で釜無川と笛吹川が合流して富士川となり駿河湾に注ぐ。

静岡県側には漁協はなく、入漁料は不要だが、放流も行なっていないのでソ上に頼っているのが現状だ。管理は静岡県が行なっている。県の内水面規則により釣期や産卵期の保護区域が定められているので、静岡県内水面漁業調整規則に準じてルールを守り楽しみたい。

山梨県側は富士川漁業協同組合が管理、放流などを行なっていて当然のごとく入漁料が必要になる。天然ソ上もあるが、アユの行く手を阻むいくつもの人工建造物により天然アユは極端に少ない。

障害を乗り越えソ上した魚体が尺アユになるといわれているが、はたしてそれが本当なのかは分からないものの、尺アユに出会える確率が高いのは事実。

富士川は砂が多く、トロ場はほとんど釣りにならず、必然的に瀬釣りがメインとなる。雨に非常に弱い河川で、ひと雨の濁りで1ヵ月以上釣りができないこともある。

また、上流の市街地を流れてくることもあって、最盛期には高水温に悩まされる。2013年度は高水温が続き、オトリの水合わせすら出来ないほどだった。非常にクセのある川なので、釣行前に情報収集を必ず行なってほしい。

入川口はほとんど封鎖されており、水辺近くまで車で行ける場所は限られている。そのためか未開拓のポイントがまだいくつもあり、思わぬ所で大ものに出会えるチャンスがある。ここでは比較的入釣しやすいおすすめの釣り場をセレクトした。

【飯富周辺】

山梨県身延町飯富に架る「飯富橋」の

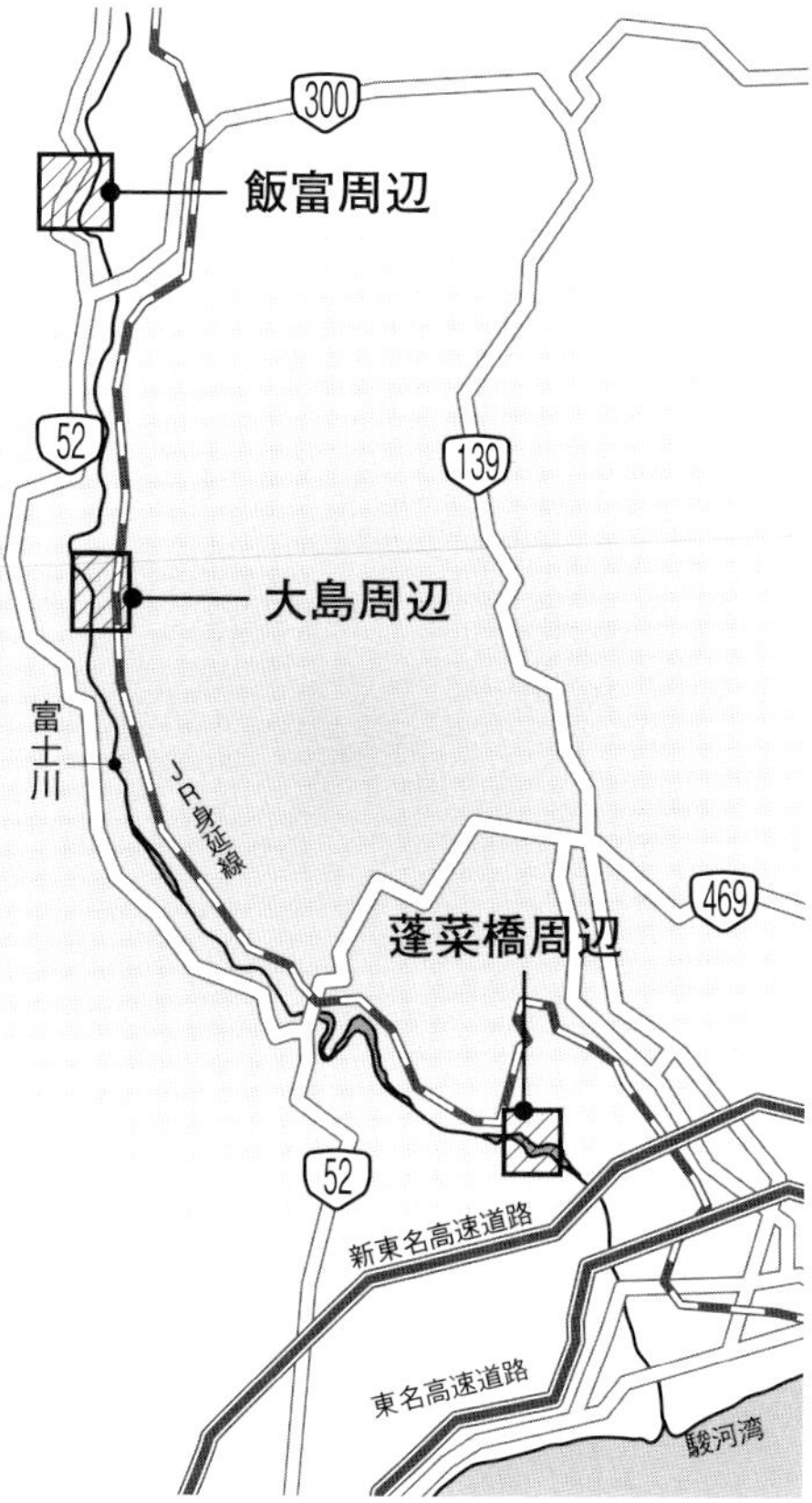

富士川・広域図

information

- ●河川名　富士川
- ●釣り場位置　山梨県南巨摩郡身延町～静岡県富士宮市
- ●解禁期間　6月11日～11月30日（山梨県内）／6月1日～翌年1月31日（静岡県内）
- ●遊漁料　日釣券1800円・年券8000円（山梨県内）
- ●管轄漁協　富士川漁業協同組合（Tel 0556-62-2000）
- ●最寄の遊漁券取扱所　芦沢オトリ店（TEL 0556-62-2559・身延町）／佐野オトリ店（Tel 0556-66-2045・富士市北松野）
- ●交通　東名高速・富士川SAスマートICから国道52号で山梨方面へ進み各ポイントへ。静岡県内のポイントへは川沿いを北上

上流５００ｍ程にある瀬が釣り場だ。尺アユの実績が高く、サオがだせる年には必ず訪れる場所の１つである。１００ｍほどの瀬だが、上下にアユの補給源となるトロ場が控えている。

ポイントとなる瀬は、大型台風でも変化することがなくしっかりとした底石が組まれ、アカの付きも安定しているためコンスタントに釣果が得られる。

注意として、駐車の際は下り口を封鎖しないようにすること。飯富橋下流右岸土手に広い駐車スペースがあるので、無理をせずこちらを利用してほしい。

【大島周辺】

飯富橋から10kmほど下ると身延町大島という地区がある。ここは歩くことを強いられる未開拓のポイントが多く、運がよければスレていない大ものが入れ掛かりなんてことも期待できる。

しかし、せっかくの釣行で博打のような真似はできないという方には大島地区と和田地区の境、富士川がS字に蛇行し直角に曲がる場所を推す。川辺まで車で入れるうえ、尺アユも夢ではないポイント。

右岸側は切り立った崖で、大きな石というより大岩が点在しているのが特徴。大岩が邪魔で釣りづらいが、変化に富んだ流れが大アユを育てていることは、過去に上がったアユにより実証済みだ。

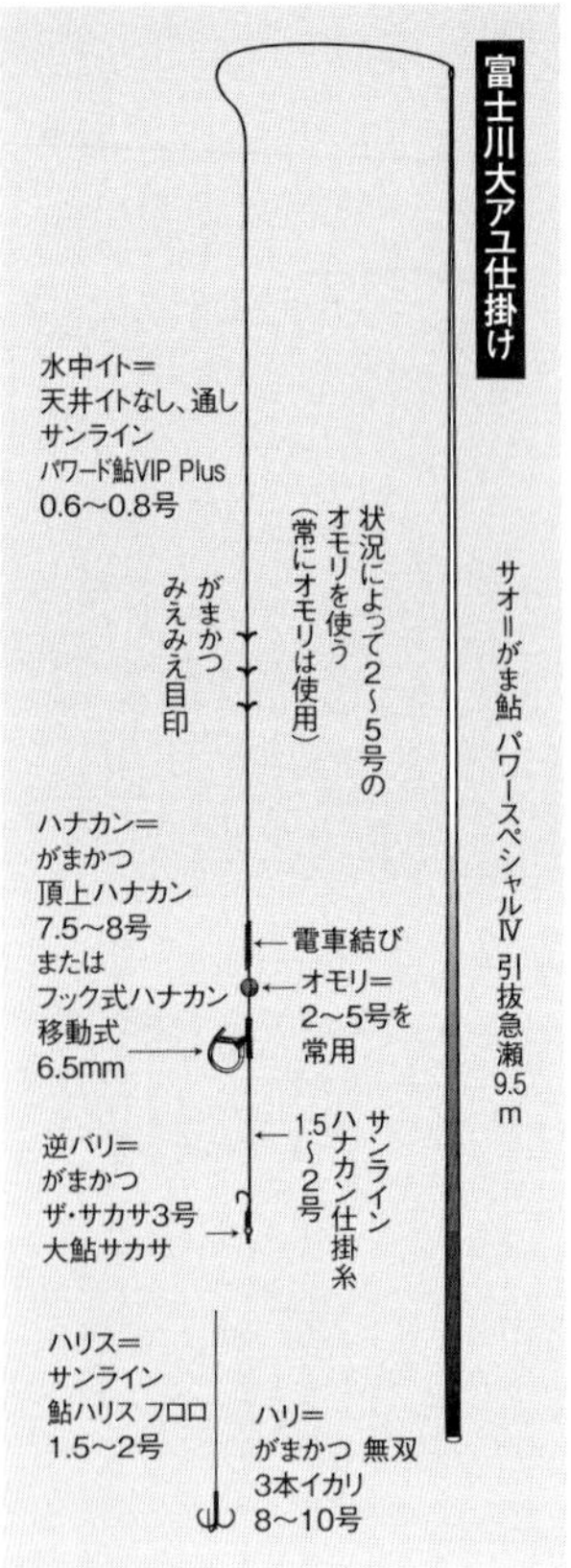

右／飯富橋の上流 500m ほどにある瀬が釣り場だ
左／飯富へのポイント入り口

右／大島地区は未開拓のポイントが多く、サオ抜けして
いるため思わぬ釣果も手にできる
左／大島地区へ行くには、ここで細い道へと入る

右／上流部より蓬莱橋を望む。終盤に抱卵した大アユが期待できる
ポイント
左／「水辺の楽校」の駐車場からエントリー可能と入釣しやすい

【蓬莱橋周辺】

静岡県側にも大型が期待できるポイントは多い。その1つが、富士市と富士宮市を渡す「蓬莱橋」の下流だ。「水辺の楽校」の駐車場から入川でき、トイレなども整備されている。ただし週末には家族連れが多いので通行には細心の注意と、利用する際はマナーを守ること。

富士山の噴火で出た溶岩盤で形成された川相は、水深のある流れの中に岩盤や岩が多く点在する。

その緩やかな流れは、山梨側で大きく育った抱卵アユの絶好の付き場となり、良型の数釣りポイントとして人気を博している。そんな尺アユがねらえる終盤の釣りは、富士川が大人しくさえしていれば11月頃まで楽しめるはずだ。

最盛期には平均サイズが25㎝にもなるので、急瀬や荒瀬クラスの大アユに対応できるタックルを用意したい。

私はオモリを使った引き釣りで成果を上げているが、自分なりの釣り方で楽しんでもらえればよいと思う。ただ仕掛けはタックル同様、太仕掛けが必須となる。

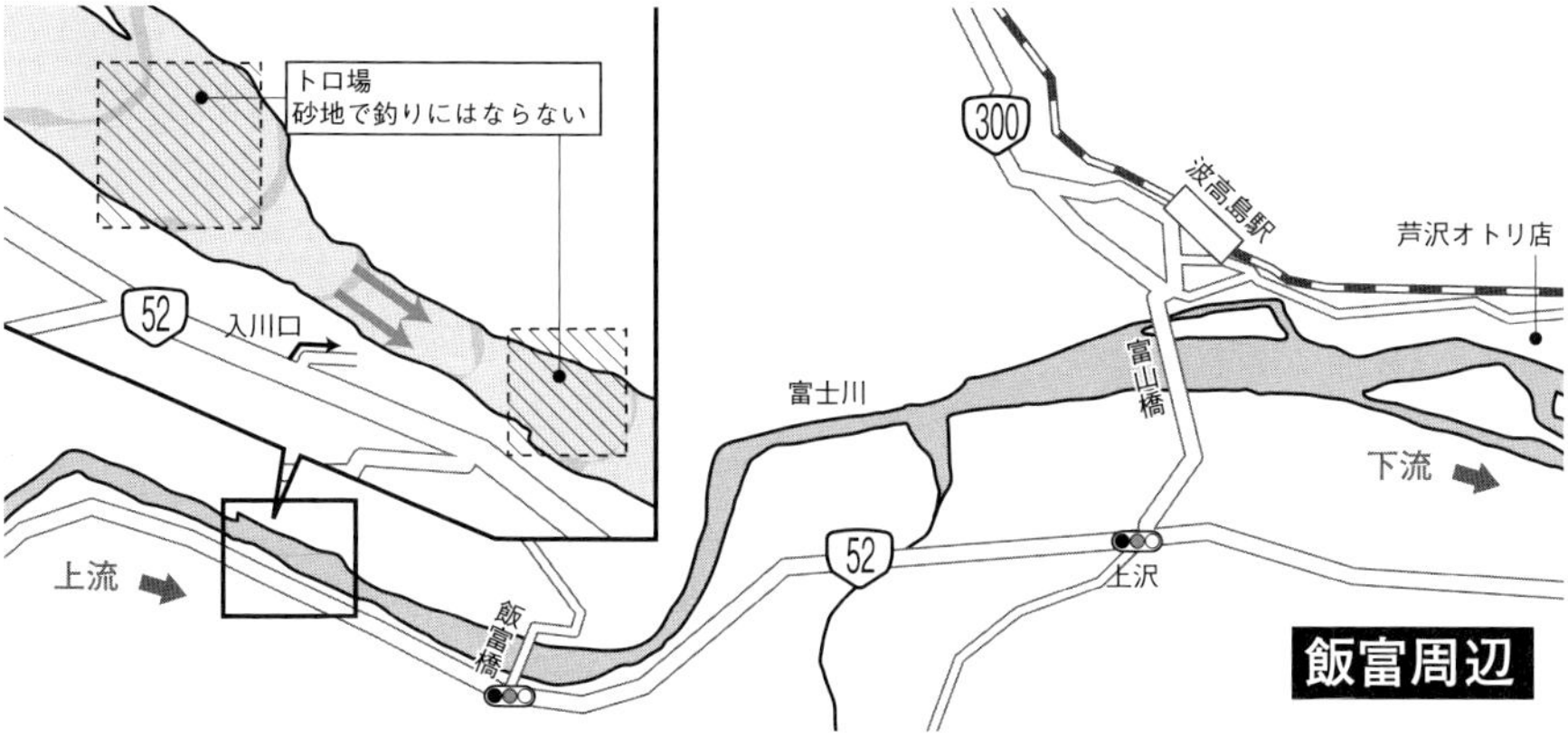
トロ場
砂地で釣りにはならない
52
入川口
上流
飯富橋
富士川
300
波高島駅
芦沢オトリ店
富山橋
下流
52
上沢
飯富周辺

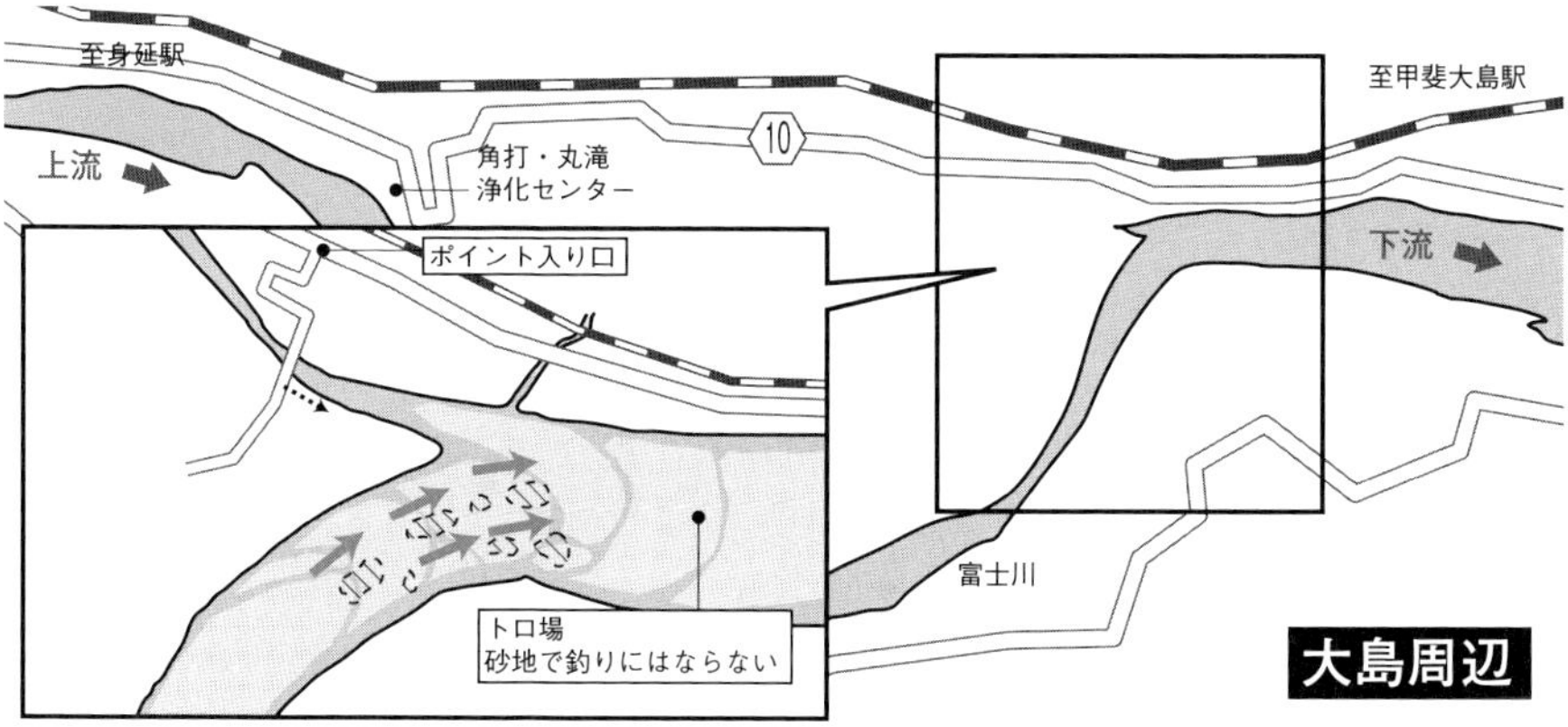
至身延駅
至甲斐大島駅
10
上流
角打・丸滝
浄化センター
下流
ポイント入り口
富士川
トロ場
砂地で釣りにはならない
大島周辺

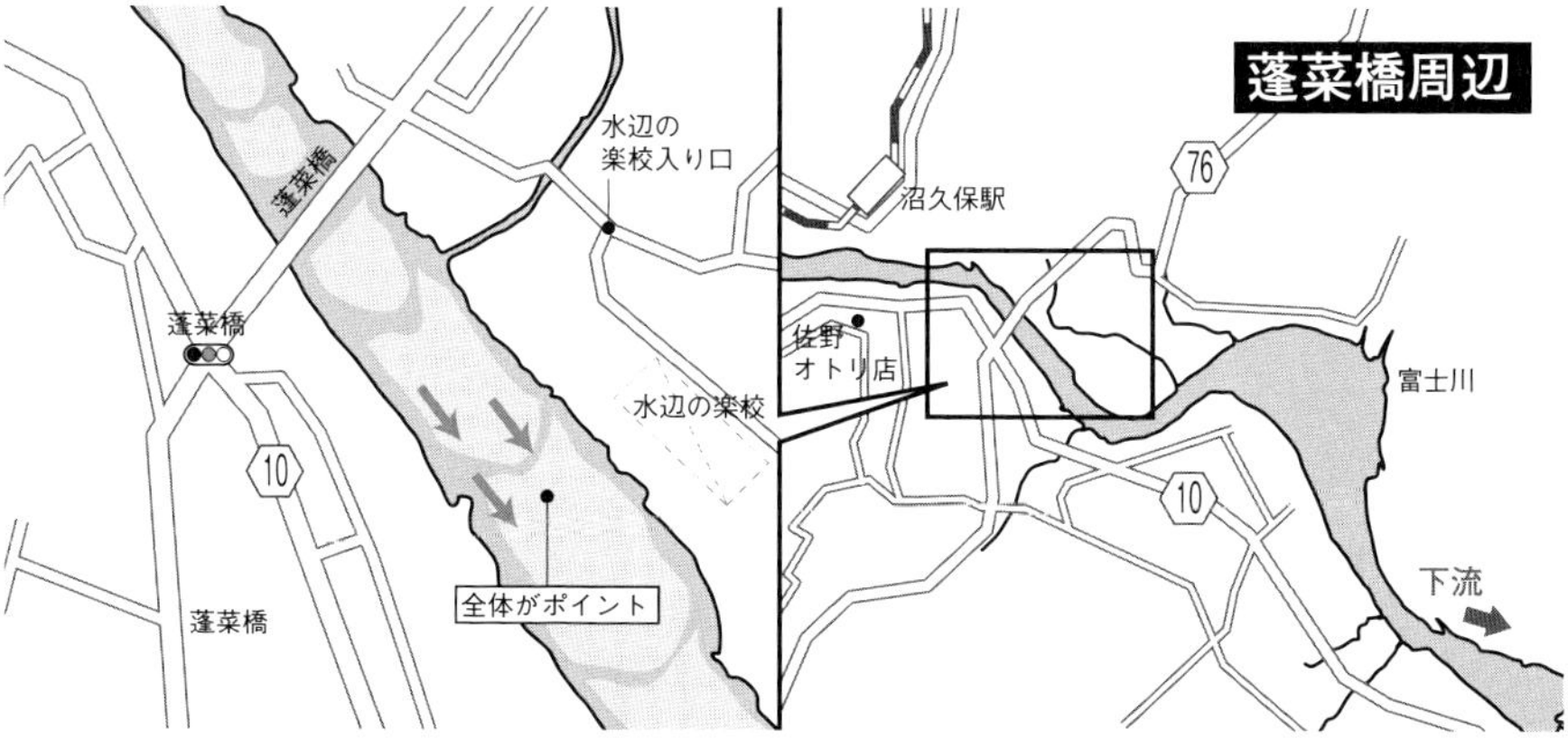
蓬莱橋周辺
蓬莱橋
水辺の
楽校入り口
76
沼久保駅
蓬莱橋
佐野
オトリ店
富士川
水辺の楽校
10
10
下流
全体がポイント
蓬莱橋

12

静岡県 大《おお》井《い》川

渇水の年にこそ大アユのチャンス！
終始イト鳴りする引き味を堪能したい

2013年8月28日に千頭駅周辺で掛けた28cm

目印を吹っ飛ばし、一瞬見失うほどの走り。サオを握り直して力を込めると、次はイトが風を切って悲鳴を上げる。そんな大アユを手にできるのが、静岡県の中部を流れる大井川だ。

とはいえ、毎年尺上が顔をだすわけではない。大アユの河川といえば、盛夏を過ぎた後半戦に期待しての釣行が多い。しかし、大井川の場合はひとたび雨が降ると（雨量にもよるが）、たいてい1ヵ月近くサオをだすことができない。

「後半に期待」と言っていると、台風シーズンの相次ぐ増水で、早々にシーズンが終わってしまう年もある。となると、シーズンをとおしてサオをだせるのは、空梅雨で中小の河川では渇水でアユ釣りが厳しいという年にこそ、大井川はチャンスになる。

サイズ的に23～25㎝がアベレージで、大アユ釣りというにはあと1ランク欲しい。しかし、海産天然ソ上の元気なアユの引きは、ほかでは味わえないようなスリリングな駆け引きを堪能させてくれる。もちろん、尺アユを手にすることも夢ではない。

大井川は、「塩郷」のダムで上流と下流に大きく分けて呼称される。さらに下流側は、川口発電所の放水口の上流側を「残流」、下流側を「本流」と呼んでいる。

【鍋島地区】

「鍋島地区」は、残流の最下流域にある釣り場だ。大井川は、全般的に瀬～淵が連続し、淵ごとにカーブを描く川相が多い。そんな中、鍋島は全体的にカーブが緩やかで、上流の「丹原地区」との境ともいえる大淵から、平瀬、チャラ瀬、急瀬を繰り返し、大きく2ヵ所ほどのカーブの後、下流の川口発電所放水口と合流する。

比較的フラットなポイントが多く、釣

profile

●鈴木幹弘

昭和39年生まれ、静岡県在住。藁科川、興津川をホームグラウンドに東海各地の河川に精通する。最長寸は大井川で掛けた30.5cm

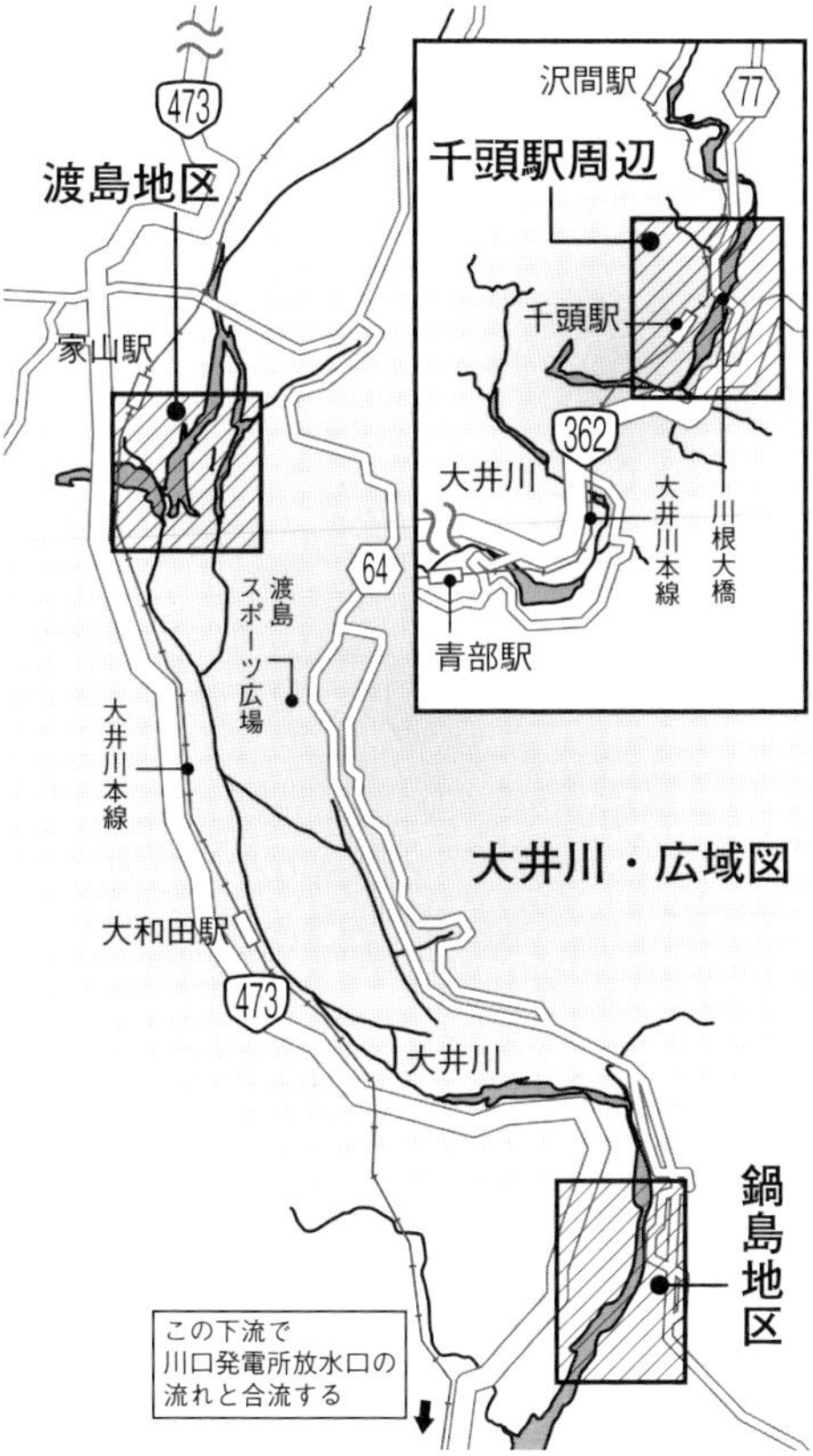

information

●河川名　大井川
●釣り場位置　静岡県島田市～榛原郡川根本町
●解禁期間　6月1日（塩郷ダム下流）／7月1日（塩郷ダム上流）～12月31日。支流は別途。下流域に特定期間禁漁あり
●遊漁料　日釣券1000円・年券5000円
●管轄漁協　大井川漁業協同組合（Tel 0547-37-3048）／新大井川非出資漁業協同組合（Tel 0547-58-5770）。共同漁業権のため遊漁証は共通
●最寄の遊漁券取扱所　鮎の里（丹原・Tel 0547-39-0738）／てんぐ邑（川根本町元藤川・Tel 0547-57-2488）
●交通　上流部の千頭駅方面へは新東名高速・静岡SA・スマートIC下車し、国道362号で釣り場へ。鍋島、渡島地区へは島田金谷ICより国道473号利用で各釣り場へ

大きな流れで育まれたアユの引きは尋常ではない

りやすいことで、好シーズンには釣り人の姿が絶えない人気釣り場だ。ここで大アユをねらうことを前提にポイントを絞ると、私なら上流側の平瀬～急瀬を選択する。理由は、大アユの付き場となる大きな石が揃っていることだ。

ここは右岸から左岸へと水深を増しながらゆっくり大きなカーブを描く平瀬が、およそ700～800m続いている。底にはひと抱えほどの大石が点在する好ポイントだ。シーズンには釣り人が多いことでスレてしまうこともあり、全体を丹念にじっくりとねらいたい。毎回良型がサオを曲げてくれる。

【渡島《どじま》地区】

鍋島地区から約4・5㎞上流にあたり、左岸側は渡島、右岸側は家山という地名になる。渇水の年にチャンスとなる大河川の大井川で、このポイントには利点がある。

超渇水となると、大井川のようなフラットな川では水温が29℃にもなる。しかし、右岸側から流れ込む家山川という支流の影響で、水温は他の本流筋よりも低いことが常となる。

　その家山川は、本流の川原に流れでてから、川幅約4~5mの流れとなって合流するまでおよそ300mの間、本流と並行するように流れている。その間に小淵が2ヵ所、砂底のトロ場もあり時間10尾という天国が存在する。水温が高く釣りづらい、野アユが追わずなかなかオトリが変わらない、そんなときに試してみたいポイントだ。

　合流地点の本流側にも大アユが潜んでいる。小石底の広い浅瀬が一気に絞られる、ほんの20mほどの急瀬だが、大石が点在する一級のポイントで、目印から目を離せなくなる。また、大井川といえば今もSLが走る大井川鉄道が有名で、このポイントでは右岸側をSLが走っているのを見ることができる。

賑わいを見せる鍋島地区の流れ

渡島地区ではSLを見ながらの釣りが楽しめる

千頭駅の前に架かる川根大橋周辺のロケーション

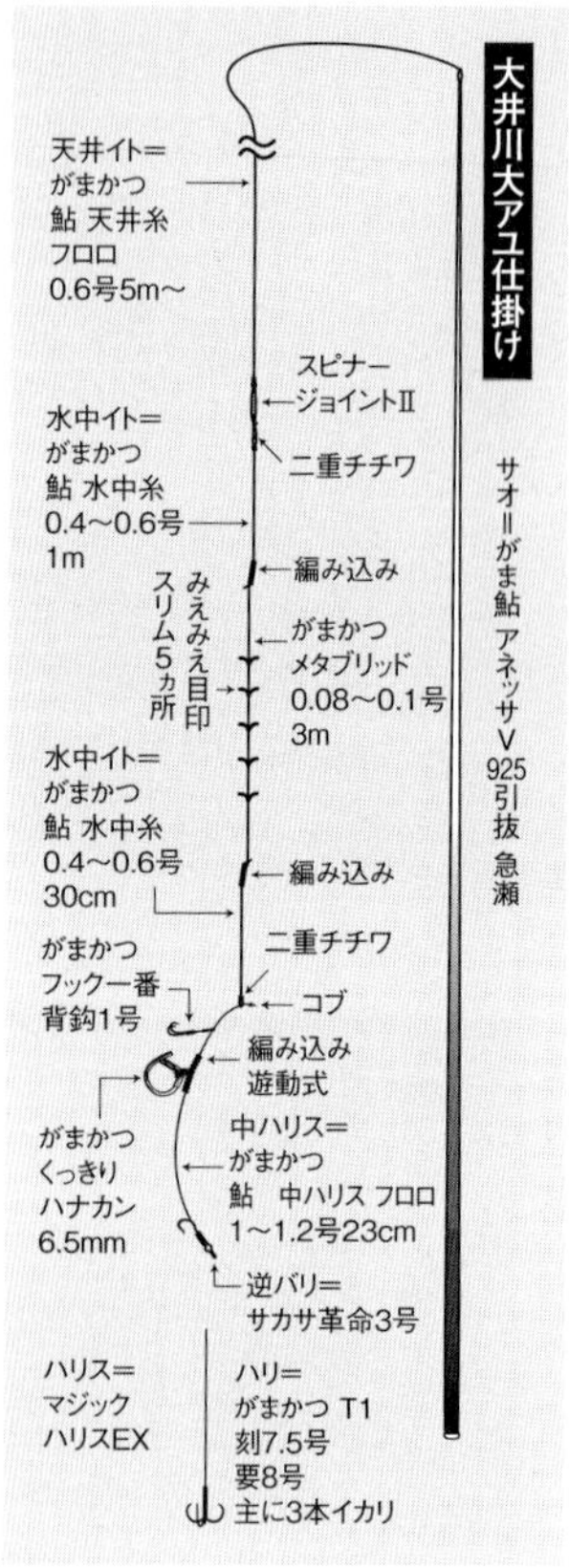

【千頭地区】

　最後に、塩郷ダムより上流に位置する千頭地区を紹介する。SLが大井川沿いを走り、その上流側の終点となるのが千頭駅で、周辺はアユの好ポイントになっている。

　千頭駅の前に架かる川根大橋の上下流が主な釣り場。大きな石が混じるザラ瀬やトロ瀬など多彩なポイントを見せるが、大アユに的を絞るなら瀬を重点的に探りたい。橋下のトロ場の上流の平瀬、そしてトロ尻から斜めに落ちる一本瀬を、その実績からイチ押しする。

　前述したが、大井川は全般に石が大きいとはいえず、梅雨の長雨や台風の増水でほぼ毎年流れが変わる。釣りが可能な情報をもとに、実際に川へ行って、流れと石を見てサオをだしてほしい。そして「バチッ！」という野アユが追う音を、ぜひとも聞いていただきたい。

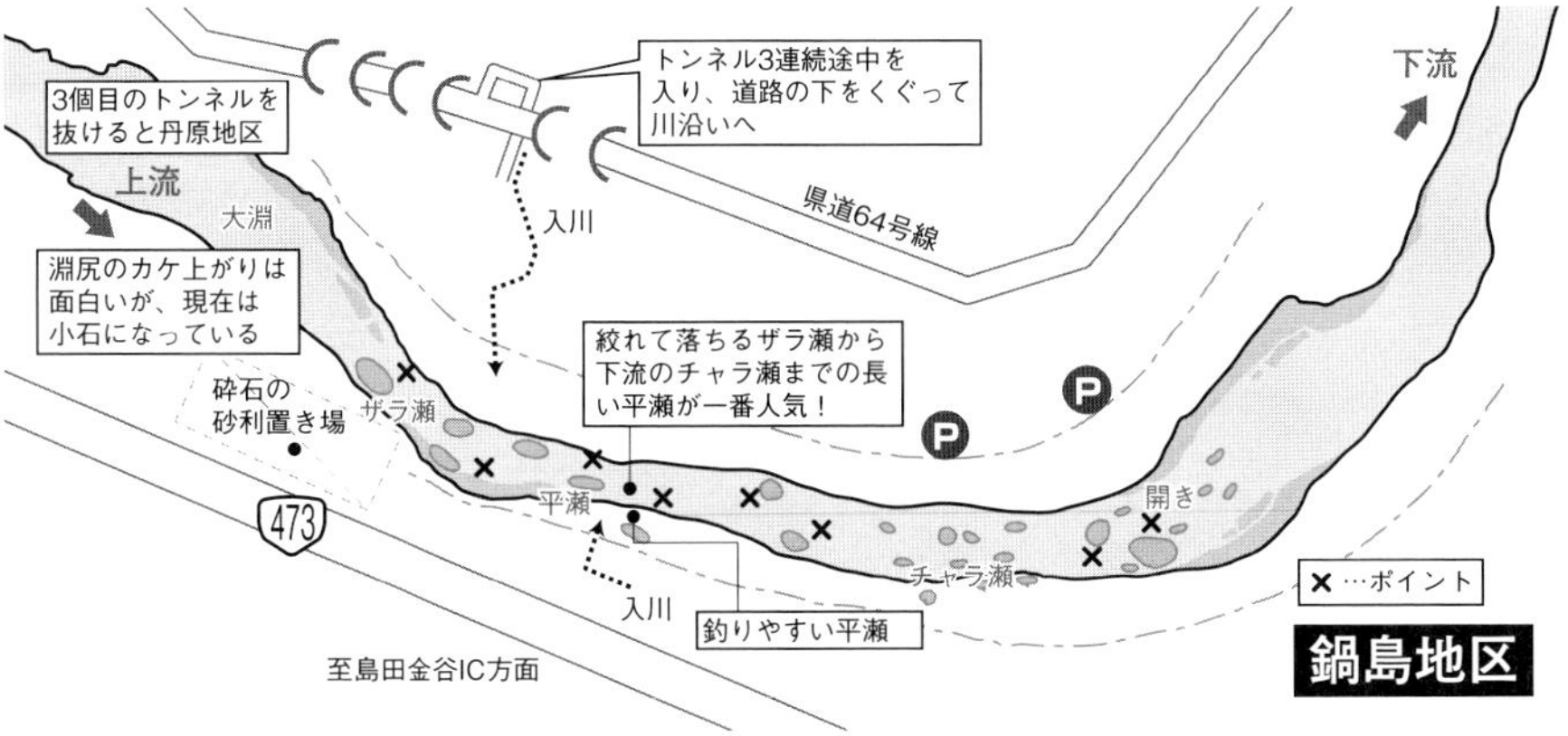
3個目のトンネルを
抜けると丹原地区
トンネル3連続途中を
入り、道路の下をくぐって
川沿いへ
下流
上流
大淵
入川
県道64号線
淵尻のカケ上がりは
面白いが、現在は
小石になっている
絞れて落ちるザラ瀬から
下流のチャラ瀬までの長
い平瀬が一番人気！
砕石の
砂利置き場
ザラ瀬
平瀬
473
開き
チャラ瀬
入川
釣りやすい平瀬
×…ポイント
至島田金谷IC方面
鍋島地区

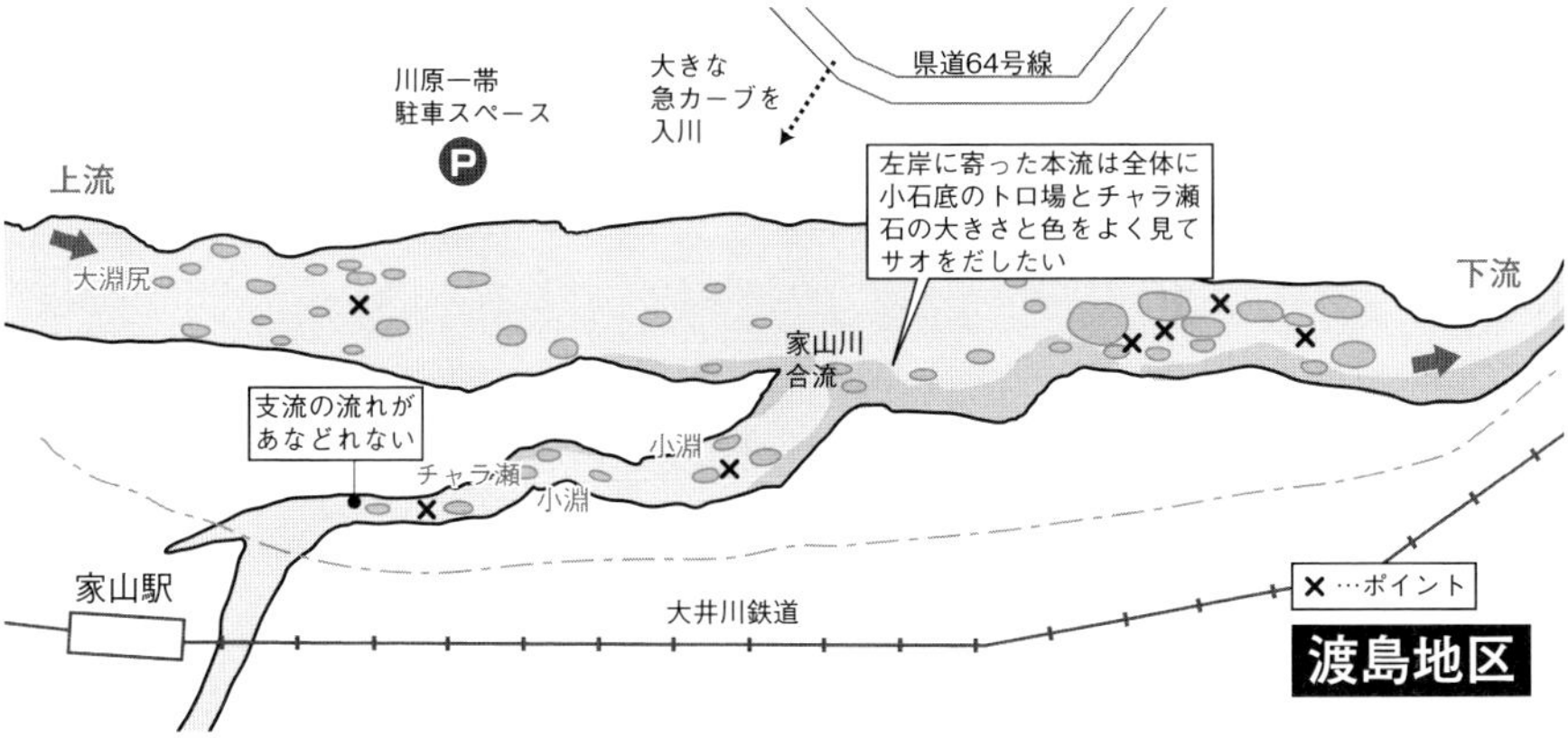
川原一帯
駐車スペース
大きな
急カーブを
入川
県道64号線
上流
大淵尻
左岸に寄った本流は全体に
小石底のトロ場とチャラ瀬
石の大きさと色をよく見て
サオをだしたい
下流
家山川
合流
支流の流れが
あなどれない
小淵
チャラ瀬
小淵
家山駅
大井川鉄道
×…ポイント
渡島地区

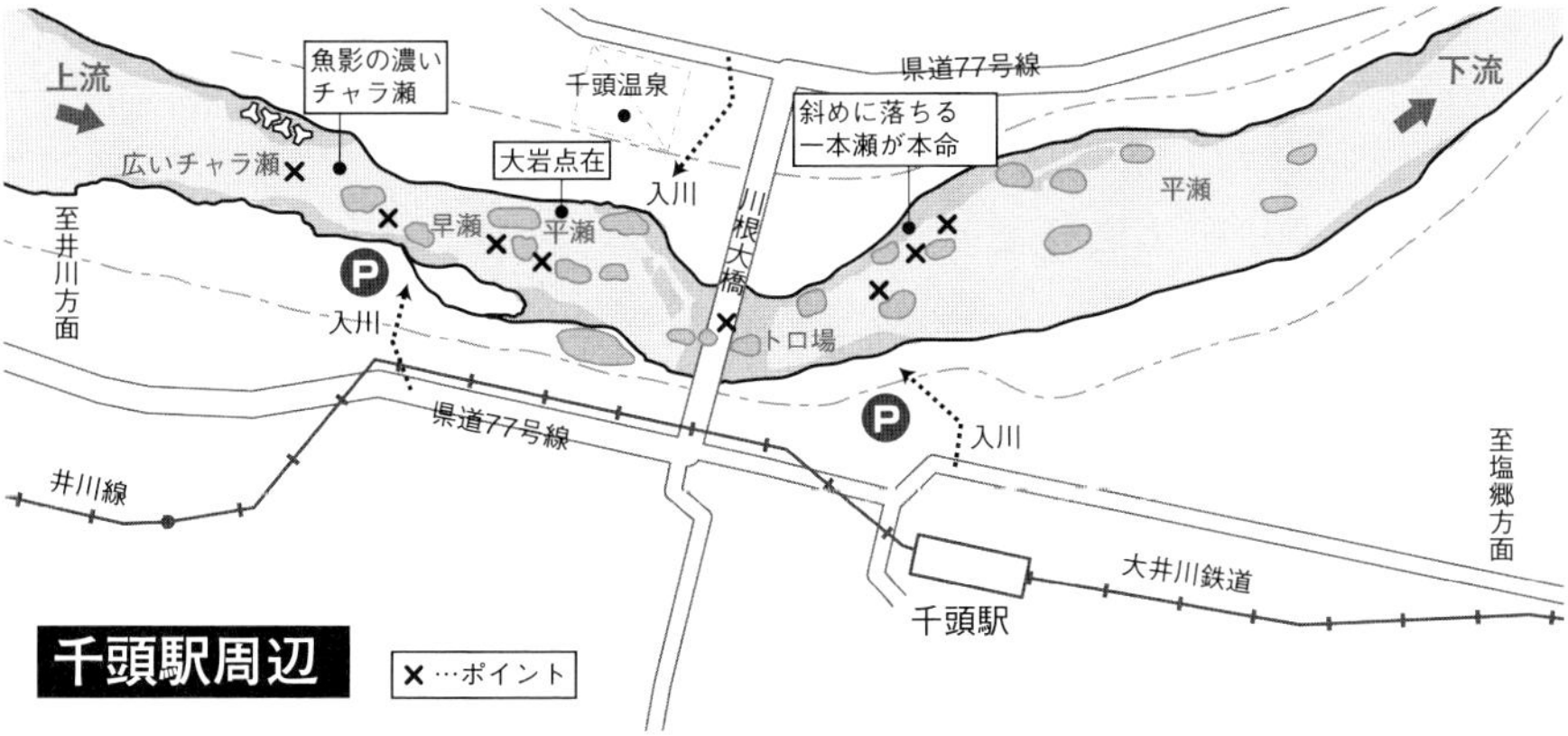
上流
魚影の濃い
チャラ瀬
千頭温泉
県道77号線
下流
斜めに落ちる
一本瀬が本命
広いチャラ瀬
大岩点在
早瀬
平瀬
入川
平瀬
至
井
川
方
面
入川
川根大橋
トロ場
県道77号線
入川
井川線
至
塩
郷
方
面
大井川鉄道
千頭駅
千頭駅周辺
×…ポイント

13

愛知県 振《ふり》草《くさ》川

緩やかな流れの支流域ながら知る人ぞ知る大アユの穴場だ！

2013年に振草川で手にした27cmの良型アユ

振草川は、愛知県の北東部に位置する北設楽郡東栄町の中を流れる川で、天竜川水系の支流の1つ、大千瀬川の上流域にあたる。全体的に流れは穏やかであるが、知る人ぞ知る大アユの穴場的な河川だ。

この川の解禁日は、県内では早い5月11日以降の土曜日。この時期でアベレージサイズは18cmあり、大きなものは20cmを超える。

下流にダムがあるため、アユは100%放流ものであるが、成魚や大きめの種苗を放流しているわけではない。成長が早いのだ。

その理由は、2つあると考えられる。1つは、川底に岩盤が多いこと。岩盤はアカ付きがよく、増水後も残りやすい。

そしてもう1つは、近隣の河川に比べて早期から水温が高いところで推移していること。この2つのことがエサとなる石アカを豊富にしていて、成長を早めるのだと思う。

6月になると、近隣河川が続々と解禁して釣り人は徐々に少なくなり、7月に入るとだいぶ落ち着いた状況になる。ところが実は、この頃から23～24cmクラスが釣れ始めていて、大きなアユが釣れるからと、足繁く通う釣り人も少なくないのだ。

例年、27cm以上の大アユがねらえるシーズンは、8月下旬から9月中旬までが目安となる。尺アユも夢ではない。私の釣果ではないが過去に32cmという大ものも確認している。あとは台風しだいとなる。

2013年は、5月から渇水続きだったところに8月下旬の台風で大増水となり、27cmクラスが釣れ始めていたのに姿を消してしまった。こんな年は例外であるが、釣行の際はオトリ店等に情報を聞いてほしい。

profile

●佐々木敏浩

昭和48年生まれ、愛知県在住。ダイワ鮎マスターズで優勝する実力派。振草川をホームグラウンドに釣行を重ねている。最長寸は28.5cm

information

●河川名　天竜川水系振草川
●釣り場位置　愛知県北設楽郡東栄町
●解禁期間　5月11日以降の最初の土曜日～12月31日
●遊漁料　日釣券2500円（6月16日まで。17日以降1800円）・年券1万3000円
●管轄漁協　振草川漁業協同組合（Tel 0536-76-0242）
●最寄の遊漁券取扱所　井筒オトリ店（Tel 0536-76-0228）
●交通　新東名高速・浜松いなさＪＣＴから三遠南信自動車道を北上して、鳳来峡IC下車。国道151号を飯田方面に北上して東栄町に至る。この間の所要時間は約30分

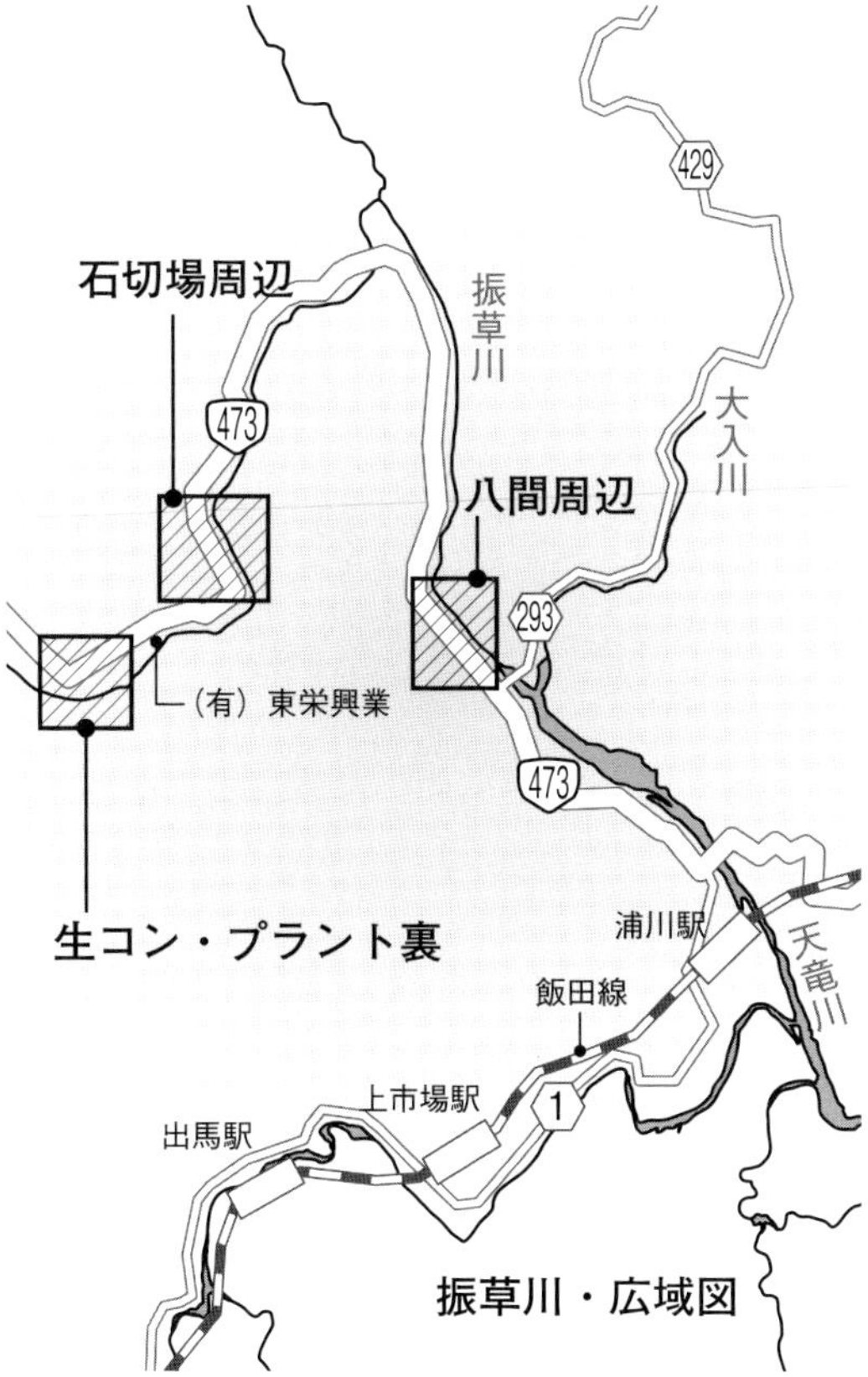

振草川・広域図

【八間周辺】

大アユねらいで、しかも尺アユに期待が持てるのは、八間という釣り場。ここは、最下流の漁協境界（静岡県との県境）から、上流の淵まで約７００ｍの区間のこと。切り立った渓谷になっていて、岩盤の上に巨大な岩が数多くあり、瀬と絞り込んだトロ瀬が連続する。実績ある場所で、過去に32cmが釣りあげられている。

ここは石や大岩が多くて、他のエリアとは川の表情が異なる。川底の石や大岩の向こう側の陰になるところは、サオ抜けになっているので大アユが期待できる。激流の大アユ釣りではないため、じっくりとためて緩い流れに寄せてから取り込めばよいので、タックルはそれほど太くてごついものでなくてもよい。

ただ、大きな石がごろごろとあり歩きづらいので、取り込むイメージを確認しておくとあわてずにすむ。

私はここに、忘れられない思い出がある。数年前の9月上旬に釣行した時のこと。トロ場でオトリを確保してから、落ち込みや絞り込みで良型をねらって23～27cmという釣果を得て満足していた。

その時、ふと目をやったトロ場に沈む石の頭に、目を疑うような大きなアユを見つけた。オトリを送り込もうとするが、なかなか近づこうとしない。穂先を利かせて、その石の頭まで無理やり誘導するとすぐに追ってきた。21cmほどのオトリは小さく見えて、ハリ掛かりすると

過去に32cmが釣りあげられている八間周辺の流れ

落差のある流れを見せる石切場周辺

比較的フラットな様相の生コン・プラント周辺

川底に引きずり込まれるように見えなくなった。サオがあり得ないほどの弧を描き、その強い引きに何とか耐えるも、じわじわと上流へ進まれてしまい、最後は大岩に潜られイトが切れてしまった。今でも振り返ることがある1尾だ。その後もねらい続けているが、ここで釣りあげた28・5cmが私には最大でいつかは尺アユをこの手にしてみたい。

【石切場周辺】

煮え淵の下流にある釣り場で、上流と下流は大きなトロ場に挟まれている。八間ほどではないが、大石も多く、アユのポイントとなる変化が豊富にある。

その中で、大アユをねらうなら白泡直下は外せない。石が多くて落差もあるから白泡の数も多い。立ち込んで立ち位置を変えながらいろいろな角度から釣ってみると予想以上に死角があることに気が付くはず。そんなサオ抜けポイントに大アユが潜んでいるのだ。

【生コン・プラント裏】

ここは、煮え淵の上流にある比較的フラットな釣り場。岩盤の溝に石や砂利が入っていて、流れも穏やかなところだ。

この川の人気ポイントなので、ややプレッシャーが高い。ポイントの正面に立つと警戒してしまうので、泳がせ釣りで上飛ばしをすると釣果につながる。ここでは、数年前に29・5cmが釣りあげられている。八間や石切場は少々足場の悪い釣り場だが、こんなフラットな場所で大アユがねらえるのも魅力である。

川角橋から最下流の漁協境界までは、友釣り専用区になっていて、これら3つの釣り場はその中にある。尺アユも間違いなくいるので、挑戦してみてほしい。

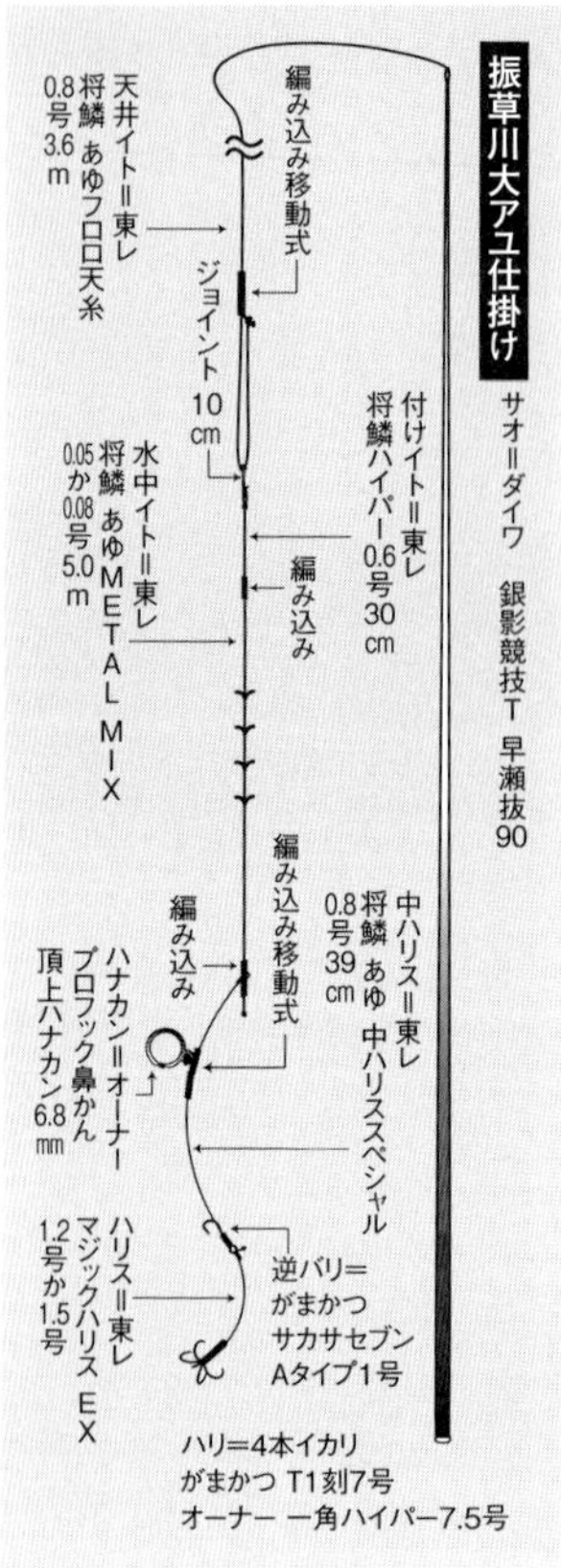

八間周辺

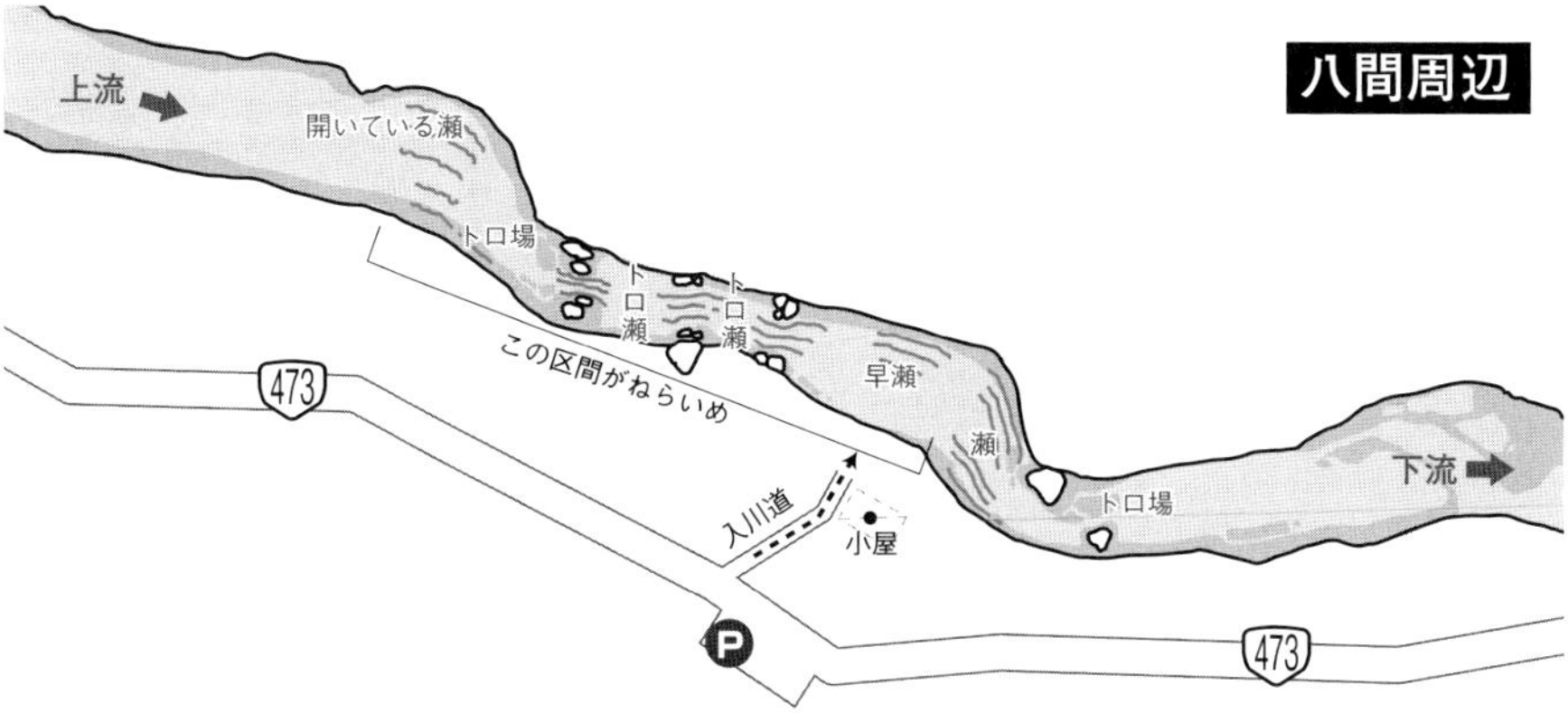

石切場周辺

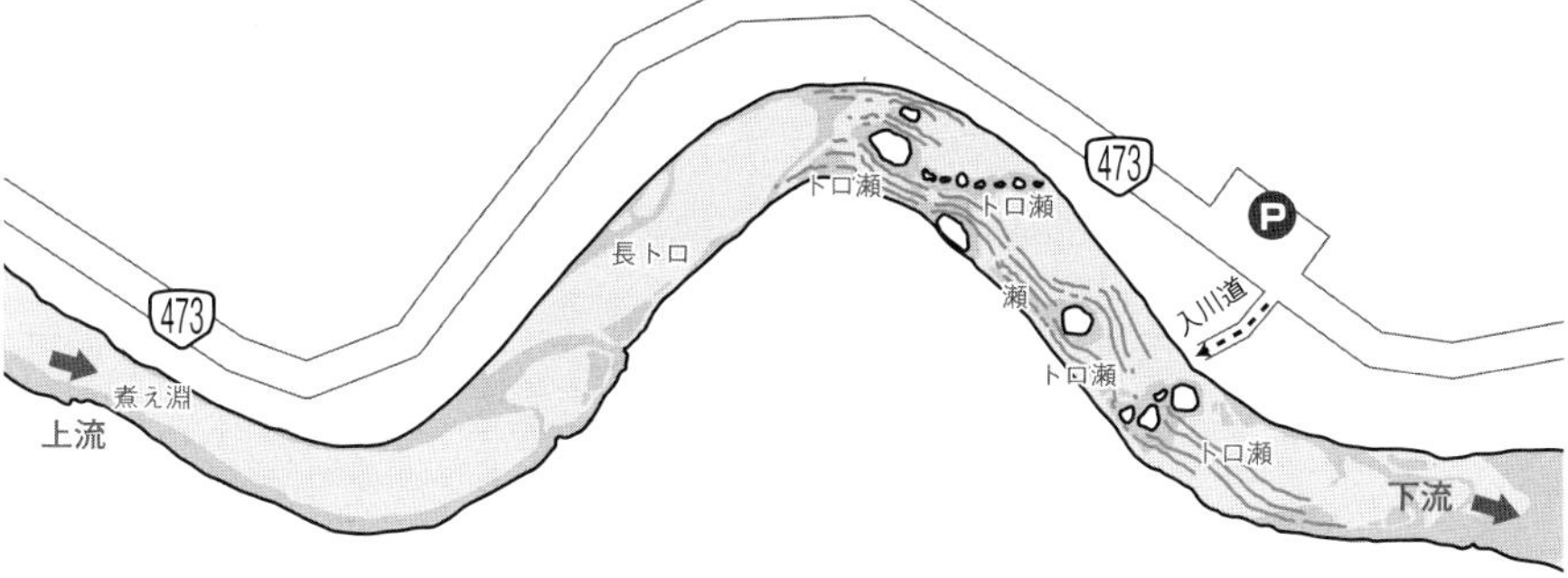

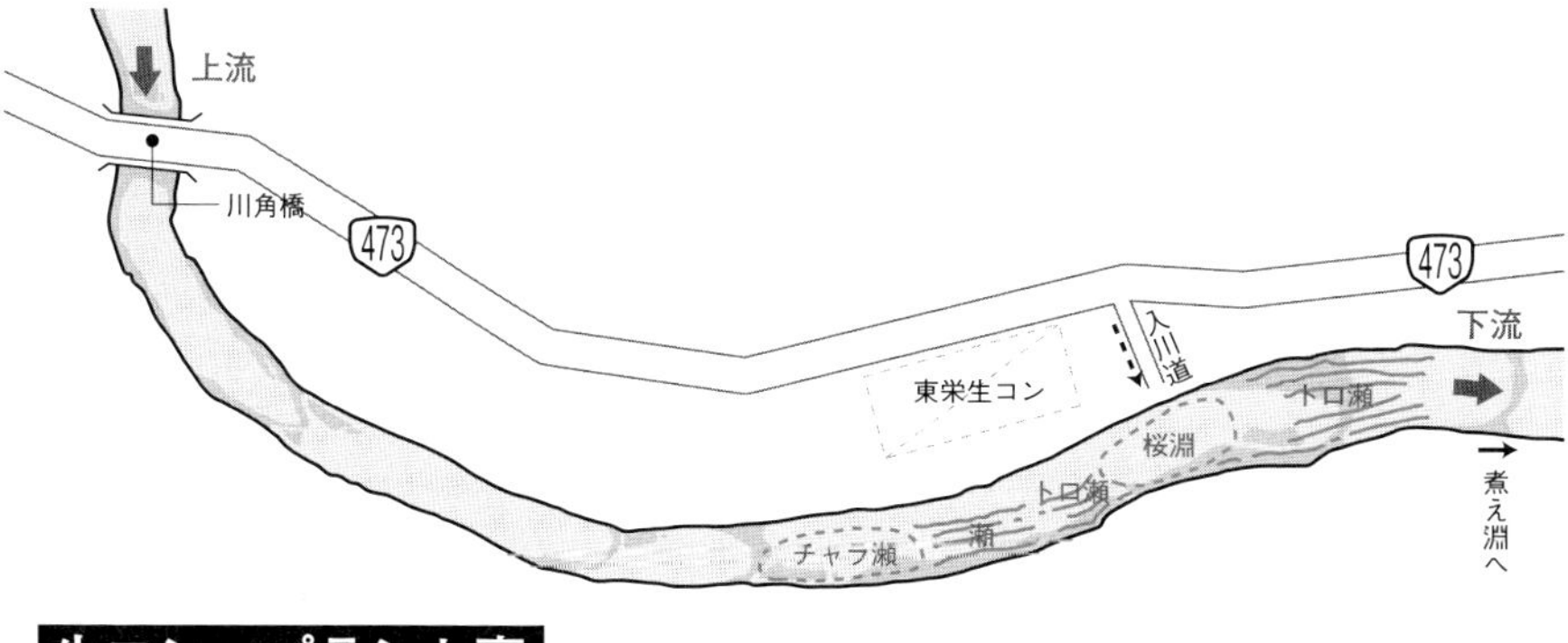

生コン・プラント裏

14 愛知県 矢《や》作《はぎ》川

早くから天然アユ保護が行なわれてきた河川
例年28cm前後の大アユもねらって釣れる

昨年の8月15日に乙長瀬で釣りあげた26.5cm。さらなる大アユが川口地区では期待できる

profile
●新見克也
昭和43年生まれ、愛知県在住。友釣り歴16年。矢作川の中・下流域を得意とし、矢作川漁協組合員、同漁協のアユモニターも兼ねる。最長寸は約29cm

矢作川は長野県の南部に発して岐阜県をかすめ、愛知県の西三河を南下して三河湾に注ぐ延長118kmの中規模河川だ。トヨタ自動車を中心とする工業地帯や農業地帯を支えるため徹底利用され、本流だけで7つものダム群がある。決して河川環境を自慢できる川ではないが、それゆえ早くから天然アユ保護の取り組みが行なわれてきた。

アユ釣りの解禁は愛知県内で最も早い5月11日。シーズン序盤は水量の少ない上流域で放流アユ中心の釣りとなる。中・下流域で矢作川らしい釣りができるのは天然アユの追いが強くなる8月から。盛期は8月中旬から9月末までの1ヵ月半だ。小中型（16～24cm）が中心だが、天然アユらしい強烈なパワーを楽しめ、その味の評判もまずまずだ。

主な釣り場は、明治用水頭首工（河口から約35km）から矢作第2ダム（同約75km）までの約40km区間だ。その間に中小5つのダム湖があるので、アユ釣りができるのは実質半分ほどだろうか。この5つのダムには魚道があり、また矢作川漁協が精力的に汲み上げ放流を行なっているので天然アユは全域に行き渡っている。

前述したとおり矢作川は中型までの天然アユを楽しむ川だが、中流域の阿摺ダム上流「川口地区」だけは例年28cm前後の大ものをねらって釣ることができる。尺アユも過去には記録されている。

この川口地区で大きなアユが釣れる理由は、石が比較的大きいこと、水力発電の関係で水量が多い上限であること、そして天然アユの一番仔（ソ上時すでにサイズが大きい）が居着きやすいことなどが挙げられる。

大アユの盛期は8月中旬～9月中旬。高水温の時期は日中さっぱり追わず、朝や夕方だけドガン！ と追ってくることも多い。他の場所で数釣りを楽しみ、よ

いオトリを持って夕方から大アユに挑むのも手だ。
　そんな川口地区の中でも大アユ釣り場といえるのは、百月発電所の下流にあって水量が多い「屋下の瀬」「川口ヤナ前の瀬」「乙長瀬《おんながせ》」の3ヵ所。いずれも規模は大きくないが荒い瀬だ。

【乙長瀬】

　なんといっても実績の高いのが乙長瀬だろう。阿摺ダム湖の上にある最初の瀬で、県道沿いにある食事と弁当の店「もぐもぐ藤岡店」が目印になる。同店の真下が右岸瀬尻の駐車場で、右岸瀬肩付近にも川沿いに駐車場がある。左岸側にも数台は路上駐車できるが、狭いうえに車上荒らしもあるようなので避けたほうが無難だ。
　乙長瀬は比較的水深のある一本瀬で、瀬脇の緩い流れに立って釣り下るのが一般的なねらい方。瀬肩の最もきつい場所にあるエボシ岩の周辺は平水でも6〜5号のオモリがいるが、その他のほとんどの場所は3号以下で対応できるだろう。両岸からサオをだせるが、釣りやすいのは左岸から。平水なら瀬肩でも瀬尻でも川を渡れる。

【川口ヤナ前の瀬】

　乙長瀬の300mほど上流に位置する瀬で右岸から入る。川沿いの駐車スペースは広く、綺麗な公衆トイレもある。乙長瀬と違って開けた瀬なので歩き回れるが、少々歩きにくいので脚力に自信がない人にはつらいかもしれない。
　大ものが居着きやすいのは左岸沿いの筋。左岸瀬尻の深場に沈んでいる大岩にも良型が居着くが、その下の淵は流れが巻いているので立ち込みすぎには気をつ

information
●河川名　矢作川
●釣り場位置　愛知県豊田市上川口町
●解禁期間　5月11日〜12月31日
●遊漁料　日釣券2000円・年券1万2000円
●管轄漁協　矢作川漁業協同組合（Tel 0565-45-1064）
●最寄の遊漁券取扱所　広瀬販売所（Tel 080-4228-1192）／もぐもぐ藤岡店（Tel 0565-76-3908）
●交通　東海環状自動車道、猿投グリーンロードを経由して枝下IC下車。矢作川右岸沿いの県道11号で各ポイントへ

けよう。

【屋下の瀬】

川口ヤナの500mほど上流にあり、すぐ上流に百月発電所が見える。数年前までは瀬肩のカガミにオトリを沈めると大アユが跳びかかってくるのが見える面白い釣り場だったが、釣り場改修で形が変わってしまった。しかし、平成25年秋の洪水でまた少し形が変わったので今後が楽しみだ。

左右両岸から入れるが、今の川相からすると左岸瀬肩から真ん中の浅場に渡ると釣りやすそうだ。穴場的な釣り場だが、複数では釣りにくい地形なので、私は先客が1人でもいる時は入らないようにしている。

仕掛けは頑丈すぎるほどの物を使うだけで特に工夫はないが、中ハリスのハナカンより上を長く取るようにしている。これはオモリの使いやすさと石ズレ対策を兼ねてのことだ。

その上の付けイトは根掛かりしやすい場所では1ランク細くし、どうしても根掛かりを外せない時に切れるようにしている。天井イトはショック吸収用にナイロンを使用している。

仕掛けにこだわりの少ない私もハリには少々こだわっていて、荒瀬の大ものねらいではイカリバリを使わない。理由は単純、どうしても身切れが多いからだ。なるべく背中の頂点をすくうような背掛かりであって欲しいので、私は2本バリの「松葉」を愛用している。背掛かりの見本のような掛かりが多く、ぜひ試していただきたい。

「乙長瀬」の瀬肩。いちばん大きな岩が「エボシ岩」だ。この前が最も流れがキツイ場所だが良型が居着きやすい

「川口ヤナ前の瀬」。左岸沿いの筋に大ものが居着きやすい。下流の淵は流れが巻いているので注意

「屋下の瀬」左岸の道路上から撮影。中央の浅場には左岸瀬肩から渡れる

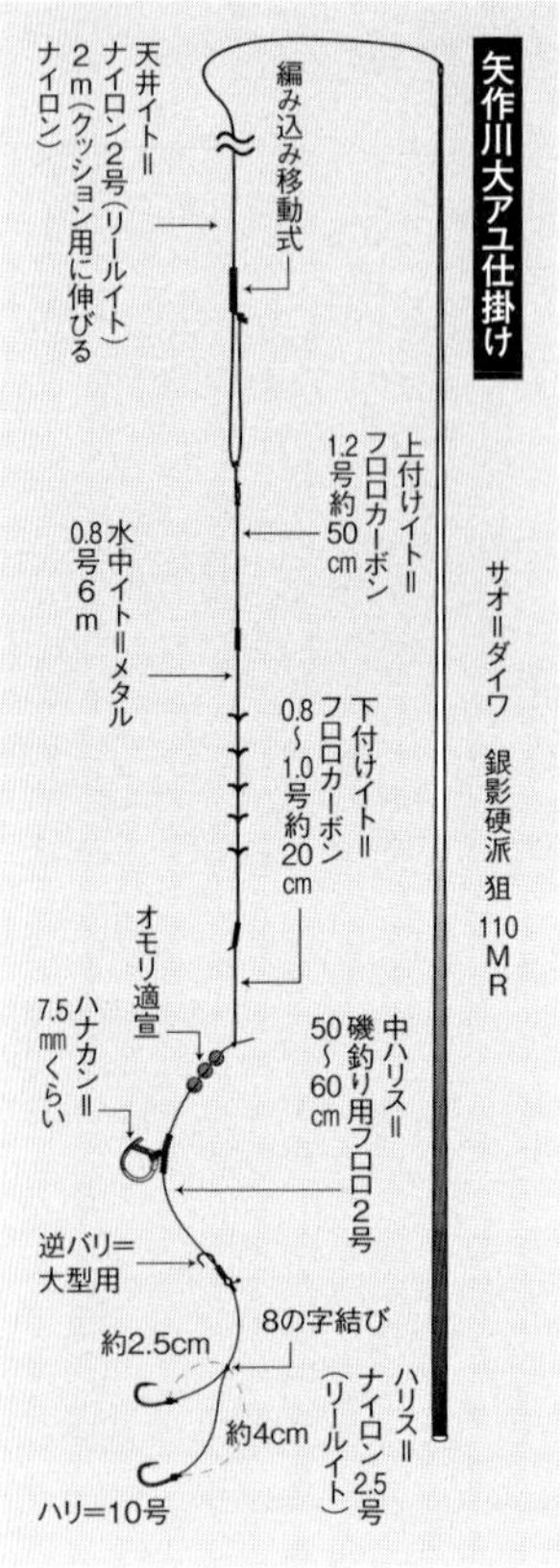

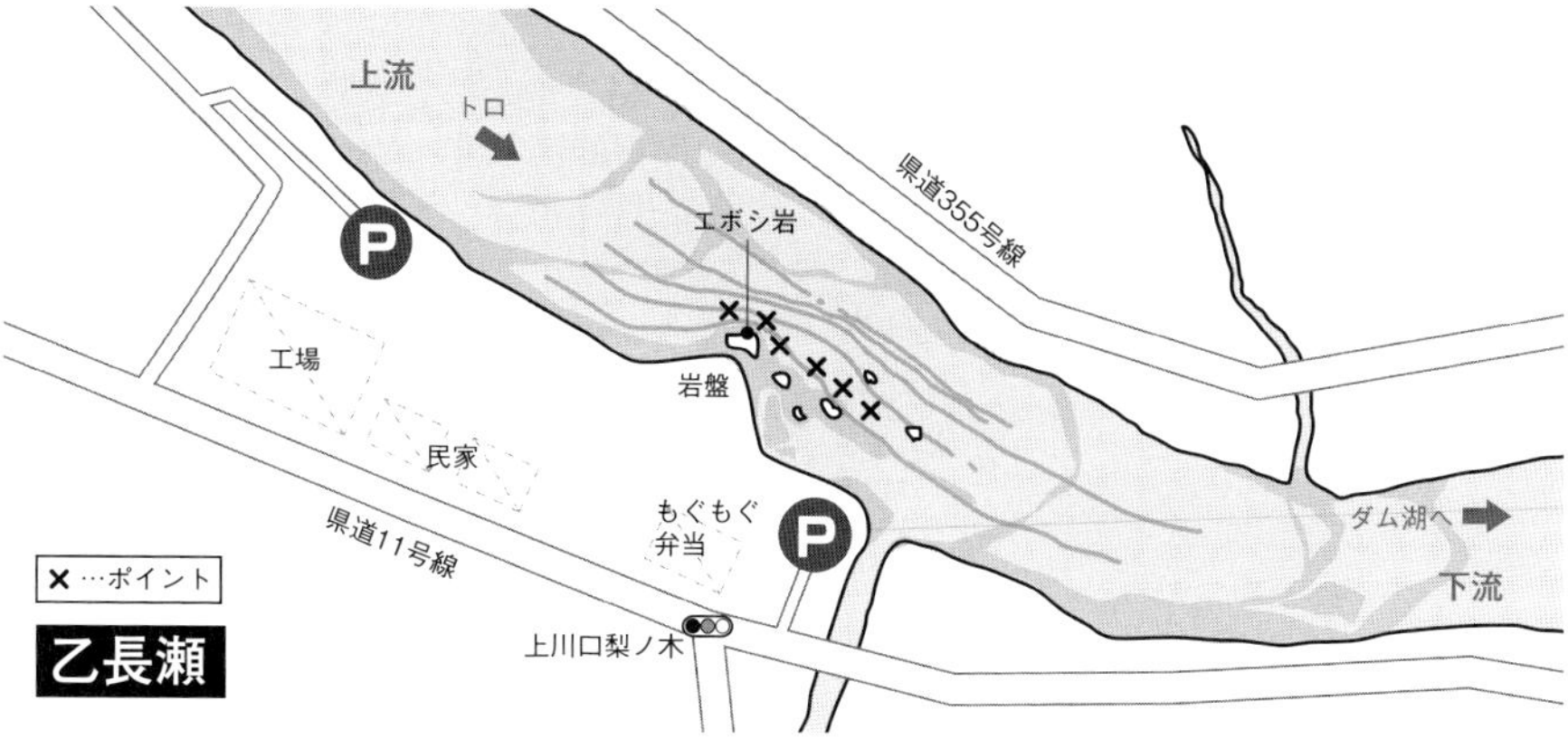
上流
トロ
県道355号線
エボシ岩
工場
岩盤
民家
もぐもぐ
弁当
ダム湖へ
下流
県道11号線
×…ポイント
上川口梨ノ木
乙長瀬

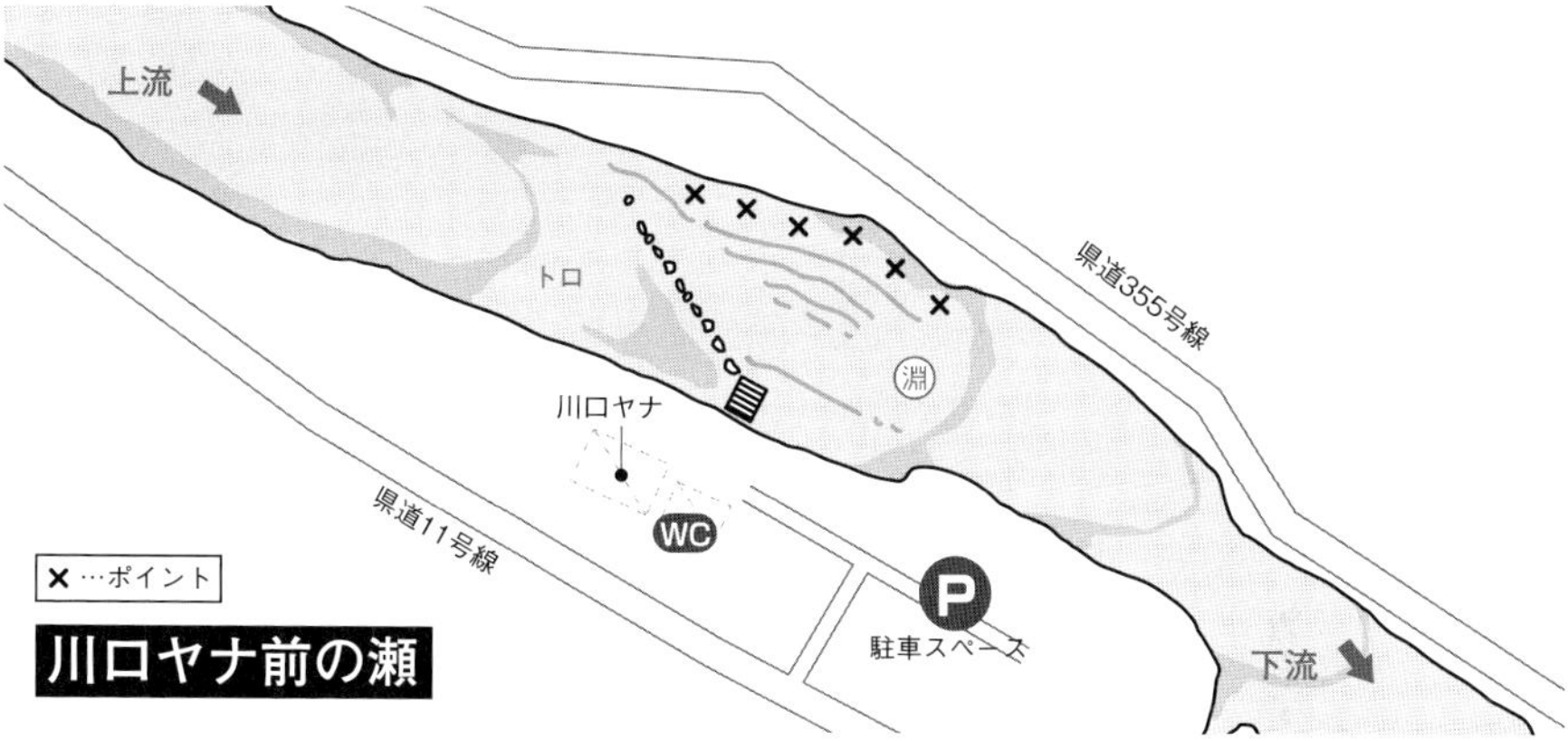
上流
トロ
県道355号線
淵
川口ヤナ
県道11号線
WC
×…ポイント
駐車スペース
下流
川口ヤナ前の瀬

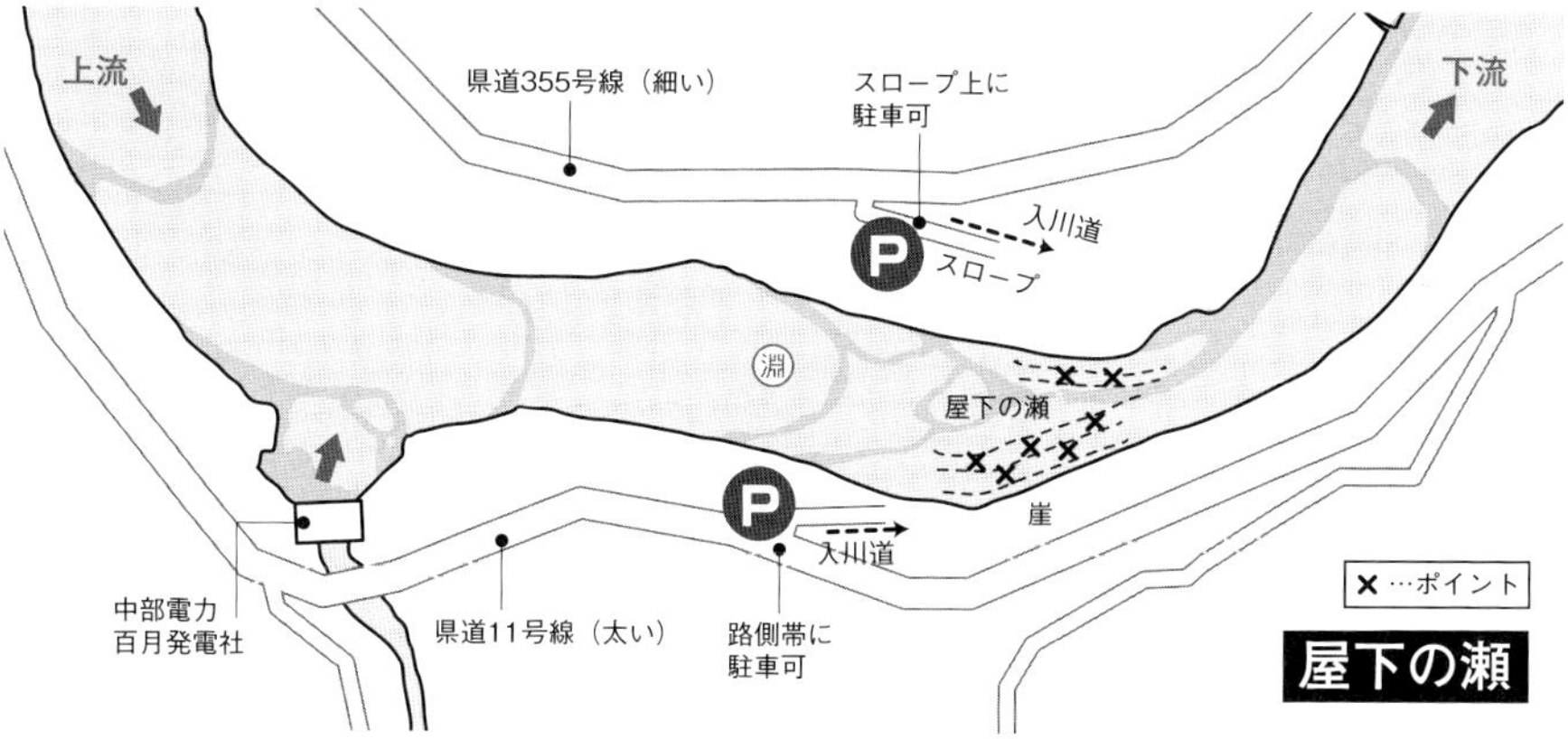
上流
県道355号線（細い）
スロープ上に
駐車可
下流
入川道
スロープ
淵
屋下の瀬
崖
入川道
中部電力
百月発電社
県道11号線（太い）
路側帯に
駐車可
×…ポイント
屋下の瀬

大岩の点在する中山七里の渓谷を釣る。岩陰から大アユが飛びだしてくる

15

岐阜県 益田《ました》川

国定公園・中山七里の渓谷を釣る
大岩の陰から背の張ったアユが飛び出す

益田川は天下の三名泉「下呂温泉」の中心街を流れ、上流は下呂市小坂町から金山町まで、全長50kmの本流に、小坂川、山之口川、竹原川、輪川などの支流を配し、急瀬、淵、トロと非常に変化に富んだ流れを見せる。

今回、ポイントとして紹介する流れは、国定公園にも指定されている全長約28kmの渓谷・中山七里にあり、そのロケーションもすばらしい。

益田川の解禁は6月中旬以降で他の河川よりも少し遅い。そのため解禁当初から22~23cmのアユが釣れ、8月中旬になると25cmクラスがコンスタントにサオを絞り込む。

釣れるアユは益田川独特の背の張った幅広で、重量感のある魚体から絞り出されるパワーは、手応えのあるやり取りが楽しめる。

毎年のことであるが、9月の声を聞く頃になると28cm、２５０ｇという大アユの釣果が耳に入る。しかしここ数年はそんな情報も少なく、寂しく思っていると２９・７cmの釣果が記録され、益田川の底力を実感させられた。

アユ釣り歴は40年、競技に参加するようになって10年近くになるが、私の大アユレコードは29・３cm。残念ながら尺アユを釣りあげた経験がない。

だが、悔しい経験なら数多くある。そのなかでも絶対に忘れることのない思い出が１つ。それは、竹原川の出合から２００ｍ下流での出来事だ。

大岩が点在し、深みのある段々瀬のタルミにオトリを送り込み、目印の動きに集中するも変化はない。

時刻も午後4時を迎え、サオを納めようとした矢先、なんの前触れもなく引ったくられるようなアタリでサオを下流に持っていかれた。

あわてふためき引きに合わせて下った

profile
●中島 清弘
昭和34年生まれ。岐阜県在住。友釣り歴は40年。益田川をホームグラウンドにトーナメントにも参戦。最長寸は益田川で仕留めた29.3cm

益田川・広域図

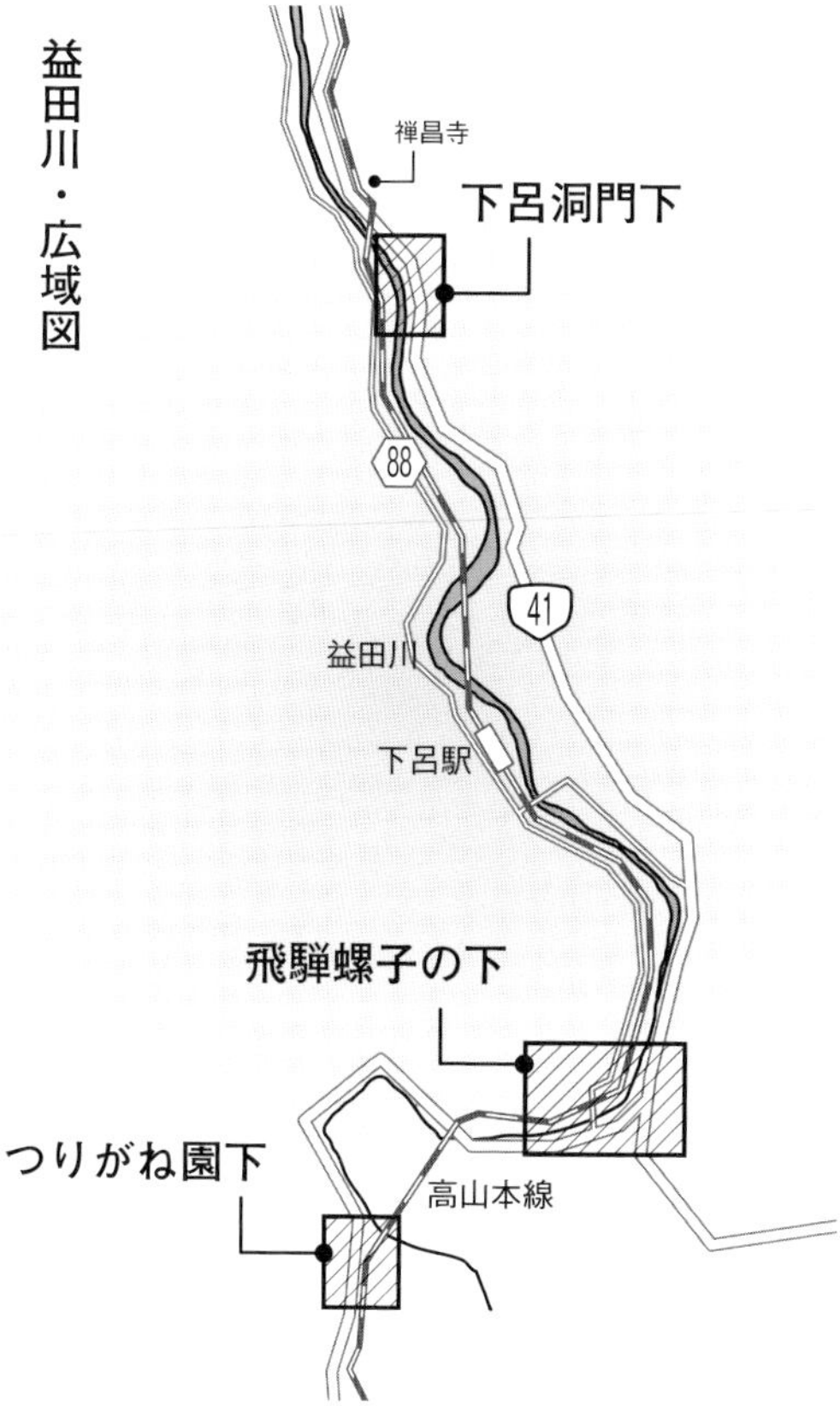

information

●河川名　益田川
●釣り場位置　岐阜県下呂市三原〜荻原町
●解禁期間　6月23日〜12月31日
●遊漁料　日釣券2000円・年券1万円
●管轄漁協　益田川漁業協同組合(Tel 0576-52-1035)
●最寄の遊漁券取扱所　喫茶 志麻(Tel 0576-25-4808)
●交通　中央自動車道・中津川IC下車。国道257号を下呂方面へ

ところ、なんとか瀬のタルミに誘導し寄せて取り込もうとしたまではよかったが、運悪く西日が逆光に。イトが見えず、オロオロしている間にふたたび瀬の中へ走られるのを強引に抜き上げた。

2尾のアユが水面を割ってでる。いままで見たことがないような大アユの背掛かり。しかし、次の瞬間に身切れ。なすすべもなく、呆然と大アユの落ちた川を眺めていたことを、今でも思い出す。

そんな数々の失敗から学んだ益田川で大アユを釣るコツは、アタリにある。

通常なら手元に「ガツン」とくるアタリだが、益田川の大アユは違った。目印が急に上流側や対岸へ動くだけのこともある。そのためイトはたるませず、少しテンションを掛け、目印の動きに集中したい。

仕掛けについては、大アユに的を絞るならシンプルな太掛けが望ましい。特に益田川は大岩が多く、下流に走られると追っていけない状況もある。そんな時は強引にでも抜き上げられる強さが必要。

大アユに関しては、感度は落ちても伸びのあるフロロ、ナイロンがバラシが少ないように思える。サオも急瀬、荒瀬クラスを選ぶため、ラインに伸びがないと力を吸収しきれず、身切れが多くなるように感じる。

また、ポイントでの自分の立ち位置にも注意したい。なるべくオトリの正面に立つことで、急なアタリにも対応できる。さらに、掛かったらどこへ誘導して取り込むかも考えておくと、あわてずにやり取りが可能だ。
　益田川で大アユがねらえるポイントといえば、大岩が点在し、景勝地としても名高い中山千里。下呂市三原地区から焼石地区までで、昔から釣り人の間で「大鮎街道」と呼ばれている。

【つりがね園下】

　益田川に架かる吊り橋が目印。そこから100m上流の急瀬より、右岸側の岩盤へと流れが当たるエリアで、尺アユの実績が高い。また、吊り橋下の左岸側へ絞り込まれた一本瀬もポイントだ。

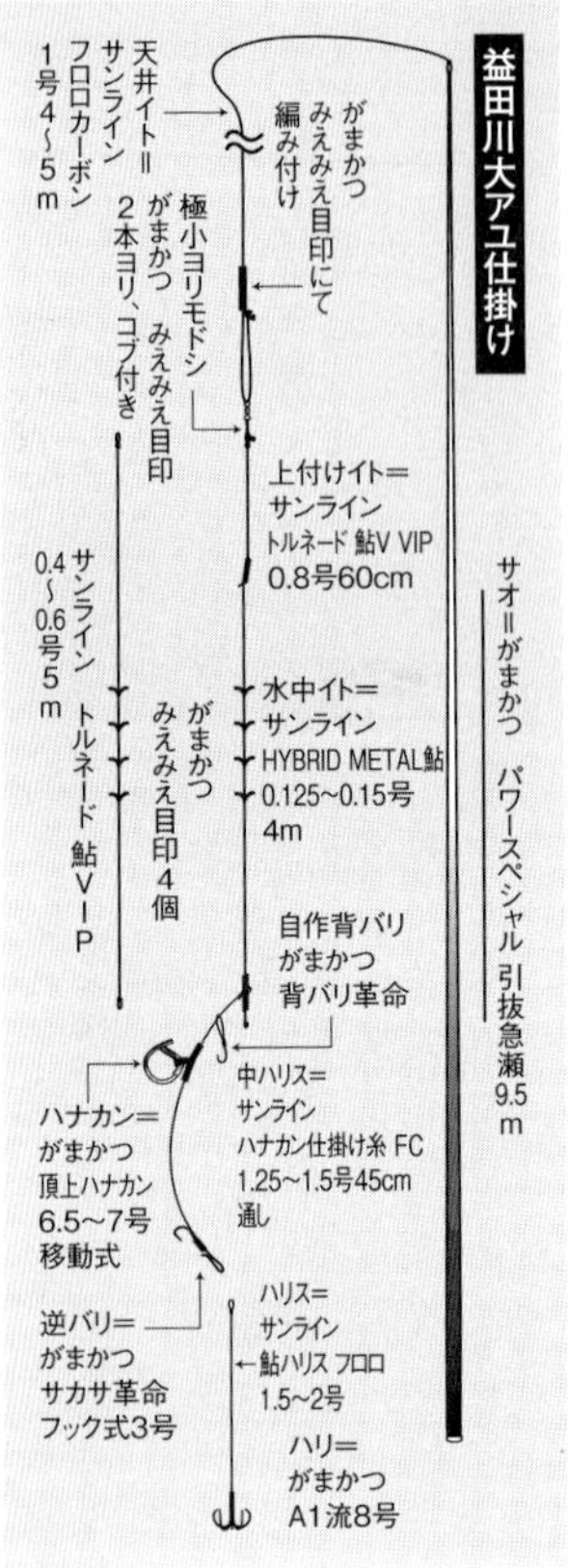

飛騨螺子の下の流れ。この瀬はアクセスが悪くサオ抜けになりやすい。三面岩盤になっていてアユが大きく育ちやすい

つりがね園下の大淵に続く岩盤帯の瀬は大アユが付く。淵に多くのアユが溜まり、瀬に差してくる

下呂洞門下も大石が点在し、水温が高い。アユが大きく育つ

【飛騨螺子の下】

　竹原川との出合より100m下流で、通称「飛騨螺子の下」と呼ばれている約200mの区間。川相も大岩が点在し、非常に変化に富んでいるが、見た目以上に流れが強く、水深もあるため背バリ、オモリを使ってしっかりとオトリを沈めたい。また、上下流に大きな淵があり、大アユの差返しも期待できる。

【下呂洞門下】

　中山千里のさらに上流部に位置するが、ロケーションのよさは引けを取らない。ここは落差のある急瀬と大きなタナがあり、下流にはトロが控えている。
　大アユがねらえるのは、送水管下流部にある大岩下のタナと、洞門北側の入口下にあるトロ場の頭で、左岸側へと流れが当たるところだ。
　8月中旬になると、強い瀬より深瀬や瀬脇、瀬落ちに大アユが付くので、泳がせ釣りでじっくり探ってみたい。

つりがね園下

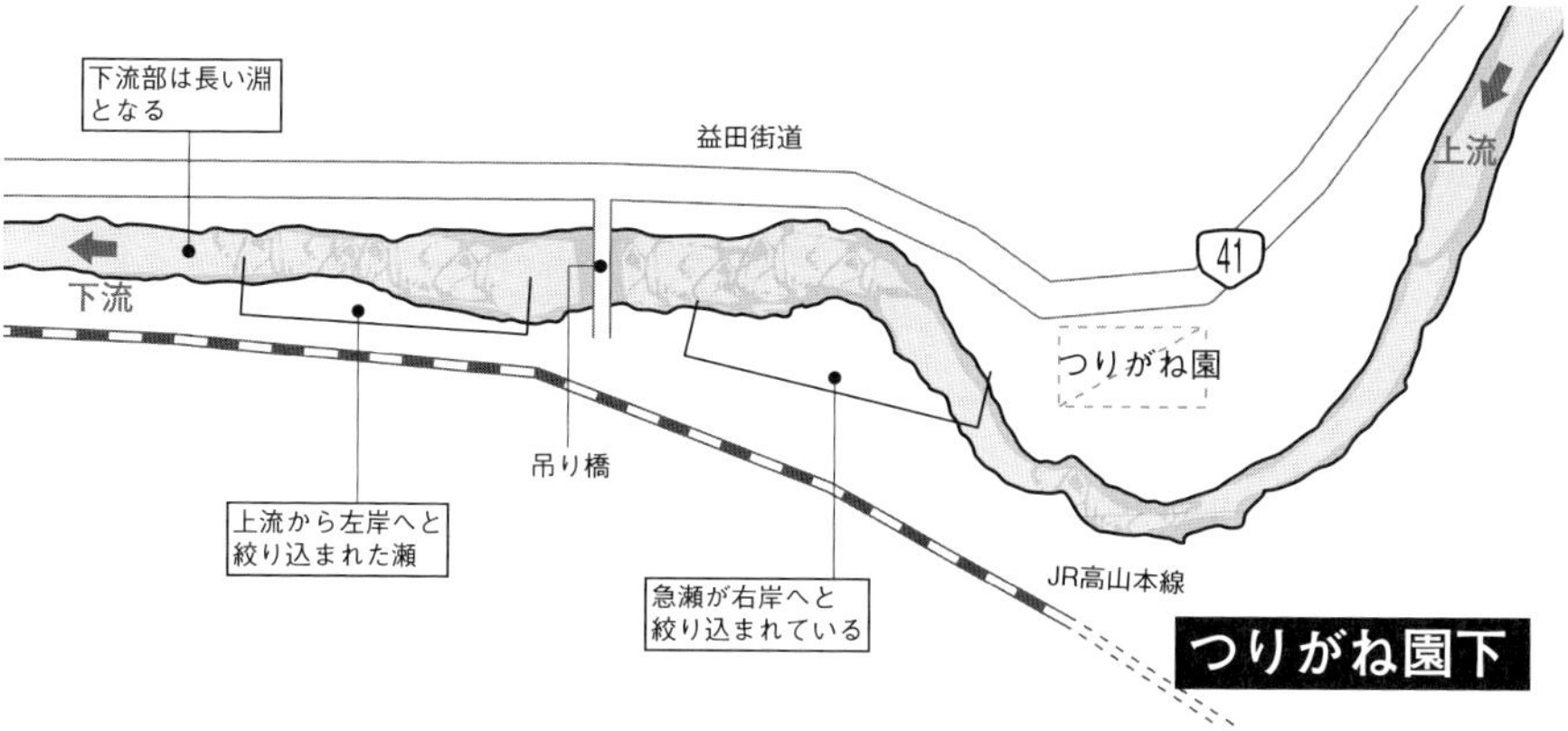

飛騨螺子の下

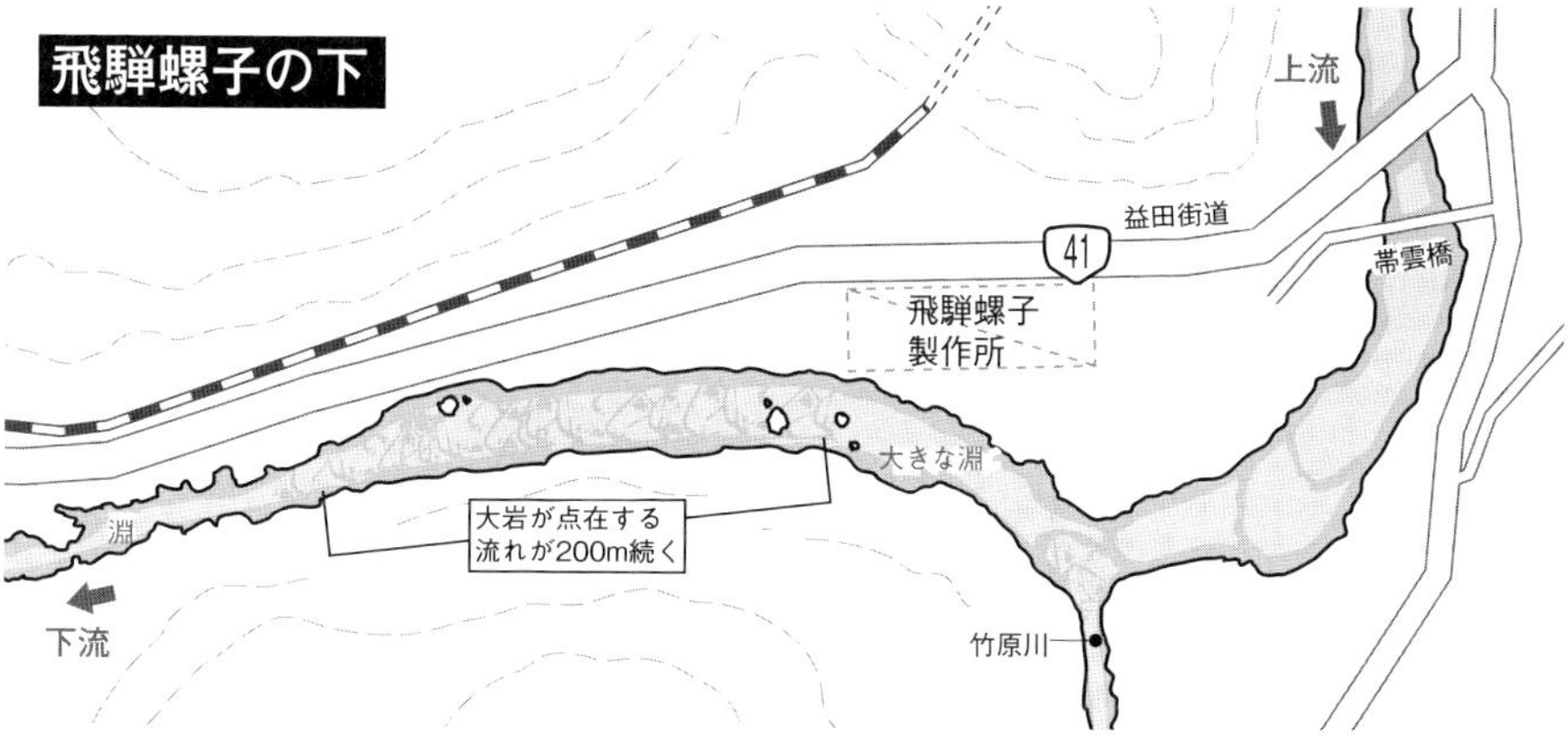

下呂洞門下

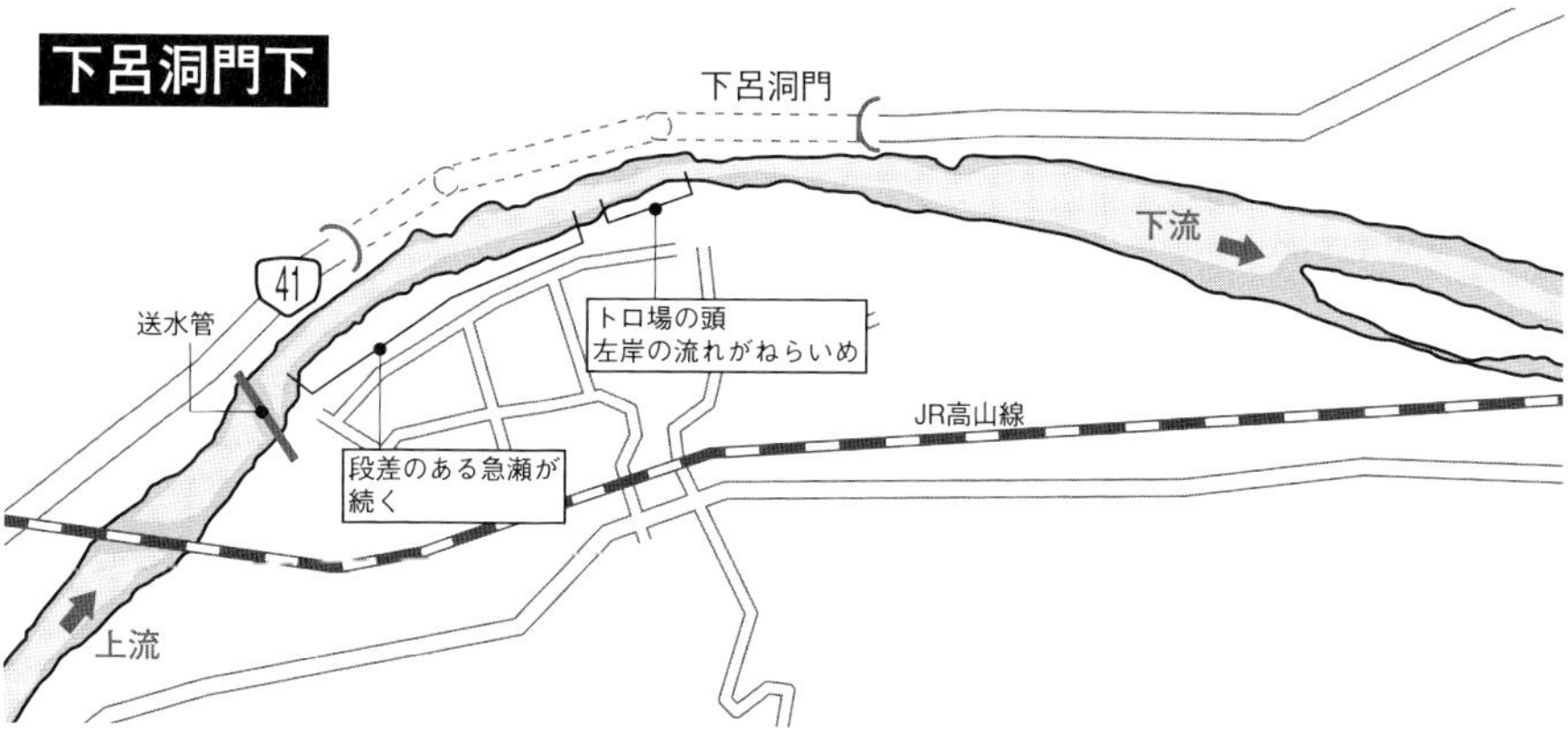

変化に富んだ川相を見せる粥川出合。立ち込んでの泳がせ釣りで大アユを手にできるはずだ

16 岐阜県 長《なが》良《ら》川

大石ひしめく、急峻な流れのポイントが目白押し 大アユの育つ、潜む条件が揃った名川

profile

●白滝治郎

昭和33年生まれ、岐阜県在住。郡上八幡で「白滝釣具店」を営む。目の前を流れる長良川、各支流に足繁く通いアユ、渓流に精通。最長寸は長良川の29.5cm

長良川は木曽川水系の一級河川で、総延長は166㎞となる。白山麓・大日ヶ岳に源を発し、岐阜県を南下し、三重県を経て揖斐川と合流して伊勢湾に注ぐ。濃尾平野を流れる木曽三川の1つにも数えられている。

アユ釣りのポイントが多いのは、上中流域。なかでも著名な上流域に位置する郡上地区は、アユの付き場となる大石がひしめく川相を見せ、流れも急峻なポイントが目白押しだ。

そんな流れで育つアユは肩の張ったパワフルな個体が多く、お盆を過ぎて9月の声を聞く頃になると、尺近い大アユも姿を見せるようになる。

これまでの記録をひも解くと、尺アユがでる確率は9月から10月にかけてが圧倒的に多いようだ。ただしその間に大きな出水があると、大型から順に下っていくので、尺アユの確率はグッと下がってしまう。

また、長良川は天然ソ上のアユがねらえる河川としても知られているが、天然ソ上量が多すぎる年は小型が多くなる傾

長良川・広域図

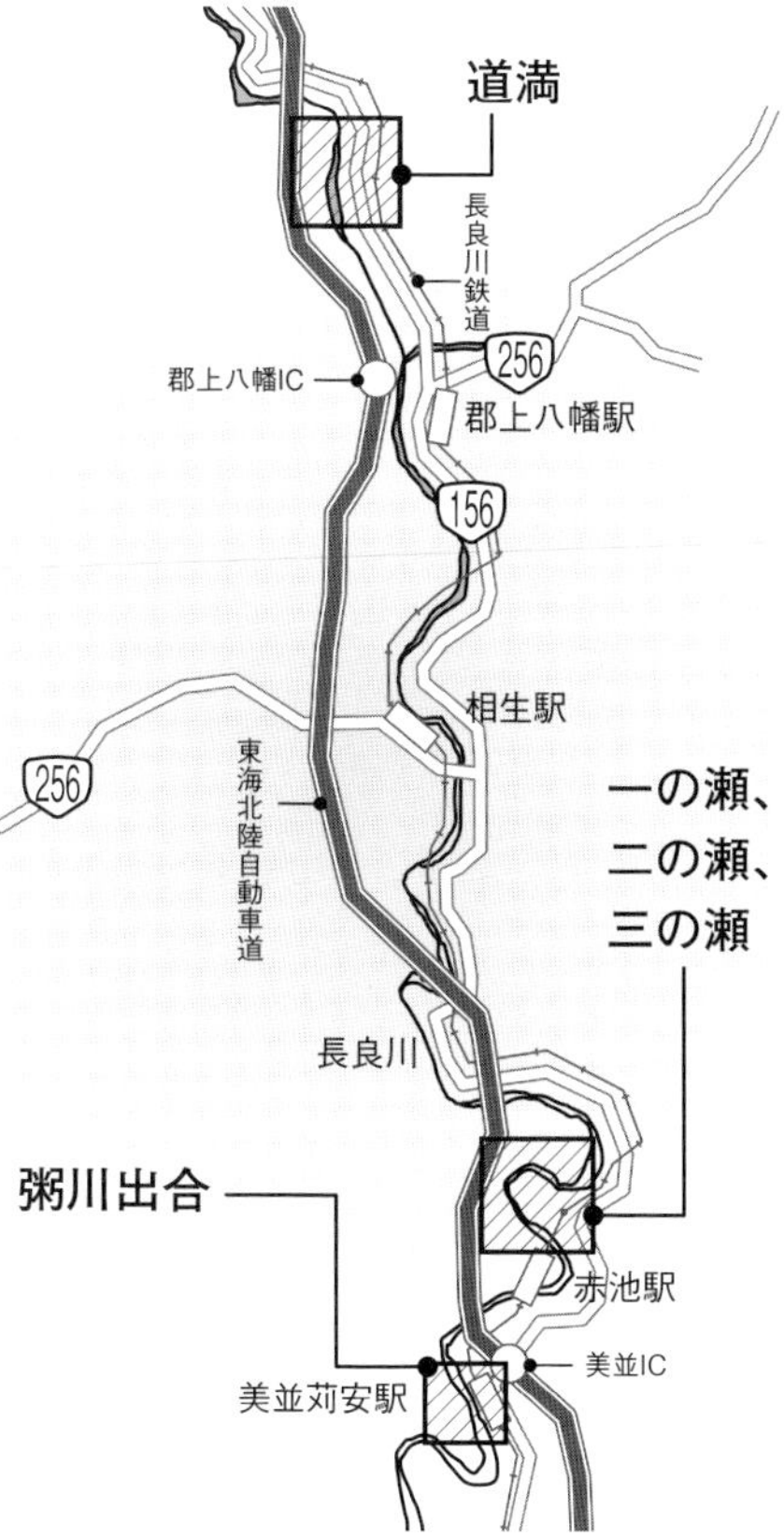

向にある。

従って大アユが期待できるのは天然ソ上があまり多くなく、秋に大きな出水がない年ともいえる。もっとも、適度な高水が何度かあるような年は、ソ上量の多少にかかわらず、大アユが育つ条件が揃うため期待は大きい。

私が小学校に上がってからアユ釣りを始めて以来40年余り、長良川でサオをだし続けているものの、大アユはなかなか尺を超えることができていない。

掛かっても27～28cm止まりの年が続き、平成18年には痛恨のバラシ（当日の詳細は、つり人社『逃がした魚は大きかった

information

●河川名　木曽川水系長良川
●釣り場位置　岐阜県郡上市八幡町～美並町
●解禁期間　6月上旬～12月31日
●遊漁料　日釣券2000円・年券1万円
●管轄漁協　郡上漁業協同組合（Tel 0575・65・2562）
●最寄の遊漁券取扱所　道満・森オトリ店（Tel 0575・65・2955）／白滝釣具店（Tel 0575・65・5383）／一の瀬・日置オトリ店（Tel 0575・79・2737）／村瀬オトリ店（Tel 0575・79・2833）／粥川出合・まるや商店（Tel 0575・79・2453）／丸高商店（Tel 0575・79・2053）
●交通　東海北陸自動車道・郡上八幡IC下車し国道156号で道満へ。他のポイントへは美並IC下車

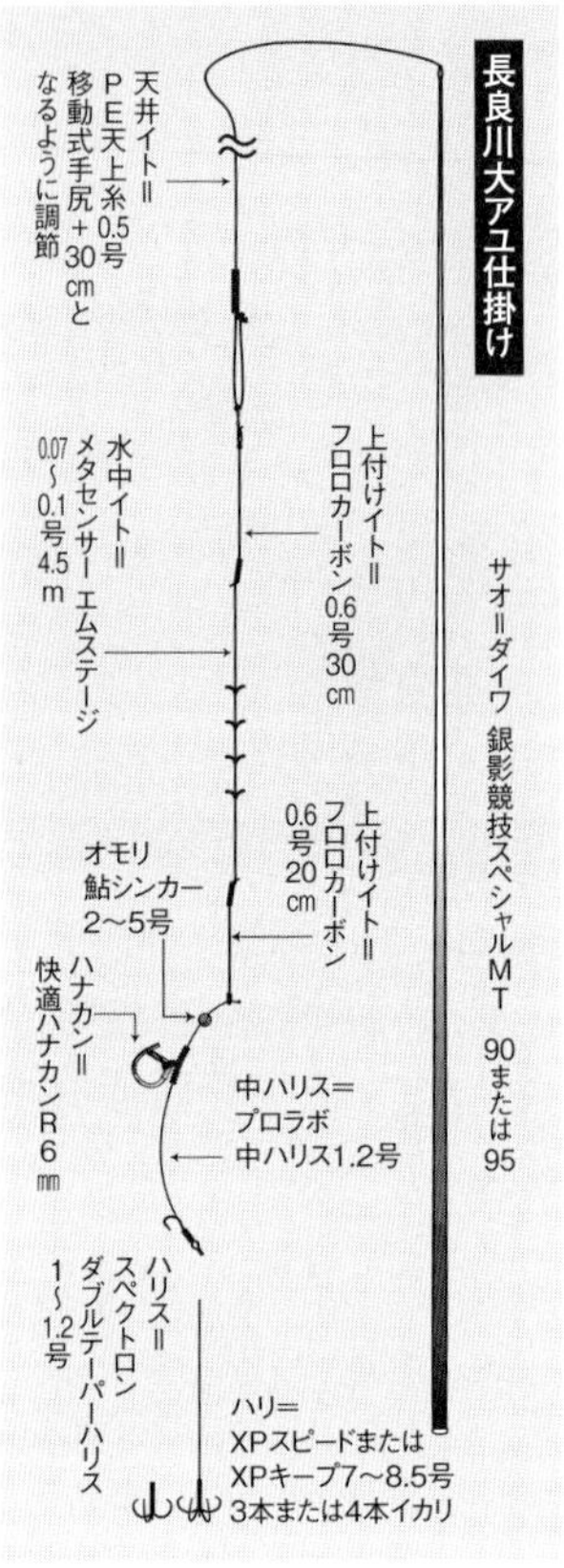

天然ソ上の多い長良川、9月のアベレージはこんなもの

…。渓魚・アユ編』に執筆）の直後、なんとか29・5㎝を手にすることができた。今もこのアユが長良川での最大魚となっている。

大アユに対峙するときの心構え、それは絶対に隙を見せないことに尽きる。タックルは万全か？　イトのスレはないか？　ハリ先が鈍っていないか？　などなど、「まあ、いいか……」の気持ちが大アユを逃がしてしまう。

そして大アユは突然オトリに襲いかかる。集中力を切らしているような時に限って、一気に穂先をひったくられることもある。下ザオで掛けようものなら一気に走られ、ラインブレイクの憂き目となる。

常に目印に集中して気持ちを緩めないような釣りを心がけなければ、大アユが掛かったとしても手中に収めることは、できないだろう。あらゆる面で万全を心がけることが、大アユに近づくコツとなる。そんな気持ちで、紹介する釣り場に挑んでいただき、存分に大アユの引きを堪能してもらいたい。

解禁当初からシーズン終盤まで型のよいアユが手にできる郡上地区の道満。29．5cm を釣ったポイントでもある

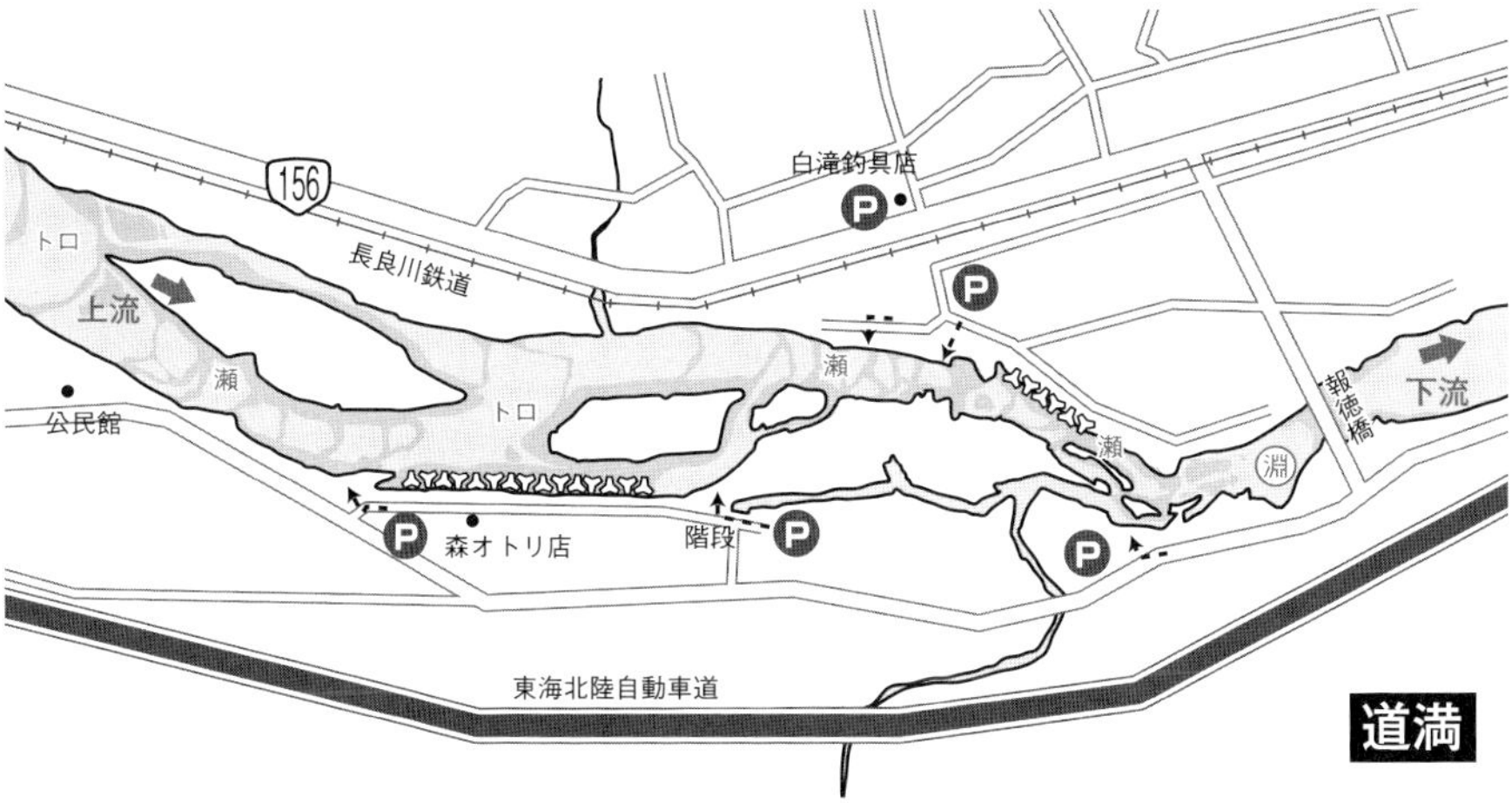

道満

【道満】

郡上幡地区にある釣り場で、私が一番多くサオをだすところだ。解禁当初からシーズン終盤まで型のよいアユが手にできる。瀬と深トロ、深瀬が交互にある変化に富んだポイントだ。

瀬を釣る場合は、波立ちのなかのヨレや石裏へとオトリを入れてみたい。思わぬ浅場で大アユがでるので、決して下ザオにしないこと。常時上ザオで釣るよう注意したい。

一方で浮き石が多いところがあるので、オモリと背バリを上手く使い分け、流れを釣っていただきたい。

トロは徹底した泳がせで釣りたい。深瀬は川底に大石がびっしり詰まっていることが多く、根掛かりも少ないのでオモリを使ってしっかり川底へオトリを入れるようにしたい。

実は、この道満こそが過去最高の29・5㎝を釣ったポイントなのだ。

【一の瀬、二の瀬、三の瀬】

美並地区にある、流れが大きく蛇行す

続いて二の瀬、三の瀬と荒瀬が続く。流心にうまくオトリを誘導できれば大アユのチャンス

大きく左へと蛇行する流れの、最初に表れるのが一の瀬だ

る釣り場で、平水以下でないとサオだし不可能な荒瀬のポイント。大きくカーブする流れに3段の荒瀬が位置している。

この瀬を釣る場合、ハードタックルで挑みたい。私はメガトルクなどのパワーロッドにメタルの0・1号、ハリはキープなど保持力の強いタイプの7・5号以上で、3号以上のオモリを使ってしっかりオトリを流心へと入れるようにしている。

うまく泳がせることができれば、一気に引ったくるようなアタリがでるはずだ。

岸寄りや流心際はノーマルか背バリを使って上へ飛ばす釣りを心がけたい。渇水時には元気なオトリを使った泳がせ釣りが効果的で、流心へと誘導すると、そこに付いているアユが突っかけてくる。

【粥川出合】

前述した一の瀬のある蛇行部分のすぐ下流で、長い瀬が続くポイント。上下には大きな淵があってアユの補給も早いのが特徴だ。

瀬のポイントはオモリを使った釣りを

長い瀬が続く粥川出合は、上下には大きな淵があってアユの補給も早く、1日じっくりと探ってみるのも手だ

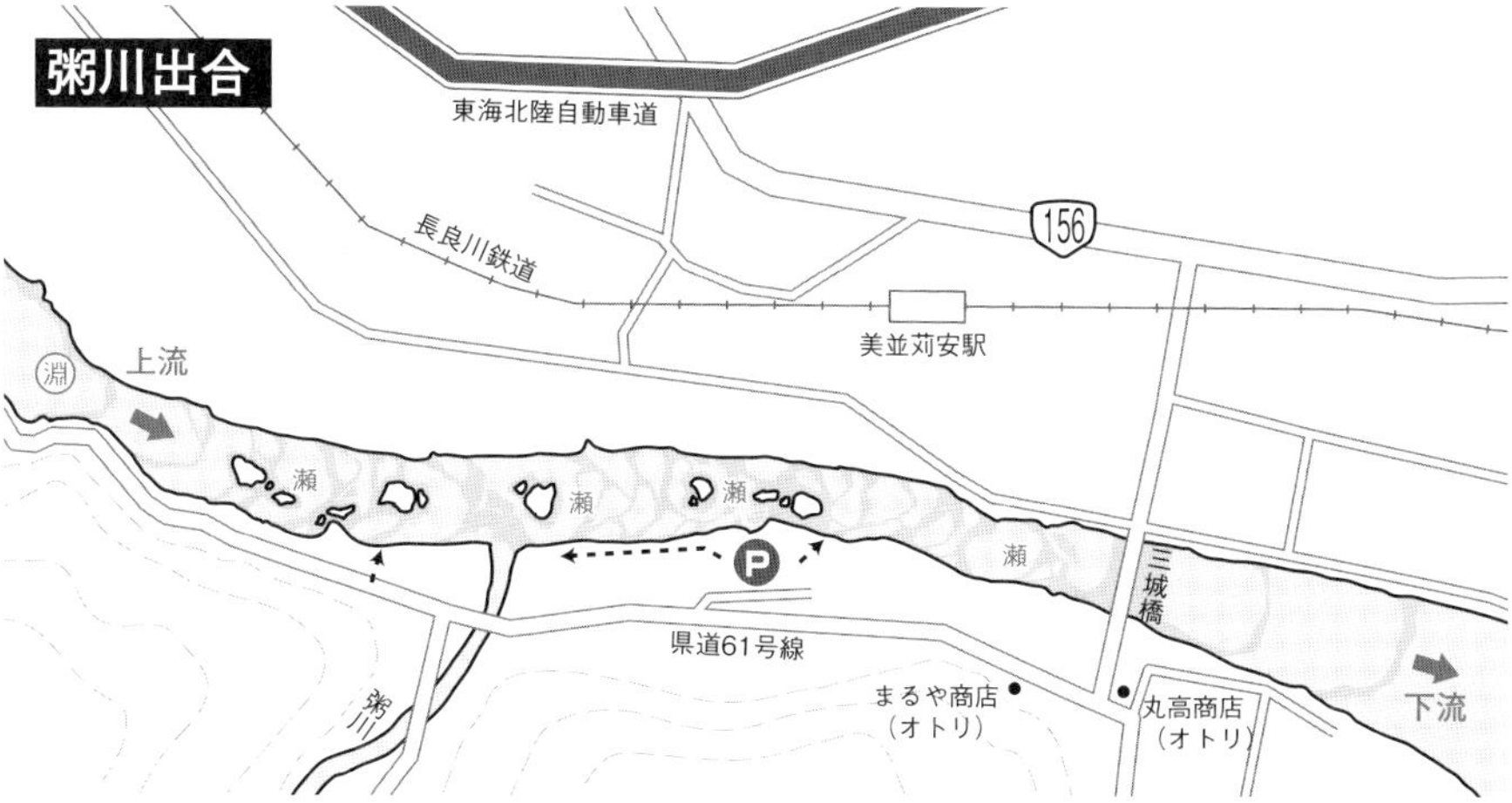

中心に、頭を出した岩盤裏のタルミや大石裏などは、立てザオの泳がせでねらってみたい。

　川幅があり川底もデコボコ、流れも強いので、立ち込みは重労働となるが、増水後の引き水時などは、立ち込めば立ち込んだだけの努力が釣果となって表われる。とはいえ、川底の不安定なところも多く、流されると危険なので、安全第一の釣りを心がけたい。

　立ち込みが苦手という向きには、岸寄りの浅い流れや、瀬の上下の淵も泳がせ釣りで釣果が得られるので、試していただきたい。

　天然ソ上の多い年でも、大アユが付きやすいのが、このポイントの最大の魅力となるので、覚えておいていただきたい。

天然ソ上が少ない年で、秋に大きな出水がない年こそ尺アユを手にする好機となる

17

奈良県 吉《よし》野《の》川

パワフルなアユの引きが楽しめる 10月まで大型のチャンスあり!

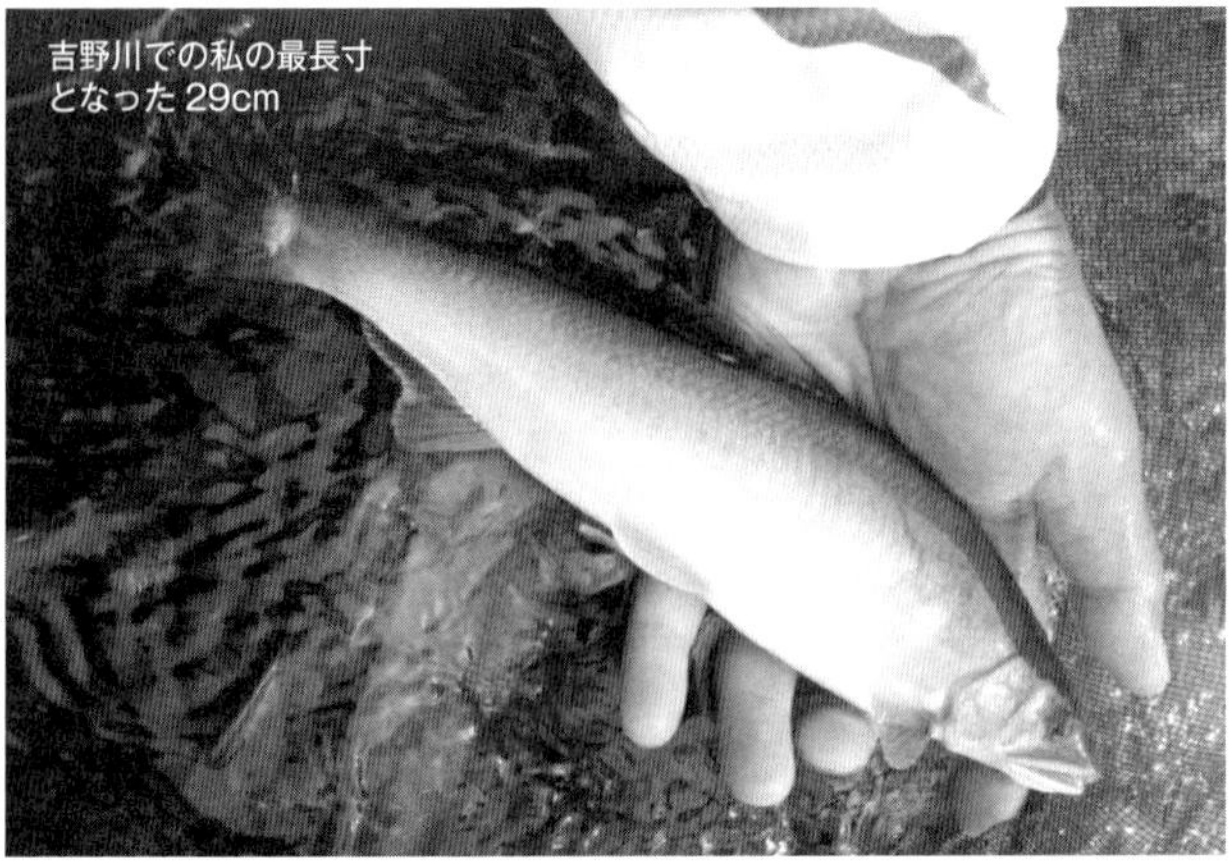

吉野川での私の最長寸
となった29cm

奈良の屋根と呼ばれている大台ケ原山。その頂に源流をもつ吉野川本流には、上流から川上地区、吉野地区、五条地区と3つの遊漁区がある。なかでもここ数年大アユが釣れると人気があるのが、川上地区と五条地区に挟まれた吉野地区。川幅があり、支流である高見川の水を集めて流れるため水量も豊富で、アユの生育もよい。

6月1日に解禁を迎えるが、序盤は数、型ともに期待薄。しかし、梅雨明け頃から良型が釣れだし、お盆頃には25cmを超えるアユの数釣りが楽しめる。

大アユの本番は9月になってから。全域で27~28cmの釣果が望めるようになり、10月に尺アユが記録されることも珍しくない。吉野川のアユはパワーがあり、引きも強烈に強いのが特徴で、釣行の際には、太仕掛けを用意して挑みたい。

年によって大アユが期待できるポイントは変化するものの、毎年コンスタントに釣れるのが千石橋下流にある大瀬、井戸川瀬、ゴッタイ瀬の3本の瀬だ。いずれも上下流に岩盤底の淵があり、その淵で巨大化したアユが順番に瀬に入ってくる。また、どの瀬も水位が高い時はサオがだしにくいので、大アユが残りやすい。

【大瀬】

千石橋直下にある大瀬は、上流の広い瀬肩からいっきに絞り込んでくる50mほどの流れだ。瀬の半ばから支流が流れ込んでいて、その出合から下流をねらってみたい。

特に瀬落ちからヒラキにかけては右にカーブする流れで、その左岸側は岩盤壁になっている。大アユはその岩盤の壁際に付いており、右岸から立ち込み胸まで入って長ザオを振らないと届かない難しいポイントで、サオ抜けになっている。

ここは水深が2m以上あるので、大き

profile

●浅川　進

昭和41年生まれ、奈良県在住。清流・吉野川の辺で育つ。ホームグラウンドは吉野川、日高川、美山川など。1日で釣ったアユの最高数は124尾。自己最大記録は29cm

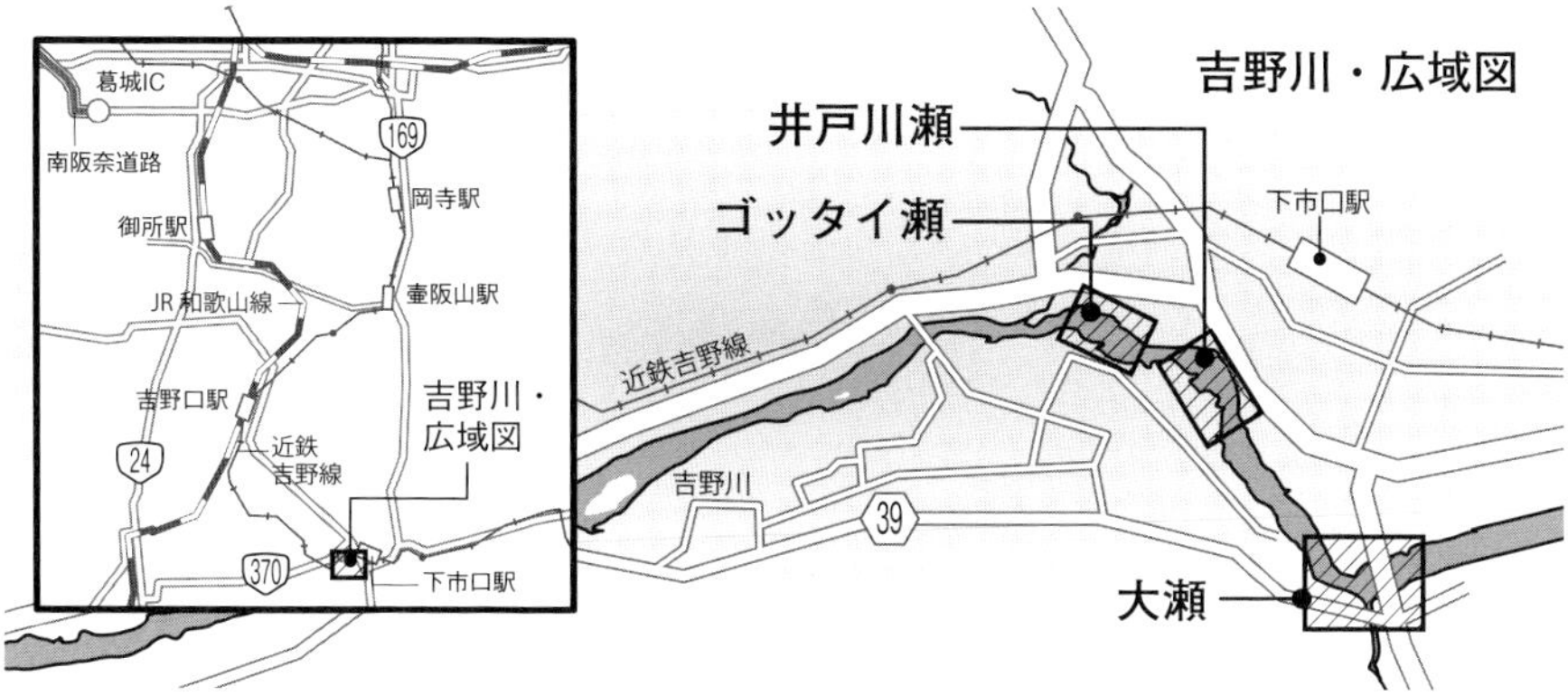

information

●河川名　紀の川水系吉野川
●釣り場位置　奈良県吉野郡下市町
●解禁期間　6月1日～12月31日
●遊漁料　日釣券3000円・年券1万円
●管轄漁協　吉野漁協協同組合（Tel 0746-32-5236）
●最寄の遊漁券取扱所　下西オトリ店（Tel 090-3615-8543・妹背橋下流）
●交通　南阪奈道・葛城IC下車。国道24号を南下し、「室」交差点を左折し国道309号で吉野川へ。ICより約30分

千石橋直下にある大瀬。絞り込まれた流れが50m続く

めのオモリや瀬バリ、胴締めなどでオトリを流れに沈めたい。攻略法としては上の瀬でオトリを確保し、その瀬の流れから左岸に流し込んでいくか、手尻を短めにしてオトリを投げ込み、ダイレクトにポイントへ入れてもよい。増水時はサオが届かないので、渇水時がねらいめだ。

【井戸川瀬】

大瀬の約200m下流に位置する、落差のある10mほどの短い荒瀬で、ポイントは瀬肩の岩盤と瀬落ちの泡の中。特に瀬肩は右岸側に50mほど続く岩盤のトロ場があり、そこをじっくり泳がすと数も稼げる。

ここは川の真ん中に立って右岸のヘチをねらうのがコツ。右岸に立っても釣れるが、アユが警戒して数が出ない。特に瀬肩の波立ちには、右岸側に水深20～30㎝の浅いテーブルのような岩盤があるため、左岸側からのほうがよく釣れる。

ただし、掛けたアユは下流の荒瀬へと走るため増水時は取り込むのが至難の業となる。できればダム放水が止まった渇

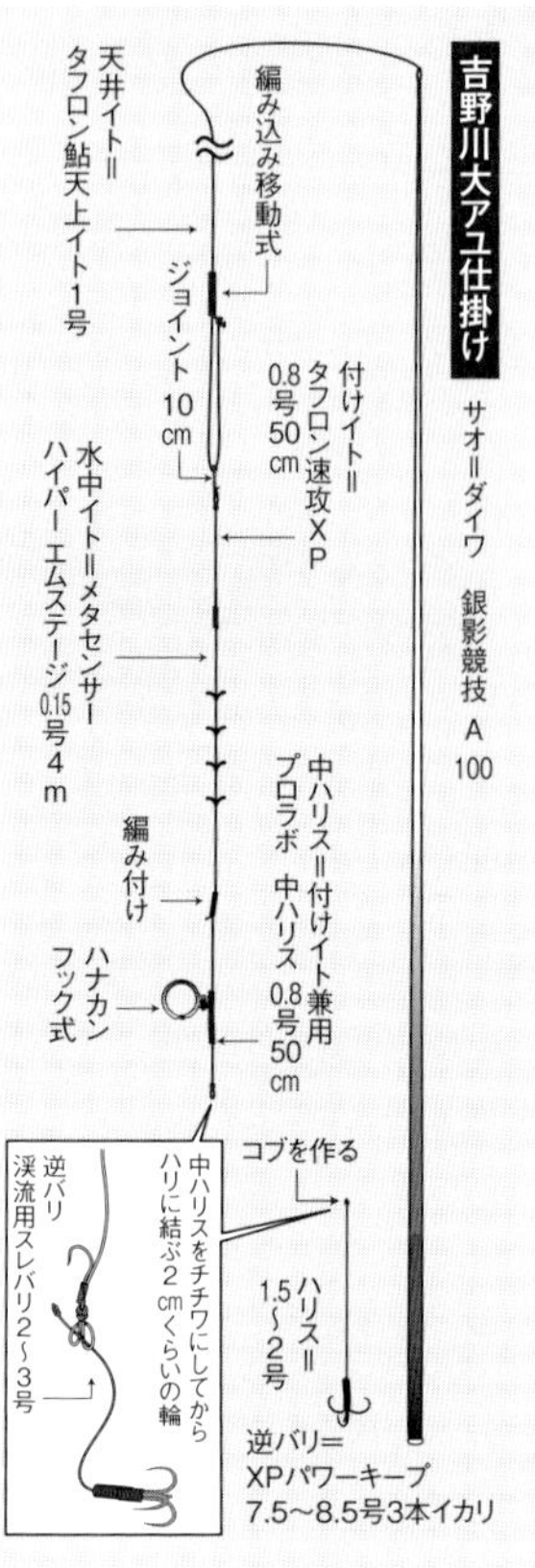

落差のある10mほどの短い荒瀬が井戸川瀬。渇水時がねらいめ

一発大型の可能性があり、尺アユも記録されているゴッタイ瀬

水時にねらいを定めたい。

【ゴッタイ瀬】

井戸川瀬からさらに２００ｍ下流にある瀬で、岩盤の瀬肩から右岸に絞り込んでいく50ｍほどの流れだ。数は望めないものの一発大型の可能性があり、尺アユが釣れた実績もある。

この瀬のポイントは瀬肩の岩盤と、右岸の瀬から下の淵にかけて続く岩盤の壁だ。攻略法は瀬肩の岩盤地帯は真ん中に立って右岸側をねらうが、立ち位置が凹凸のきつい岩盤で、水深も膝から胸までと非常に立ち込みにくいので注意が必要。

瀬落ちは立ち込みやすく釣りやすいポイントで、右岸の岩盤際と岩盤の壁を丁寧に流してみたい。ここは。大アユが掛かっても取り込みが楽なため、釣果を手にできる確率も高いところだ。

前述の３つの瀬のほかに、妹背の瀬落ち、上市橋上流のトロ場、最下流部のヤナセ橋の上下流なども大アユの実績ポイント。ぜひ吉野川へ大アユ退治に釣行されたい。

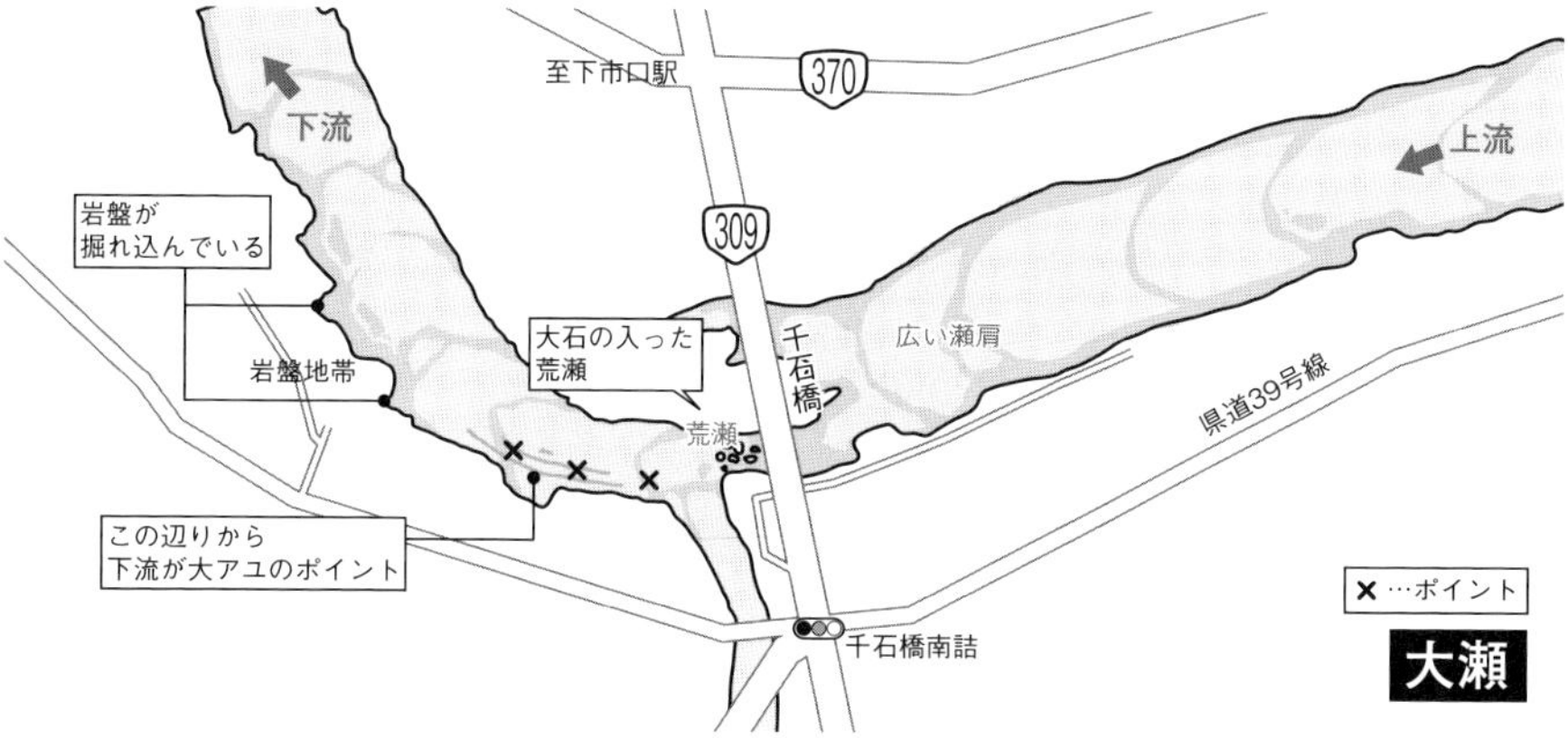
大瀬
至下市口駅
370
309
下流
上流
岩盤が
掘れ込んでいる
岩盤地帯
大石の入った
荒瀬
荒瀬
千石橋
広い瀬肩
県道39号線
この辺りから
下流が大アユのポイント
千石橋南詰
×…ポイント

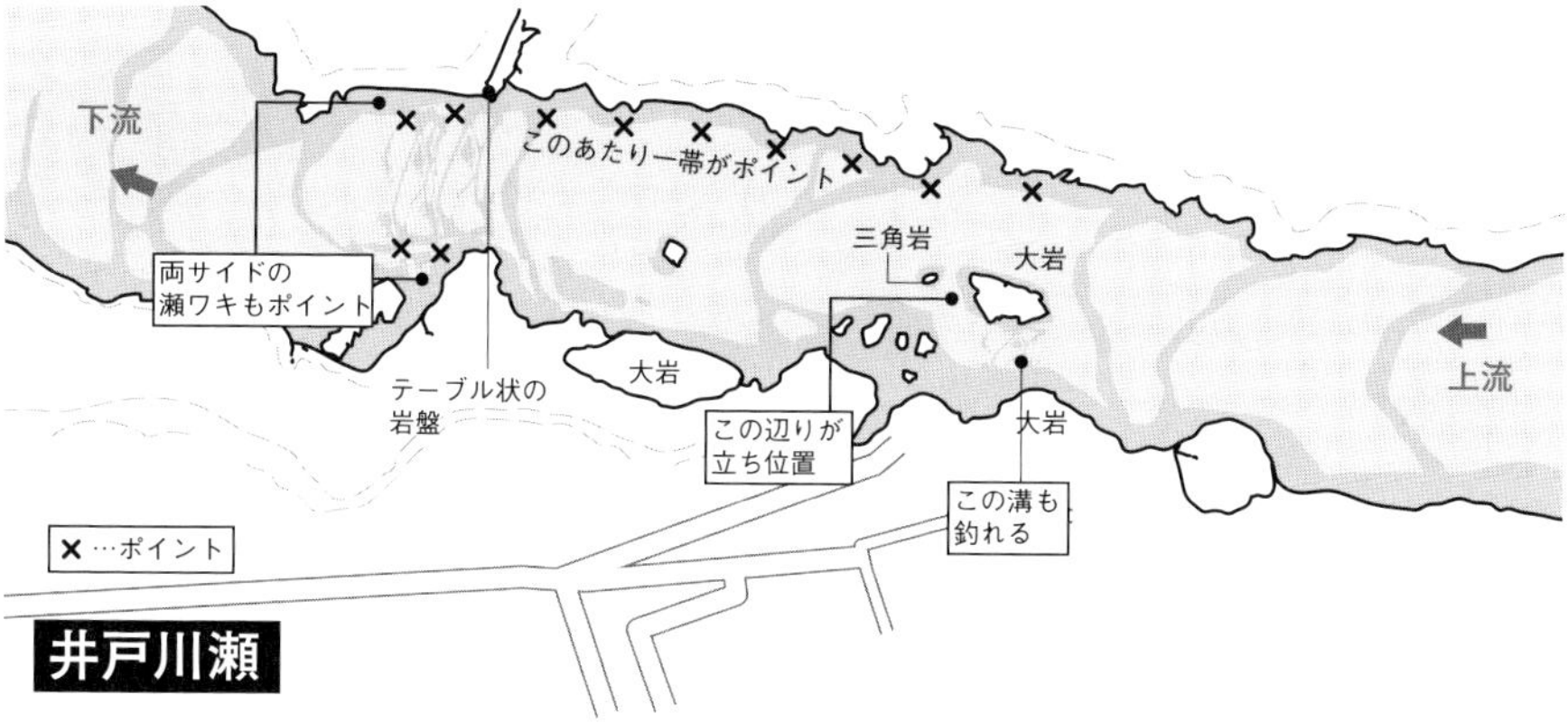
井戸川瀬
下流
上流
このあたり一帯がポイント
両サイドの
瀬ワキもポイント
テーブル状の
岩盤
大岩
三角岩
大岩
この辺りが
立ち位置
大岩
この溝も
釣れる
×…ポイント

ゴッタイ瀬
370
奈良家庭裁判所
出張所
309
この壁際が
ポイント
岩盤の壁
足場が悪い
立ち位置
瀬肩
下流
上流
×…ポイント

18 和歌山県 紀《き》の川

大台ヶ原を源とする水量の豊富な川
和歌山で尺アユをねらえる希少フィールド

穏やかな流れが特徴の紀の川だが、ゴロゴロと底石の沈んでいる深瀬など、尺アユのねらえる川相も随所に見られる

紀の川は、年間総雨量が５０００㎜に達する大台ヶ原を源にし、奈良県では吉野川と呼ばれ、和歌山県に入ると紀の川と名を変える。そしてＪＲ和歌山戦に沿うように西へ流れ、紀伊水道へと注ぐ。

河口から和歌山県橋本市まで約40㎞。水量豊富な川として知られているのは前記のとおりだが、良型のアユが掛かる川としても関西の友釣りマンには認知されている。

そんな有望河川にも関わらず、他の河川に比べて比較的釣り人の姿を見かけないのが現状で、それと比例するように情報量も少ない。

それでも毎年、8月末から尺アユの釣れた情報が聞かれ始めることから、大アユのシーズンは推測できる。

profile

●上西啓文

昭和43年生まれ。和歌山県在住。友釣り歴は25年。有田川をホームにトーナメントに積極的に参戦。2012年開催『報知アユ釣り選手権』で優勝。最長寸は29cm

ただし、アユを大きく育てる豊富な水量が仇となることもある。ちょうど台風などが多い時期と重なるため、川の増水、濁りなど、釣行する際には状況確認が必要となる。

上流にはいくつかのダムがあるため、雨後はなかなか濁りがとれないことも多い。そんなマイナス面を差し引いても、和歌山県で尺アユをねらって釣れる貴重な河川であることには間違いない。

ここ数年、そんな大アユをねらって釣行する釣り人の数も増えており、実績も積み重ねられてきた。

紀の川は、トロ場の多い優しい川相をしているが、場所によっては岩盤と大石が点在する瀬と淵が現われる。そんなところこそ、尺をねらえるポイントとなるのだ。

具体的に挙げるとするならば、紀の川市、橋本市と範囲は広いが、ここでは入川しやすく、しかも尺アユの実績が高い橋本市の橋本橋上下流、紀の川市にある新龍門橋上流（藤崎頭首工下流）を紹介したい。

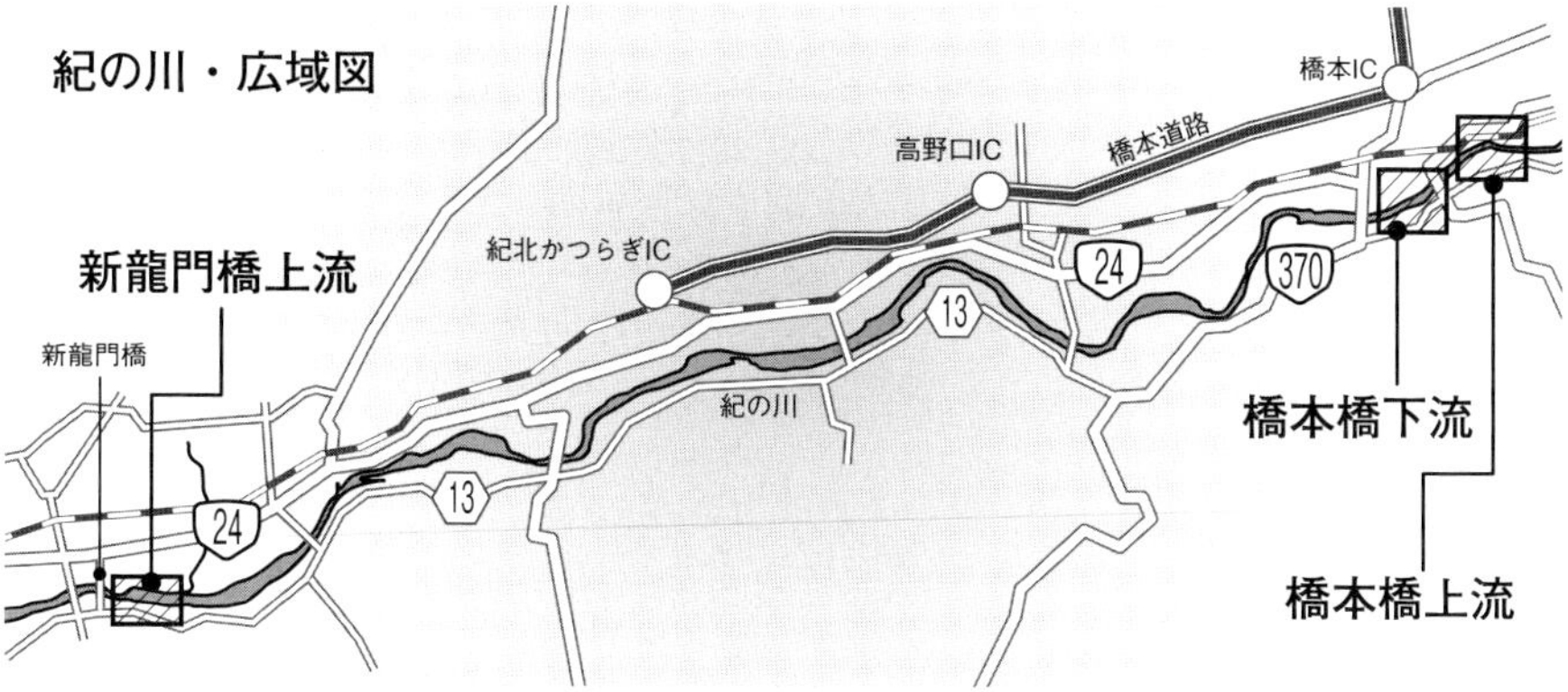

【橋本橋上流】

紹介するエリアの最上流部となる橋本市内を流れる。和歌山本線・橋本駅前に広がる流れで、川岸に建つ大きなマンションが目印だ。

ここは、ポイント自体は短いが、瀬から淵に入るところに大岩があり、アクセントとなるのか、アユの付き場となっている。石裏や横など、オトリを丁寧に泳がせると結果がでるはずだ。

瀬肩にも大きめの底石が入っており、下流に広がる淵から差してきたアユを手にできる。じっくりと淵で泳がせるのも手で、思わぬ良型に顔がほころぶこともある。

information

●河川名　紀の川
●釣り場位置　和歌山県伊都郡かつらぎ町～橋本市
●解禁期間　5月第3土曜日～12月31日
●遊漁料　日釣券3150円・年券1万500円
●管轄漁協　紀ノ川漁業協同組合（Tel 0736-66-9111）
●最寄の遊漁券取扱所　谷澤オトリ店（Tel 0736-22-2589）／紀ノ川漁業協同組合（Tel 0736-66-9111）
●交通　阪和自動車道・和歌山IC下車。国道24号を橋本市方向へ進み各釣り場へ

【橋本橋下流】

ここは橋本橋の左岸下から車で川まで下りることのできる、アクセスのよいポイント。橋下からチャラ瀬、瀬、淵、深トロと変化に富んだ川相を見せる。

流れを横切るように入った岩盤と大きな石が、尺アユの本命ポイントである。

まず、上流のチャラ瀬で元気のよいオトリを確保して、下流の淵、深トロと探りたい。大アユを手にするコツの１つが、いかに大きな天然のオトリを手に入れられるかだ。

最初の淵だが、２０１３年の増水で少し小さくなったが、流れ込みから左岸寄りに実績がある。その下流には、いかにも釣れそうな岩盤と大石の瀬があるが、見た目ほど実績は上がっていない。

その下流は、長い深トロが続くが、瀬落ちから約40mの左岸寄りの流れがポイントとなる。

左岸に蛇カゴとテトラが入っており、その際もねらいめだが、流れの少し右岸寄りにテトラが１つ沈んでいる。

この付近が大アユのポイントとなるが、

イトフケを取りすぎると、掛かった際に走られテトラで根ズレしてラインブレイクすることも多いので注意したい。

私もよくこの周辺に入川するが、ここでの最長寸は29cmとレコードではあるものの、あと1cm届かない。

過去、尺アユと思われる魚をこのポイントで2回、上流のマンション下で2回、取り逃がしている。1回目はオトリを入れるなり強烈なアタリで下に走られ、下ザオになり高切れ。その時のオトリは27cmと、やはり大きなオトリに反応するようだ。

剛竿を使用していたものの、尺アユを引き抜こうとしたのが失敗の原因。その日の釣果は22~29cmを24尾、すべて引き抜いたが、尺を超えたアユのパワーを実感させられた。確実に取り込むには、やはり引き寄せがベストだと思うが、私は引き抜きで尺アユを手にしたい。

【新龍門橋上流】

紀の川では下流域となる紀の川市に架かる新龍門橋の上流がポイントとなる。

農業用水を用水路へ引き入れるための取水堰となる藤崎頭首工を越えた流れは、右岸で1つ絞られて淵となり、その流れ出しから瀬落ちがポイントとなる。

特に淵からの流れ出しで良型が期待できるため、下の瀬で元気のいいオトリを確保して挑んでみたい。瀬では初期より数釣りが楽しめる。

最後に、紹介したポイント付近にはオトリ店がほとんどないのが現状。確実にオトリを手にするなら紀の川漁協で購入したい。

橋本橋上流の川相。高台に見えるマンションの下に瀬が広がっている

左岸下流から橋本橋を望む。大岩にテトラ帯など変化に富んだポイントだ

新龍門橋の上流にある藤崎頭首工からの流れを釣る。淵からの流れ出しがポイント

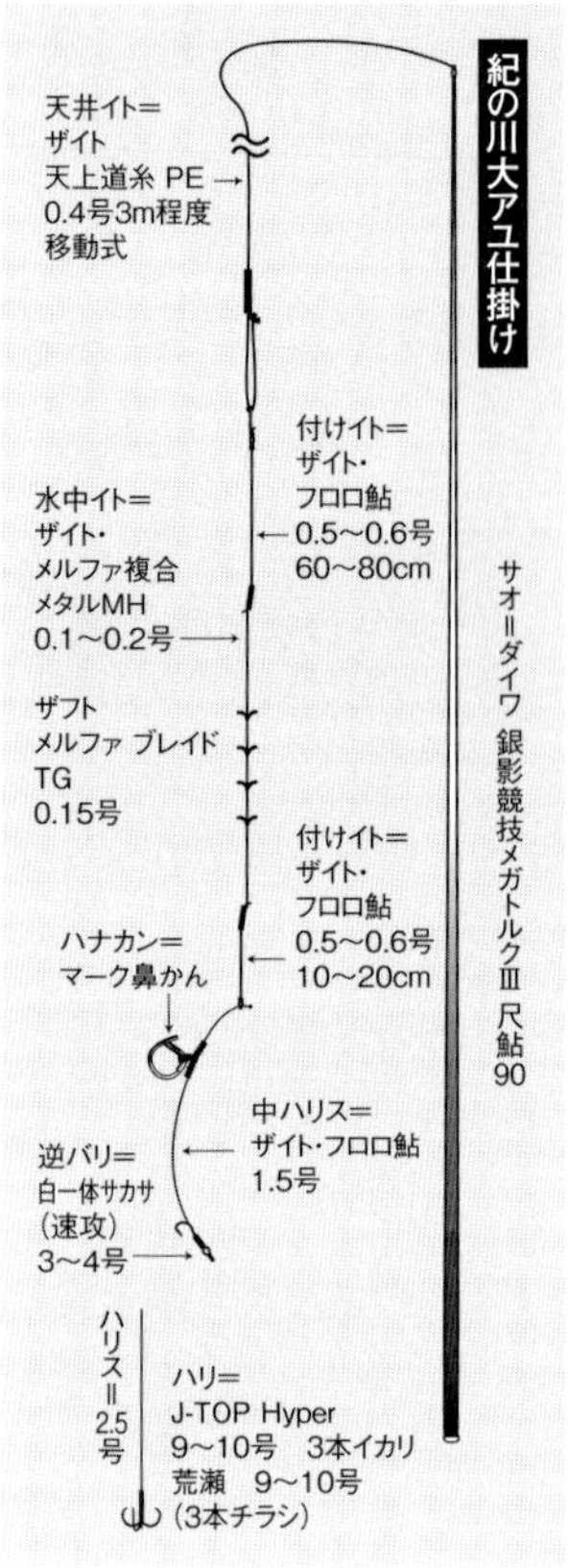

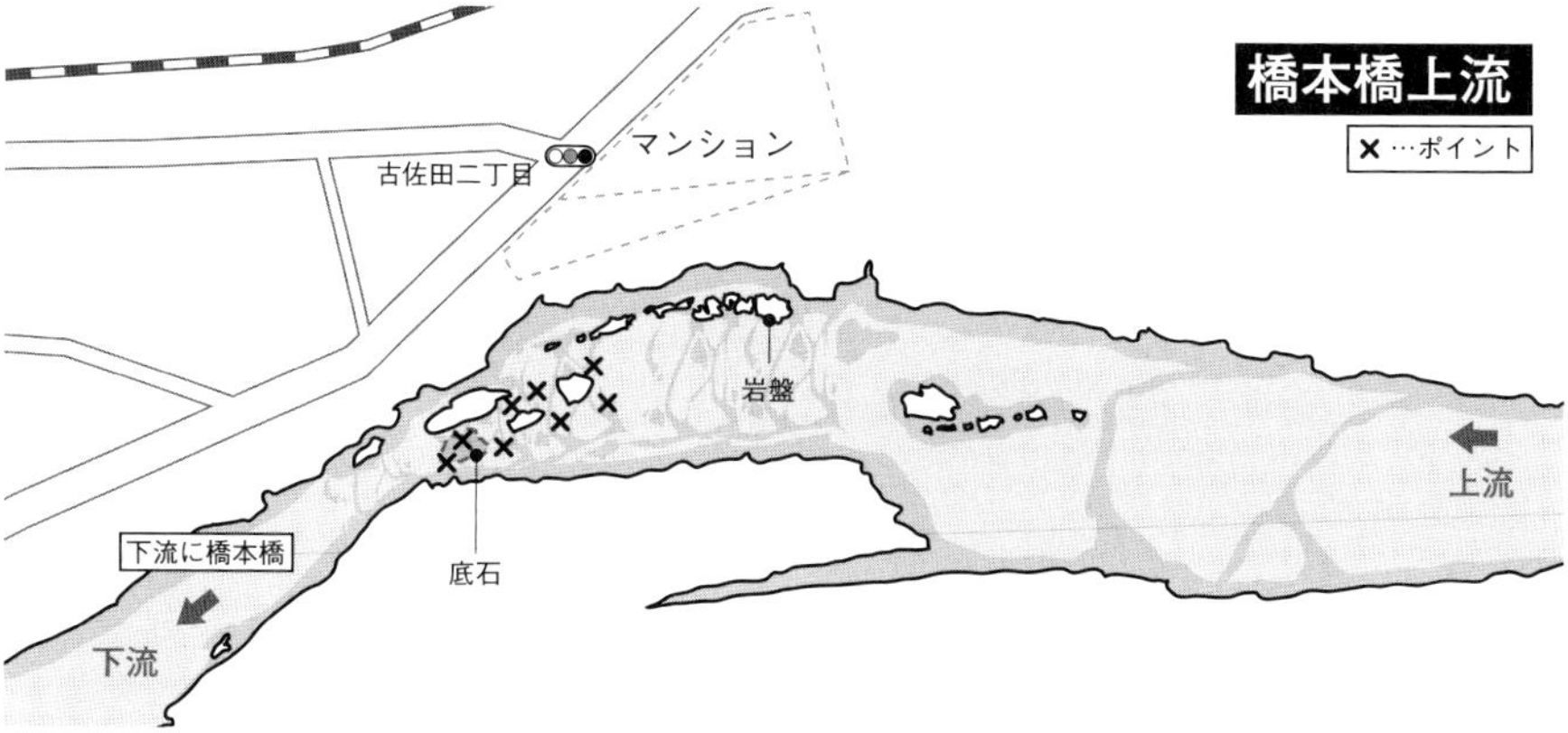
橋本橋上流
✕…ポイント
マンション
古佐田二丁目
岩盤
底石
下流に橋本橋
下流
上流

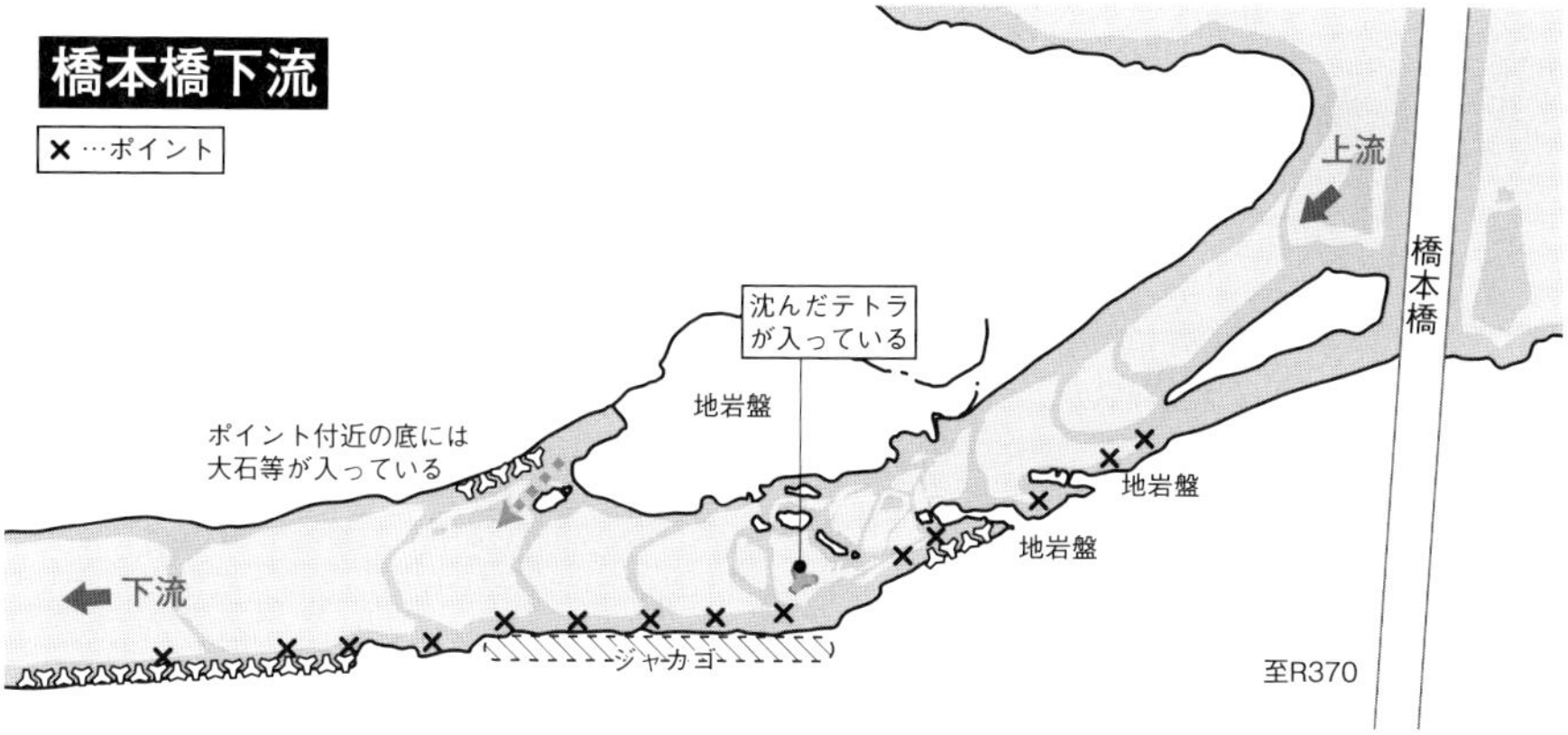
橋本橋下流
✕…ポイント
上流
橋本橋
沈んだテトラ
が入っている
地岩盤
ポイント付近の底には
大石等が入っている
地岩盤
地岩盤
下流
ジャカゴ
至R370

新龍門橋上流
✕…ポイント
下流
新龍門橋
水量の多い
ときはねらいめ
地岩盤
藤崎頭首工
上流
県道13号線

19

兵庫県 揖《い》保《ぼ》川

関西圏を代表する大アユ釣り場 35cmの実績は伊達じゃない！

トップシーズンには、流域全体で大アユが期待できる

揖保川漁協に飾られている
35.3cm のアユの剥製

profile

●森岡達也

昭和 42 年生まれ、奈良県在住。有田川、日高川をホームグラウンドとし、トーナメントにも積極的に参加。「ダイワ鮎マスターズ」の栄冠にも輝く。最長寸は 30.5cm

兵庫県南西部に位置する揖保川は、中国山脈の藤無山を源流に播磨灘へ注ぐ流域面積810㎢の自然豊かな河川だ。

関西圏では大アユの釣れる河川として知られ、平成10年9月13日には友釣りで35・3㎝、465gの大アユが釣りあげられ、現在も揖保川漁協に剥製が飾られている。

本流筋の釣り場として、下流域（龍野・姫路）、中流域（新宮・山崎）、上流域（一宮・波賀・三方）と、大きく3つに分かれていて、それぞれに大アユのでるポイントが点在している。

下流域となる龍野〜新宮地区辺りまでは天然ソ上もあり、盛期には数、型ともに楽しめる。

山崎〜一宮地区は放流アユがメインとなるが、水量も豊富で淵やトロ場が多くあるためアユの成長も早く、初期から良型が掛かるのが特徴。流域の長い揖保川のなかでも、大アユの可能性が最も高いエリアといえる。

9月に入ると投網が解禁となるが、友釣り専用区が設けられているので、終盤

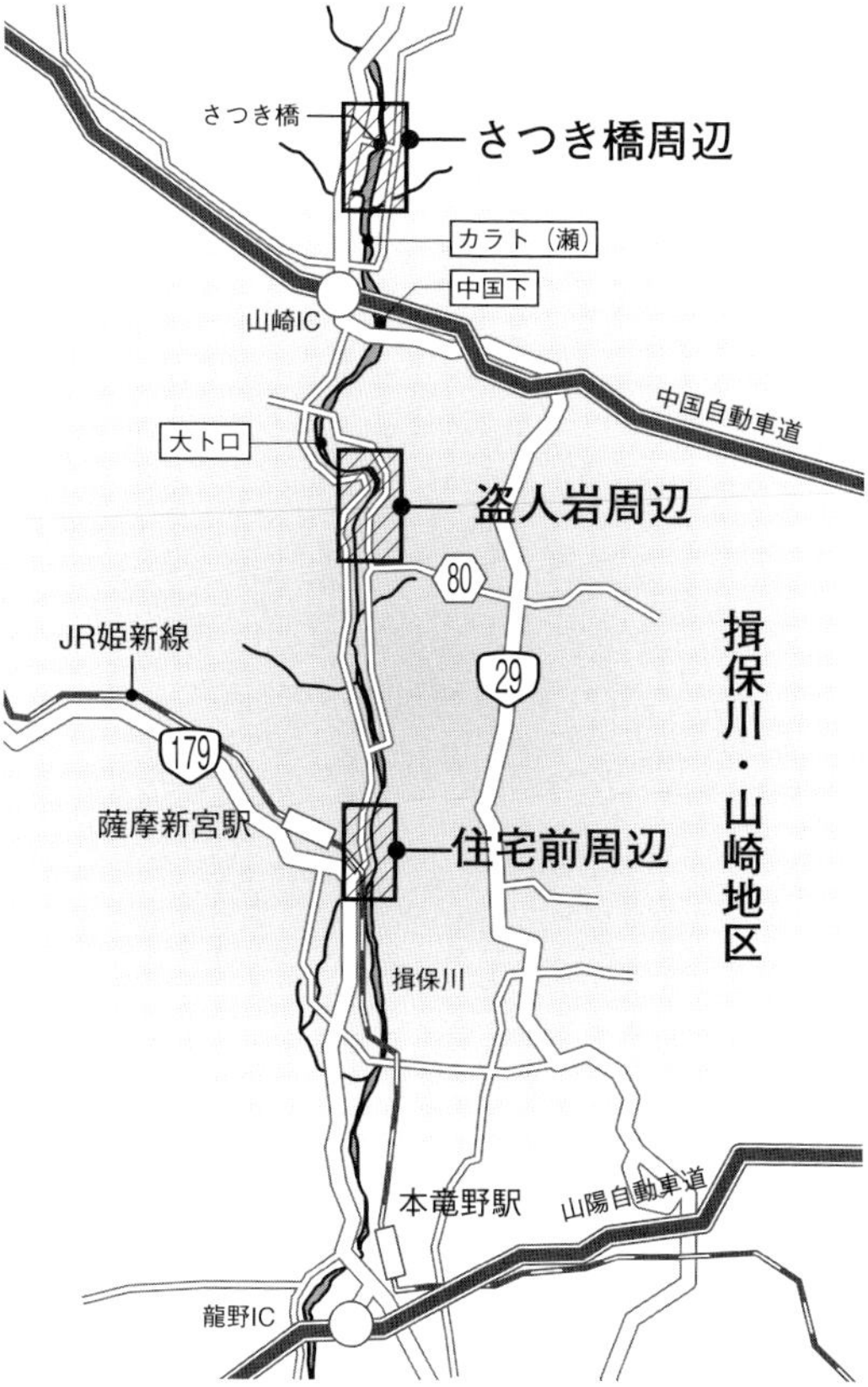

information

●河川名　揖保川
●釣り場位置　兵庫県宍粟市山崎町～龍野市
●解禁期間　5月26日～10月31日
●遊漁料　日釣券3300円・年券1万3000円
●管轄漁協　揖保川漁協協同組合（Tel 0790-62-6633）
●最寄の遊漁券取扱所　高井釣具店（Tel 0790-62-2334・山崎町）
●交通　山陽自動車道・龍野ICより国道179号を北進して「住宅前周辺」へ。他のポイントへは中国自動車道・山崎IC下車

さつき橋より下流部の流れを望む

まで安定した釣果が見込めるはずだ。専用区外でも、ポイントによっては網が抜けている場所も多く、大型が連発することも珍しくない。

　特に山崎地区には「さつき橋」「カラト」「中国道下」「大トロ」「盗人岩」など、大アユの期待できるポイントが点在している。ここを攻略するなら、水深のある岩盤底や大岩周り、瀬の流心や瀬落ちなどを太仕掛けでねらってみたい。出水後の引水時がチャンスだ。

　大アユを攻略するためのタイムテーブルだが、8月頃より上流の一宮周辺から、目印を飛ばすような良型が掛かりだす。中旬以降は山崎地区周辺がメインフィールドとなり、後半は新宮地区と徐々に下流域へと移行する傾向にある。

　9月中旬以降、水温低下と日照時間などの影響で、上流部から徐々にアユが流下しだす。特に台風で大雨が降って水温が低下すると、上流部の大型アユは姿を見せないので注意したい。

　ここでは揖保川を代表する大アユのねらえるポイントを紹介するが、盛期から

水深があり大岩の点在する盗人岩周辺の流れ

住宅前の流れ。テトラ帯の際に大アユが付いている

後半は流域のどこででも、大アユの可能性がある。それが揖保川の魅力となっている。

【さつき橋周辺】

中流域エリアに架かる「さつき橋」、その上下流に岩盤底の溝があり、大アユの付き場となっている。水深があるためオモリを噛ませてオトリを沈め、安定させることが大切。流れ込みの流心から瀬落ちと大岩周辺をねらうといい。橋下の前後にはトロ場があり、泳がせ釣りで良型が期待できる。

【盗人岩周辺】

全体にトロ瀬が多く、水深があり大岩も点在している。そんな岩盤底の溝や大岩周りがねらいめだ。

両岸からサオがだせるものの、左岸側の流れが本命なので、左岸からサオをだす場合は極力岸から離れて静か釣るのがコツ。

瀬落ちの深場や荒瀬の流心など、広範囲にねらうと数釣りも可能だ。例年ここで30cm級が記録されている。

【住宅前周辺】

瀬肩から約100m続く瀬がポイント。左岸のテトラ周辺から底石が大きくなり、流心からテトラ際へとオトリを泳がせたい。平水よりも増水時に良型が期待できる。下流部のトロ場も見逃せない大型のポイントだ。

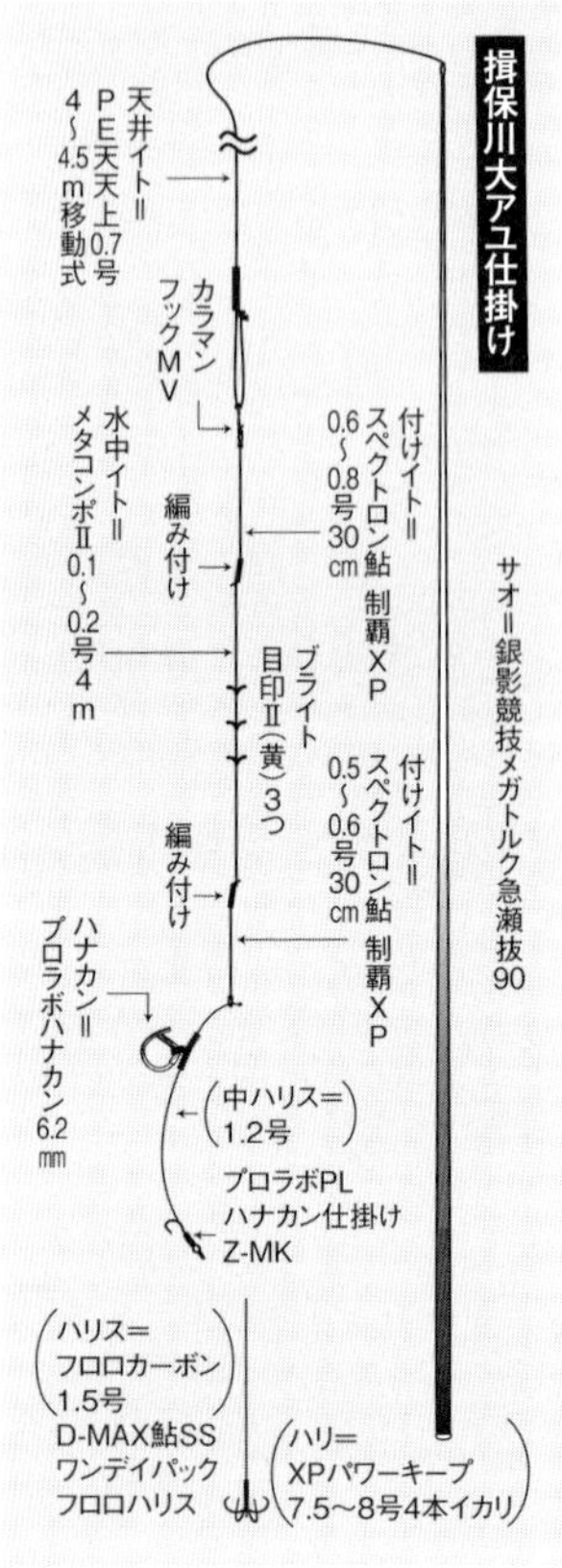

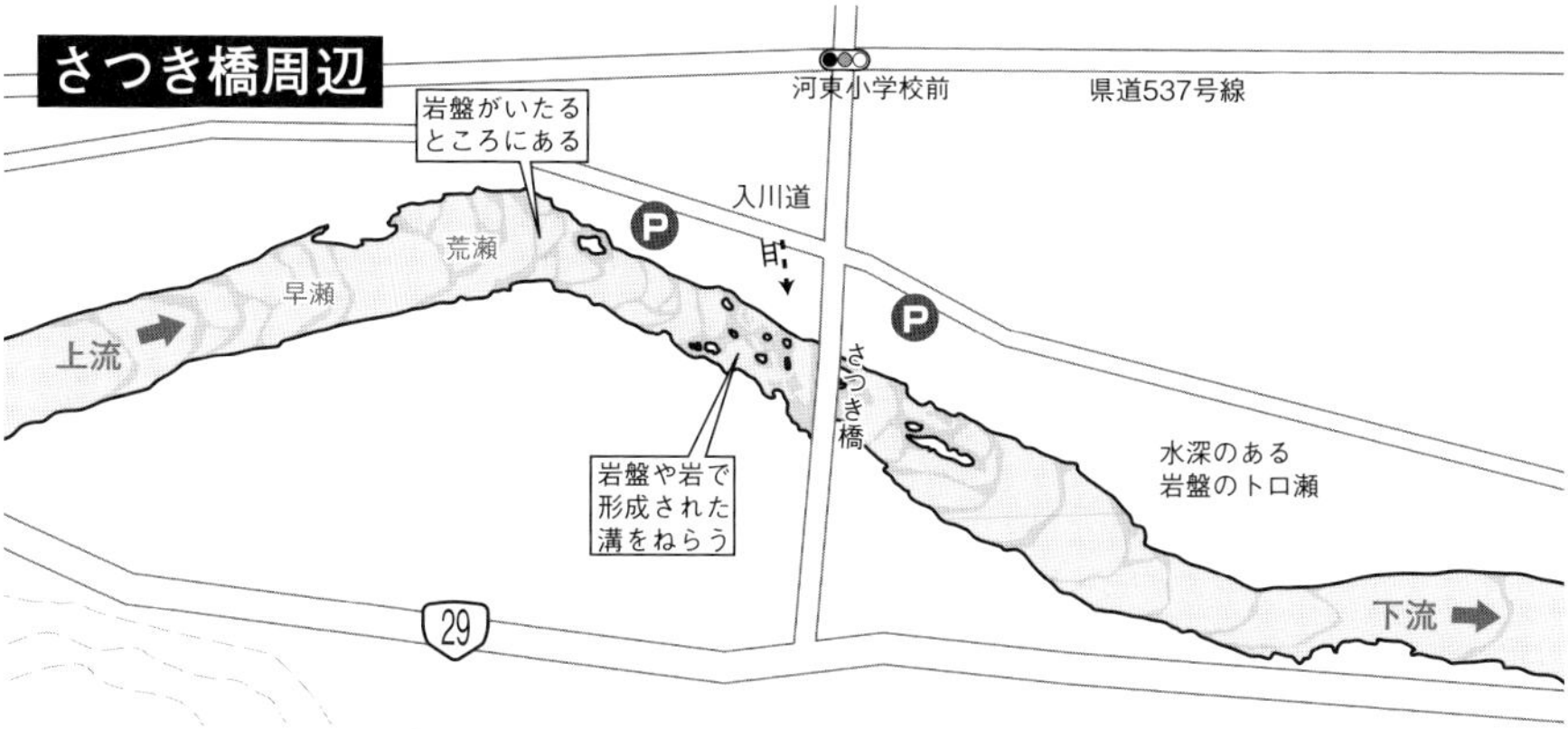
さつき橋周辺
岩盤がいたる
ところにある
河東小学校前
県道537号線
入川道
荒瀬
早瀬
上流
さつき橋
岩盤や岩で
形成された
溝をねらう
水深のある
岩盤のトロ瀬
下流
29

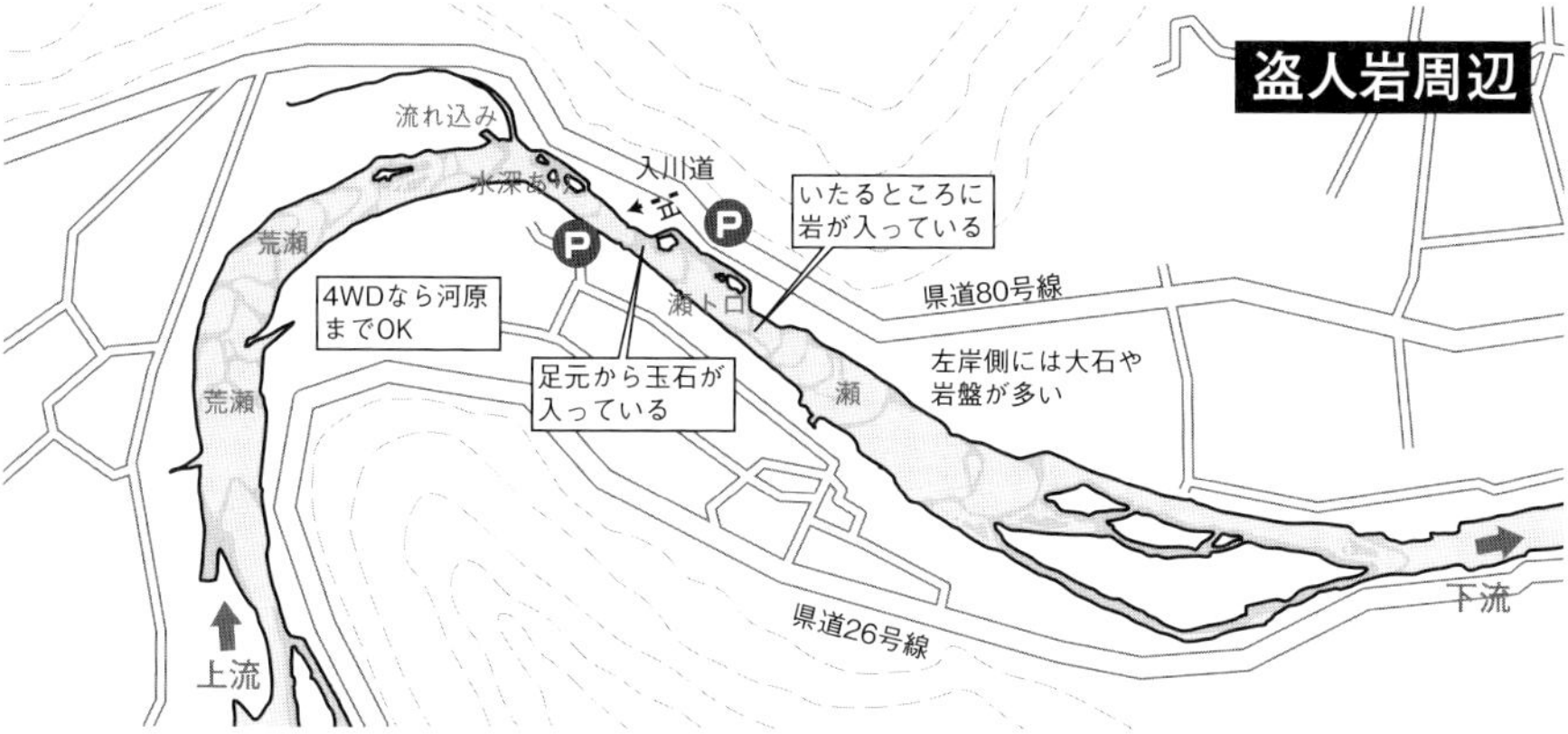
盗人岩周辺
流れ込み
水深あ
入川道
いたるところに
岩が入っている
荒瀬
4WDなら河原
までOK
瀬トロ
県道80号線
足元から玉石が
入っている
瀬
左岸側には大石や
岩盤が多い
荒瀬
下流
県道26号線
上流

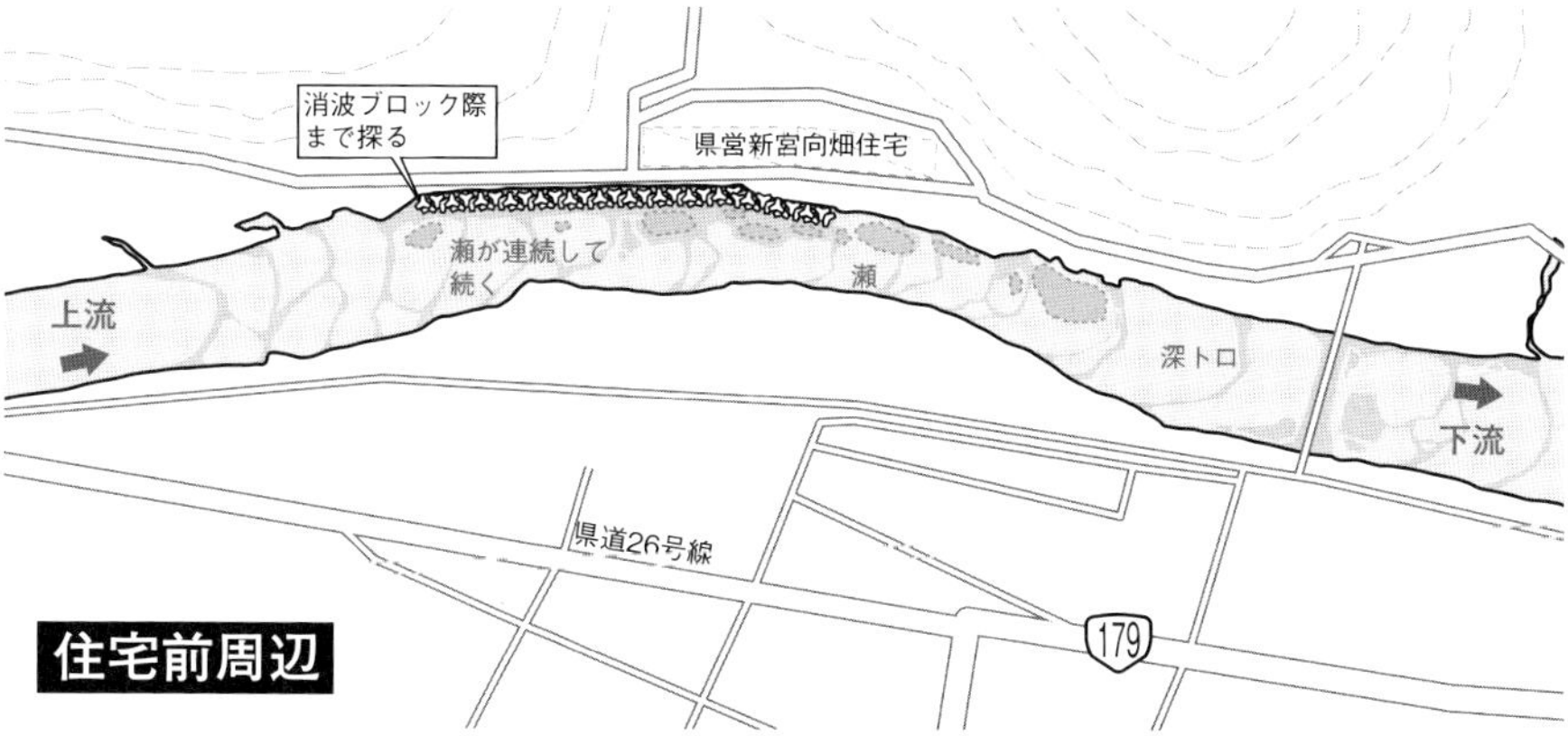
消波ブロック際
まで探る
県営新宮向畑住宅
瀬が連続して
続く
瀬
上流
深トロ
下流
県道26号線
179
住宅前周辺

20

島根県 江《ごう》川

中国太郎の別名を持つ、中国地方屈指の大河
豊壌の流れが育む大アユをねらえ

中国地方屈指の大河が育んだ尺アユ。こんな釣果を手にしてみたい

profile
●矢田 彰
昭和49年生まれ、島根県在住。アユ釣り歴は22年。江の川激流会に所属する。ホームグラウンドは島根県神戸川。大アユを求めて球磨川にも遠征する。最長寸は江の川で釣った31.7cm

広島県に源を発し、島根県江津市で日本海へと注ぐ江の川。上流・広島県側では江の川のままで、島根県側では江川と呼び分けられている。中国太郎の別名を持つ、中国地方屈指の大河だ。

その豊富な水量と変化に富んだ川相に揉まれてアユは大きく育ち、シーズン終盤となる9月には尺アユが釣れる川として多くのアユファンを魅了している。

広大な流程には、6つの漁協が存在しており、その中でも広島県との境近く、中流域となる江川漁協の管轄するエリアから、大アユを手にできる釣り場を選んでお届けしたい。

前述のとおり、豊壌の流れが育む大アユだが、毎年、都賀という地区では川を堰き止めてヤナが掛けられるが、落ちアユの頃には35cmを超えるサイズも上がるという。夏の高水温を伏流水の出る深みで乗り越え、秋に大きく成長して落ちてくるようだ。そんな大アユを、ぜひとも手にしていただきたい。

【平瀬】

ここで紹介するポイントの中では最下流に位置する、比較的川底がフラットな瀬である。しかし下流域であるため水量も豊富で、かなり押しの強い流れとなっている。瀬肩のトロ場から、中段の早瀬、瀬尻の絞り込みとアユの釣れるポイントは多く、また上下流に大きなトロ場を控えているためアユのストック量も多い。

川に立ち込むと分かりにくいが、川底のちょっとした変化にアユが付くため、オモリを使った引き釣りで広範囲の変化を探ることが大切。一つ一つ釣っていくことで数を伸ばすとともに、大アユとの出会いも求めたい。

実績があるのは瀬肩と瀬尻だが、昨年の洪水以降川相が変わってしまったため、大アユの付き場は現在捜索中である。

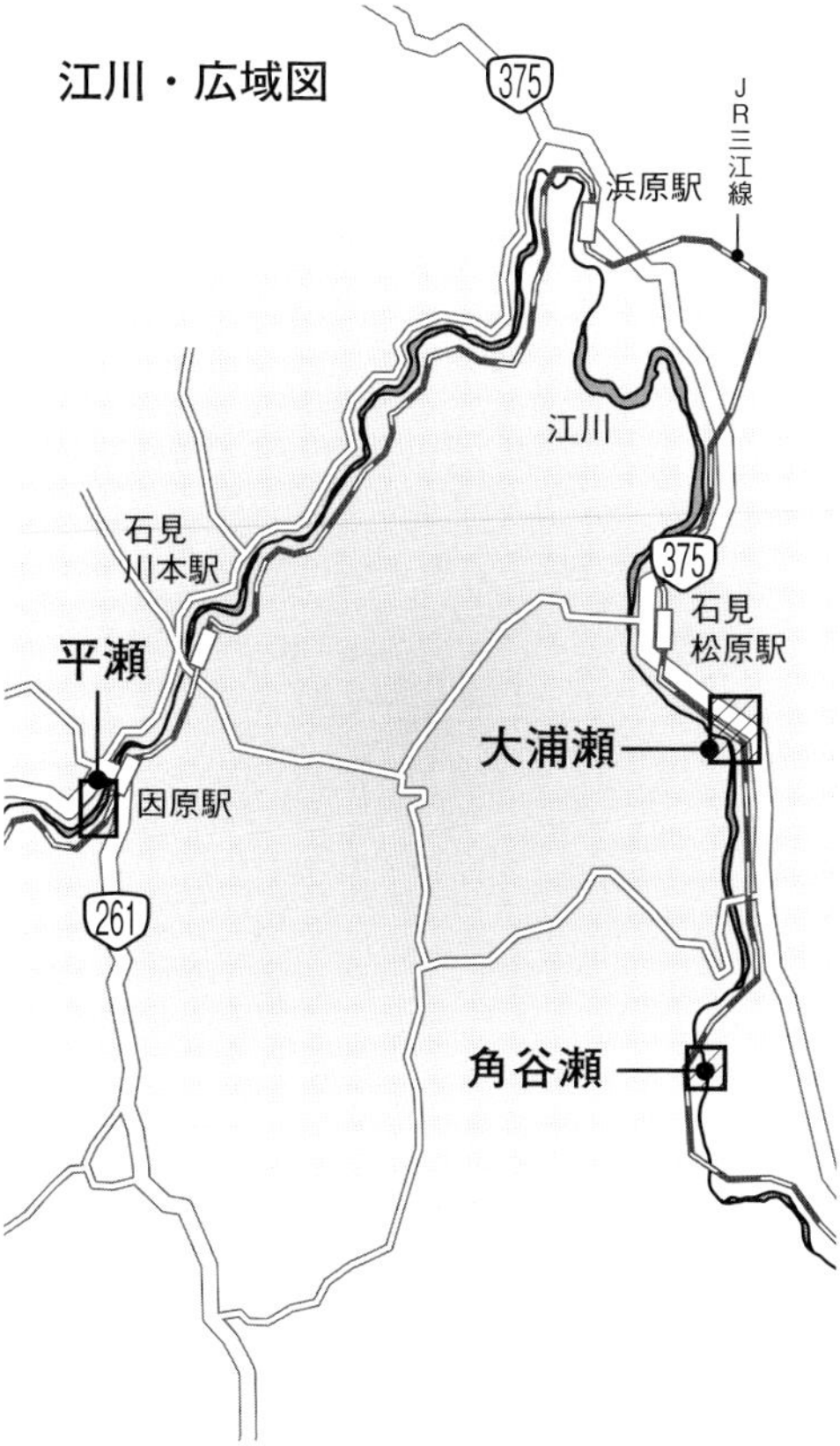

information

●河川名　江川
●釣り場位置　島根県邑智郡川本町、美郷町、邑南町
●解禁期間　6月1日〜12月31日（ダム下流10月15日〜11月30日禁漁）
●遊漁料　日釣券2000円・年券1万円
●管轄漁協　江川漁業協同組合（Tel 0855-72-0055）
●最寄の遊漁券取扱所　アユの自然館（Tel 082-872-7032・川本町）
●交通　山陰自動車道・出雲IC下車。国道9号で大田市へ進み、国道375号を南下して美郷町へ

また、このポイントは漁協も近くオトリの入手も容易で、下流域になるため天然ソ上の多い年は解禁初期から数釣りも楽しめる場所である。

【大浦瀬】

この瀬は以前から尺アユがよく釣れるポイントとして人気が高く、私が過去に手にした大アユも、ここで釣れたものが少なくない。

この瀬は、大まかに上の荒瀬、中段、下の荒瀬に分けられる。実績があるのは、上の荒瀬の瀬落ちと下の瀬の瀬肩であるが、いずれも押しが強いうえに水深もあるので、オモリを使うか背バリを使用して、しっかりとオトリを沈めておくのが大切である。

しかしこのポイントは底石が荒く浮石も多いため、オモリを使う際には注意しないと、すぐに根掛かってしまう。大きなオモリを使っても根掛かりさせずに釣るコツとしては、遊泳力の弱い養殖オトリよりも天然のオトリを使うことに限る。

そのために上の荒瀬の瀬肩か、中段などで養殖を天然オトリに替えてから、荒いポイントへ望むようにしたい。

【角谷瀬】

紹介するエリアでは一番上流にある瀬で、石は荒く流れも複雑で釣りにくいポイントであるが、だからこそ大アユの期待も高い。

さらに、土用隠れの時期にもよく釣れた経験があるので、覚えておいて損はない。瀬肩の左岸側より支流の角谷川から冷たい水が流れ込んでおり、土用の時期にも他のポイントよりも水温が低く魚にとってよい環境になっているのだと思う。

しかしこのポイントは、冒頭にも話したが石が荒く、1つ石を越えると背が届かなくなるような場所もあり、釣りをする際には充分に注意をしてほしい。実績があるのは瀬肩の大石周りと瀬尻の開きである。

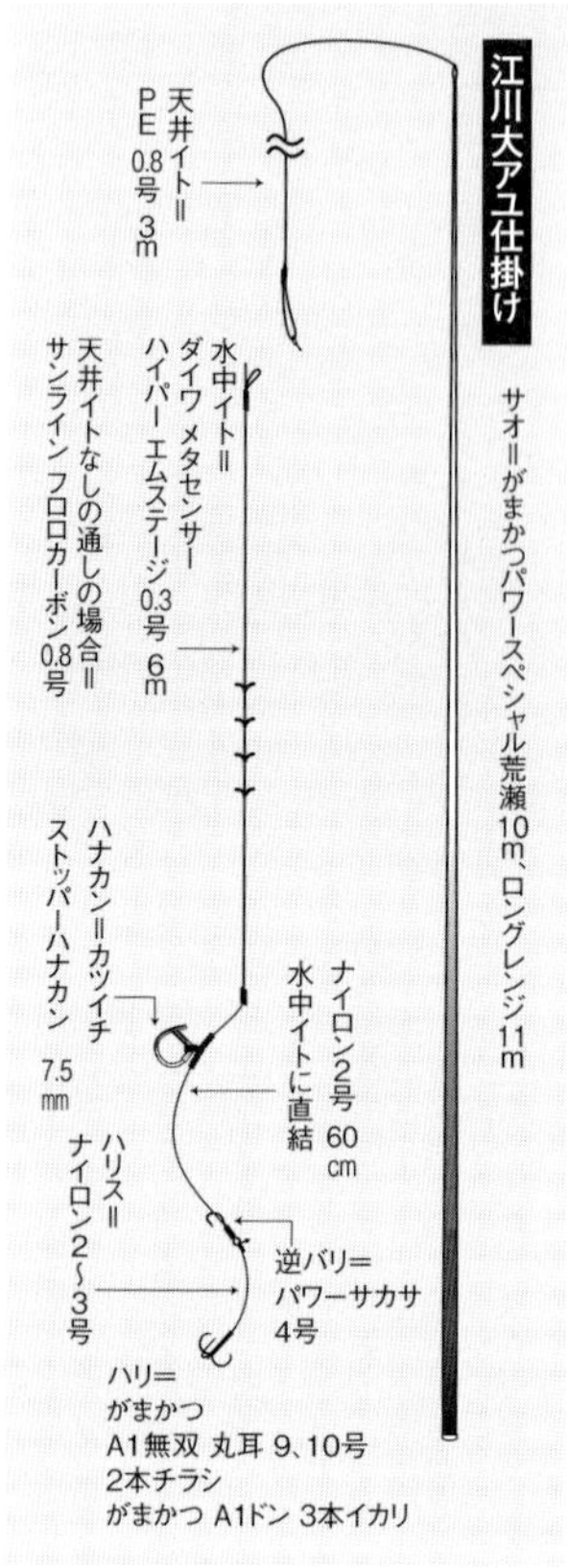

江川漁協のすぐ近く、エリアの最下流に位置する平瀬は、比較的川底がフラットな瀬となっている

尺アユがよく釣れるポイントとして人気が高い大浦瀬。押しが強いうえに水深もある荒瀬の攻略が必要だ

エリアでは一番上流となる角谷瀬。石が荒く流れも複雑で釣りにくいものの、大アユの期待は高い

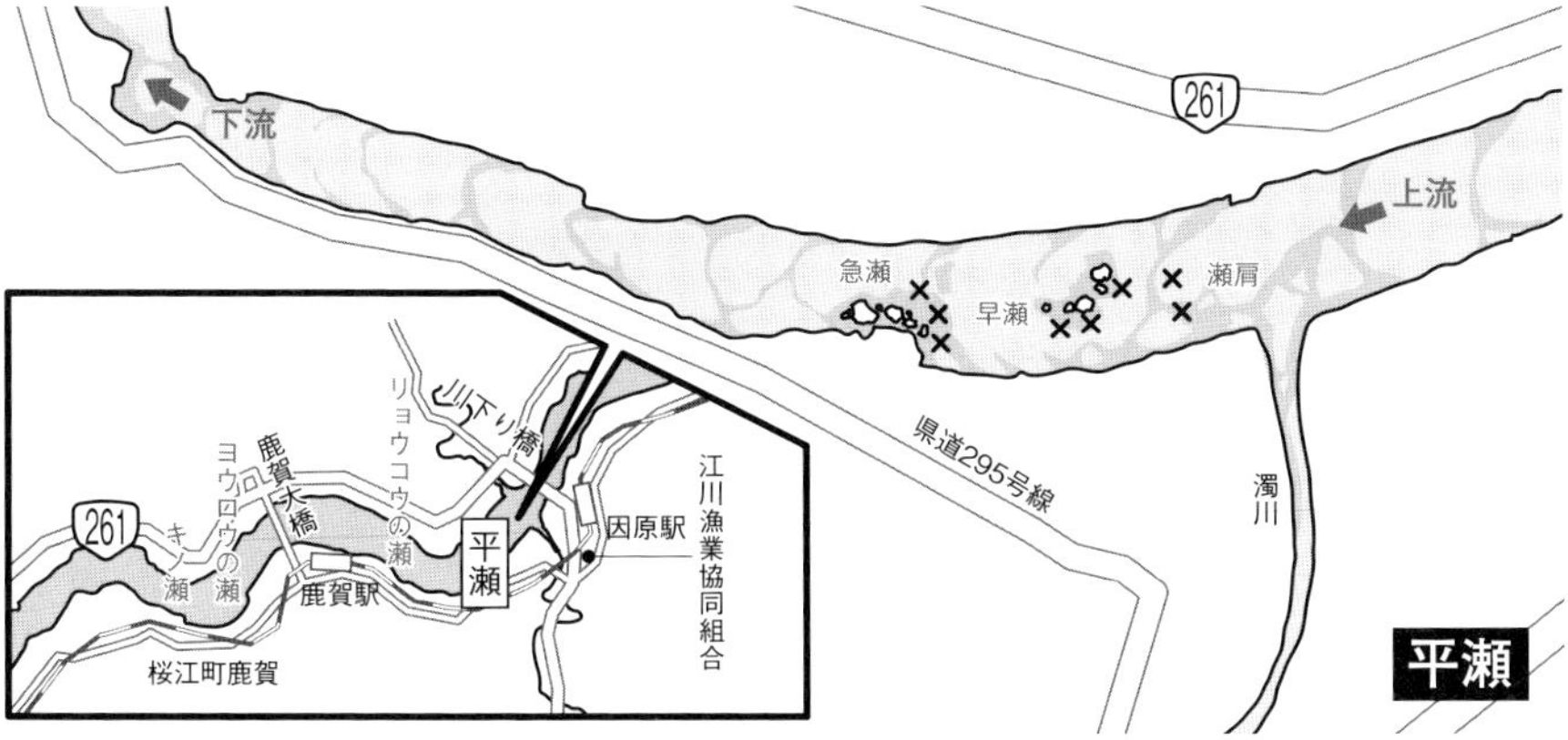
平瀬
下流
261
上流
急瀬
早瀬
瀬肩
県道295号線
濁川
川下り橋
リョウコウの瀬
鹿賀大橋
ヨウロウの瀬
261
キソ瀬
平瀬
因原駅
江川漁業協同組合
鹿賀駅
桜江町鹿賀

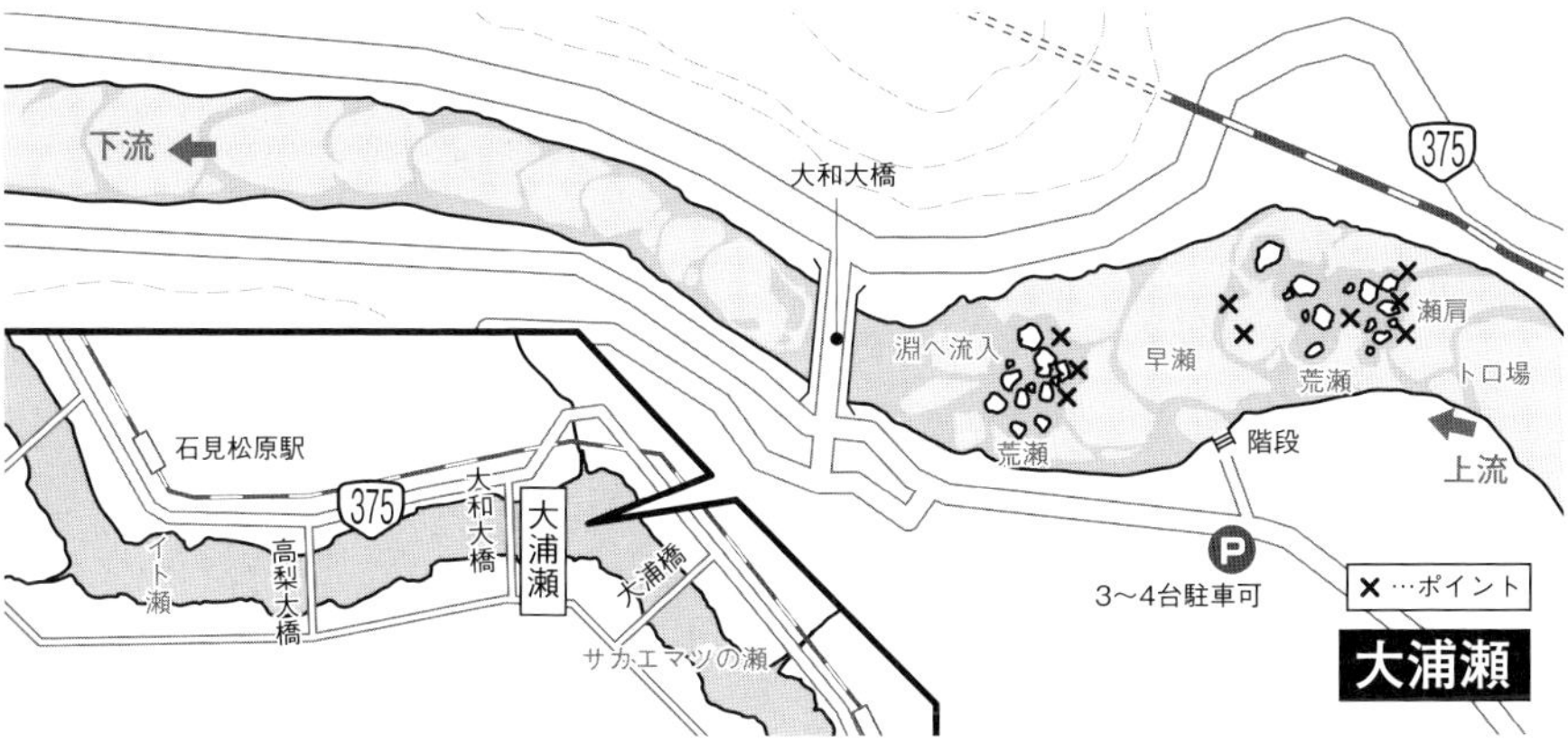
大浦瀬
下流
大和大橋
375
淵へ流入
早瀬
瀬肩
荒瀬
トロ場
荒瀬
階段
上流
3～4台駐車可
×…ポイント
石見松原駅
375
大和大橋
大浦瀬
高梨大橋
イト瀬
大浦橋
サカエマツの瀬

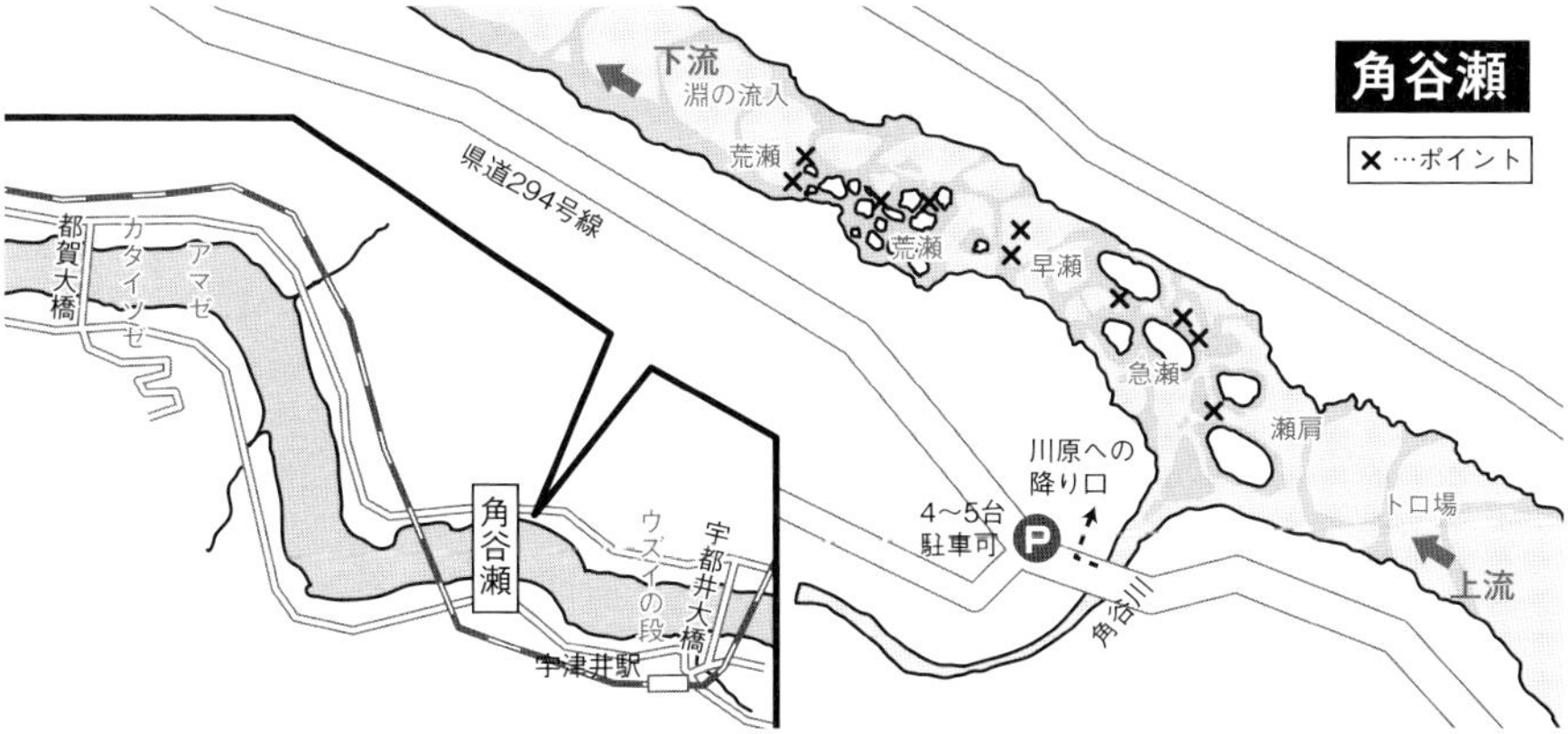
角谷瀬
×…ポイント
下流
淵の流入
荒瀬
県道294号線
荒瀬
早瀬
急瀬
瀬肩
川原への降り口
4～5台駐車可
トロ場
上流
角谷川
都賀大橋
カタイツセ
アマゼ
角谷瀬
ウズイの段
宇都井大橋
宇津井駅

体高のある大アユ。こんな釣果が期待できるのが錦川だ

21 山口県 錦《にしき》川

錦帯橋の架かる流れは知られざる大アユ釣り場だ

profile

●安田　保

昭和34年生まれ、山口県在住。アユ釣り歴は34年。ホームグラウンドは錦川と高津川。JFT主催のトーナメントで優勝経験あり。錦川での最長寸は30.5cm、球磨川では33.4cmを記録している

錦川は瀬戸内海に注ぐ流程約80㎞の河川で、下流域にある日本三名橋の一つ「錦帯橋」で全国的に知られているものの、アユのフィールドとしての認知度はまだ低いようだ。

分水嶺を境に日本海に流れる島根県の高津川は人気の河川で、全国から釣り人が訪れているが、釣れるアユのサイズ的には、錦川に軍配が上がると私は思っている。

大アユのねらえるポイントとしては、初期から中盤は上流域（玖北《くほく》漁協管轄）、中盤から終盤にかけては下流域（錦川漁協管轄）で釣果が得られるのだが、昨年は大雨続きで石の小さい下流域はアカの付きが悪く、大石の点在する上流域がメインとなった。しかし２０１４年は状況も復調すると予想されるため、これまでの経験と成果をまとめて上流域、下流域の主だったポイントを紹介したい。

錦川本流で大アユが手にできるポイントを列記すると、上流域では錦川清流線の柳瀬駅下流に位置する「川向の瀬」、柳瀬駅と河山駅の間にある「原の瀬」、河山駅下流に架かる合の元橋付近に広がる「合の元の瀬」が挙げられる。

シーズン後半にはさらに下流域の「南桑駅前」や「北河内駅前」の流れがおすすめ。そのほかにも錦川には大型が期待できる瀬が点在しているので、自分の目で確認して入川してほしい。下流域においては河川敷へ車乗り入れ可能だが、上流域では駐車場の確保が難しいポイントがあるため、地元の方とのトラブルにならないように気配りをお願いしたい。

ここでは、昨シーズンに釣果が得られた上流域に的を絞って、前述した３つの釣り場の攻略方法を解説したい。

【川向の瀬】

柳瀬駅の下流、川向橋の下流には大石

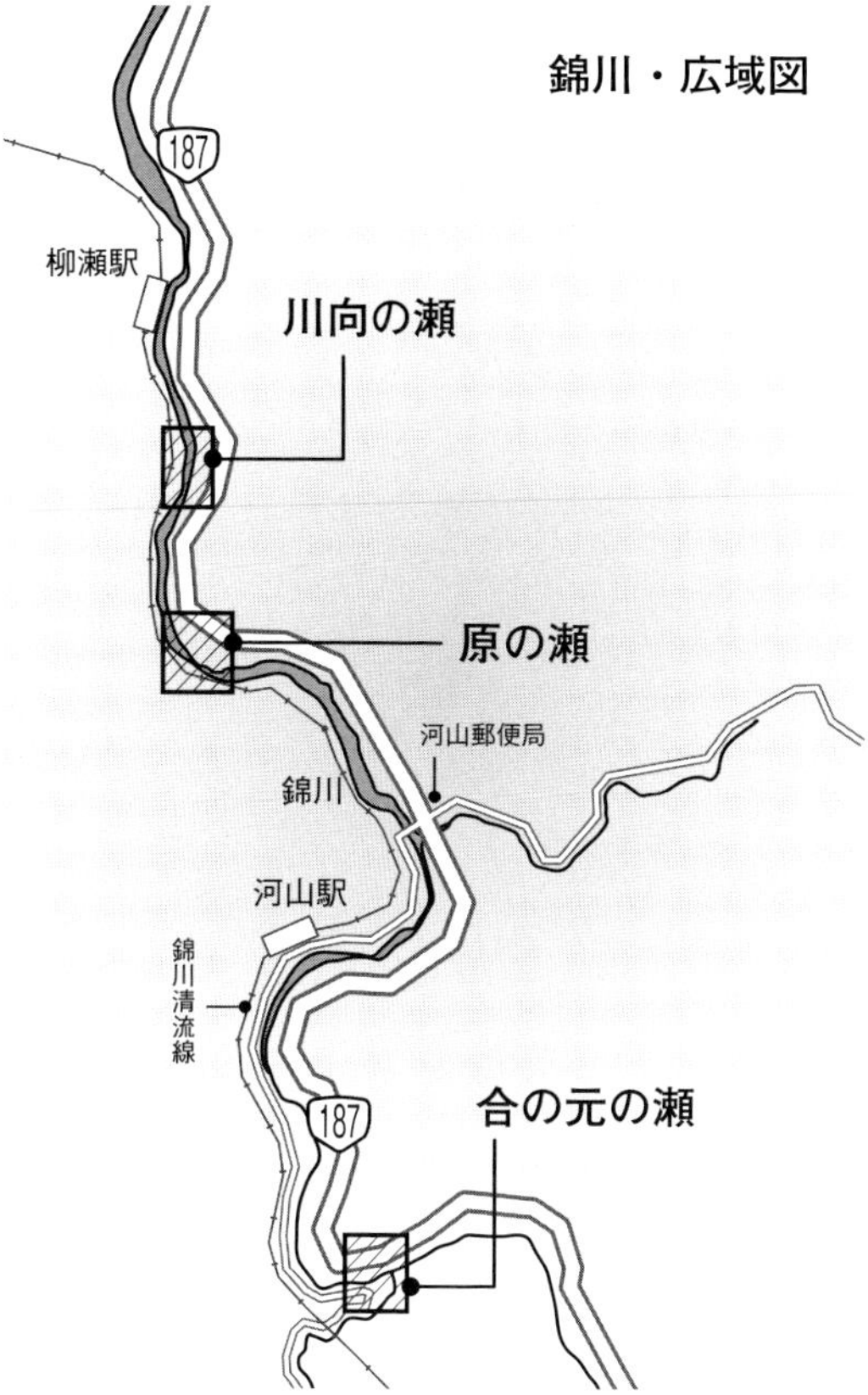

information

●河川名　錦川
●釣り場位置　山口県岩国市美川町
●解禁期間　6月1日～12月31日
●遊漁料　日釣券2000円・年券8000円（錦川漁協）、7000円（玖北漁協）
●管轄漁協　錦川漁協協同組合（Tel 0827-41-1029）／玖北漁協協同組合（Tel 0827-76-0808）
●最寄の遊漁券取扱所　錦川漁協（下流）／三浦商店（上流 Tel 0827-76-0028）、南弘（上流、オトリ販売のみ Tel 0827-72-3638）
●交通　山陽自動車道・岩国IC下車。国道2号を直進、国道187号に入り錦川へ

が点在し、いかにも大アユが潜んでいそうな瀬がある。入川は橋を渡り、右岸の消防道から降りる。瀬肩から下流の瀬落ちまで、ここぞというポイントにオトリを入れると「ゴン、ゴン、キューン」と目印が吹っ飛ぶようなアタリを体験できるはずだ。

錦川のアユは元気一杯で、掛かると強烈な引きで流れを突っ走る。右岸からサオをだす場合は河原を下がれるからよいが、左岸は足元が岩だらけのため注意が必要。どこで取り込むか予測してサオをだしたい。解禁当初から23㎝クラスが望めるので、仕掛けも太目が安心だ。

【原の瀬】

原神社の下流にある瀬で、錦川において私が一番好きなポイントである。入川は神社の50m下流左岸からとなる。このポイントは増水後でもアカ残りのある大石や岩盤があり、大アユの付き場ともなっている。これまでの経験では、平水より50㎝高まで回復した頃が最も条件のよいタイミングとなる。

対岸からの入川道がないため、増水時は長ザオで胸まで浸かっても右岸のポイントにオトリを入れるのは至難の業となるが、立ち込みが得意な釣り人なら天国のような釣果が期待できる。

ただし、平水時には右岸に渡ることもたやすいが、岩盤と大石が点在し、水深の落差が大きいため注意が必要。一昨年にはこのポイントで28㎝クラスが手にできた。体力に自信のある方は増水後の「原の瀬」で、ぜひ大アユと勝負していただきたい。

【合の元の瀬】

河山駅から２㎞ほど下流にある合の元橋の上下流に好ポイントとなる瀬がある。入川は橋の右岸際から。上流は岩盤、下流は大石が点在する流れでねらうのは左岸の流心だ。

　橋より下流はポイントも広く、サオ抜けも点在しているので、足に自信のある方は広範囲を探ってみるといい。この瀬の下流には「友廻しの瀬」があるが、その近くは駐車禁止の制限（24年度から地元の方により規制）があるため、ここから下る手もある。

　国道沿いに駐車場がないため、錦川には地元の私でもサオをだしたことがないポイントがいくつもある。

　できるなら、車で各ポイントを巡り、釣り人を降ろしていく方法で入釣するのも手で、思わぬ釣果を得られるかもしれない。ぜひとも、錦川で尺アユの姿を見ていただきたい。

川向橋の下流に広がる瀬。いかにも大アユが潜んでいそうだ

立ち込みが得意な釣り人には天国のようなポイントとなる「原の瀬」

合の元橋から下流を望む。広範囲を足で探ると面白い釣りができる

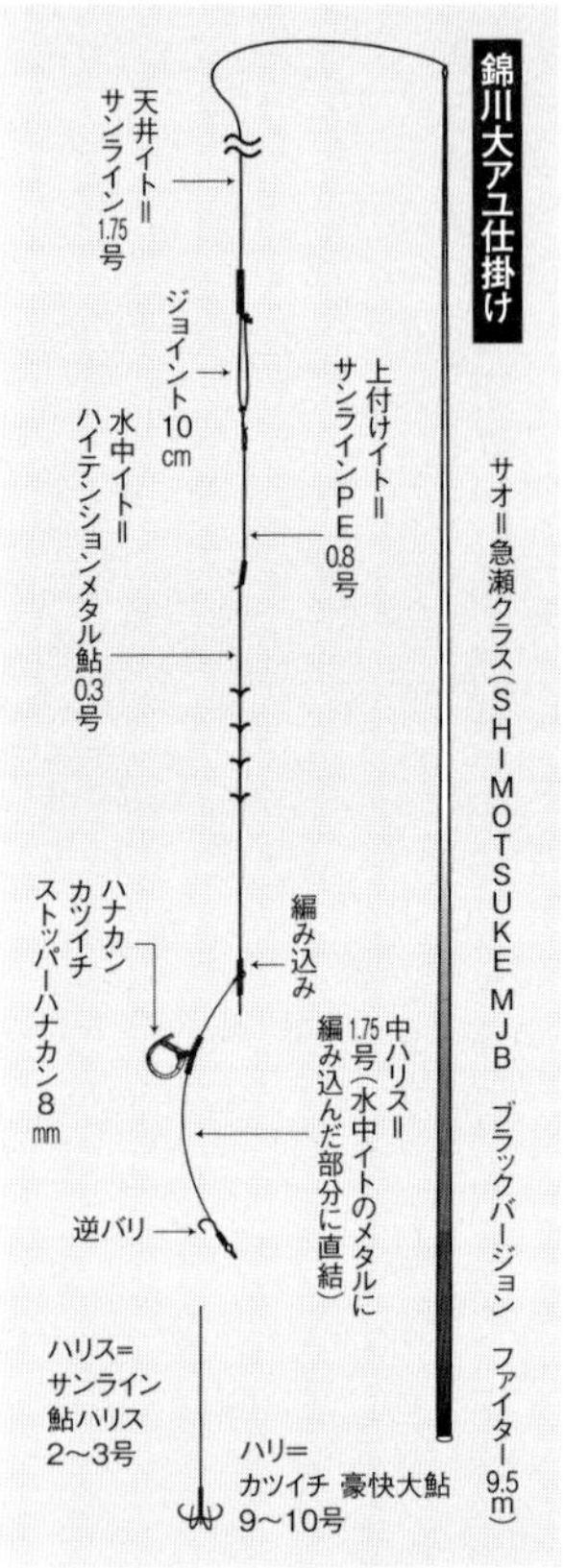

「南桑駅前」の下流。シーズン後半にねらいたい下流域のポイントだ

「北河内駅前」下流の流れ。ここも後半戦におすすめ

川向の瀬

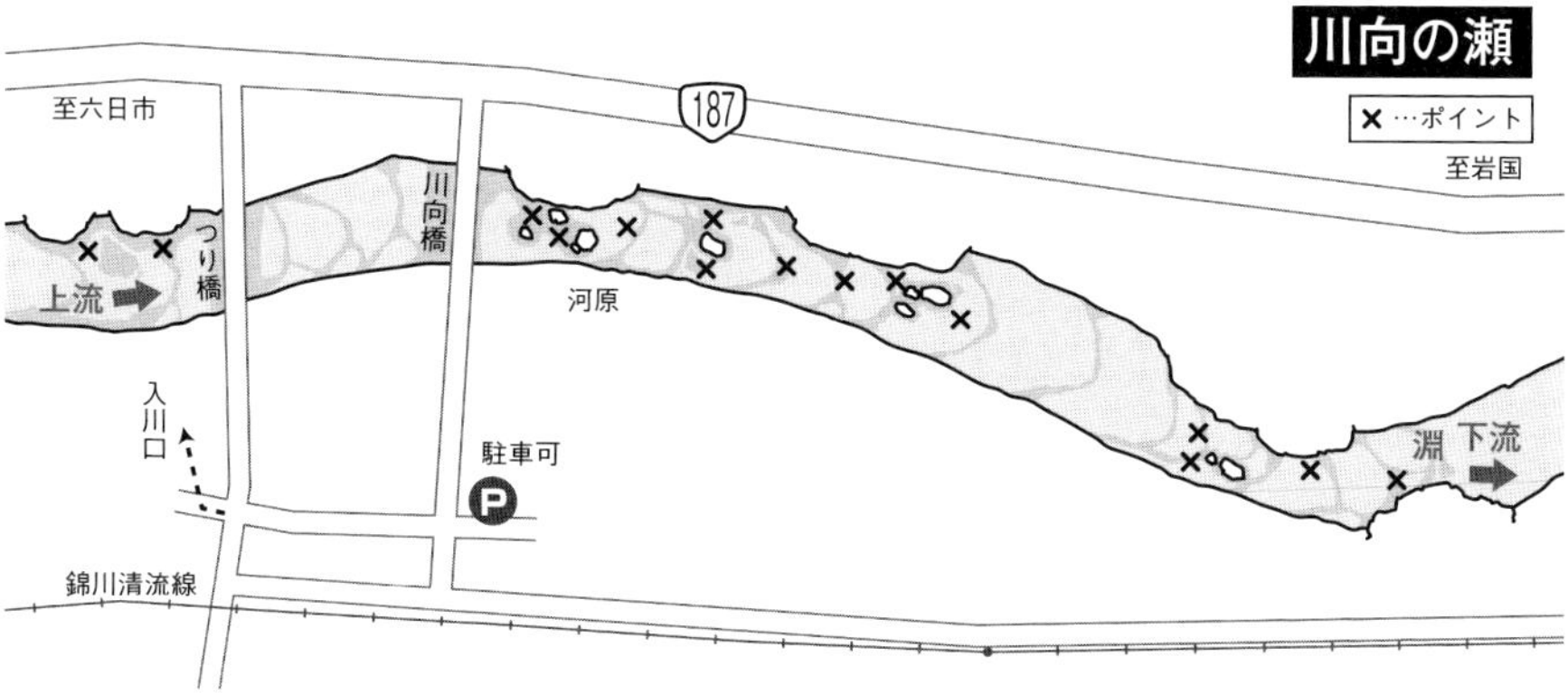
×…ポイント
至六日市
187
至岩国
川向橋
つり橋
上流
河原
入川口
駐車可
淵
下流
錦川清流線

原の瀬

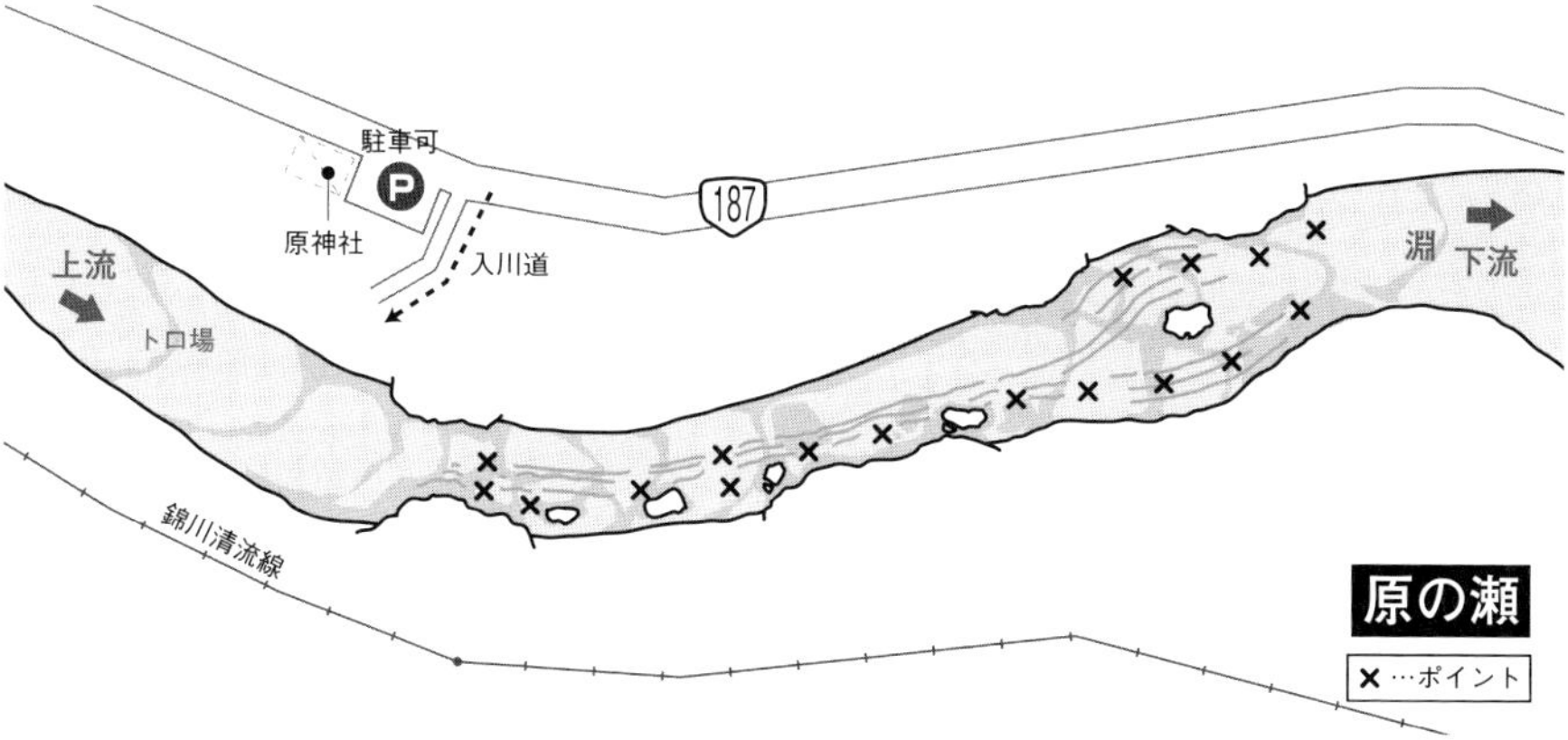
駐車可
原神社
187
入川道
上流
トロ場
淵
下流
錦川清流線
×…ポイント

合の元の瀬

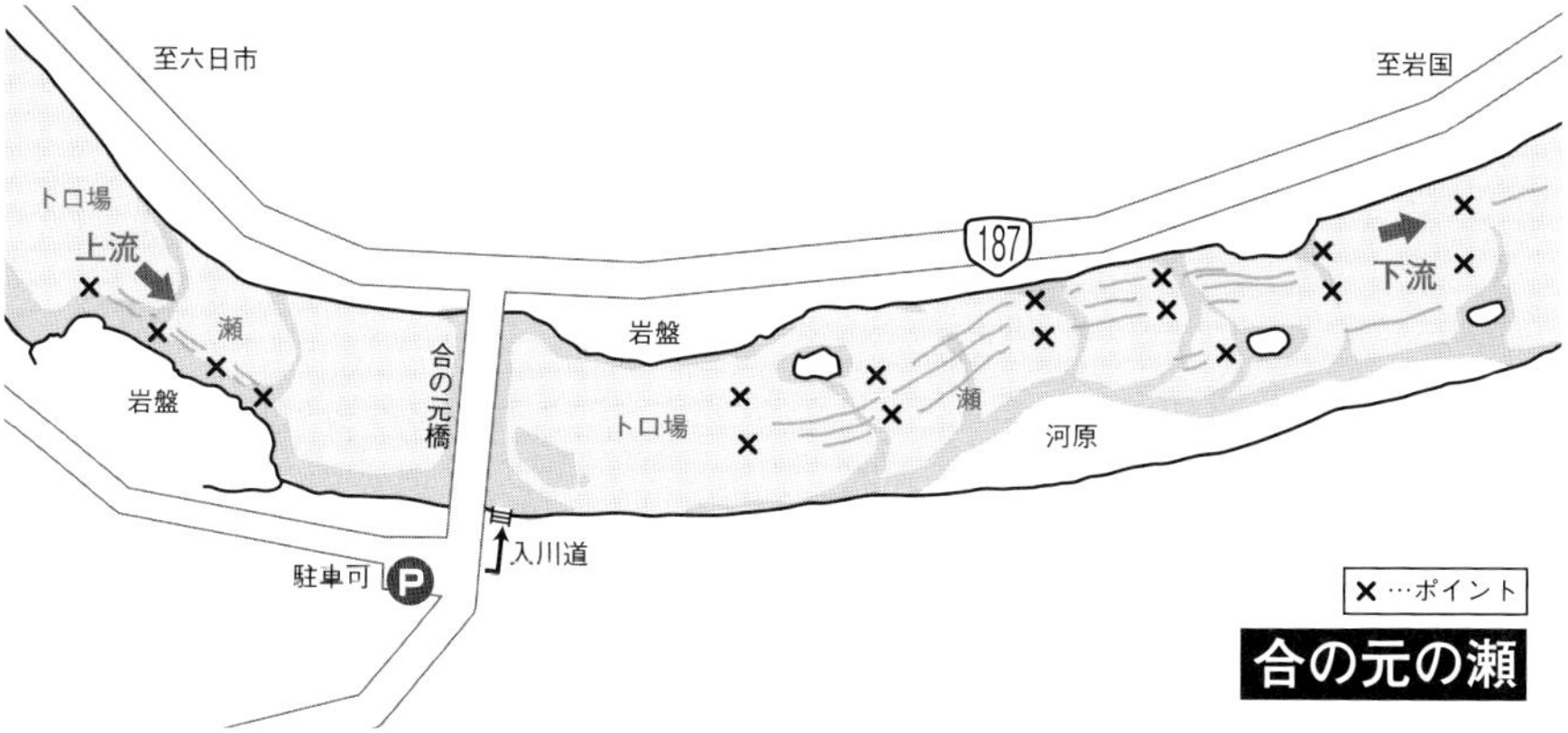
至六日市
至岩国
トロ場
上流
瀬
岩盤
合の元橋
187
岩盤
瀬
トロ場
河原
下流
入川道
駐車可
×…ポイント

22

高知県 吉《よし》野《の》川

四国の大アユ横綱河川は健在 8月中旬からの1ヵ月がチャンスだ

吉野川を代表するポイントが豊永駅前に広がるビヤガセとカワナゼ。ラフティングの出発地点だが、尺アユのでる流れでもある

profile

●内山顕一

昭和31年生まれ、高知県在住。「清流めぐり利き鮎会」を主催する「高知県友釣連盟」代表理事長。ホームグラウンドは仁淀川、吉野川、四万十川。最長寸は30.8cm

吉野川は、西日本一の霊峰・石槌《いしづち》山に源を発し、高知県北部、四国山脈のほぼ中央を縦断して県境付近よりその進路を北に変え、四国山脈の大石を切り裂き大歩危《ぼけ》、小歩危の景勝地を駈け抜け爆流を形成する。徳島県池田町までくるとようやく落ち着いた流れを取り戻し、瀬戸内海に流入する、名実ともに四国一の大河である。

アユの釣り場は高知県～池田ダムまでをダムガミと呼び、急流渦巻く山岳河川の様相を見せる。ダムシモと呼ばれる池田ダム下流域では平野河川となるため、まったく釣り方が変わる。

吉野川を管轄する漁協は高知県内では最上流の本川漁協と嶺北《れいほく》漁協に分かれ、さらに徳島県内ではダム上流下流ともに吉野川漁業組合連合会が管理している。今回、私が推薦する場所は、高知県内の嶺北漁協が管理する区域で、大アユの実績が最も高いエリアだ。

釣行するに際して、必ず確認していただきたいことがある。それは早明浦《さめうら》ダムの水位変化を把握すること。朝のうちは

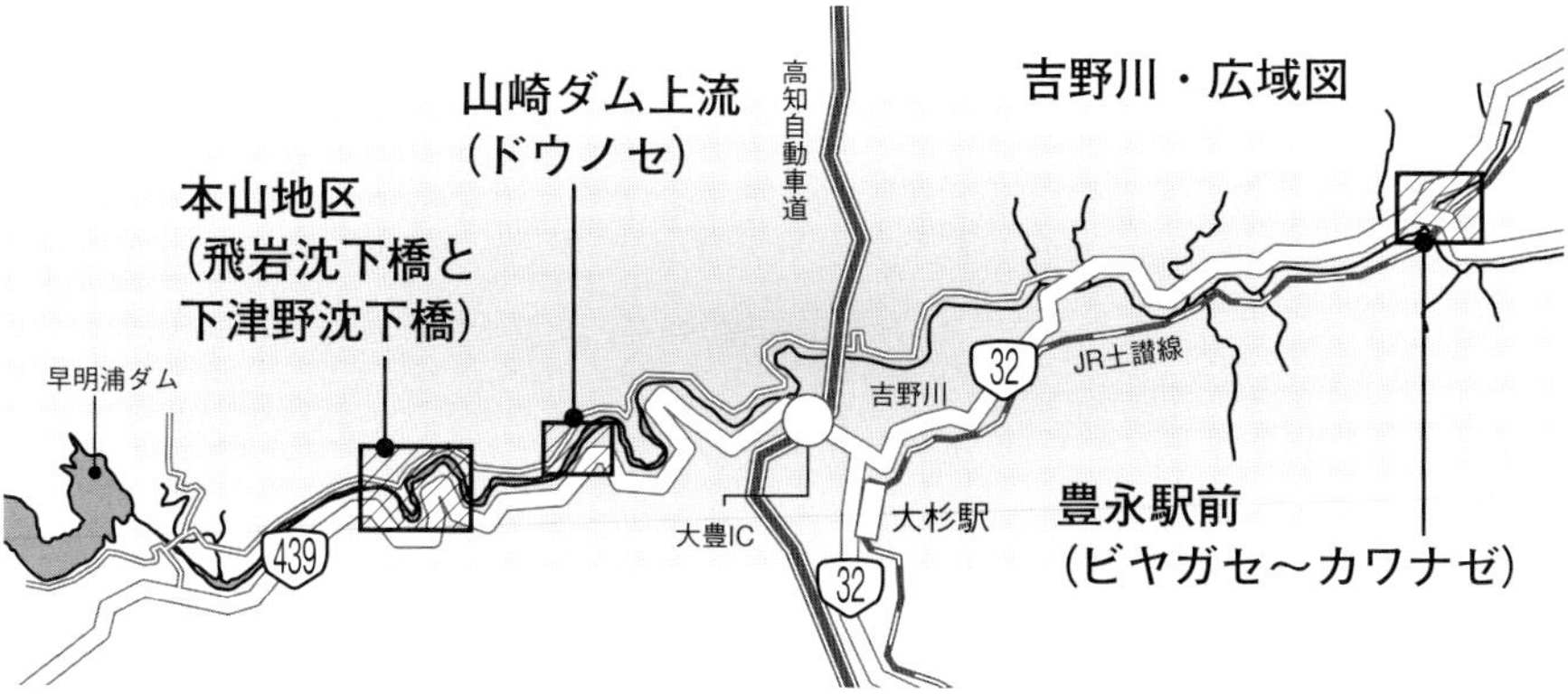

information

●河川名　吉野川
●釣り場位置　高知県長岡郡本山町〜大富町
●解禁期間　6月1日〜12月31日
●遊漁料　日釣券3000円・年券5000円
●管轄漁協　嶺北漁業協同組合（Tel 0887-76-2174）
●最寄の遊漁券取扱所　窪添オトリ店（Tel 090-2787-5782）
●交通　高知自動車道・大豊IC下車。上流の早明浦ダム方面へは国道439号、下流の豊永駅方面へは国道32号を利用

上流部に一級ポイントのドウノセを控えた山崎ダム。その下流部のトロ場でもアユの実績は高い

毎秒40ｔ以上の放水で激流となっていても、昼になり放水がストップすると川岸に入れたオトリ缶が日干しになっていたりする。その逆もあり、釣っていると突然水位が上がるため、命の危険にもつながる。早明浦ダムの放水情報は電源開発テレホンサービス（０８８７・76・２２６０）で確認されたい。

それともう1つは、ラフティングである。今や激流を下る吉野川のラフティングは気軽に参加できる川遊びとして定着し、釣りの最中にも流れを通過していく。その際、危険防止対策として「大声を出して接近を知らせるか、笛などを吹いて知らせること」となっているため少々賑やかだが、気持ちよく手を振って通過させるだけの余裕を持ちたい。

なお、カヌーやラフティングは対岸を通過するので、サオの届かないポイントのアユを追い出すのか、彼らが通過した後は入れ掛かりなることも多い。

最後に四国県内の他の河川に比べ、水が冷たいので対策を講じること。早明浦ダムから出る水は、以前は真夏でも15〜

16℃しかなく、ダム直下の下流ではほとんどアユは釣れなかった。

　しかし、数年前から選択取水が実施され、ダムの上水を流すようになってから、本山地区でも大アユの実績が上がるようになった。とはいえ、やはり山岳河川であり水量も多いので、真夏でも保温対策をしっかりすることをお勧めする。


【本山地区（飛岩沈下橋、下津野沈下橋）】


　ここ数年、吉野川の大アユ釣り場として脚光をあびているのが、早明浦ダムのお膝元ともいえる本山地区にある飛岩沈下橋と下津野沈下橋周辺だ。

　この場所は吉野川のなかでも特にアクセスがよく、沈下橋のたもとに駐車スペースもあるため初心者でも気軽にサオをだせる場所なのだが、その実績は高い。多くの釣り人が競う大会でも、2011年は32cmの釣果が記録されている。

　飛岩沈下橋のポイントは橋の上下に広がる人頭大の石の広大な瀬が中心で、右岸左岸ともサオだしが可能だ。とくに上

吉野川のなかでもとくにアクセスがよく、初心者でも気軽にサオをだせるのが本山地区にある飛岩沈下橋周辺だ

下野津沈下橋を望む。32cmの実績もあるポイントで、この流れに尺アユが潜んでいる

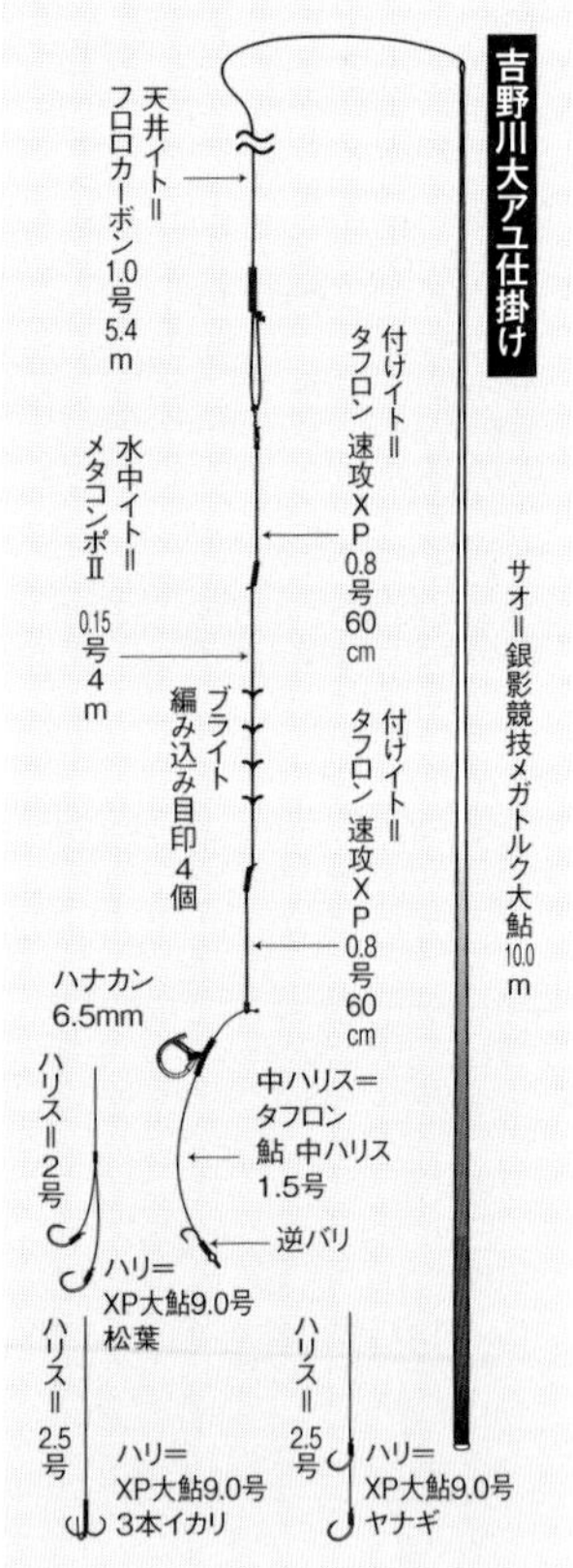

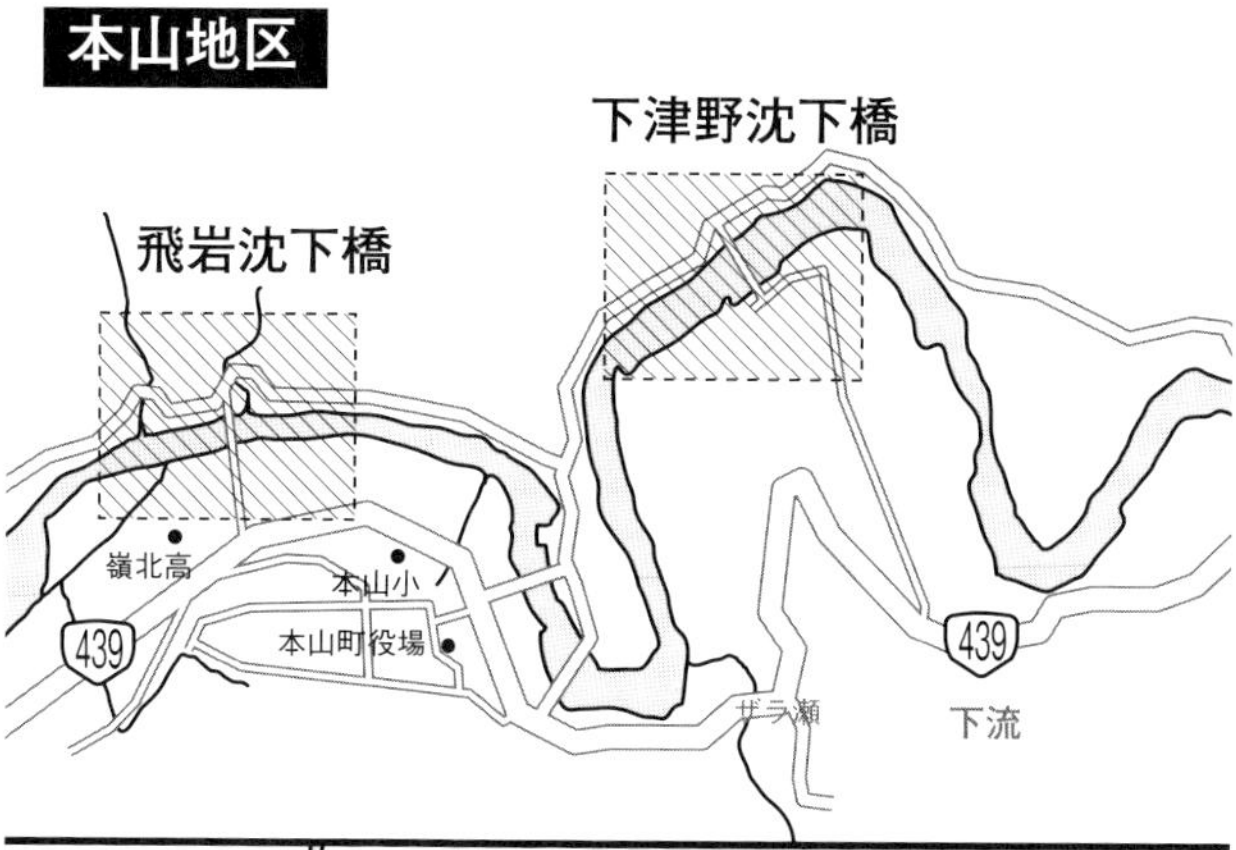

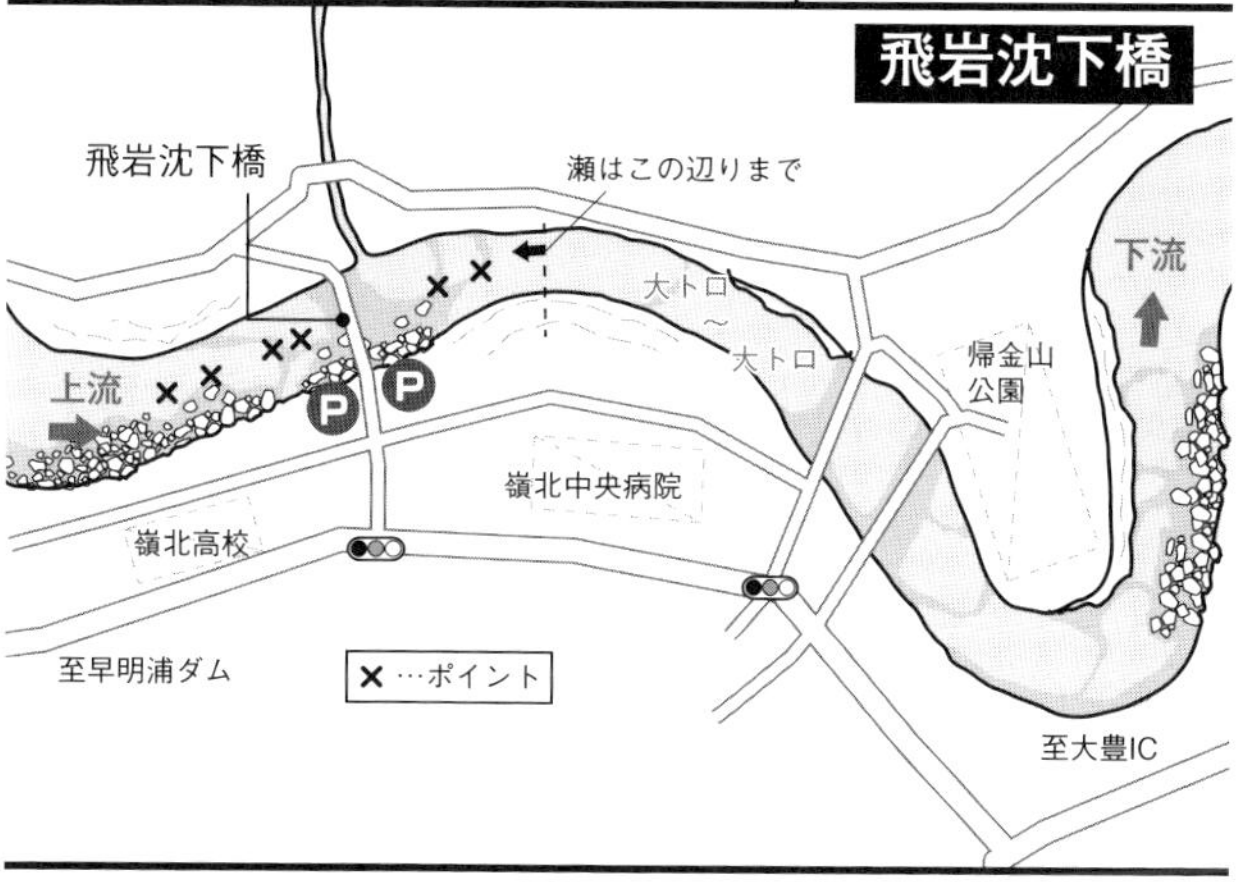

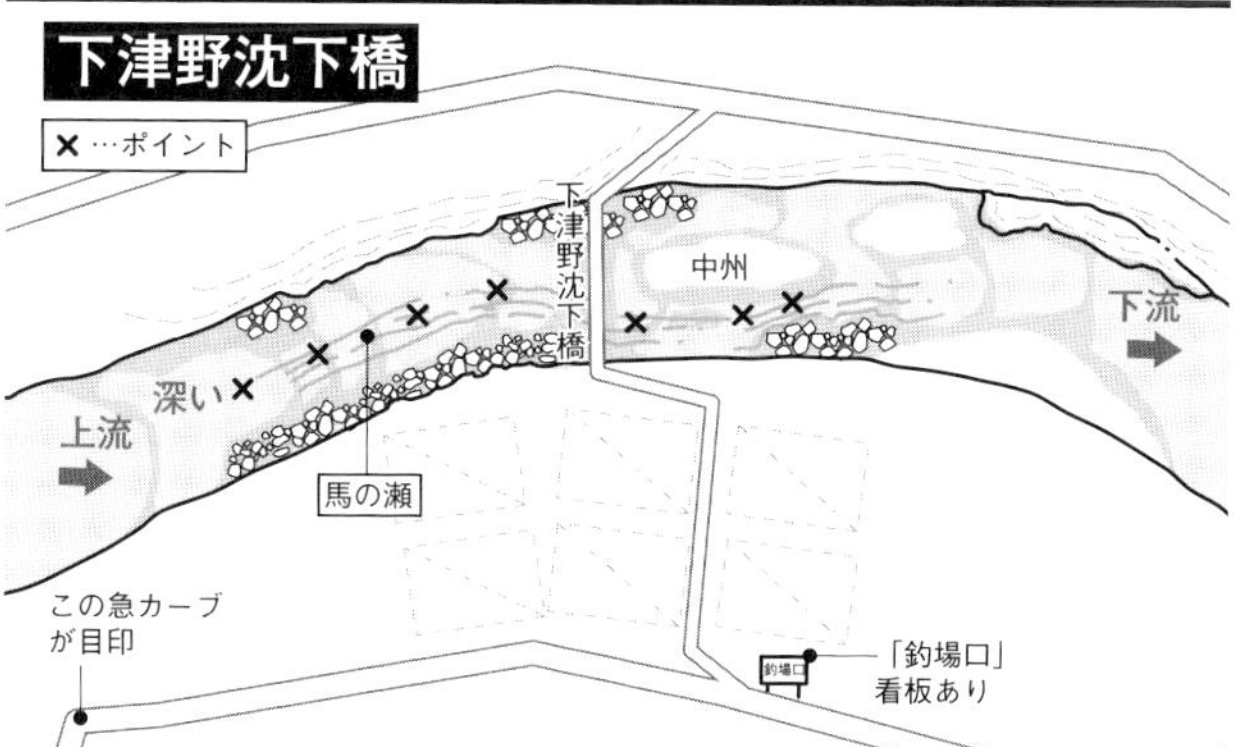

流のトロ場から瀬肩にかけては、底石の入りもよくアユの追いも活発だ。

同様に下津野沈下橋周辺も足場がよく、こちらも橋のたもとに数台の駐車スペースがあり、簡単にアクセスできる。

ポイントは沈下橋の上流５０ｍにある、流れの中央の馬の瀬だ。この両側のカケアガリに沿ってオトリを泳がせるとよいだろう。

また沈下橋の下流にある中洲もねらいめで、中州から両方の流れにサオをだすと数が伸びるようだ。

【山崎ダム上流（ドウノセ）】

国道４３９号を走っていると本山地区の入り口に山崎ダムが見えてくる。このダム上流にあるドウノセは、本山地区で最も尺アユに近い釣り場といえる。国道側からは見えないが、対岸から見ると全

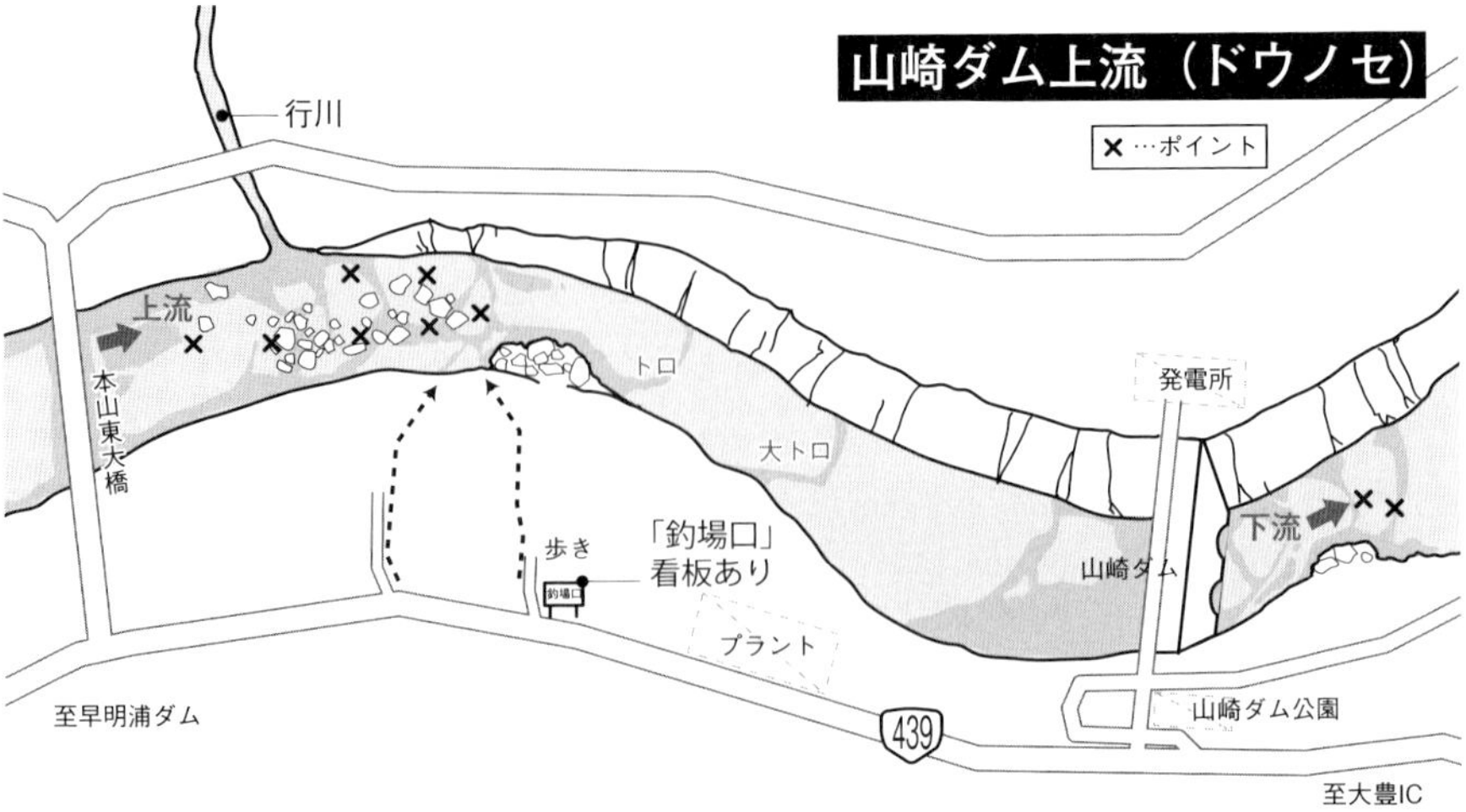

ドウノセのベストシーズンは山岳アユが下り始める９月初旬から中旬と短い

国道からダム公園の横を車で入って釣り場へ向かう。「釣場口」の看板が目印

山崎ダムの上流にあるドウノセは、本山地区で最も尺アユに近い釣り場だ

容が確認できる。

ねらうシーズンは山岳アユが下り始める9月初旬～中旬にかけて。山崎ダムまで下ったアユが再びこのドウノセに舞い戻るため、増水後などに追いがよい。

この瀬は全体がポイントといっても過言ではなく、特に瀬肩の左岸寄りに敷き詰められた底石周りと、右岸寄りの中段から尻近に流れる筋はオトリを入れてみる価値がある。

また、すぐ下流に位置する山崎堰堤は、夏場の減水時期にアユが突っかけるので、8月のお盆前後によい思いをすることがある。ここには国道からダム公園の横を車で入って行ける。駐車スペースも広く、ダム下流の広いトロ場も実績のあるポイントとなるためサオをだしてみるのも手。

【豊永駅前（ビヤガセ～カワナゼ）】

吉野川の大アユ釣り場を語るうえで外すことのできないポイントが、土讃線・豊永駅前の流れだ。ビヤガセ、カワナゼと呼ばれる連続する2段の瀬で、吉野川らしいメリハリのある川相を見せている。

下段の瀬がカワナゼ。シーズンには釣り人の姿が絶えないポイントだ

上段の瀬となるビヤガセ。ラフティングの出発地点としても知られている

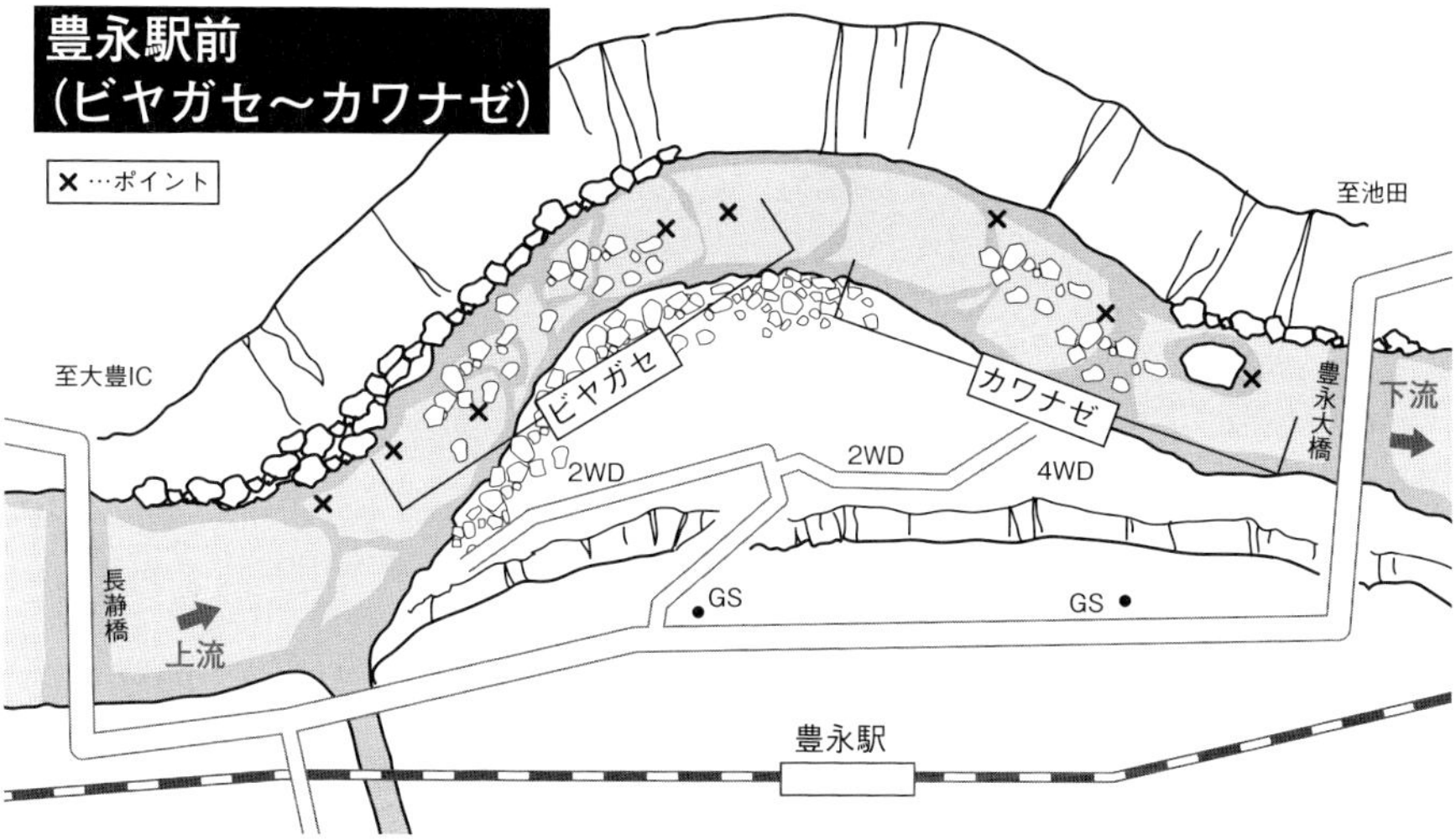

この瀬はトロ場から激流、ヒラキまですべてがポイントで、釣り人も多く釣り荒れはしているが、サオがだせれば釣果を確実に手にできた。魚影の多さも型も充分満足できるポイントである。

上段の瀬となるビヤガセは多くのラフティンググループが出発点するところで、以前はサオをだせない時間もあった。現在は左岸瀬肩の浅場を避けて集合してくれるようになり、釣りをしていても邪魔にならなくなった。

実は、この左岸の瀬肩に広がる浅場こそがビヤガセの一級ポイントで、トロ場に見える瀬肩ねらいで大アユが手にできる。そこから続く瀬肩から段々瀬まで、どこでも目印を飛ばすようなアタリが味わえる。釣りづらく思える段々瀬も、石が大きいので意外にすんなりとオトリが入る。嶺北漁協内の各ポイントの入川道には「釣場口」の看板が設置されており、国道を走っていても釣り場への下り口が確認できるようになった

四万十川で掛けた30cmジャストの大アユ。網には40cmも掛かっているという

23

高知県 四《し》万《まん》十《と》川

数釣れる川から、大アユを手にできる川へ 9月以降の短いシーズンに釣果が集中する

profile

●有岡只祐

昭和50年生まれ、高知県在住。釣り歴は27年。農業のかたわら、有名なアユ釣りクラブに所属し、夏にはアユのトーナメンターとして活躍。最長寸は四万十川の31.5cm

四万十川は、不入《いらず》山《やま》を源流とし高知県西部を流れる四国最長の川で、その流程は１９６㎞に及ぶ。本流に大規模なダムが建設されていないことから「日本最後の清流」のキャッチフレーズで知られた川だ。

その四万十川が全国的に大アユの川として名を馳せたのはごく最近で、10年ほど前までは数釣りの代表河川であった。

それではなぜ、急に大アユが釣れ盛るようになったのか。実際のところ、四万十川では毎年30㎝を超える大アユが普通に釣れており、噂では40㎝が網に掛ったという話も聞こえている。

それらの情報が少しずつ発信され、県内外からも大アユファンが訪れることで、さらに情報が広がり、大アユの釣れる川として認知されるようになったのだ。

しかし、いつでも大アユが釣れるわけではない。四万十川は高低差が少ないため流れが緩く、8月頃になると表水温が30℃を超える日が続き、川全体がお湯のようになってくる。

こうなるとオトリを生かすだけでも相

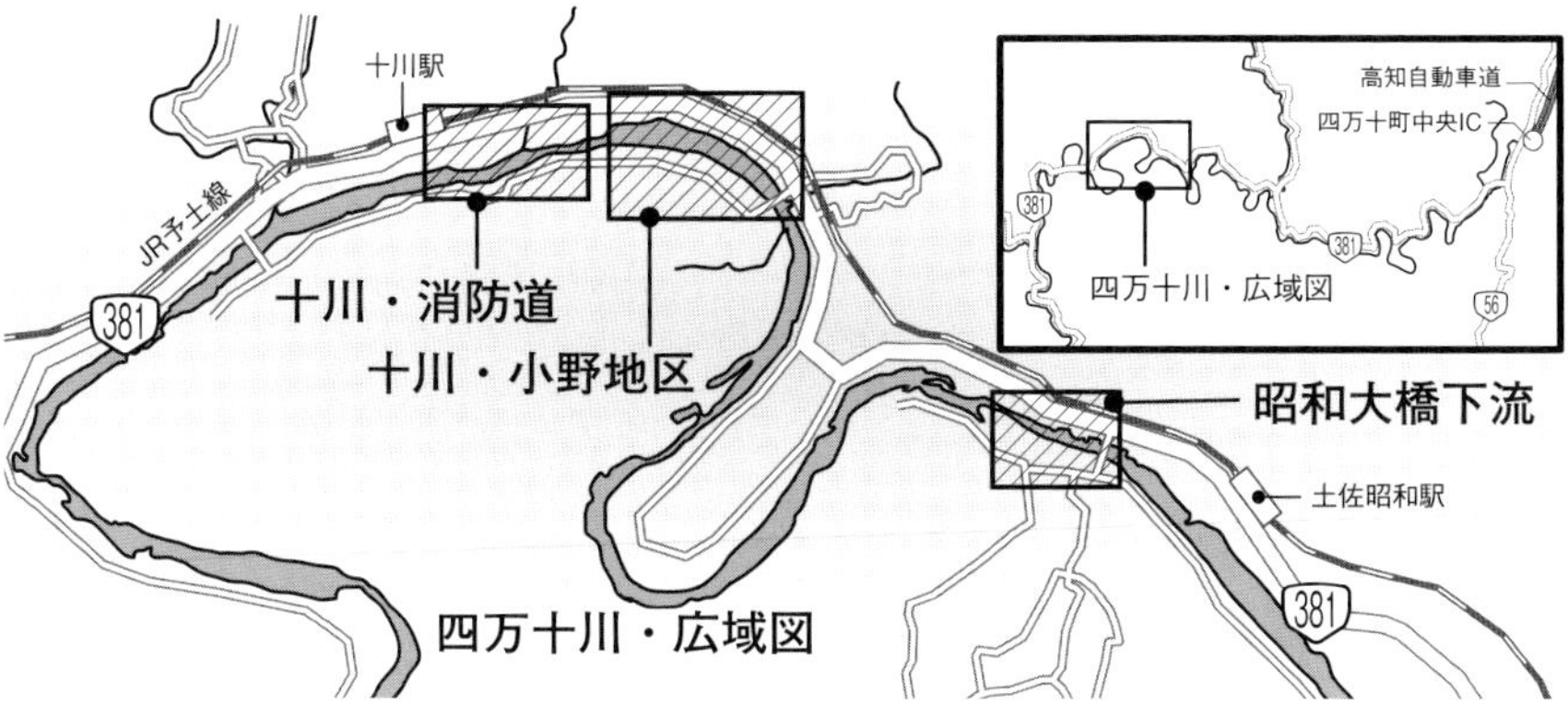

当困難となり、友釣りには向かなくなるし、大アユ自体も低水温の深場へと避難してしまう。つまり、水温の関係で8月の1ヵ月間はサオがだせないため、必然的に大アユのシーズンは9月以降と、思ったよりも短いのだ。

大アユ釣りといえば、荒い川相でオトリを強引に川底へ入れ、掛けてからの強引な取り込みをイメージするが、四万十川にはあてはまらない。いたって普通の流れで大アユは掛かってくる。取り込みも強引にしなければいけない時もあるが、ほとんどのポイントでサオの曲がり具合を見ながら自分が動き、タメ、寄せ、取り込みと一連の動きが実に楽しく、四万十川の虜になる釣り人も多い。

ただし、仕掛けは通常の河川の3倍の強さを念頭に用意されたい。通常の3倍ほどある重量のオトリを使い、同じ重さ以上のサイズをねらうこととなるからだ。

また、細イトほどオトリに負担が掛からずよく泳ぎ、追いもよいと思われがちだが、水流抵抗があまり掛からないので、オトリが川底に張り付き横になっていることもよくあるのだ。オトリが泳いでいない限り大アユは追ってこないし、掛からない。太い仕掛けなら安心してやり取りできるし、トラブルも激減するはずだ。

以上のことを踏まえて、大アユの望める釣り場をセレクトしたので、ぜひとも日本最後の清流で楽しんでいただきたい。

【十川・小野地区】

最も釣りやすく入川しやすいポイント。川幅も広く足場もよい。瀬肩のほぼ中央に大きい岩盤があり、そこから右岸寄りの岩盤がねらいめとなる。大アユは上流のトロ場に数多く潜んでいるようすで、

information

●河川名　四万十川
●釣り場位置　高知県高岡郡四万十町
●解禁期間　6月1日～10月15日
●遊漁料　日釣券4000円・年券6000円
●管轄漁協　四万十川漁協協同組合（Tel 0880-35-4813）
●最寄の遊漁券取扱所　小野川オトリ店（Tel 080-2970-4873）
●交通　高知自動車道・四万十中央IC下車。国道56号、国道381号を経由して釣り場へ

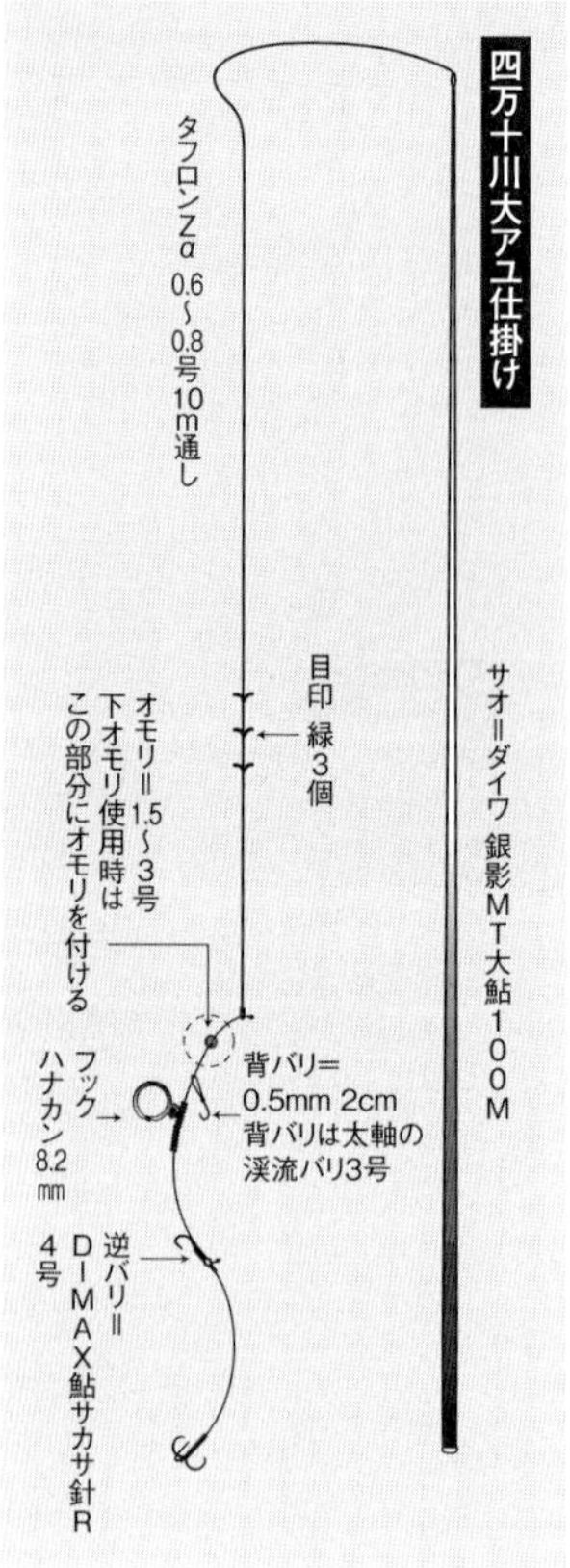

十川・小野地区の下流から上流の沈下橋を望む。
尺アユの定番ポイントとして人気の釣り場だ

下流から昭和大橋を望む。アユの魚影の多さは
他の釣り場を大きく凌駕する

夕方には瀬肩に集まるため入れ掛かりの可能性もある。

【十川・消防道】

「十川・小野地区」のすぐ下流に位置し、毎年必ずといってもいいほど、尺アユの釣れるポイント。ねらいたいのは上流にある大きな瀬落ちで、水深は5mほど。

大アユシーズンになると、ほぼ毎日サオが入るだけに場荒れは否めず、簡単には釣れないが、増水後などよい条件に当たれば尺超えの可能性がもっとも高い。

【昭和大橋下流】

橋より下流に早瀬が続き、両岸は岩盤で川底には玉石と、大アユが好む条件を満たしているポイントで、魚影の多さは他の釣り場を大きく凌駕《りょうが》する。

以前の大雨により川底が大きく変化したのが吉と出たのか、両岸の岩盤に大アユが溜まるので、これをねらいたい。

また、下流は水深のあるトロ場となっており、大アユが川底の岩盤でコケを食んでいる姿を見ることもできる。

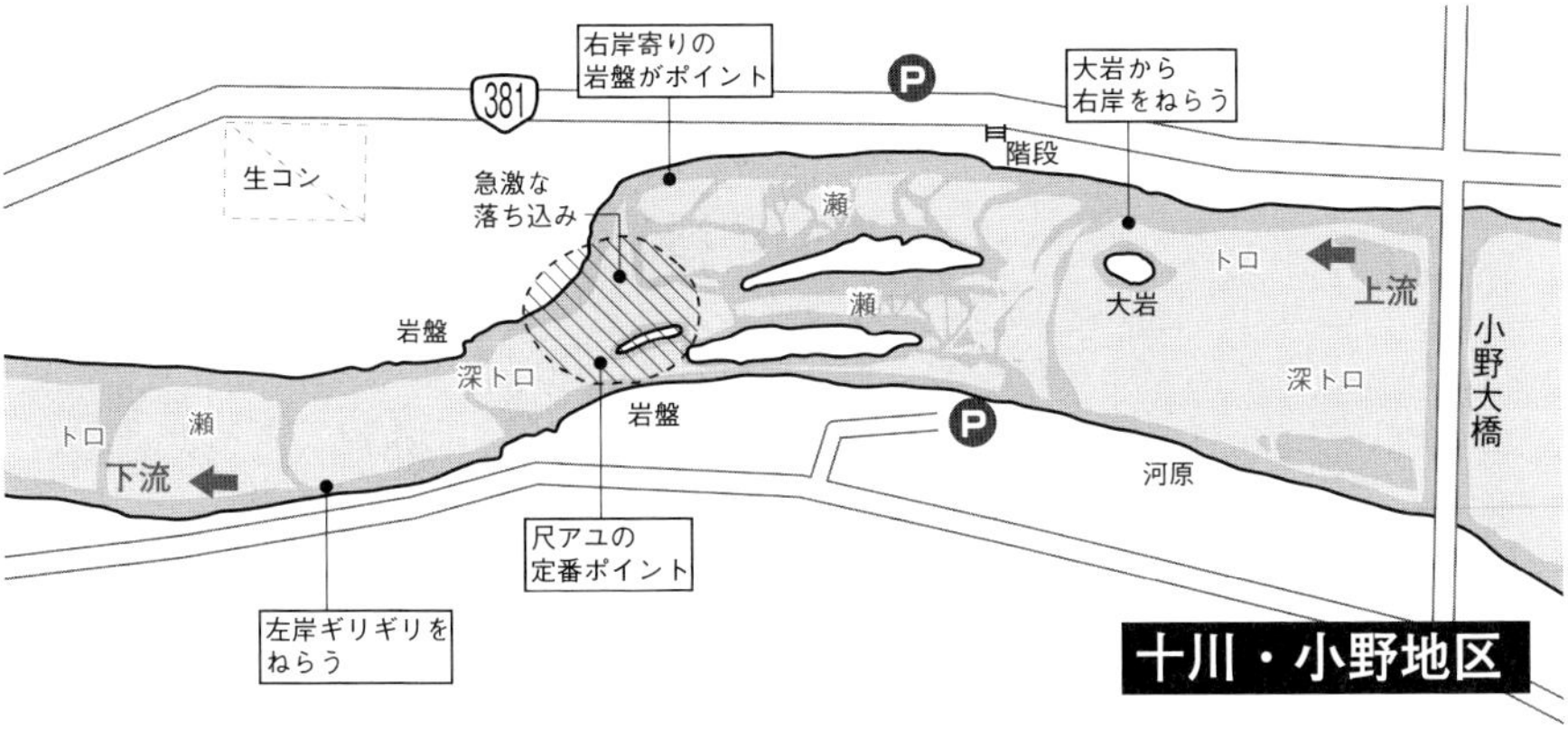
十川・小野地区
381
右岸寄りの
岩盤がポイント
大岩から
右岸をねらう
生コン
階段
急激な
落ち込み
瀬
トロ
上流
大岩
瀬
小野大橋
岩盤
深トロ
深トロ
トロ
瀬
岩盤
下流
河原
尺アユの
定番ポイント
左岸ギリギリを
ねらう

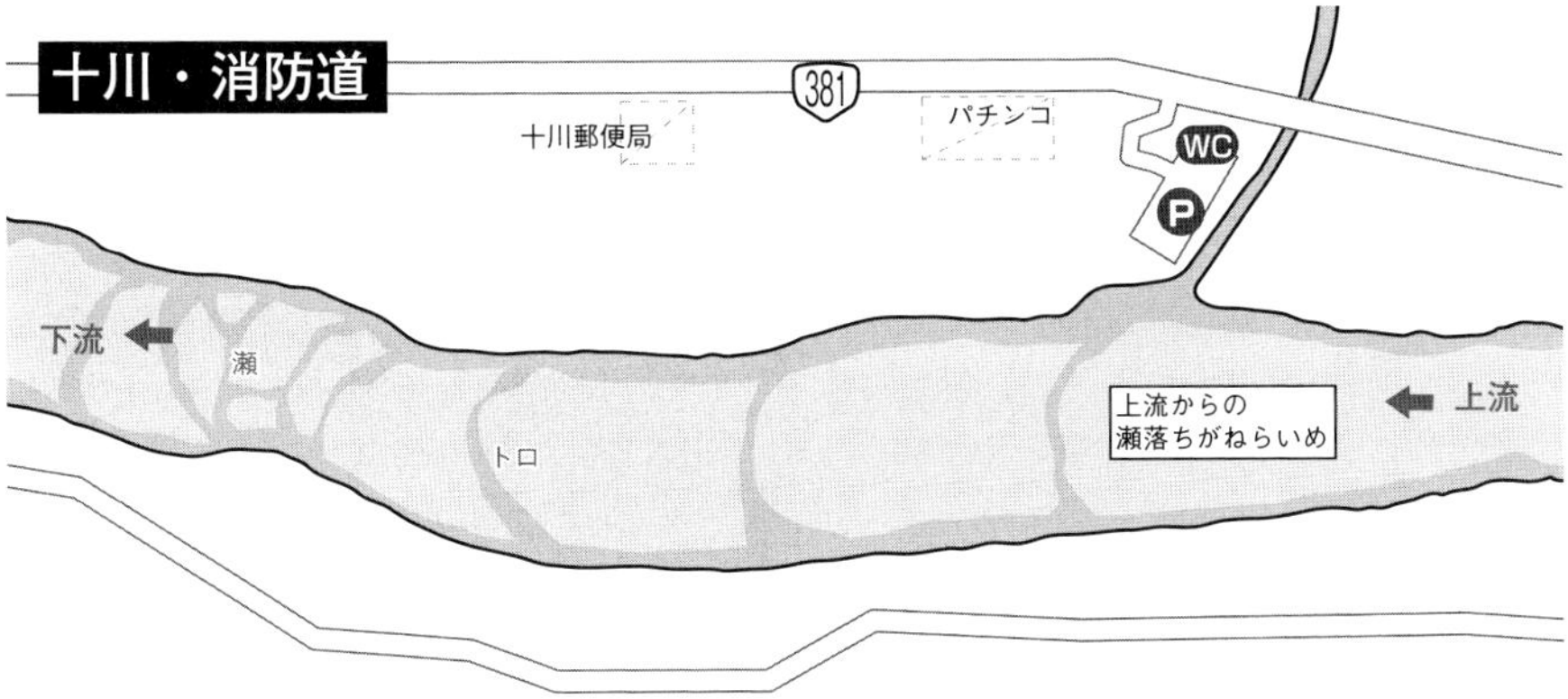
十川・消防道
381
十川郵便局
パチンコ
WC
P
下流
瀬
トロ
上流からの
瀬落ちがねらいめ
上流

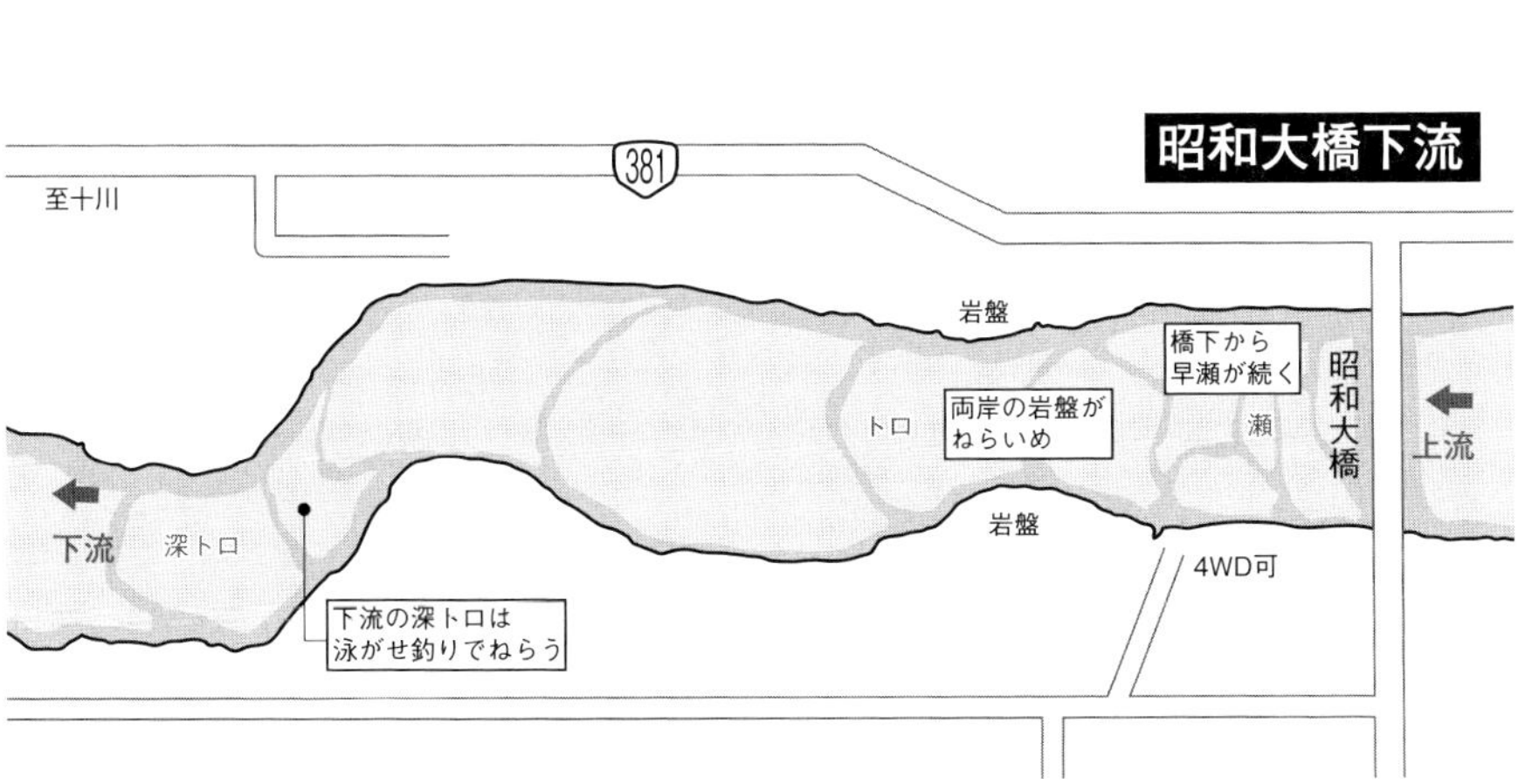
昭和大橋下流
381
至十川
岩盤
橋下から
早瀬が続く
昭和大橋
両岸の岩盤が
ねらいめ
トロ
瀬
上流
下流
深トロ
岩盤
4WD可
下流の深トロは
泳がせ釣りでねらう

24

福岡県 矢《や》部《べ》川

尺アユを1日で5尾！ 驚異の釣り場は大水被害の傷も癒え、さらなる大型が期待

矢部川らしい流れを見せる桑原橋上流の川相。落ち着いた流れは釣りやすく、ビギナーでも気軽にサオがだせる

profile

●伊藤隆介

昭和48年生まれ、福岡県在住。大分県・三隈川、熊本県・球磨川をホームグラウンドに釣行を重ね尺アユをねらう。最長寸は32.5cm、1日で尺アユを5尾釣りあげた記録も持つ

福岡県八女市に位置する三国山に源を発する矢部川は、上流から中流域にかけては筑肥山地の北縁を西に流れ、星野川などいくつかの支流を合わせたのち有明海へと注ぐ、流程61㎞ほどの中規模河川である。

２０１２年、大水害に見舞われたことにより道路は分断され川底の大石や家屋まで流されるほどの甚大な被害にあった。災害直後、下流には多くの大木などが積み重なりアユ釣りどころではなかったが、現在はもとの美しい矢部川を取り戻すべく、復興の真っ最中だ。

矢部川は八女茶の栽培が盛んで、支流となる星野川からの清冽な流れが合わさることで最高の水質を誇る。透き通った川面は、水中でオトリを追うアユの姿が肉眼で確認できるほどだ。

河川の規模でいえば、九州を代表するような三隈川や球磨川などに比べられるものではないが、こと釣れるアユの大きさでは負けていない。

災害前の２０１１年は、掛かれば尺アユというラッシュに湧いた。こんな小さ

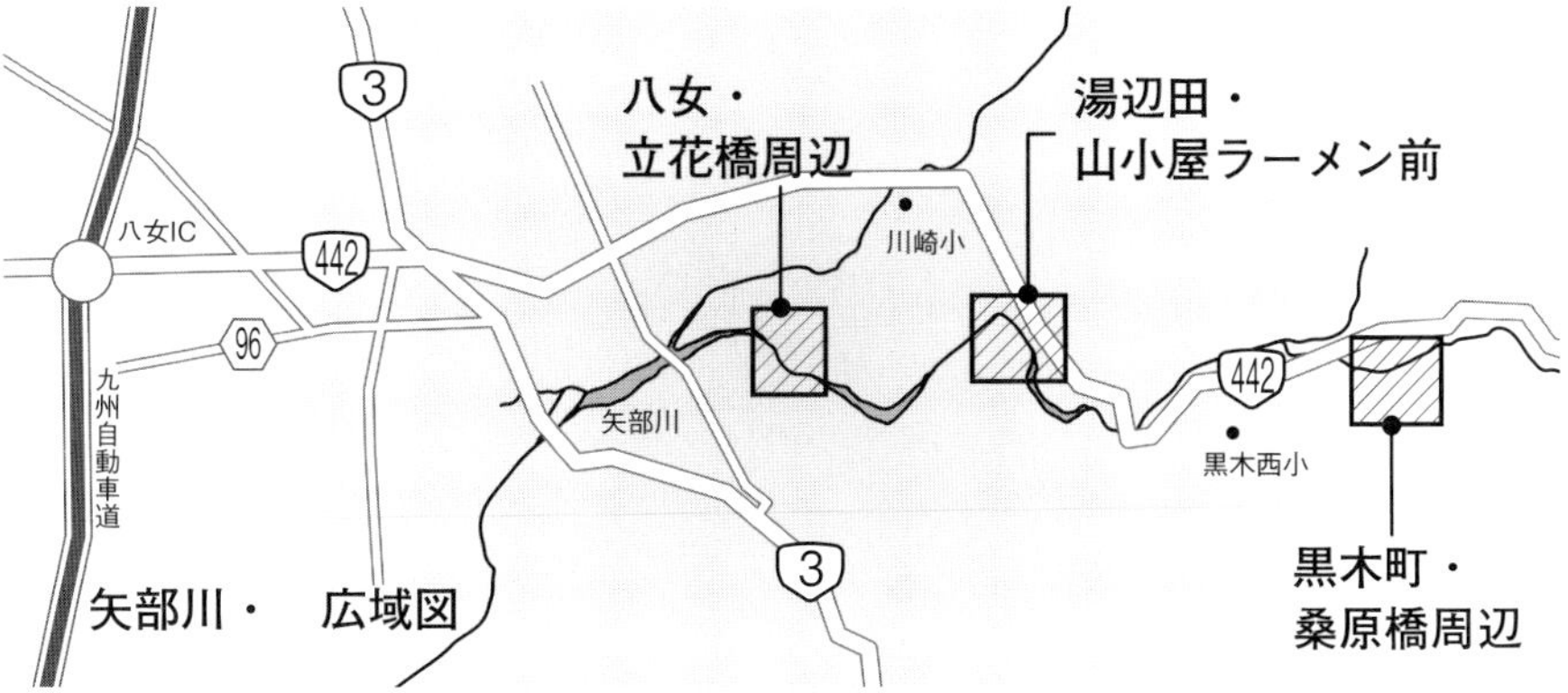

32.5cmの丸々と太った矢部川のアユ。こんな
大アユの連発が楽しめる驚異の釣り場だ

information

●河川名　矢部川
●釣り場位置　福岡県八女市
●解禁期間　6月1日～12月31日
(10月16日～10月31日禁漁)
●遊漁料　日釣券2000円・年券
8000円
●管轄漁協　矢部川漁業協同組合
(Tel 0943-23-3313)
●最寄の遊漁券取扱所　つり具の木下
(Tel 0943-54-2109)
●交通　九州自動車道・八女IC下車。
国道442号を東進して釣り場へ

な川で⁉　と信じられないかもしれなが、私自身も1日で5尾の尺アユを釣りあげている。昭和60年には35㎝、500gというビッグワンの記録も残されている。

　これこそが矢部川の大きな魅力で、水質のよさから、驚くほどアユが大きく育つのである。激流にさらされていないためか、九州の他の河川のようなパワフルさはないが、タモに入った瞬間の大きさには満足感がある。

　さらに中規模河川ならではの釣りやすさがあり、ビギナーでも安全に大ものにチャレンジできるのも矢部川の魅力だ。

【黒木町・桑原橋周辺】

　桑原橋上流に大きな堰堤があり、そこからほとんど岩盤で形成されている。堰堤から100mほど下流まで岩盤は川底を波打つように縦に入っており、いかにも大アユが潜んでいそうな流れを見せている。2011年に釣りあげられた34㎝もここで記録されている。

　釣り方としては、岩盤の切れ目にオトリを馴染ませて、ゆっくり動かすことが

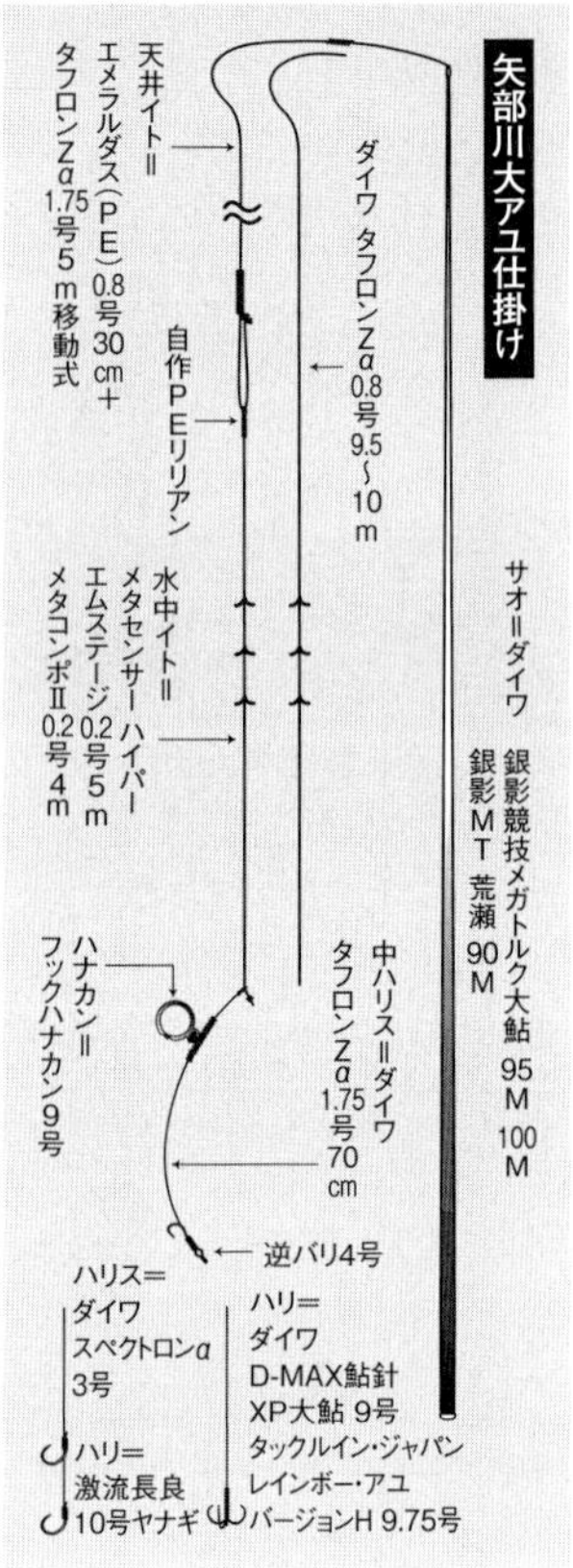

桑原橋の最上流に位置する堰堤を望む。ここから岩盤で形成されたポイントとなる

桑原橋の下流に広がる深トロ。左岸側に平らなテトラが入っており、尺アユの隠れ場所となっている

大切である。

ここは入川、サオだしとも右岸、左岸両方可能で、駐車スペースも左岸に10台程度確保できる。

このポイントから下流部の様相は、2012年の水害により一変してしまった。岩盤上にあった大岩や大石がすべて流されて、川底の白い岩盤が現われてしまっている。そのため橋下100mくらいまでは釣りにならない。

この岩盤が途切れる辺りで左へと流れが変わるが、川底に丸石が多く入る川相となり、尺アユのねらえるポイントとして、現在は定着している。

その下流に広がる瀬が通称「桜並木」と呼ばれているところで、災害後も変わらぬ流れを見せてくれている。

バレーボール大の石が点在する場所から早瀬が続き、左から右へと変わる流れは深トロへと注ぐ。あらゆるポイントで大アユが期待できるので、流れに合わせてオトリを泳がせ、丁寧に探ることが釣果に繋がる。

深トロは左岸側に平らなテトラが入っ

通称「桜並木」と呼ばれる瀬。災害後も変わらぬ流れは、あらゆるポイントで大アユが期待できる

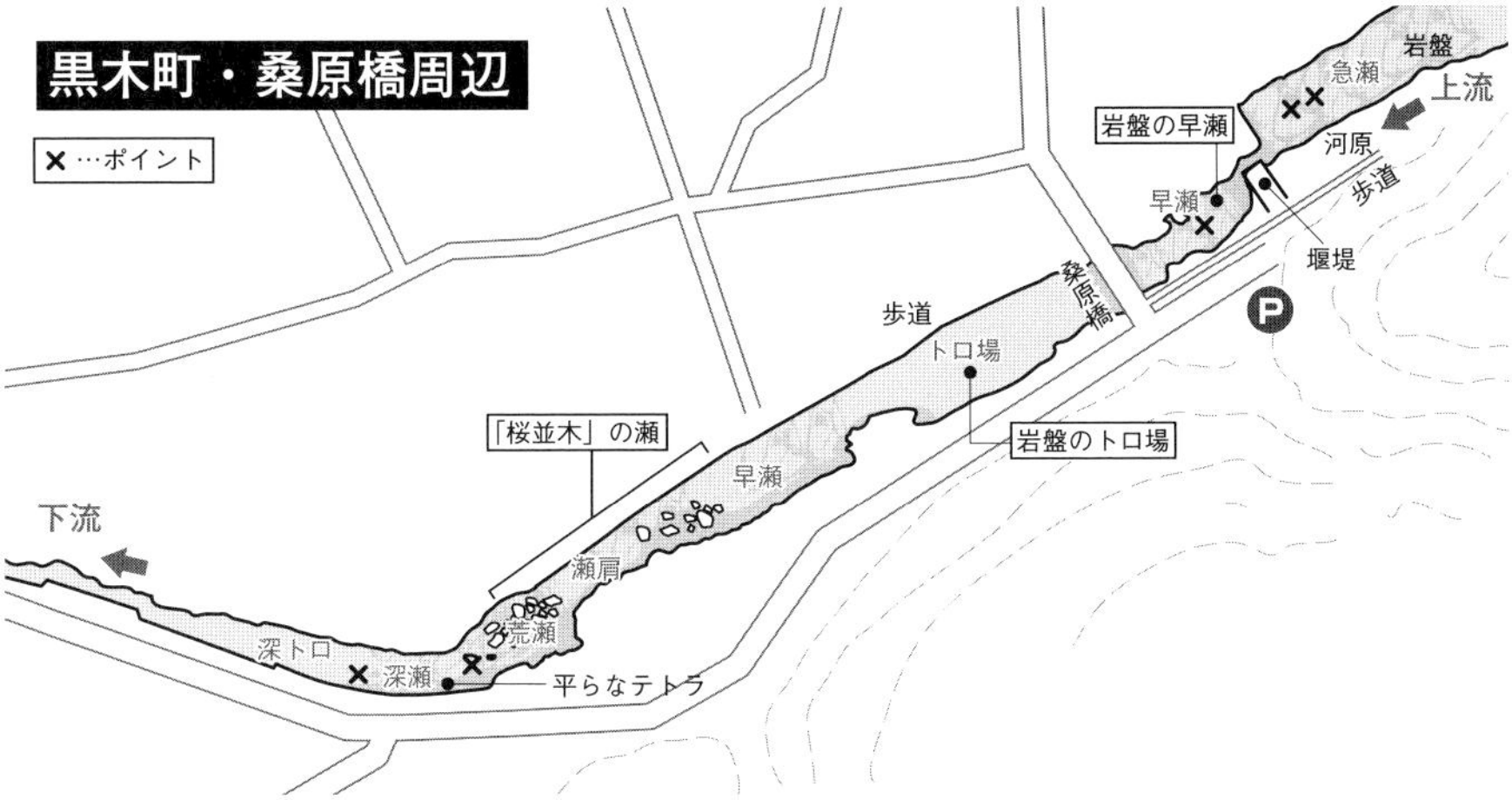

ており、尺アユの隠れ場所となっている。川底は丸石で釣りやすいが、瀬からトロまでの距離が短いため、ピンポイントでねらいたい。

【湯辺田・山小屋ラーメン前】

ここへの入川は右岸、左岸とも可能で、上流部は両岸からサオがだせるが、下流は左岸に限定される。駐車スペースは上流が左岸に2台、右岸下流に4台ほど可能だ。

上流に見える赤い橋の下に小さな堰堤があり、ここからポイントが始まる。川幅はサオ1本程度、水深も1m前後の早トロ、早瀬などが続く釣りやすいエリアとなっている。尺アユの釣果も聞かれるが、大型をねらうなら、この下流がおすすめだ。

下流へと早瀬が一気に流れ込む段々の荒瀬で、左に急カーブを描きつつ、深瀬に変わるポイントである。

底石が適度に入っている早瀬では泳がせ、引き釣りといろいろな釣りで楽しめる。オトリが変われば泳がせ、ある程度

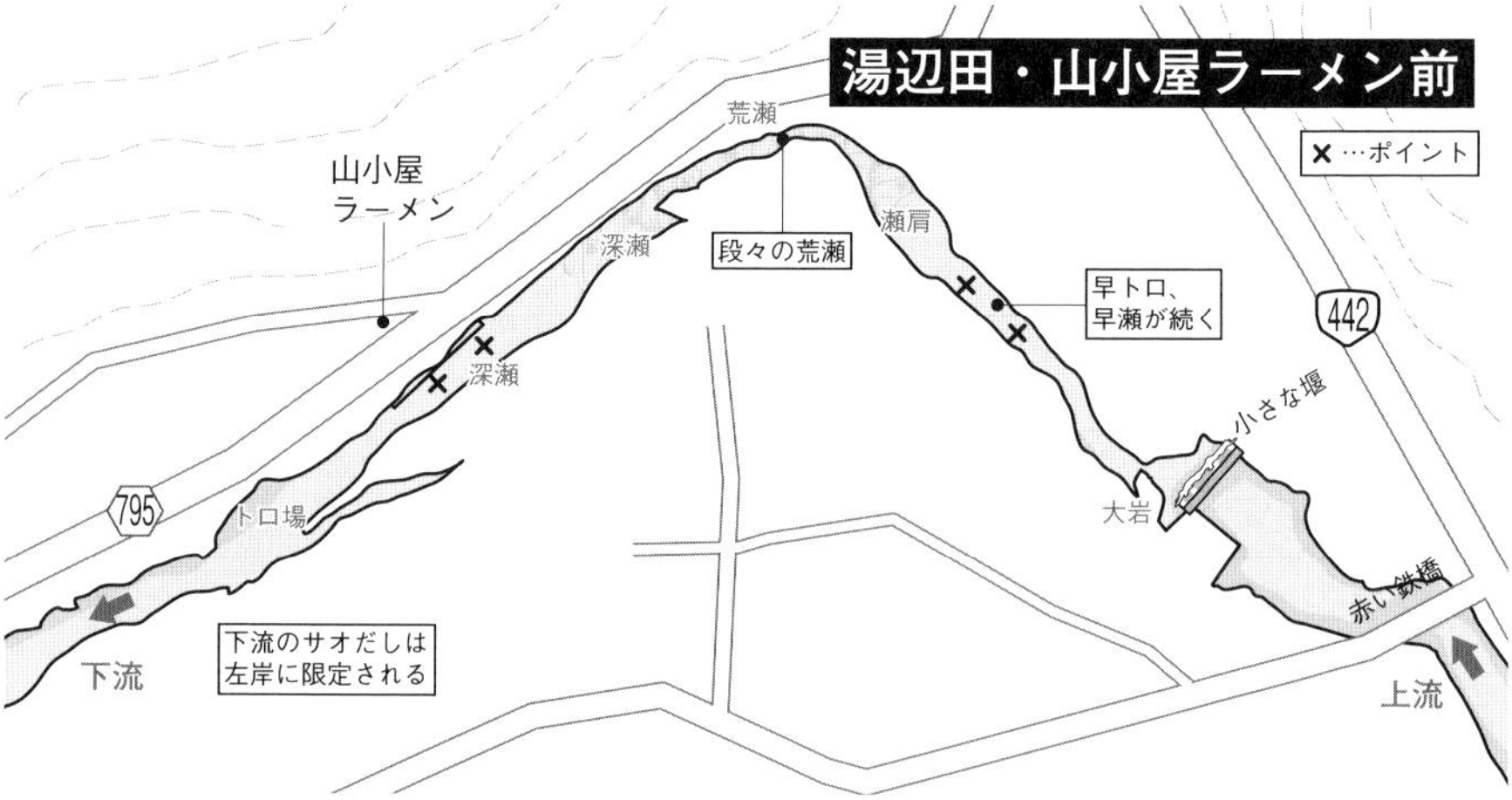

山小屋ラーメン前は矢部川の中でも、数少ない変化に富んだポイント。1日、ここでサオをだす釣り人も多い

山小屋ラーメン前上流の早瀬を望む。早トロ、早瀬などが続く釣りやすいエリアながら尺アユの釣果も聞かれる

すれば引き釣りを試したい。

その下流へと続く段々の荒瀬からはサオだしが左岸に変わり、いかにも尺アユが飛び出しそうな流れになっている。まずは浅い瀬肩からサオをだして、右岸側のヨレを探り、段々の瀬落ちへと探ってみたい。

瀬落ちから流心をまたぎ、対岸の大岩のヨレに尺アユが付いていることが多いが、ここは1つの棚になっているので、アユを抜く場合は左カーブになった下の急瀬に移動したほうがよい。

ここは矢部川の中でも、数少ない変化に富んだポイントで急瀬、深瀬、トロ場と大アユの供給源にもなっており、差してくる魚をねらって1日、ここでサオをだす釣り人も多い。

【八女・立花橋周辺】

矢部川に架かる立花橋の下流がポイントとなる。早瀬、瀬肩、急瀬、深瀬、深トロと続く流れは、ゆっくり左にカーブしていき、川底は丸石と少しの岩盤で形成されている。橋のすぐ下から早瀬にな

立花橋下の深トロは最も尺アユの実績が高いポイント。丁寧に流せばチャンスはある

下流から立花橋を望む。橋のすぐ下から早瀬になり、瀬肩までは比較的なだらかな流れで釣りやすい

八女・立花橋周辺

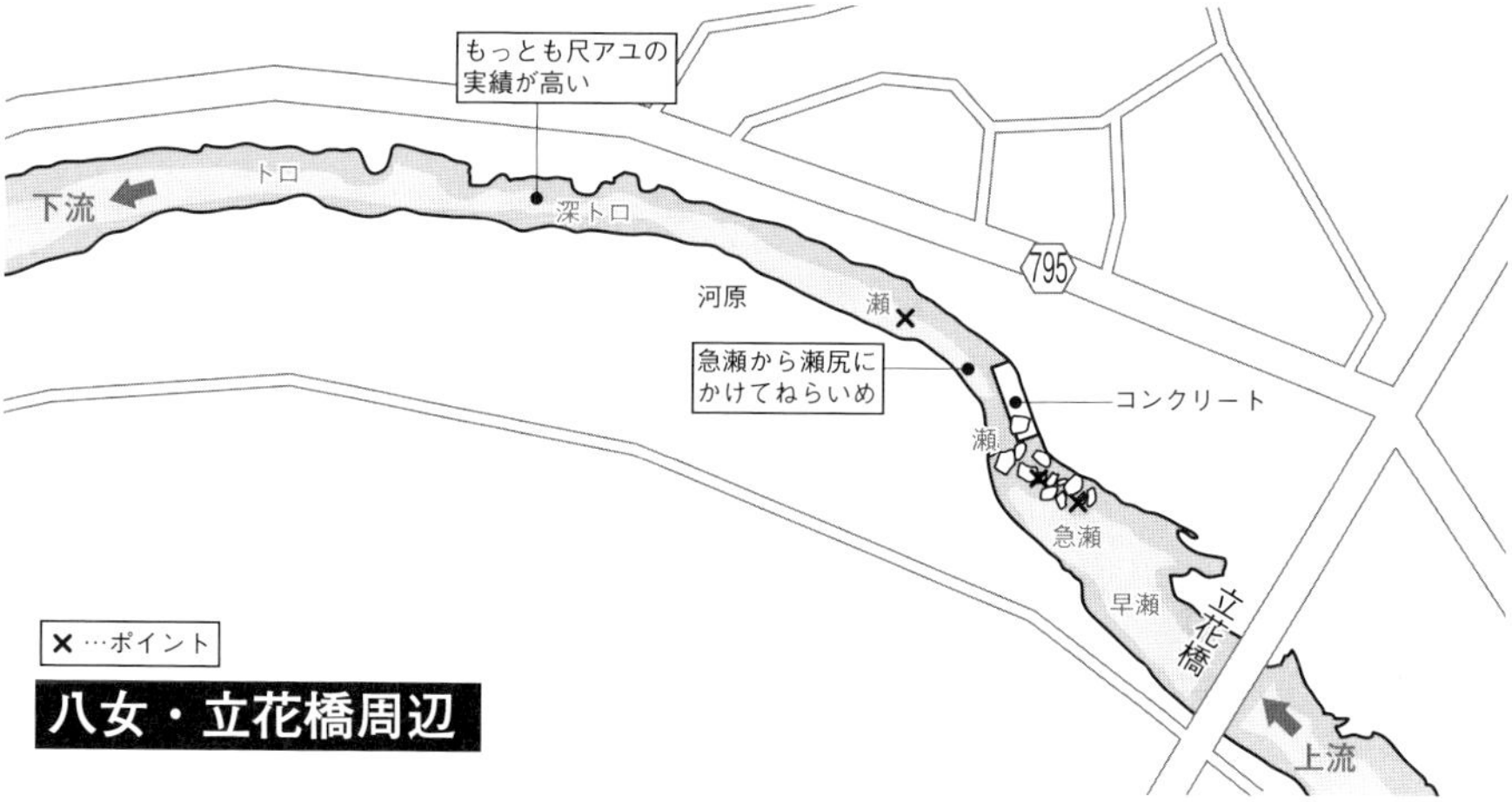

り、瀬肩までは比較的なだらかな流れで釣りやすい。しかし、大型がハリ掛かりすると、すぐ下の急瀬へと走り込むため、取り込みには気を使いたい。

　必ずねらってみたいのが、比較的短い急瀬と瀬尻の深瀬である。この急瀬の瀬肩は右岸側に大きなブロックが入っており、根掛かりしやすくサオ抜けになっているケースが多いので、右岸側にうまくオトリを誘導できればチャンスが増す。

　流心を無理して流すより、初めは手前から右岸へスライドするようにオトリを流すと反応がよく分かる。

　川底自体の起伏はまったくなく釣りやすいポイントに感じるが、状況によって尺の付く場所が違うので、じっくりとオトリを泳がせることがコツだ。

　深トロは最も尺アユの実績が高いポイントだが、底に障害物もあるため何度か流してあきらめる釣り人も多い。だが、丁寧に流せばチャンスはあるので試してみてほしい。なお入川、サオだしとも左岸側からとなる。駐車は両岸に2台ほどのスペースがある。

25

福岡県 筑《ちく》後《ご》川

１４３㎞の流程を誇る九州地方最大の河川
その下流域は、驚くほどの魚影を誇る尺アユ処

profile

●伊藤隆介

昭和48年生まれ、福岡県在住。大分県・三隈川、熊本県・球磨川をホームグラウンドに釣行を重ね尺アユをねらう。最長寸は32.5cm、1日で尺アユを5尾釣りあげた記録も持つ

筑後川は、阿蘇山を水源として九州北部を東から西に流れ有明海に注ぐ、１４３㎞の流程を誇る九州地方最大の河川だ。坂東太郎（利根川）、四国三郎（吉野川）とともに日本三大暴れ川の１つといわれ、筑紫二郎の別名も持っている。

その流程の長さからか、源流域から河口近くまでの間に、実に５回も河川名を変えることになる。上流から田の原川、

筑後川の大アユ。地元の名手が1日で7尾、年間70尾の尺アユを釣りあげたという記録もある

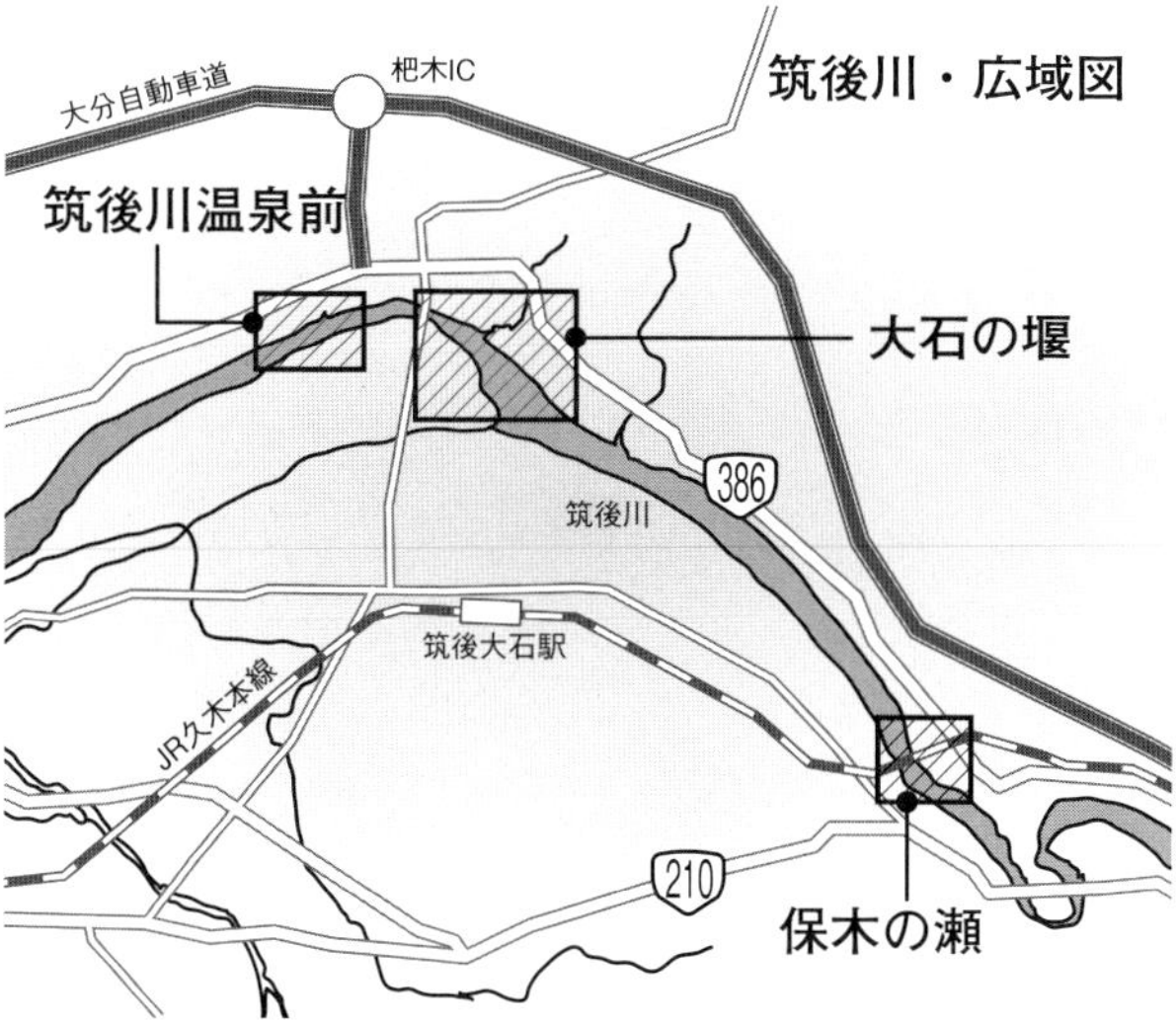

information

●河川名　筑後川
●釣り場位置　福岡県朝倉市～うきは市
●解禁期間　5月20日～12月31日
●遊漁料　日釣券2000円・年券8000円
●管轄漁協　筑後川漁業協同組合（Tel 0946-52-0379）
●最寄の遊漁券取扱所　朝倉ドライブイン香魚（Tel 0946-52-0053）
●交通　大分自動車・杷木IC下車。筑後川温泉まで約10分。夜明ダムへは国道386号を南下

保木の沈下橋から下流の鉄橋を望む。上流部で育まれた大アユが終盤になるとこの流れを下ってくるのだ

杖立川、大山川と名前を変え、さらに日田市内で玖珠川と合流すると三隈川となり、夜明けダムから下流を筑後川と呼び表わしている。

そんな下流域となる筑後川は、大アユの豊富な釣り場として、友釣りファンの人気を博している。筑後川温泉がすぐ近くにあり、宿泊などにも不自由なく楽しめるのも魅力の1つだ。

人工産の放流もなされているが、天然アユのソ上も多く、その引きの強さにも定評がある。目印を引ったくるアタリで、一気に下流へと突っ走るので、他の河川で使用しているタックル、仕掛けよりも1ランク上で臨みたい。

上流部で育まれたアユは、終盤になると大アユとなって下ってくる。15年ほど前には、地元の名手が1日で7尾、年間70尾の尺アユを釣りあげたという記録があり、その魚影の多さには驚かされるばかりだ。

一時期は尺アユなら筑後川とまでいわれたが、2011年の水害で大きな被害を受け、川底も一変してしまった。以前

その流程の長さからか、源流域から河口近くまでの間に5回も河川名を変える筑後川は、大アユの豊富な釣り場として友釣りファンの人気を博している

のようには釣り人を見かけなくなったものの、復興が進めば尺アユの期待は大きい。

【保木の瀬】

右岸側を走る国道から関のバス停下より車で降りると沈下橋があり、左岸まで渡って駐車したい。

夜明ダムのすぐ下に広がる瀬が釣り場となる。沈下橋の上下流は浅く、一見するとアユが付きそうにないが、状況しだいではねらいめとなる。キーワードは増水で、ソ上してきたアユがこの瀬で溜まるようだ。

上流部は丸石の川相でハミ跡も多いが、大アユに的を絞るならねらいめは沈下橋の下流にある深トロだろう。

鉄橋橋脚の上は大石が沈んでおり、橋脚下の大トロに補給されているアユが差し込んでくる。さらに橋脚周りは岩盤で形成されているので、大アユの付き場となっているのは間違いない。

私自身も2008年にこのポイントで、30cmの泣き尺ではあるが数尾を手にしている。

2011年の水害後は釣り人の姿も少なく、そのぶん、ほとんどサオ抜けの状態は間違いない。整備も進んでいるので以前のように大アユが掛かることを期待したい。

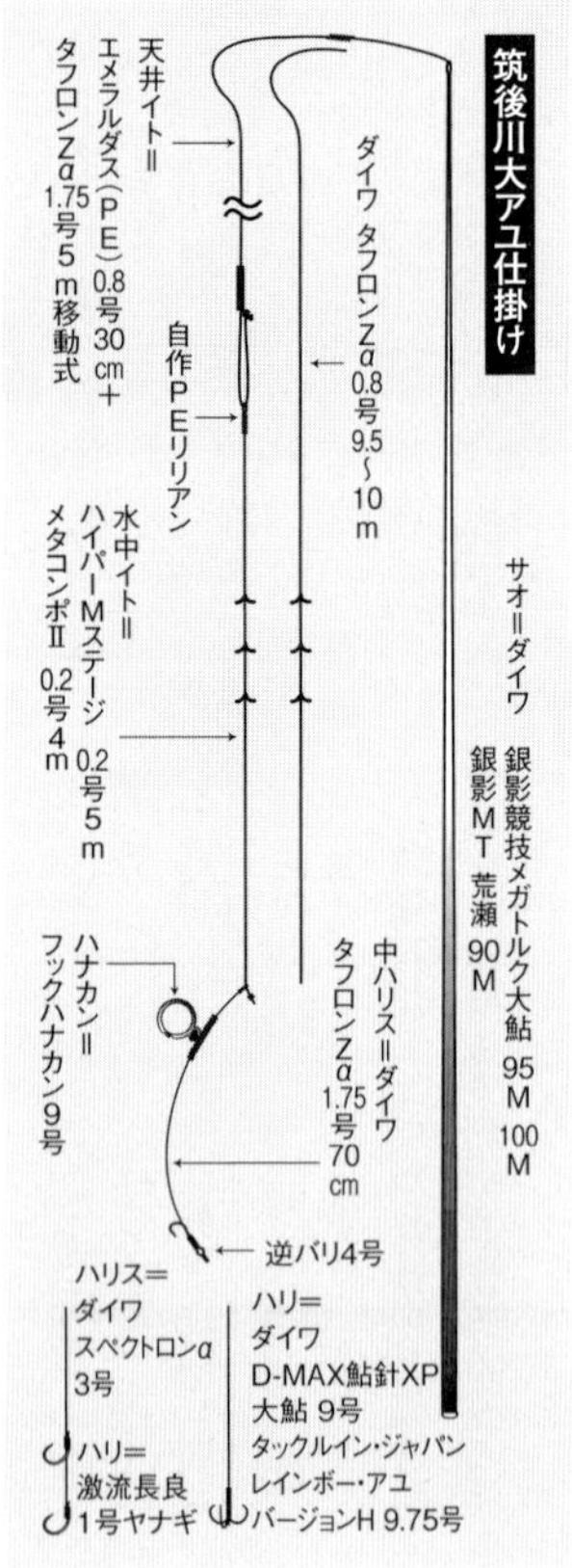

沈下橋上の瀬を望む。増水時はソ上してきたアユがこの瀬で溜まるため穴場となるのだ

保木の沈下橋下流に広がる深トロは大アユの実績ポイント。奥に鉄橋が見える

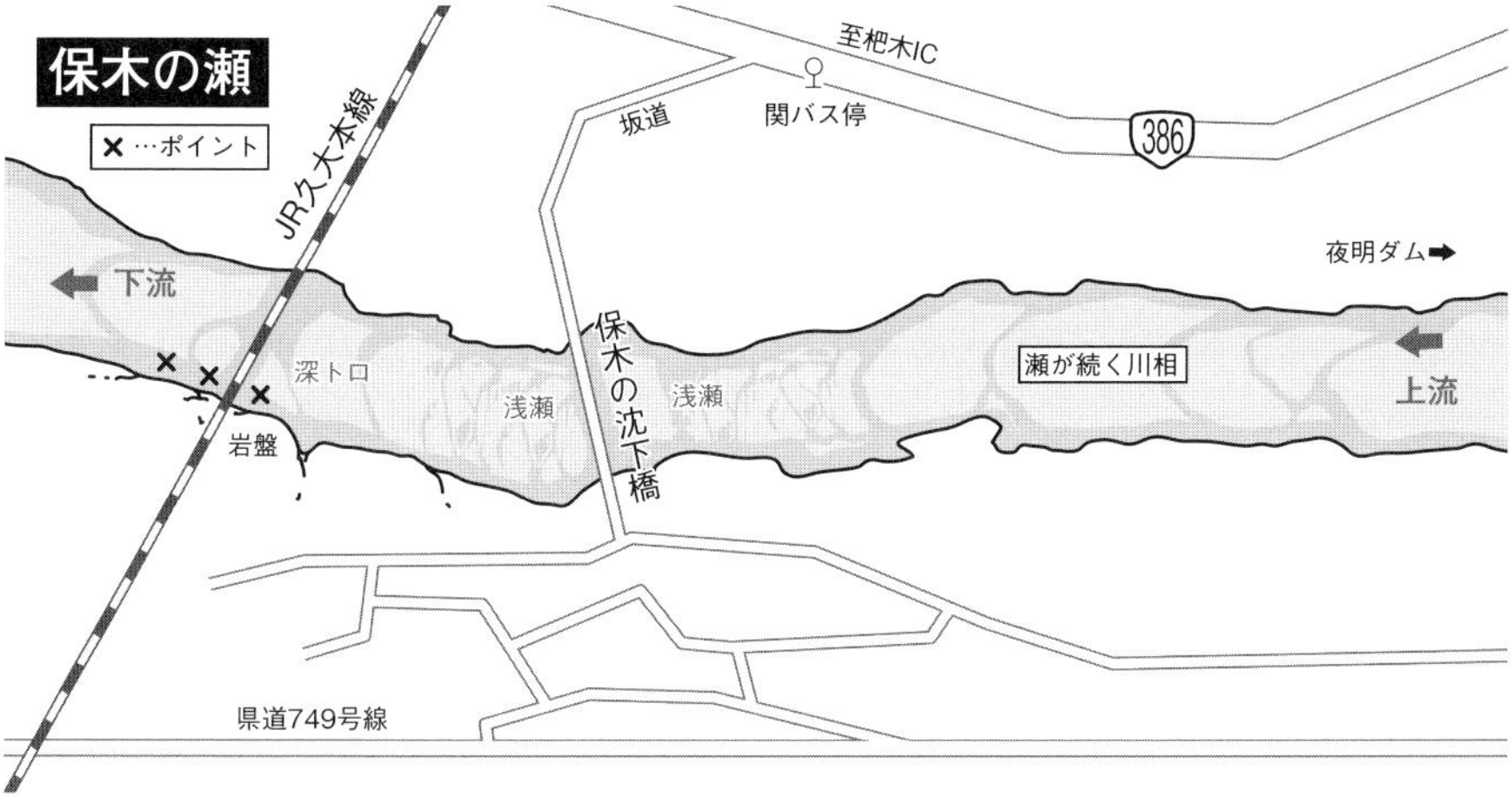

【大石の堰】

上流域に大きな堰があり、ここ一帯が尺アユのポイントで、天然ソ上の豪快なアタリと引きも楽しめるはずだ。

堰から落ちた水が一気に流れ込む深瀬は、手前は小石で流心はバスケットボール大の石で形成されており、水深も2〜3mと大アユの付き場として申し分ない。

表層に比べて底流れは比較的緩やかで、天然アユをオトリに底を泳がせれば、尺のチャンスも高くなる。

ただし、解禁から始まるコロガシの仕掛けも多く神経を使うが、取り込みは比較的楽である。

深瀬から瀬肩へのカケアガリがねらいめだ。掛かると下の荒瀬へと一気に走るため、サイズによっては50mほど下の瀬落ちまで持っていかれる。とにかく瀬肩で止めておければ勝負が早い瀬であることは間違いない。

その下流に広がる荒瀬は大石がびっしり入っており、石裏で止めて探りを繰り返すのが大アユを手にするコツとなる。掛かってもあわてず下れば、瀬落ちの深

大石の堰

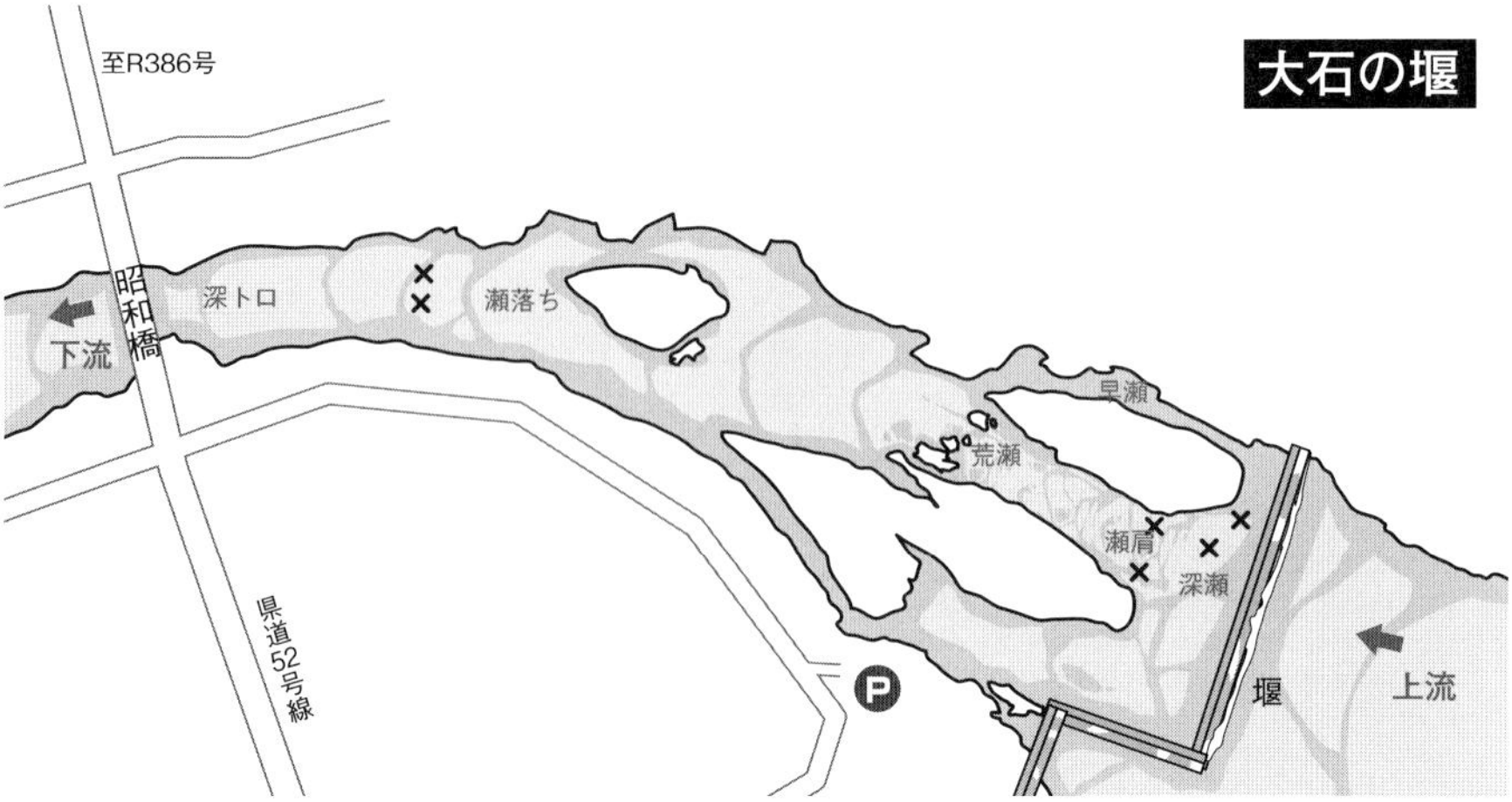

昭和橋の上に広がる深トロ。大きな岩が底に沈んでいるのが見える。意外にサオ抜けになっていることが多い

大石の堰からの流れは深瀬へと続き、大アユの付き場として申し分ない条件を備える

トロのため取り込みやすい。

中流域下にある右岸側の流れはサオ抜けになっていることもあり、右岸に入釣したならオトリを泳がせてみるのも手だ。

瀬落ちから深トロは、下流に控えるトロ場が供給源となり大アユが差し上がってくる絶好のポイントながら、上流の瀬があまりにもよく見えるため意外にサオ抜けになっていることが多い。

このエリアは入川、サオだしとも両岸から可能で、左岸の土手に20台ほどの駐車スペースがある。

【筑後川温泉前】

温泉街の前がポイントで、トロ場が大きく広がっている。以前は砂地の中に大石が点在する川相で尺アユの実績も高かったが、土砂の堆積によって大岩が隠れて釣果も半減している。しかし、大水で土砂が流されれば、大アユの期待は増す。

メインは中流に斜めに流れる急瀬である。もとは小さな堰があったが崩れて、右岸に狭い絞り込みを作っている。

この崩れた堰がアクセントとなり、流

堰の跡が残る中流域の早瀬。右岸に狭い絞り込みを作っている

筑後川温泉前の急瀬。大石が点在する川相で尺アユの実績も高かった

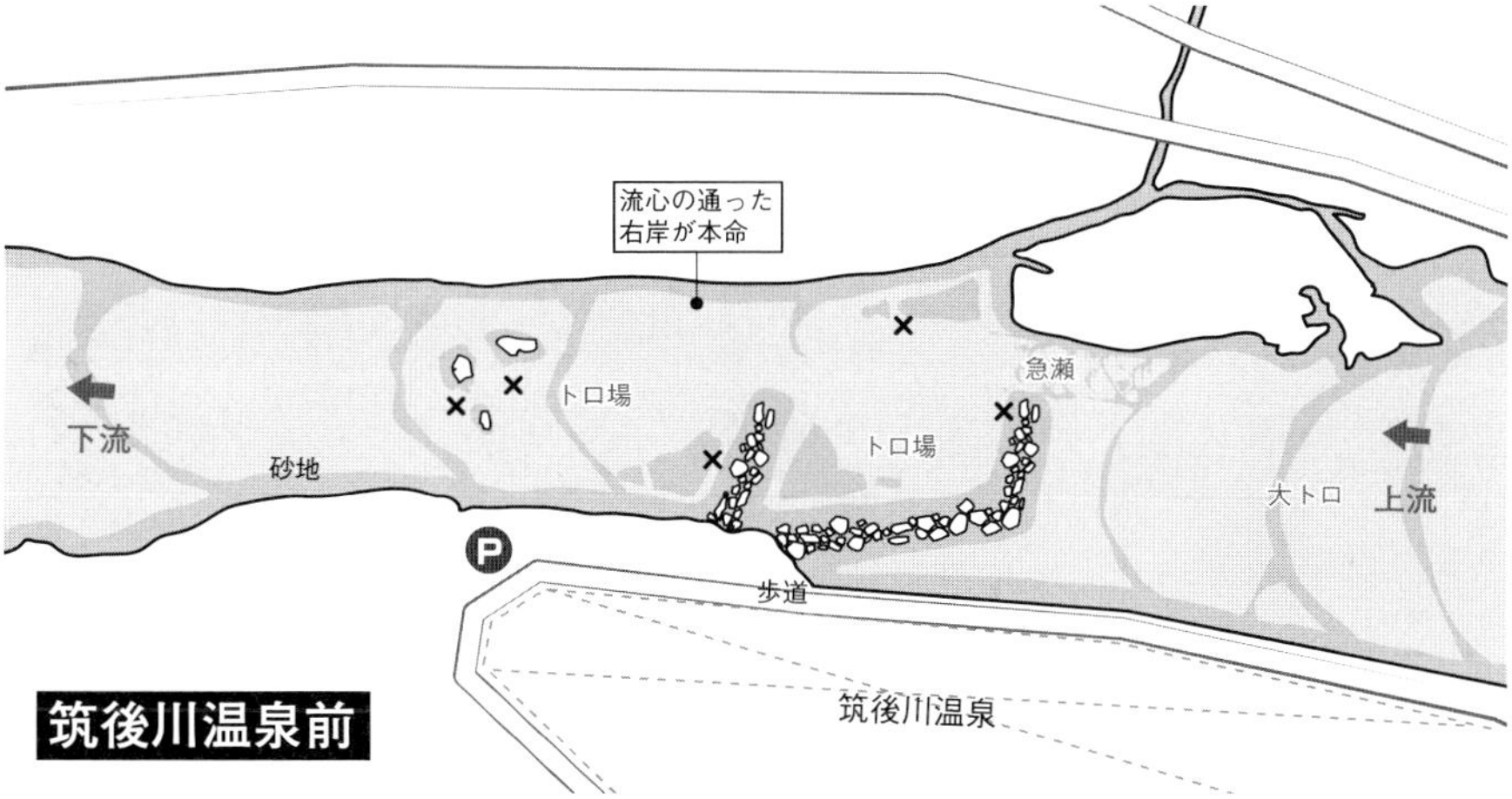

れに変化を与えて渦を巻くようなポイントで尺アユが仕留められている。
　また一面に広がる瀬は流心の通った右岸が本命で、底石も多く状況によっては入れ掛かりの釣果が楽しめる。ここをねらう場合は左岸からサオをだしたい。左岸の瀬は沈んだ堰によって緩い流れとなっているため足場もよく取り込みやすい。
　下流域のトロ場も右岸の大石の入った流れを左岸からねらってみたい。尺の実績もあり取り込みもしやすいことから人気のポイントとなっている。

尺アユも望める下流域のトロ場は釣りやすく人気のポイントだ

26

熊本県 球《く》磨《ま》川

日本三大急流の1つで、尺アユにもっとも近い川　名前の付けられたすべての瀬に、チャンスがある

圧倒的な水量が荒瀬を駆け抜ける釘締の瀬。その名の由来は、舟の釘を締め直すほどの流れから

球磨川は、熊本県の南に広がる人吉盆地を流下しつつ、川辺川をはじめとする支流を集めながら不知火海へと注ぐ。熊本県内最大の川であり、最上川・富士川と並ぶ日本三大急流の1つだ。

透き通るような水質で釣り人の心すら癒す清流・川辺川と、その圧倒的な水量と変化に富んだ川相が釣り人を魅了する球磨川本流。この2つの川の共通点は、どちらも尺アユが釣れるという事実だ。

川辺川は、数こそ少ないものの尺アユの実績は高く、なによりタモに収まった魚体の美しいフォルムときれいな追い星、そして甘いスイカのような香りが特徴。この美しい川と、美しいアユに出会うため訪れるファンも多く、私もそのうちの1人である。

熊太郎の瀬、戦の瀬、三波迫《みなみさこ》の瀬など、流域にある大小さまざまな瀬に名が付く球磨川本流は、大アユを追い求める釣り人の桃源郷ともいえる。

名の付いた瀬、そのすべてで尺アユを掛けることができるのだ。毎年、何本も

profile

●伊藤隆介

昭和48年生まれ、福岡県在住。大分県・三隈川、熊本県・球磨川をホームグラウンドに釣行を重ね尺アユをねらう。最長寸は32.5cm、1日で尺アユを5尾釣りあげた記録も持つ

大アユフリークが憧れるのは、この釣果が手にできるから。球磨川で育まれた31.0cmと30cmの大アユ

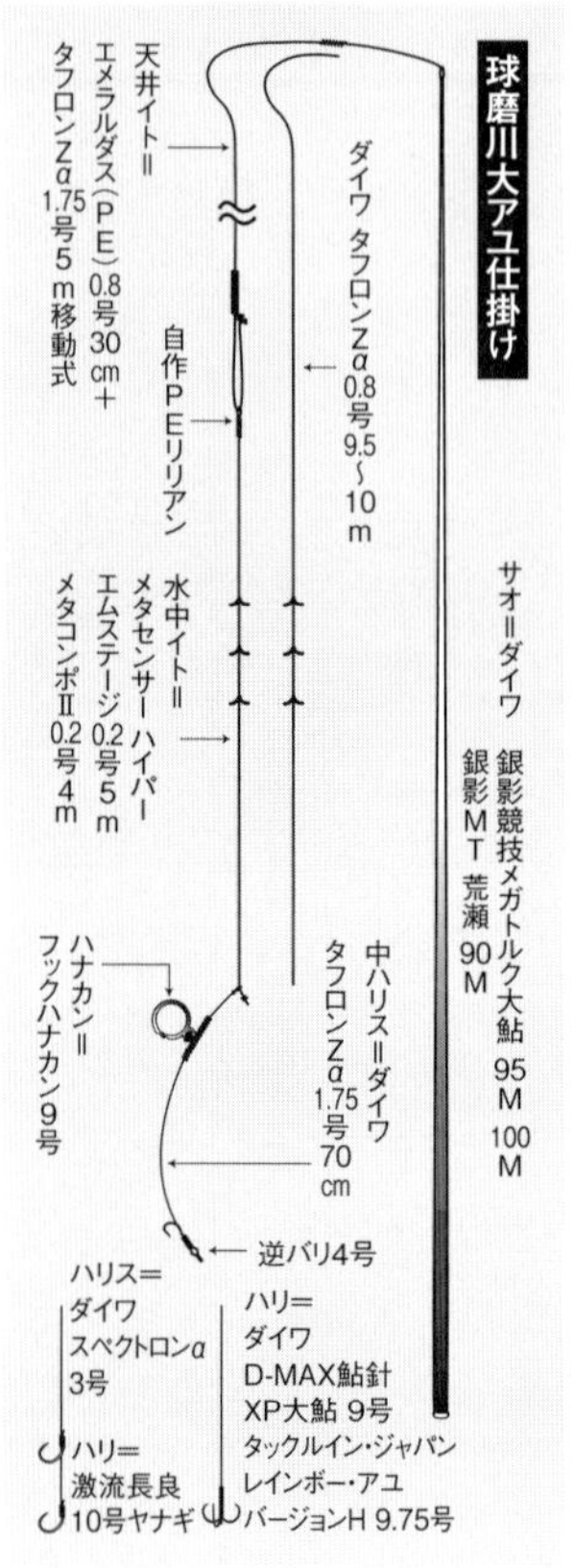

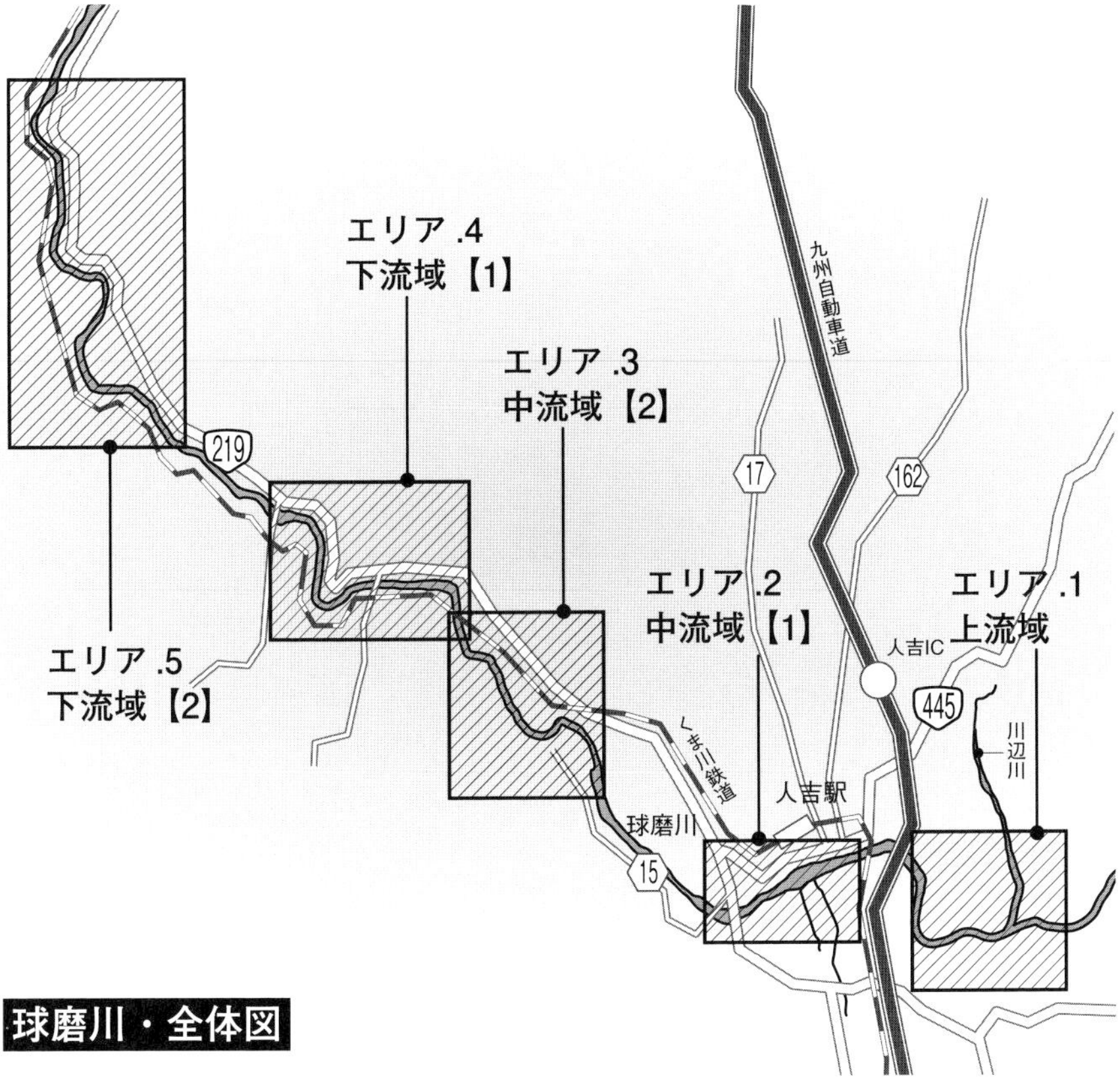

球磨川・全体図

のサオをへし折り、ラインを飛ばし、挙句の果てには体ごと引きずり込んでいく。この規格外のアユ釣りに、毎年何千人もの釣り人が、我こそはと全国から遠征にやってくる。

それは、「球磨川の尺アユを制するものはすべての尺アユを制す」の言葉どおり、他の川では得られない大アユとの出会いがあるからだろう。

ここでは、特に人気の高い川辺川の最下流域、本流合流点から、撤去された荒瀬ダム下流までを、上流域、中流域、下流域と5つのエリアに分けて、大アユとの邂逅をアシストしたい。

information

- ●河川名　球磨川、球磨川水系川辺川
- ●釣り場位置　熊本県球磨郡相良村～八代市坂本町
- ●解禁期間　6月1日～12月31日
- ●遊漁料　日釣券2000円・年券8000円
- ●管轄漁協　球磨川漁業協同組合（Tel 0965-32-3266）
- ●最寄の遊漁券取扱所　くま川オトリ店（Tel 090-4489-3668・相良村）／丸山水産（Tel 0966-24-8787・人吉市七地町）／川口商店（Tel 080-2788-4656・球磨村）
- ●交通　九州自動車道・人吉IC下車して右折、道なりに走って球磨川へ。各エリアへは国道219号を利用

エリア❶　上流域

川辺川の最下流域もセレクト
本流出合から戦の瀬までを紹介

【川辺川・赤い吊り橋周辺】

かなりの上流域まで汲み上げ放流をしているが、尺アユの実績ポイントとしては、本流から大アユが差してくる出合に近い下流域に的が絞られる。

本流出合から１kmほど上流にある赤い吊り橋が目印となる。入川は右岸に広い駐車スペースがあり、普通車でも下りられる。吊り橋２００ｍ上流に大岩と岩盤の急流があり、手前からなじませるように流心にオトリを入れ、止め釣りでねらいたい。尺の実績もあるが27～28cmクラスがよくでるポイント。

吊り橋の上下流は大小の玉石底で水深も比較的浅い。釣れるサイズも22～26cmが主体で、尺を釣るためのオトリを確保するのに最適だ。

吊り橋下50～２００ｍが段々瀬になっており、早瀬、急瀬、荒瀬となる本命ポイント。アカ付きのよい日は瀬尻で１日飽きずに釣れる。

川辺川・赤い吊り橋周辺。本流出合から１km ほど上流にある。橋の上下流が釣り場だ

錦町の瀬・瀬肩、急瀬を望む。鉄橋の先が球磨川本流となる

【川辺川・権現橋下流】

川辺川の最下流に架かる権現橋の下左岸の流れを釣る。入川は右岸側道から下りられる。球磨川本流のすぐ上（くま川鉄道の赤い橋脚上）で大岩、岩盤で形成されている。本流が目の前なのでもちろん大アユがよく掛かる。ただポイントが狭いためサオだしは２～３人が理想。

瀬肩から絞り込みの瀬になるので、掛かると同時に下に走られることがあるが、下がトロ場のため取り込みやすい。

注意したいのは、川辺川と球磨川本流の水温が極端に違うため、気温の高い日に川辺川のアユを本流に移動して使うには、水合わせをすることが大切である。

【錦町の瀬】

ここから球磨川本流へと移る。超人気ポイントの合流点上となる錦町の瀬は、意外な穴場。特に、川辺川上流からの濁りで本流筋も濁って釣りにならない時で

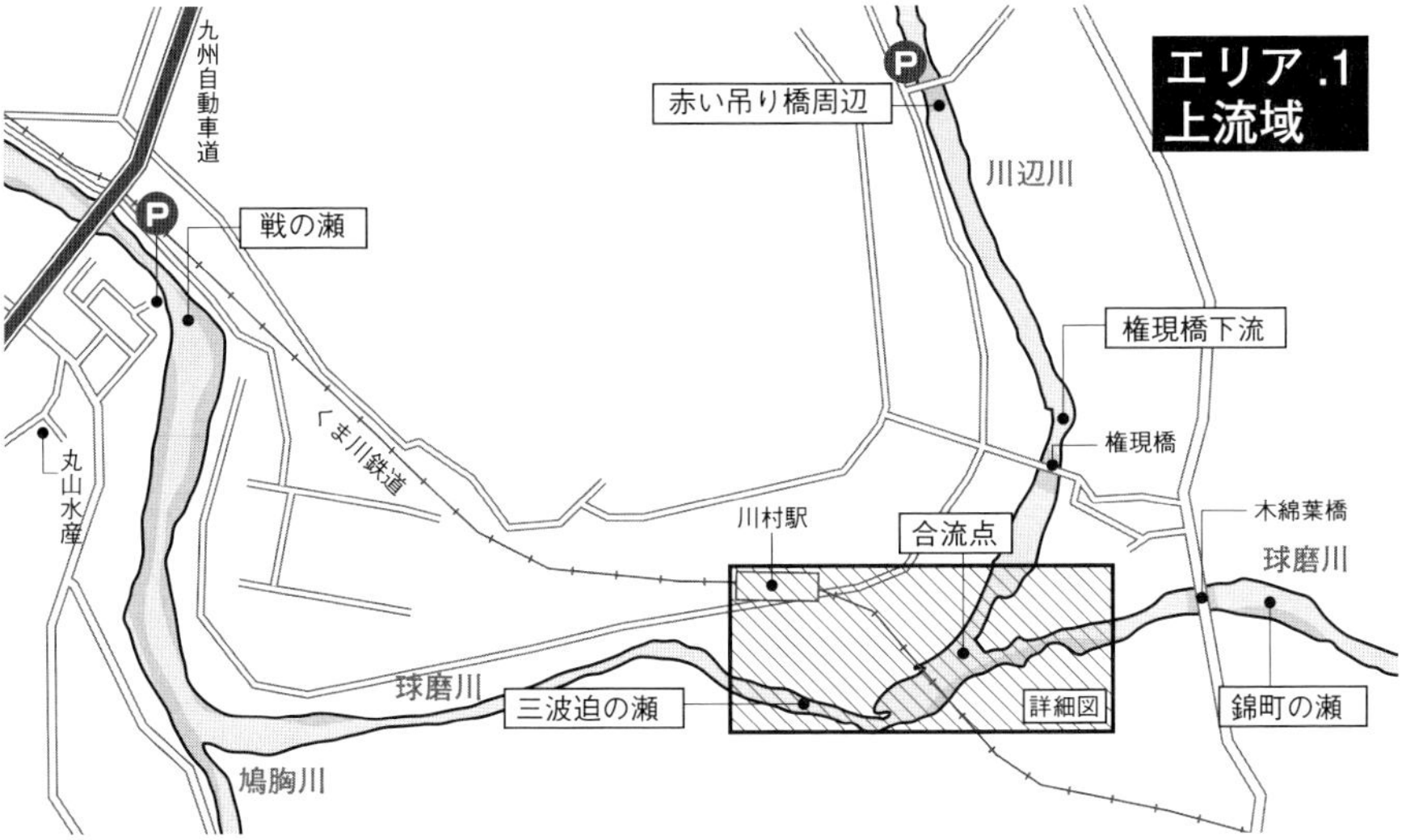

も、出合の上流となる錦町、あさぎり町、多良木町は釣りになるケースが多い。

ポイントへは権現橋を渡り、突き当りを右折し進むと木綿葉橋の左右に駐車スペースがある。合流点のすぐ上で、大岩、岩盤で形成されているため大アユの実績も高い。

木綿葉橋を渡りすぐ右折したところにも駐車スペースがあり、左岸へと入川できる。川相もトロ場、瀬肩、急瀬、瀬尻と続く。

左岸急瀬の対岸は岩盤が入っており、ここでは瀬肩や上のトロ場でオトリを確保して瀬の流心で勝負するのがベスト。

この釣り場を下っていけば合流点の左岸側、くま川鉄道の橋脚の下にでる。ここは急瀬レベルの深トロで、オモリを噛ませて底をねらう。

木綿葉橋の直下にも瀬があり、橋の上は玉石に大石の混在するトロ場で、釣りやすく魚影も多い。

【合流点】

川辺川と球磨川本流の合流地点で、くま川鉄道橋脚下から三波迫の瀬まで右岸、左岸どちらもサオだし可能。合流下はバレーボール大の石底の深トロで釣りやすい。

その下流で、右へと流れ込む瀬肩から急瀬にかけてもねらいめで、私自身もここで31cmを釣りあげている。瀬落ちが一気に右へ流れを変えるが、ここは比較的立ち込みやすく釣りやすい。瀬に付くアユの通り道ともなっている。

続く流れは、瀬肩から瀬落ちまで岩盤という特殊なポイントで、大アユの付き場となっている。滑るようなこの流れではオモリを使うか、石裏で止める釣りとなる。

その下の大トロはアユの溜まる場所で、瀬落ちは意外に押しが強く、渦を巻いているところもある。オトリを手前から泳がせて底を取るか、オモリでしっかり沈めての引き釣りとなる。大トロでも、じっくり泳がせると大アユが掛かってくるケースも少なくない。

　合流下の瀬肩上30mほどにある大きな石周りもおもしろい。ここは川辺川と球磨川の水が2色になる場所で、どちらかが濁れば澄んでいるほうの石にアユは付く。平常時でもアカ付きのよい流れを選ぶといい。高水の時は、少し立ち込み泳がせ釣りでねらうと、かなりの確率で大アユが掛かってくる。もちろん数も期待できる。

川辺川と球磨川の合流点。瀬肩から瀬落ちまで岩盤の急瀬が続く

【三波迫の瀬】


　知る人ぞ知る尺アユのポイント。合流点の下流に位置し右岸、左岸ともにサオをだせる。瀬肩、急瀬、荒瀬、瀬落、深瀬、深トロと変化に富んだ川相は、上流域では最も大アユが期待できる。

　入川は合流点からか、もしくは左岸になる。左岸へは4駆なら川原まで行けないことはないが、上の広場への駐車をおすすめする。

　右岸では深めの瀬肩、急瀬で尺アユがでる。荒瀬で掛かると下れないため、引き抜きもしくは振り子抜きでないとかなり厳しい。

　左岸側の瀬肩は岩盤となり、上流は本筋が左岸寄りなので大アユの通り道にもなる。状況がよければ大型の入れ掛かりも楽しめる。瀬落ちであるが、流れが強く大きなオトリを使うか、重めのオモリを噛ませないと流れに入らない。ただし、うまく釣れば尺アユが掛かる最高のポイント。下が深瀬、深トロなので取り込み

三波迫の瀬・上流域では最も大アユが期待できるポイントだ

三波迫の瀬・流れの厚い深瀬尻はねらいめ

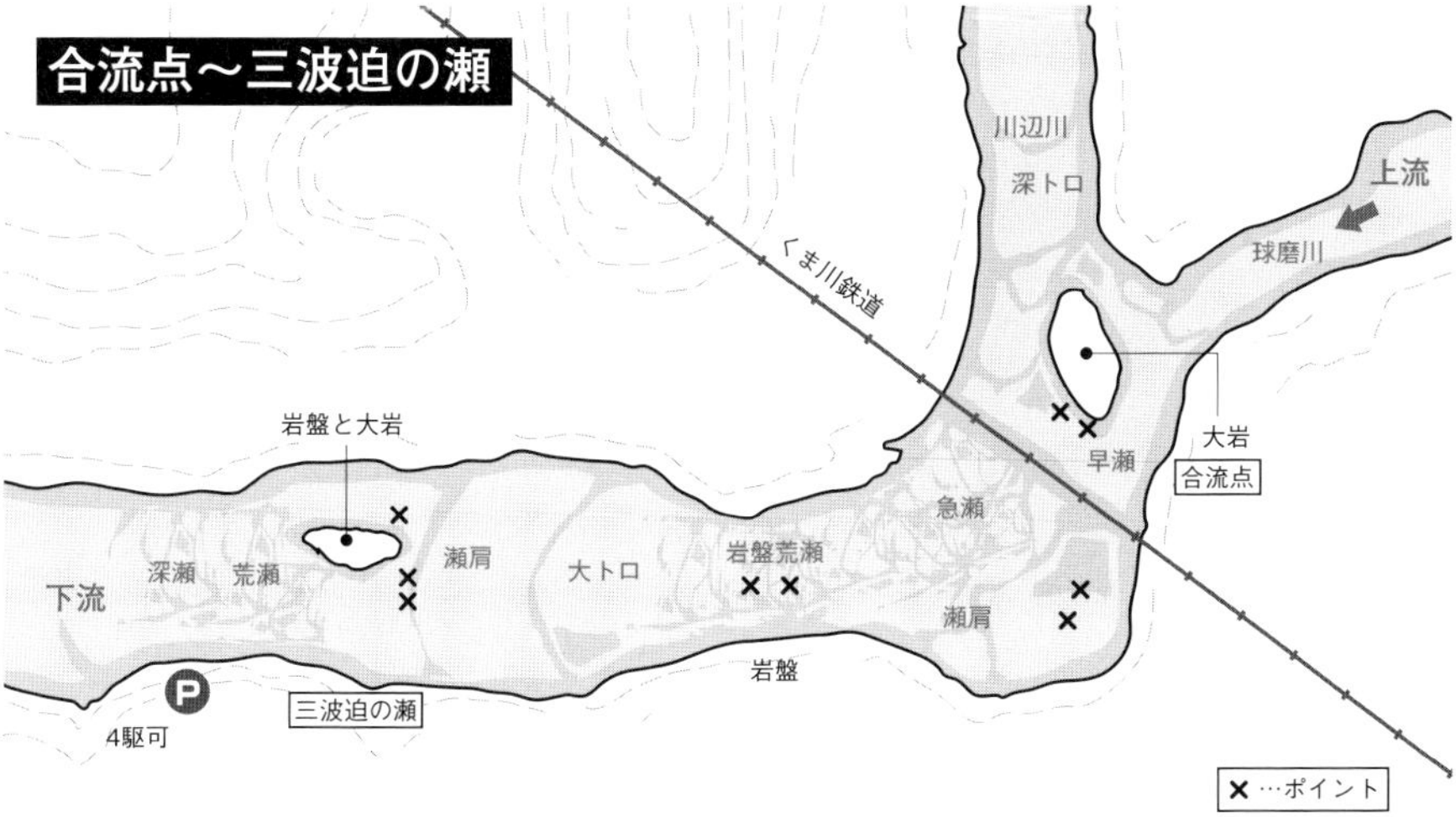

も非常に楽である。

深瀬から深トロにかけては、足場のよい左岸側からサオをだしたい。釣りやすく年配の方でも尺アユが比較的取りやすいところだ。

【戦の瀬】

数年前に尺アユラッシュで沸いたポイント。右岸側は川に沿って堤防道があり端に寄せれば駐車可能。左岸は丸山水産（オトリ）の反対側にある農道を入り、ヤブが切れたところに駐車できる。オトリ缶を持っての入川も楽だ。

上流部の大トロから瀬肩、急瀬、荒瀬、瀬落ち、下流の女郎ヶ淵へ続く。以前は中洲があり二筋になっていたが、現在は左岸の流れが本筋になっているのでそちらを説明する。

右岸、左岸ともにサオはだしやすく、高水でない限り楽に対岸へ行き来できる。上流部の大トロはナイロン、フロロで泳がせるにはもってこいの場所で、バレーボール大の黒い石がびっしりと入っている。終盤、瀬が芳しくないような時に、ここを泳がせて大アユの入れ掛りということも少なくない。

瀬肩から岩盤と丸石の入り組んだ瀬に続く。水深は思ったほど深くないが、一気に走られると岩盤なので、足を取られないよう注意したい。

流れは女郎ヶ淵の上にあるトロ場へと続く。意外に穴場なのがここのトロ尻で、泳がせ釣りで尺アユの実績もある。

数年前に尺アユラッシュで湧いたポイントがこの戦の瀬

エリア❷　中流域【1】

中川原公園前を筆頭に釣りやすいポイントが目白押し

筏口の瀬・急瀬を根掛かりに注意しながら釣ることができれば大アユとのチャンスも増す

筏口の瀬・右岸の急瀬を上流から望む。奥に見えるのが大橋

【筏口の瀬】

　人気ポイントの中川原公園の上流に位置し、水の手橋上のトロ場から瀬肩、急瀬、瀬尻、急瀬、公園前と続く流れだ。ポイントとしては水の手橋下から始まる瀬肩からがメインで、１００ｍほどの急瀬へと続く。川幅はサオ1本半～2本、黒いバスケットボール大の底石となる。水深も腰高で瀬釣り好きにはおすすめだ。

　取り込みも比較的楽だが、立ち込むと意外に押しが強いので要注意。対岸には中洲があり渡ることもできるため右岸、左岸ともにサオがだせる。

　急瀬の流心はかなり押しが強くオモリが必要になるが、大小の石が入り組んだ川底なので、根掛かりに注意しながら釣ることができれば大アユとのチャンスも増す。

　瀬尻の流れは右へ左へとS字のように川相が変わるため、左岸出しの場合、強引に引き寄せる場面もある。そうしないと下の急瀬まで走り下ることになり、バラシにつながる。

　数年前までは、もっと狭く荒瀬に近い流れだったが、近年はかなり釣りやすい流れに変貌した。終盤に尺アユもでるポイントとして朝早くから釣り人の姿が絶えない。ここは解禁当初から終盤まで楽しめるが10月1日からは産卵場が作られるので注意されたい。

【中川原公園前】

　足場がよく釣りやすいうえ、急瀬、早瀬、トロ場、深トロと変化に富んだ流れを見せる人気ポイントだ。入川は中川原公園に駐車してすぐ目の前が川となり、両岸からサオがだせる。

　公園にはトイレなども完備されテント

エリア.2 中流域【1】

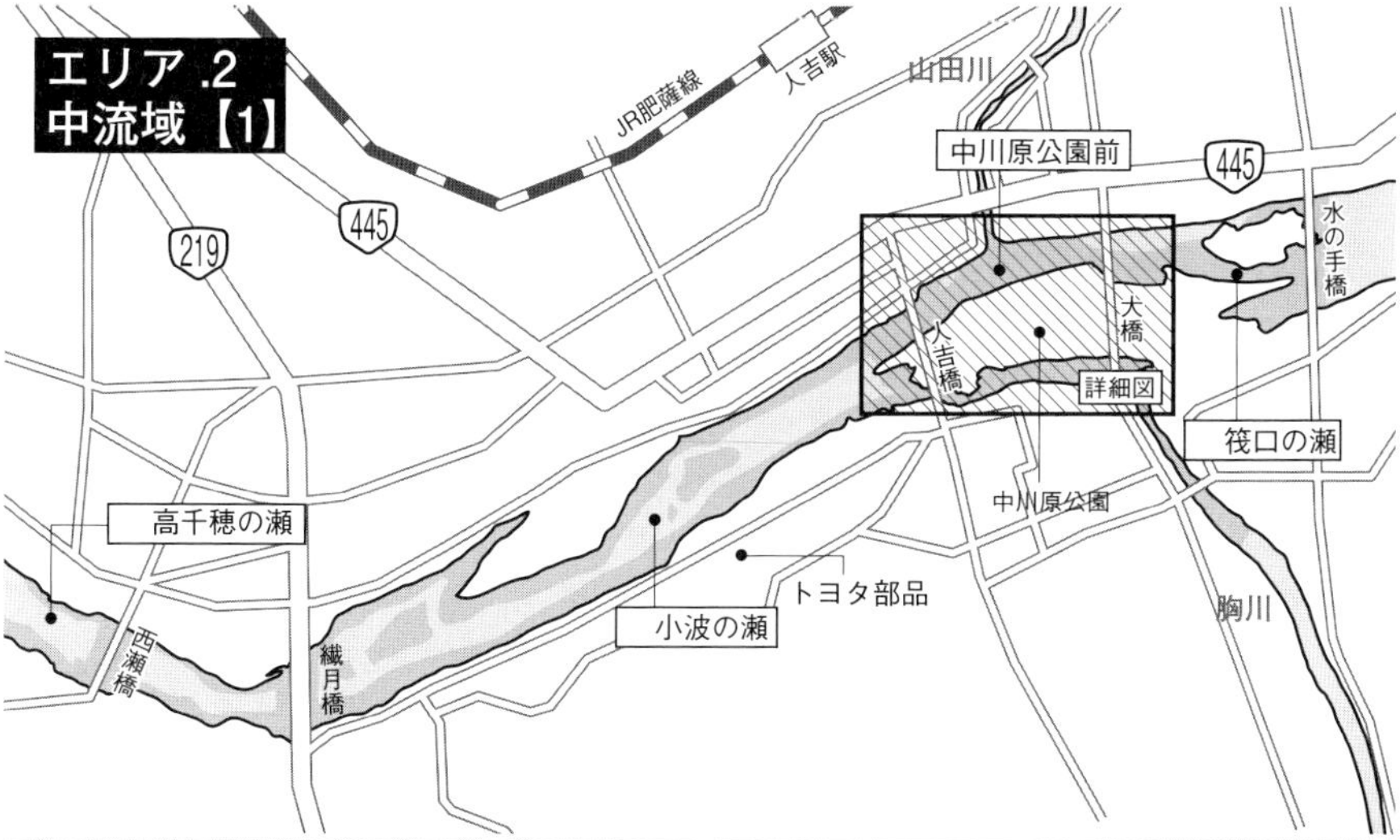

中川原公園前上の流れ。足場のよい瀬で釣りやすい

中川原公園の駐車風景。トイレなども完備されテント泊、車中泊には最適

泊、車中泊には最適。近隣には温泉も多数あるので利便性にも優れ、全国からやってくる大アユファン同士の交流や情報交換の場にもなっている。

ポイントは公園前にある大橋上の急瀬から人吉橋下の瀬落ちまで。大橋上は右岸寄りに急瀬と深瀬が70ｍほど続く。底はバレーボール大の石と岩盤で形成されており、終盤には岩盤の裏に尺アユが潜む。私自身も30～31・5㎝を数尾仕留めた実績ポイントだが、大橋すぐ上の流心で掛かると、橋の下に入られるので強引なやり取りが必要。

大橋下から人吉橋上までは深トロ、早瀬、トロ場、瀬肩で構成されている。ここも右岸寄りの流れで、終盤に深トロでの泳がせ釣りが効果的だ。

続く早瀬は一本流れで、大きめの石がびっしり入っており、高水時は押しも強くなるが、そんな時こそ大アユの入れ掛りになることも多い。山田川との出合ともなり、その日の状況で釣れるのが右岸か左岸か分かれるので、まめにポイントを探ること。下のトロ場も見逃せない。

人吉橋上で瀬肩になり、ここからの流れは終盤に産卵を控えた大アユが集まってくる。人吉橋下の急瀬、瀬落ちは尺アユラッシュで沸いたポイント。急瀬の流心から瀬尻にかけてバスケットボール大の丸石が多く、瀬自体が短いため下のトロ場まで下がれば取り込みやすい。特に公園前の右岸は足場がよく、年齢に関係なくサオがだせるうえに、大アユの期待も高く取り込みもしやすい。人吉橋下は10月1日から産卵場が作られるので注意されたい。

小波の瀬・ディーラーがあるためトヨタ前とも呼ばれるポイントだ

小波の瀬・全体的に浅く、左岸の流れがメインとなる

【小波の瀬】

通称・トヨタ前とも呼ばれるポイント。大トロ、瀬肩、早瀬、深瀬、深トロ、トロ場と流れが続く。川底は大岩、丸石、小石、砂地で、川の半分より右岸側に中洲があり、左岸の流れがメインとなる。

両岸とも川沿いに駐車可能とアクセスもよく、毎年、お盆前後に尺アユが望める超人気ポイントだ。

瀬肩以外は全体的に押しの強い深トロと考えて丁寧に手前から探っていき、立ち込めるのであれば流心で勝負するのが面白い。

アカ付きの悪い時は深トロからトロ場になっていく下の浅場がおすすめ。アカ付きが早く大釣りの可能性もある。過去、終盤の泳がせ釣りで、午前中だけで最大29・5㎝を含む30尾の釣果をあげている。近年、球磨川の中でも合流点に次ぐ人気ポイントとなっているため釣り人の姿も多い。

【高千穂の瀬】

通称・西瀬。ＴＶなどでも紹介される

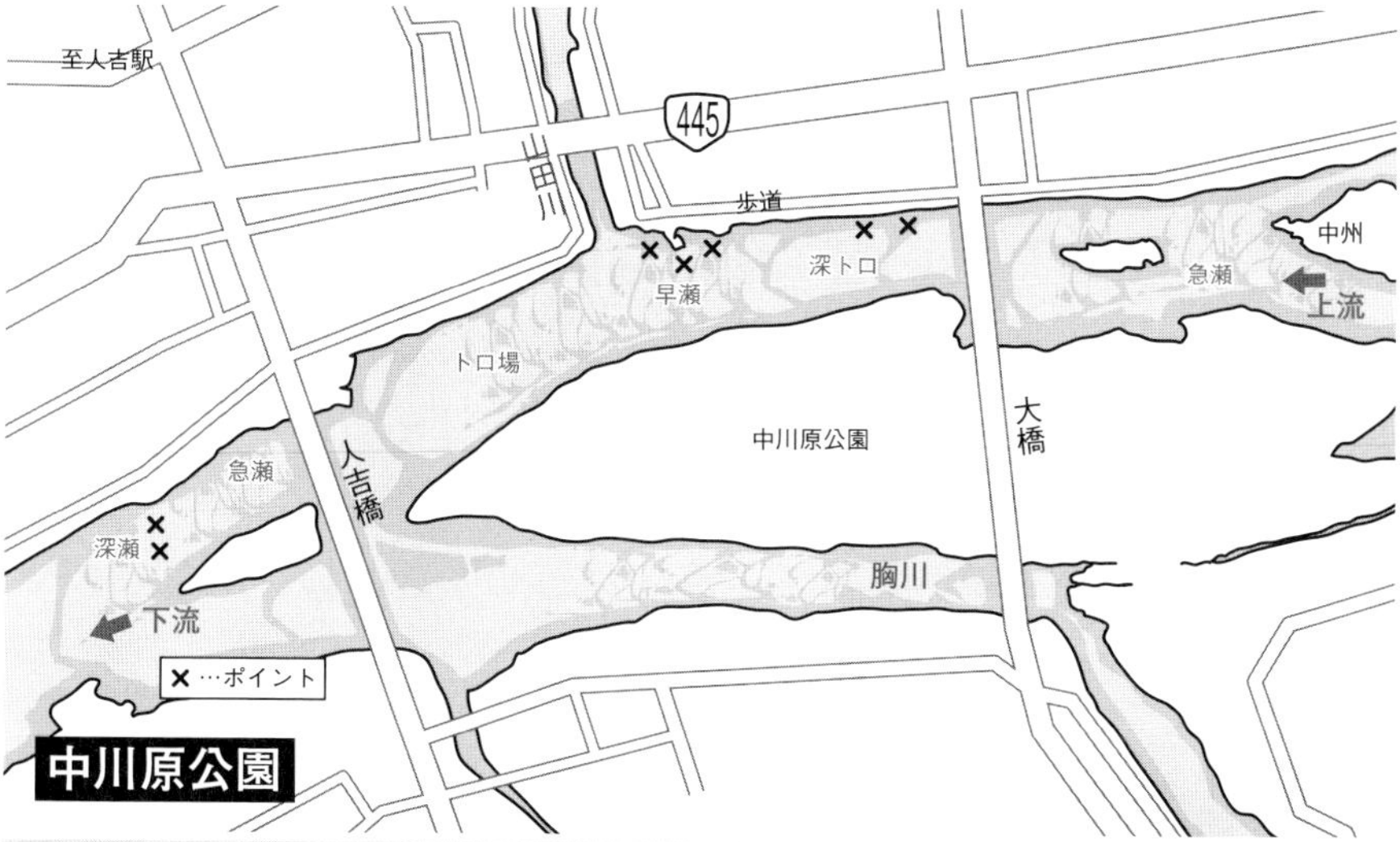

高千穂の瀬・終盤はチャラ瀬で瀬付きの大アユも期待できる

高千穂の瀬・水深のある瀬肩からの流れがねらいめだ

有名ポイントで、大トロ、瀬肩、急瀬、早瀬、チャラ瀬、トロ場で形成されており、岩盤、大石、小石と川底も変化に富んでいる。

　右岸側は上流の大トロも実績のあるポイントだが、やはり瀬肩からの流れがいい。水深もあり、掛かると一気に下へ走り込むので要注意。左岸も同ように大トロから瀬肩を釣りたいが、こちらは岩盤が多くなる。

　瀬尻はほとんど岩盤という川相になるため、よく滑るので立ち込む際には充分注意したい。

　右岸、左岸ともに急瀬、早瀬など荒い流れの石裏を重点的に探りたい。終盤は下のチャラ瀬で瀬付きの大アユをねらうのも手である。下流のトロ場も実績が高く、一日中泳がせ釣りで粘る釣り人も多い。

　ここは7月末から28㎝が期待できるが、尺をねらうなら8月のお盆過ぎからが本格的なシーズンだ。球磨川らしい体高の盛り上がったアユがサオを曲げてくれる。

毘沙門の瀬・急瀬は石裏が少なく流れも速いため、ねらいどころの難しいポイントだが、サオ抜けとなっていることが多い

エリア❸ 中流域【2】

毘沙門の瀬から熊太郎の瀬まで中流域のメインフィールド

【毘沙門の瀬&坂巻の瀬】

紅取橋の上流が毘沙門の瀬で大トロ、瀬肩、急瀬で形成されている。大トロでは左岸側で川の中の石に上がって右岸を泳がせでねらう釣り人が多く実績も上がっている。

瀬肩は浅く絞り込みのきつい急瀬、荒瀬が70mほど続く。川幅はサオ1本程度で右岸、左岸どちらからでもサオがだせる。石裏が少なく流れも速いため、ねらいどころの難しいポイントだが、サオ抜けとなっていることが多い穴場でもある。ポイントが狭いため大人数では厳しい。

坂巻の瀬はコロガシのポイントであるがゆえに友釣りが少なく、先行者がいない場合は入れ掛かりになりやすい。

紅取橋を挟んで上下が急瀬になっており、瀬尻は押しの強い深瀬になっている。足場が小石底で押しが強いため、立ち込んで釣る場合は足下がくずれないように注意したい。ここは泳がせ釣りで釣果がでている。川底の起伏が少ないため、縦に泳がせるよりも、横にスライドさせたほうがアタリも多く、尺アユも混じってくる。

距離的には短く川幅も狭いので、引き舟を着岸させて釣ると楽なポイントだ。過去に、8月中旬このポイントで1時間半で29cmを筆頭に25連発という実績がある。

【観音の瀬】

沖鶴橋の下流で大トロ、瀬肩、急瀬、岩盤、深瀬、トロ場と続く流れ。入川は左岸、右岸とも可能。高水でない限り、上下流のトロ場から川を渡り、左岸からのサオだしとなる。

毘沙門の瀬・大トロでは川の中の石に上がってねらう釣り人も多い

エリア.3 中流域【2】

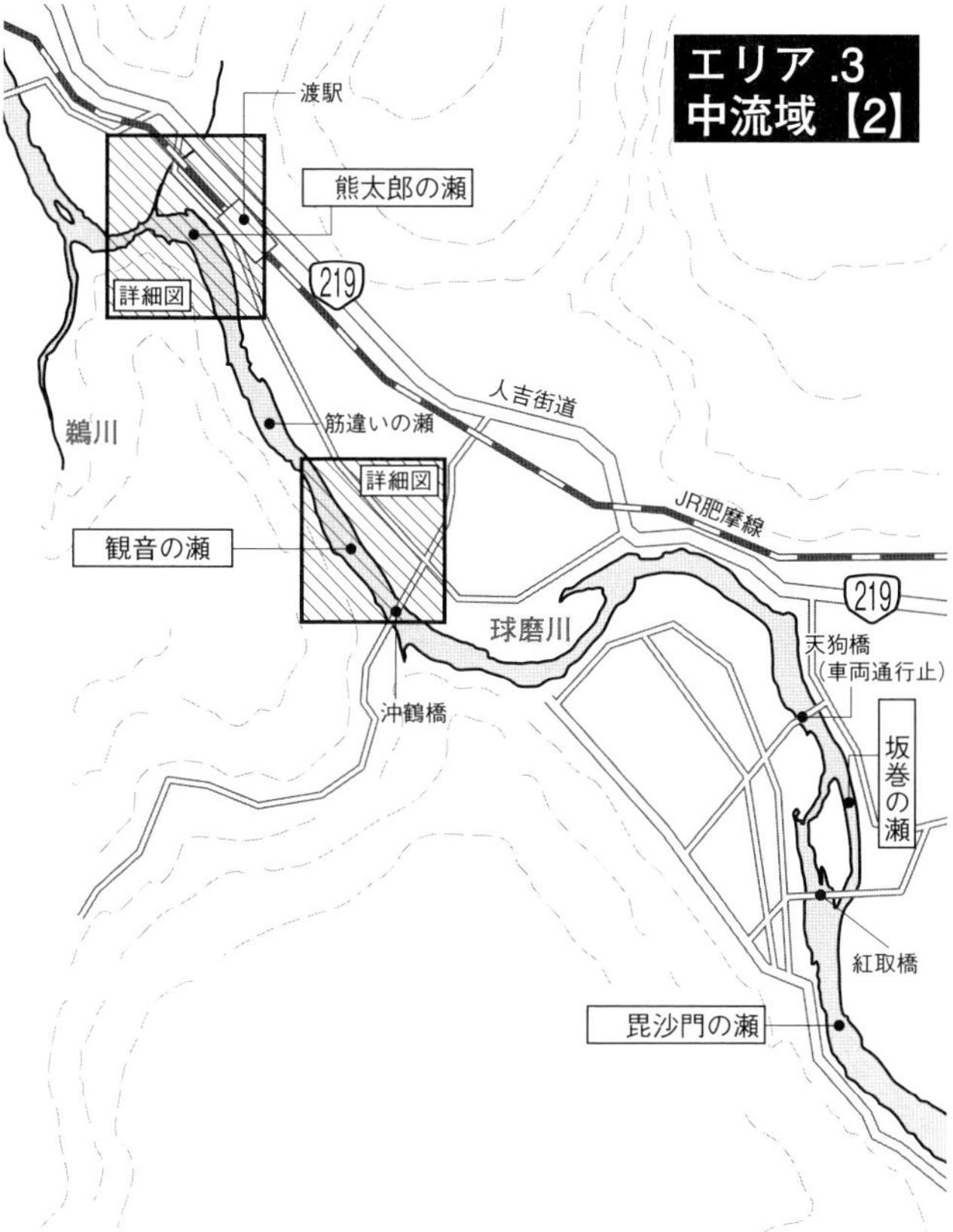

毘沙門の瀬・瀬肩より上流から紅取橋を望む

坂巻の瀬・コロガシのポイントで友釣りが少なく、先行者がいない場合はチャンス

坂巻の瀬・深瀬は足場が小石底で押しが強いため、立ち込みが見た目以上にきつい

シーズンは8月から。シーズン前半も釣れるが、8月になると極端にアユが大きくなり、9月前後には尺アユの期待も増し、終盤まで大アユをねらうことができる。

上流の大トロは瀬の流心のアカ付きが悪い時にねらってみたい。泳がせで入れ掛かりになるケースも少なくない。

一本瀬であるが、瀬肩に大石が入っており頭、裏に尺が付くことが多いが、この大岩を巻いてイト切れすることもあるので要注意。ここは左岸からサオをだしたい。立ち込みに苦労するが、右岸に比べると取り込みやすい。

急瀬の中心、右岸に位置する白い岩盤と黒い石との境目が尺アユのポイント。流れは見た目以上に強いため、オモリを上手く使うことが大切である。

深瀬には茶色い岩盤が入っており、ここも大型が期待できる。最も深いポイントで、押しもそこまで強くないので胸まで立ち込んで釣る人も多い。この深瀬から、下となるトロ場でサオを並べるケースが多い。

観音の瀬・深瀬には茶色い岩盤が入っており大型が期待できる。最も深いポイントで、胸まで立ち込んで釣る人も多い

【熊太郎の瀬】

相良橋の手前を左折して３００ｍほど走ると突き当りに３、４台駐車可能。入川は右岸側で大トロ、瀬肩、荒瀬、深瀬、トロ場で形成されている。

観音の瀬、筋違いの瀬の３００ｍほど下に位置し、大きく左に蛇行する流れだ。上流の大トロは8月中旬に泳がせで大アユを仕留めることができる。

水深もかなりあるため立ち込みたくなるが、手前の大石にもかなり大きなハミ跡があるため、はやる気持ちを抑えて手前から探っていきたい。

瀬肩は大きな岩盤があるため見た目以上に押しも強く、立ち込むのは至難の業ではあるが、サオ抜けになっているケースが多いため、尺のチャンスは大きい。もちろんオモリは必須である。

荒瀬は、流心以外は大石の裏を中心に探る。足場も比較的よくサオをだしやすい。流心は一本流れの激流で、その両サイドで大アユが掛かるケースが多い。

荒瀬の瀬尻は押しの強い深瀬で、底を取るのが難しいが、下流のトロ場から多

熊太郎の瀬・上流の大トロは８月中旬に泳がせ釣りでねらうと大アユがくる

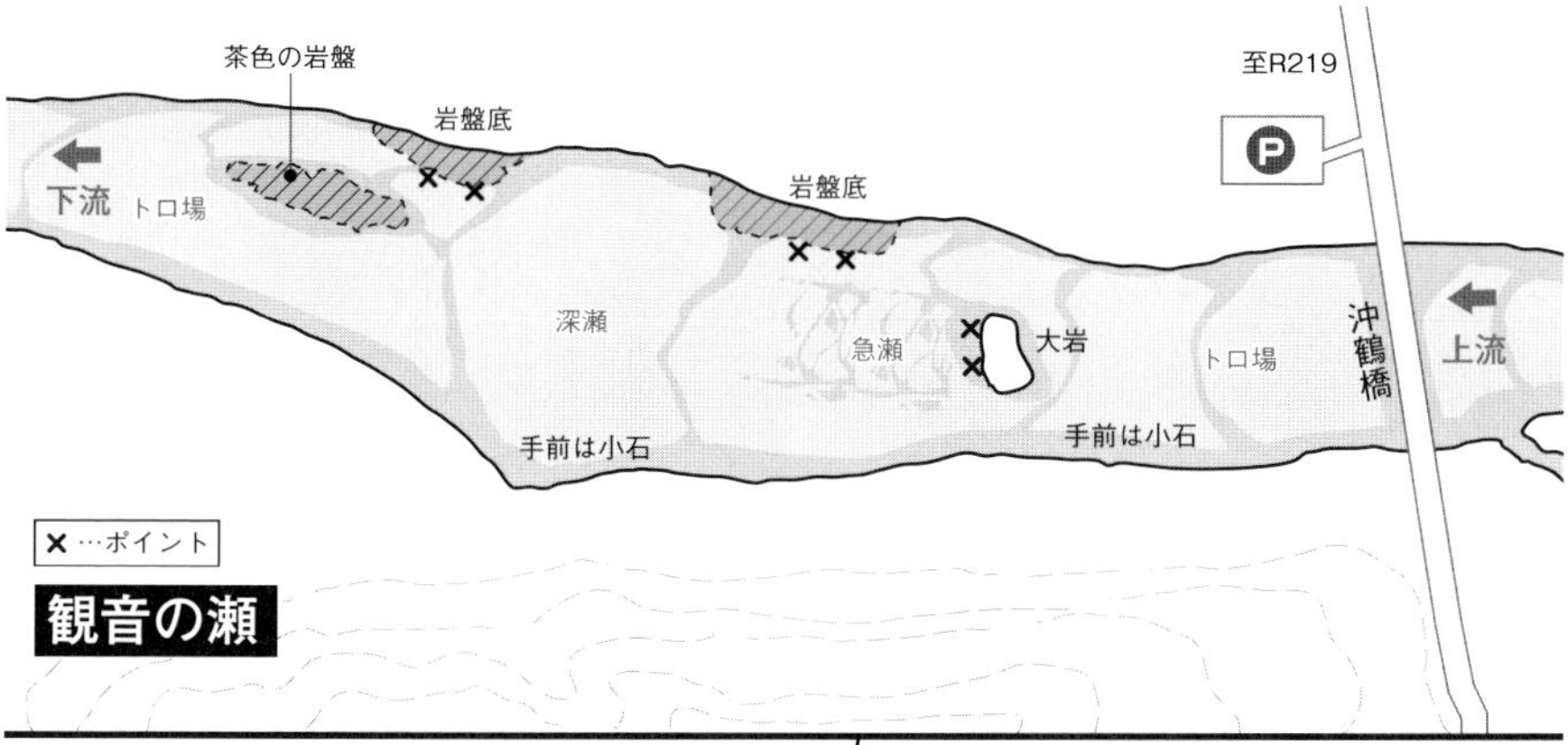

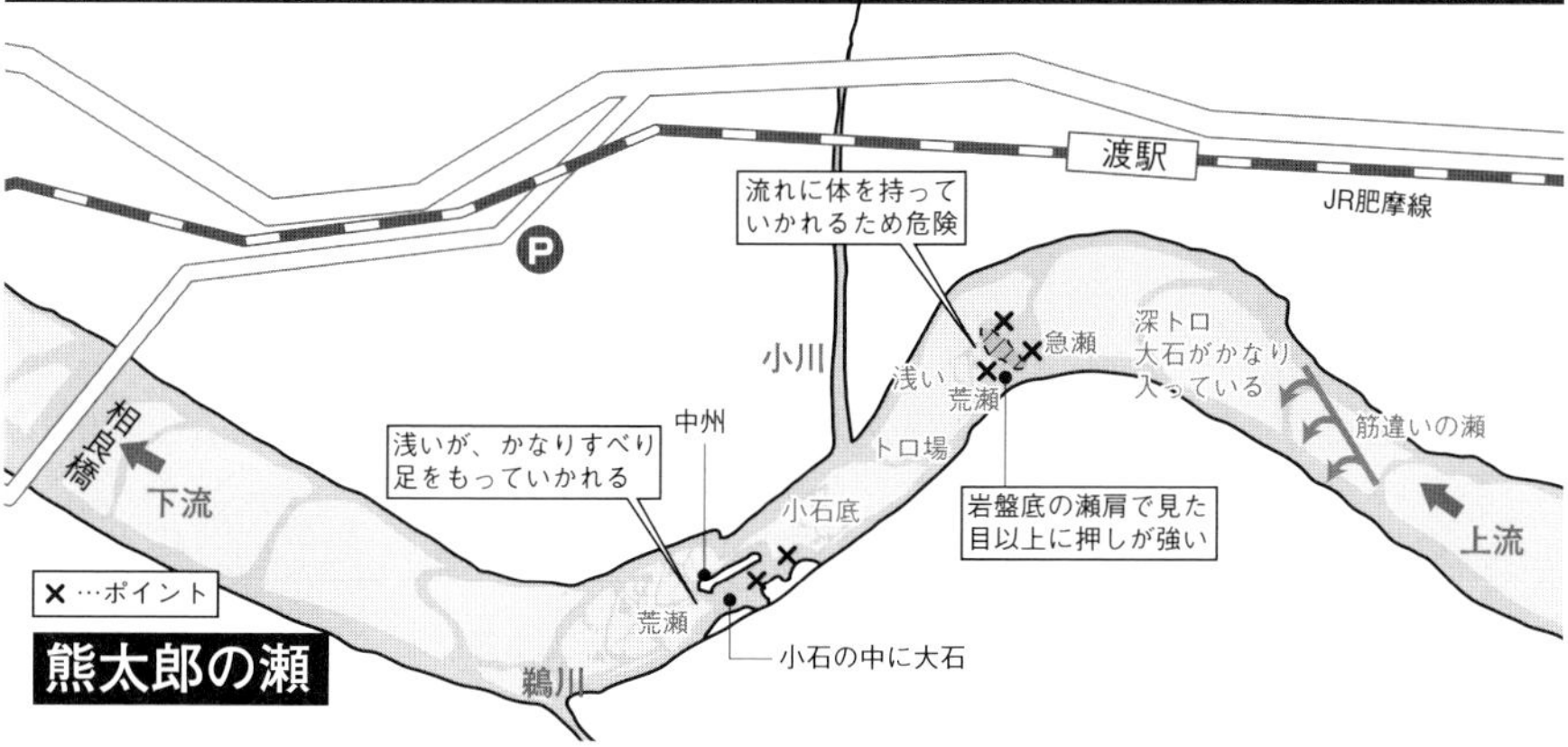

熊太郎の瀬・荒瀬の流心は一本流れの激流で、その両サイドで大アユが掛かるケースが多い

くのアユが差してくるため、オトリを沈める努力をする甲斐のある場所だ。一度掛かりだすと数が伸びる。

全体的に距離の短いポイントで、数人しか入れないので、朝早くから入川されることをおすすめする。

エリア❹ 下流域【1】

猪鼻の瀬から二股の瀬へ
下流は荒々しい川相へと変化する

【猪鼻の瀬】

距離の短い1本流れに、3つの瀬が連続する。その頭が猪鼻の瀬で、猪鼻川が流れ込む出合に位置する。瀬肩、浅瀬、深瀬で形成されており、手前から中ほどまでは玉石底で、右岸側は岩盤が入っている。玉石底の流れでオトリを天然に替え、右岸の岩盤に潜む大アユをねらう。基本は左岸からのサオだしだが、ここは玉石で足場の固定が難しいので、右岸からアプローチしたほうが釣りやすい。

猪鼻の瀬・猪鼻川が流れ込む出合

【猿飛の瀬】

猿飛の瀬は、猪鼻川の流れ込みから釘締の瀬までの70mほどの流れで深瀬、急瀬、深瀬、トロ場と続く。手前は砂地で流心へ近づくにつれ丸石、岩盤と変化する。

立ち込んで右岸をねらえば尺アユが期待できるが、流れもきついうえに3mほどの岩盤が底から出ており、これをかわしての取り込みは難しい。もちろん流心手前でも掛かるが、大アユに限るなら流心か、流心の右岸側をねらいたい。

猿飛の瀬・立ち込んで右岸をねらえば尺アユが期待できる

【釘締めの瀬】

瀬肩、荒瀬、深瀬、深トロと続く流れで、対岸の一部以外はとがった岩盤で形成されている。瀬肩のトロ場付近は数、型ともにねらえるポイントだが、胸ほどの立ち込みが必要だ。

瀬肩から荒瀬付近は立ち込まずに岸からサオをだせるが、掛かると一気に下に走られるので要注意。引き舟は着岸させたままのほうがよい。

また、かなりのオモリを噛ませないとオトリを底に入れられない。その日の水量にもよるが15～30号までを使い分けたい。

エリア.4 下流域【1】

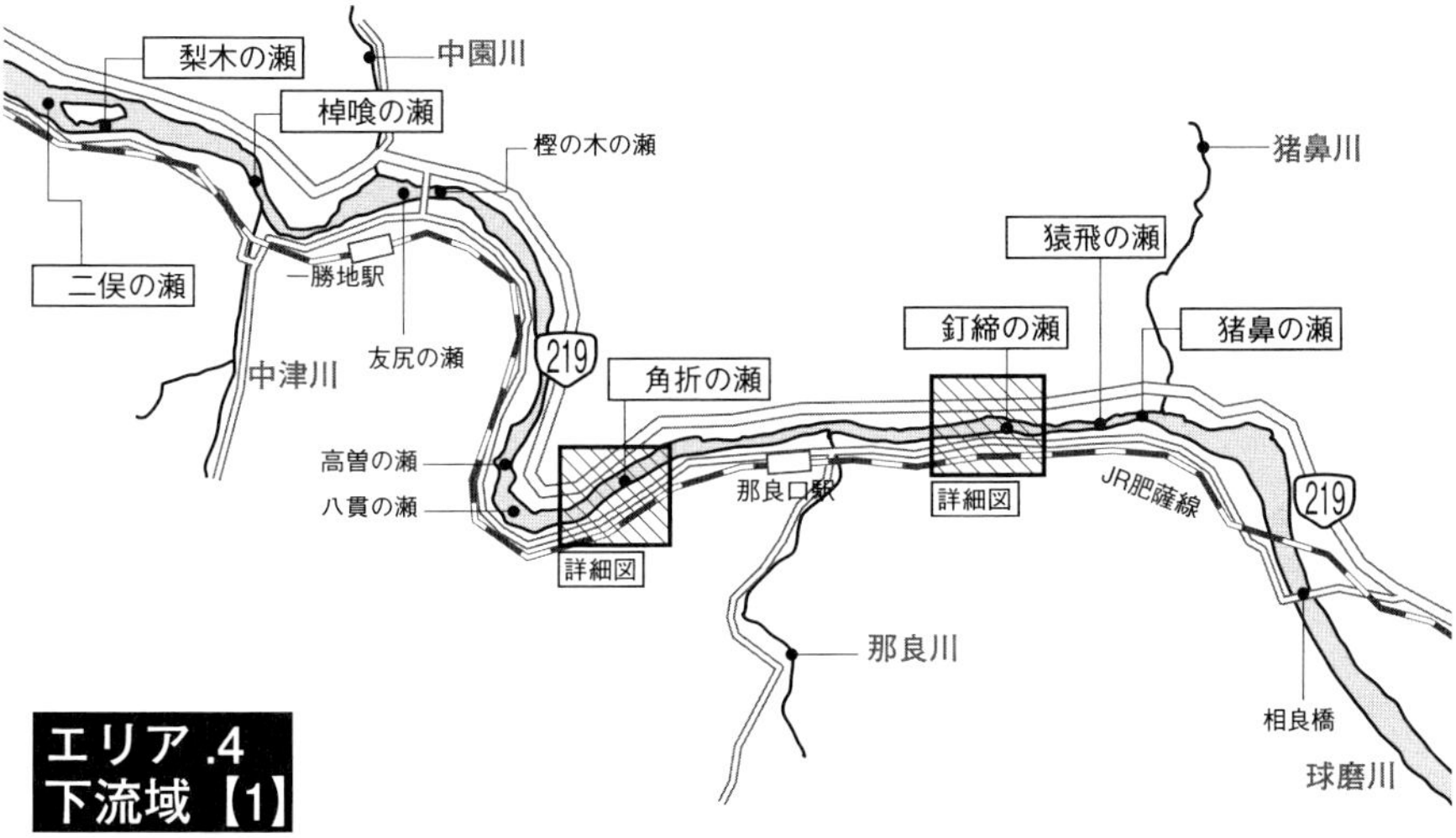

【角折の瀬】

ここは長さ100mほどの瀬で、岩盤の中に大石が点在している。ここ数年、尺アユが数多く記録されているため、訪れる釣り人が多いが、足場がよく釣りやすいことからも人気が高い。

深瀬、深トロ、瀬肩、荒瀬、急瀬と続く流れで、特に上流の深トロから深瀬にかけては、どこでも尺アユがねらえるポイントといってもよい。

深瀬を釣る場合、元気な天然オトリが必須条件となる。流心から右岸側の岩盤や大石の横、裏を丹念に探りたい。水深もあるので、底を正確に取れるかが、釣果の分かれ目となる。

中盤の大トロから瀬肩にかけては泳がせで大型が掛かる。ねらうのはヒラキに数多く入っている大石周りで広範囲に探りたい。取り込みもしやすく、あわてず寄せれば尺アユを手にできるはずだ。

そして瀬肩から絞り込むような荒瀬になるが、ここだけは要注意だ。足場がよくないので流心で掛かると荒瀬に引きずり込まれる危険がある。

反面、こういうポイントは大アユが付いているので、白波が立つ流心の両サイドのヨレをねらってオトリを底へと導きたい。近年の人気で、ここは朝早くから入川しないと場所が確保できなくなってきた。

右岸からの入川であれば、下の八貫の瀬、高曽の瀬にも移動しやすく、こちらも尺アユの釣れる瀬として人気が高い。

【棹喰の瀬】

尺アユの実績が高い穴場的なポイント。ここでねらいたいのは下にある岩盤の瀬肩である。球磨川でも珍しくヒラキで一定の深さに加え筋のように平らな岩盤が一面に広がっている。

平らな岩盤ゆえに全体にアカがかぶってしまうこともあるが、新アカ時に当たれば岩盤中をギラギラと食むアユの姿が確認でき、終盤になると尺クラスも混じる。右岸、左岸からサオだしできるが、手前から探っていける左岸からがおすすめだ。

ここを釣る場合、泳がせ釣りがよいのだが、見た目以上に押しが強いため止め釣り引き釣りになることが多く、掛かってから流されることも想定したい。右岸に近づきすぎると、かなり流されてしまうので要注意だ。

大アユが掛かると、寄せての取り込みはきつく、引き抜きか振り子抜きでさばくのが妥当であるが、体力的に無理がある場合は岩盤は避け、上流の深瀬をねらいたい。

釘締の瀬・瀬肩から荒瀬付近は立ち込まずに岸からサオをだせる

棹喰の瀬・球磨川では珍しい筋のように平らな岩盤が一面に広がるポイント

梨木の瀬・中洲を挟んだ左の流れを釣る。川相はトロ場からすぐに急瀬に変わる

【梨木の瀬&二俣の瀬】

１００ｍほどの距離をおいて2つの瀬が連続する。梨木の瀬は多くの釣り人が尺アユを手にしている実績のあるポイント。トロ場、瀬肩、急瀬、深瀬、瀬尻、トロ場で形成され、流れの真ん中に中洲があり、左右の流れを釣ることができる。

メインは中洲を挟んだ左の流れで、川相はトロ場からすぐに急瀬に変わり、川底は大小の岩で埋め尽くされている。

左の流れを釣るのだが、2つのポイントに分かれる。1つは車を降りてすぐ目の前の急瀬。平水時の流心はかなり押しも強く、足場もゴツゴツしているので下るのも大変。アユが掛かると下流の絞り込みに一気に走るため、大アユの場合はのされることも多い。

そしてこの下は押しのかなり強い深瀬になるが、流心にオトリを入れられれば尺アユのチャンスは大きい。深瀬から急瀬、トロ場に変化する一連の流れは、時間帯によって掛かる場所が違ってくるので要注意だ。

流れの一番下のトロ場は、終盤アユが食みだすと、大アユが泳がせ釣りで気持ちよく掛かってくる。

二俣の瀬は、中洲で分かれた2つの流れがぶつかって1つになるポイントで水量、水深、激流と尺アユの付き場としては申し分ない。右岸からは少し崖になっている場所を下りるため、左岸からのほうが入川しやすい。ただ対岸への川切りはほぼ不可能なので、どちらで勝負する

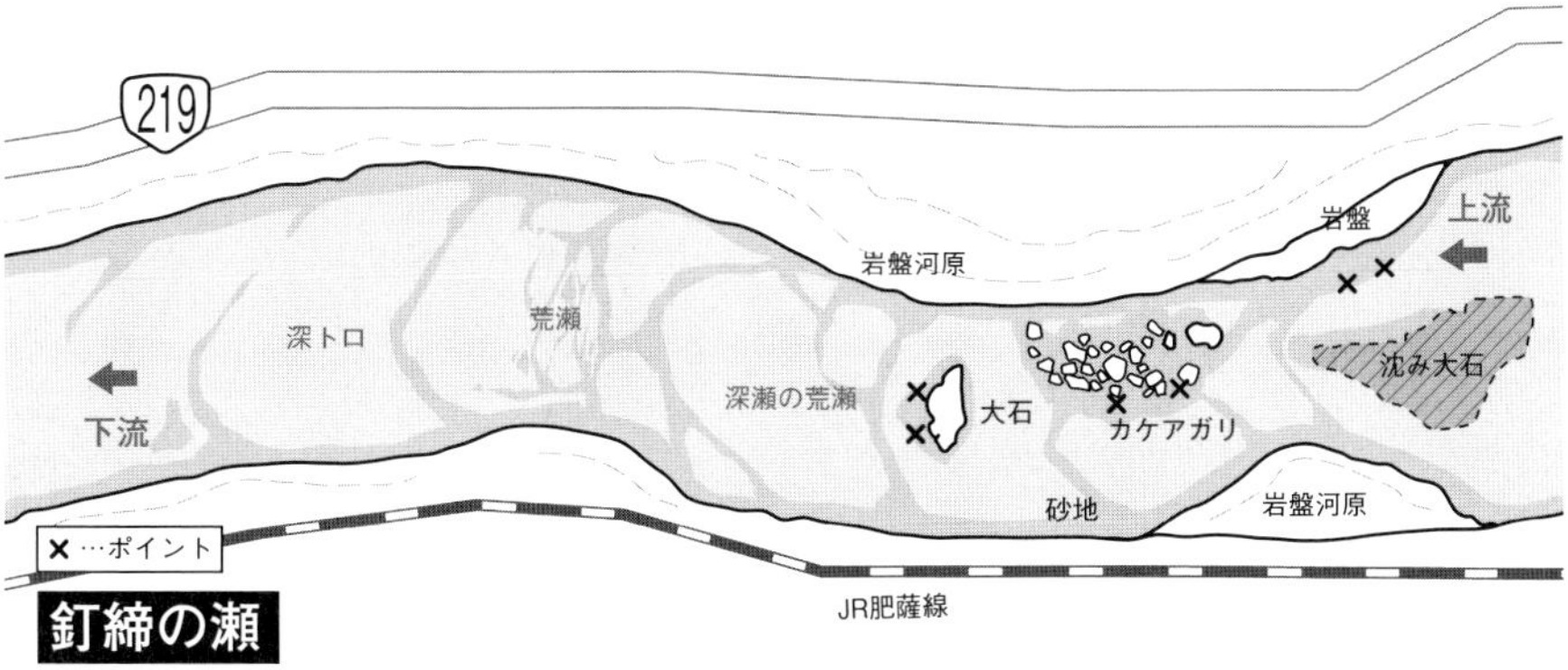

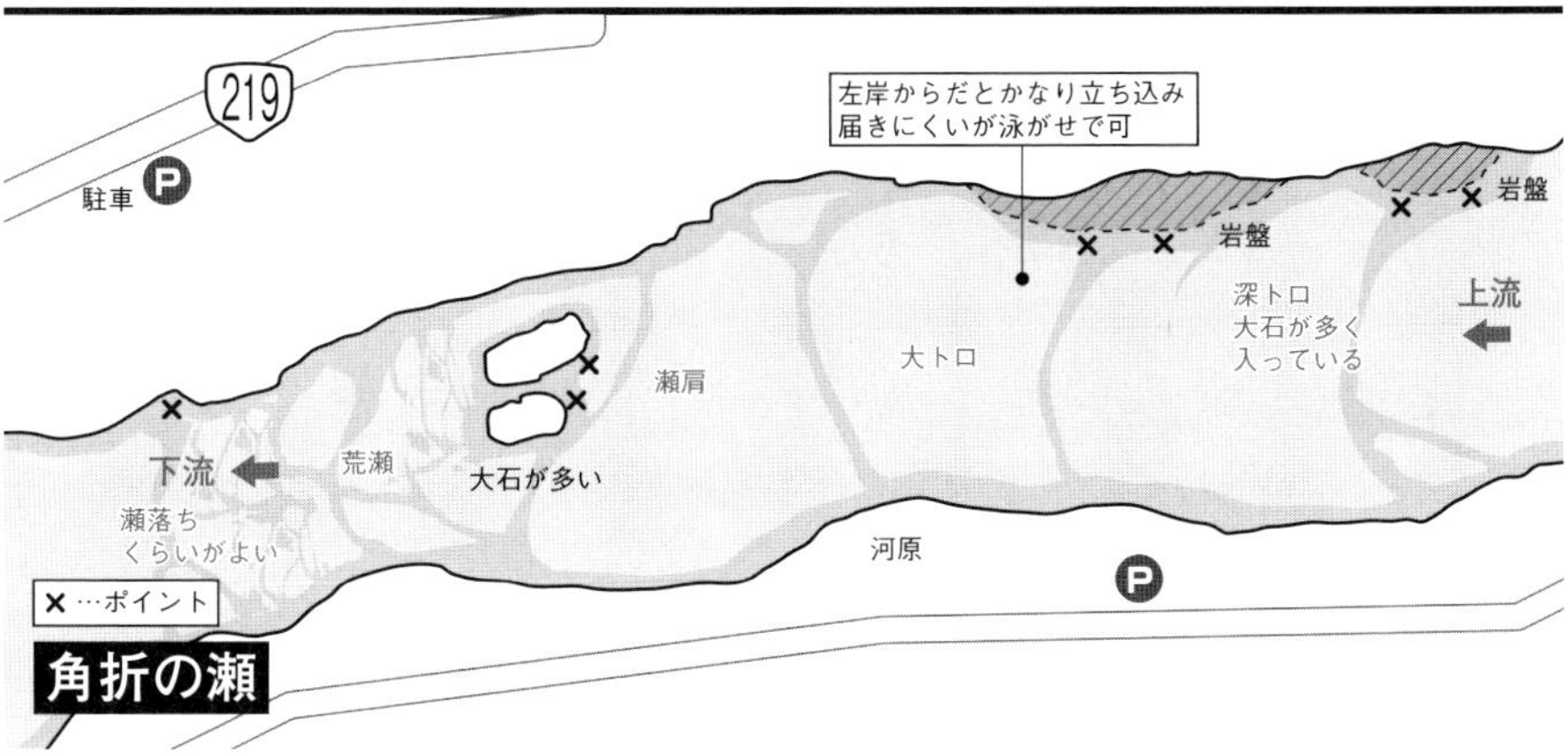

かを決めて入川すること。圧倒的に右岸からのサオだしが多い。

どちらにせよ激流の流心にはアユは付かず、その両サイドのヨレ、瀬尻に潜んでいる。球磨川でも尺を超える巨アユが掛かってくるといわれている流れだが、比例してオトリを底に入れるのも難しくなる。掛かれば下が深瀬のため止めやすそうに見えるが、流れの筋によっては、そのまま一気に下られるのでサオのポテンシャルも必要になってくる。かなりのオモリも必要で、足元にも注意しながら釣ってほしい。

二俣の瀬・水量、水深、激流と尺アユの着き場としては申し分ない流れを見せる

エリア❺ 下流域【2】

修理の瀬から坂本へ
終盤に大アユ期待

【修理の瀬】

トロ場、瀬肩、急瀬、深瀬で形成されており、急瀬から深瀬にかけて大きく右へ曲がっていくのが特徴。深さも腰高で立ち込みやすい人気のポイントである。

急瀬は大アユが掛かった時のことを想定すると、右岸からサオをだしたい。ここから深瀬はもっとも尺アユがでるポイントだ。特に絞り込み5m手前、左岸の岩盤にあたる流れには確実に大アユが付いており、食みで川底が磨かれている状態が多い。

修理の瀬は、川幅が釣りやすい広さで駐車&入川しやすく、この場所のファンも多い。

【ガネ瀬】

最下流に近いせいか、意外に空いていることが多いポイント。宮の瀬下から一本瀬の流れで、深瀬からの瀬肩で尺アユが期待できる。

荒瀬は立ち込むのに苦労するが、石裏が多いため比例して大アユの魚影も多い。バラシも多く、終盤まで魚が残っている。ここで私の知り合いが、1日で3尾の尺アユを釣りあげている。

【蔀《しとみ》の瀬】

最下流となる松ノ木の瀬のすぐ上に位置し、川幅も広く水深もあるが、荒瀬はなく急瀬も短いためポイントが絞りにくい。

深瀬から急瀬にかけての川底は岩盤と大石、岸からいきなりのドン深なので、安易に立ち込むのは危険。水中に起伏がある岩盤に沿ってオトリを入れると、アタリがでる。フリーで川底を泳がせれば尺アユの期待も大きい。

先にも述べたが、ポイントが絞りにくいので釣りづらいと思うが、反面、サオ抜けも多く、水中の岩盤、大石の位置、底流れが分かれば尺アユをねらって1日楽しめるポイントでもある。

蔀の瀬・下流域では大トロに立ち込んでの釣りも面白い

【坂本】

荒瀬ダムの撤去に向けて開放され、少しずつ埋もれていた瀬も出始めている。もともと荒瀬ダムの下でもかなりの尺アユが釣れていたが、開放と同時にソ上も多く確認され、初期には数も釣れている。開放後、まだ尺アユの声は聞かれていないが、川相も変化し底石も黒く磨かれているのが多く確認できているので、今後が楽しみなポイントである。

エリア.5
下流域【2】

修理の瀬・川幅も釣りやすい広さで、駐車＆入川しやすい

ガネ瀬・宮の瀬下から一本瀬の流れが続く

蔀の瀬・岸からいきなりのドン深なので、安易に立ち込むのは危険だ

坂本・荒瀬ダム下でもかなりの尺アユが釣れていた瀬。ダムが撤去され復調した

27 熊本県 白《しら》川

1日で数尾の尺アユを掛けることも知られざる九州の穴場的フィールド

熊本市街部を南北に分けて貫流する白川。この流れに尺アユが潜む

釣れるアユの型だけで比べれば、球磨川よりも実績が上がっている

profile

●田中 貴

昭和49年生まれ、熊本県在住。大アユを求めて球磨川、川辺川、白川を釣り歩く。アユだけでなくグレ釣りにも精通し、グレマスターズ3連覇を成し遂げる。最長寸は白川での32.8cm

白川は、熊本県中北部を流れる一級河川で、阿蘇郡南阿蘇村の旧白水村にある湧水が源となり、南阿蘇村湧水群として平成の名水百選に選定されている。

流程74kmを経て有明海へ注ぐ中規模の河川で、アユの釣れるエリアは上中流域から熊本市街部となる中流域までで、ねらえる範囲は比較的狭い。

アユの放流量が年間約1000kgと比較的少なく、天然ソ上メインの釣り場といえる。上中流域は急流で大岩が点在し、ダイナミックな瀬釣りを楽しめる。中流域は石が比較的小さく、釣り場もチャラ瀬や、トロ場が主体となる。

熊本の大アユ河川といえば球磨川が有名だが、白川は球磨川に引けを取らない大アユの実績を誇っている。型だけで比べれば、球磨川以上の釣果が手にできるのだ。

白川は尺アユ釣りに特化した河川であるため、解禁から8月末まではほとんど釣り人が入らない。さらに、大アユねらいのトップシーズンとなる8月後半でも釣り人が押し寄せることなく、ゆったり

と釣りが楽しめるのも魅力だ。シーズンも長く、11月まで大アユにチャレンジできる。

掛かるアユのアベレージは28㎝前後で、これに尺上が混じってくる。白川のアユの特徴は体長の割にはデップリと肥えている個体が多く、尺で400gを超すアユも珍しくない。かくいう私も白川に5年通って4尾の尺アユを手にしている。自己記録となる32・8㎝もここで釣りあげた。

まさに白川は、尺アユの釣れる確率の高い穴場河川。そのなかでも、おすすめの釣り場を紹介するが、釣行の際は中途半端なタックルではなく、大型と対峙できるパワーのあるサオ、仕掛けで挑みたい。そしてぜひともパワフルな尺ものの引きを堪能されたい。

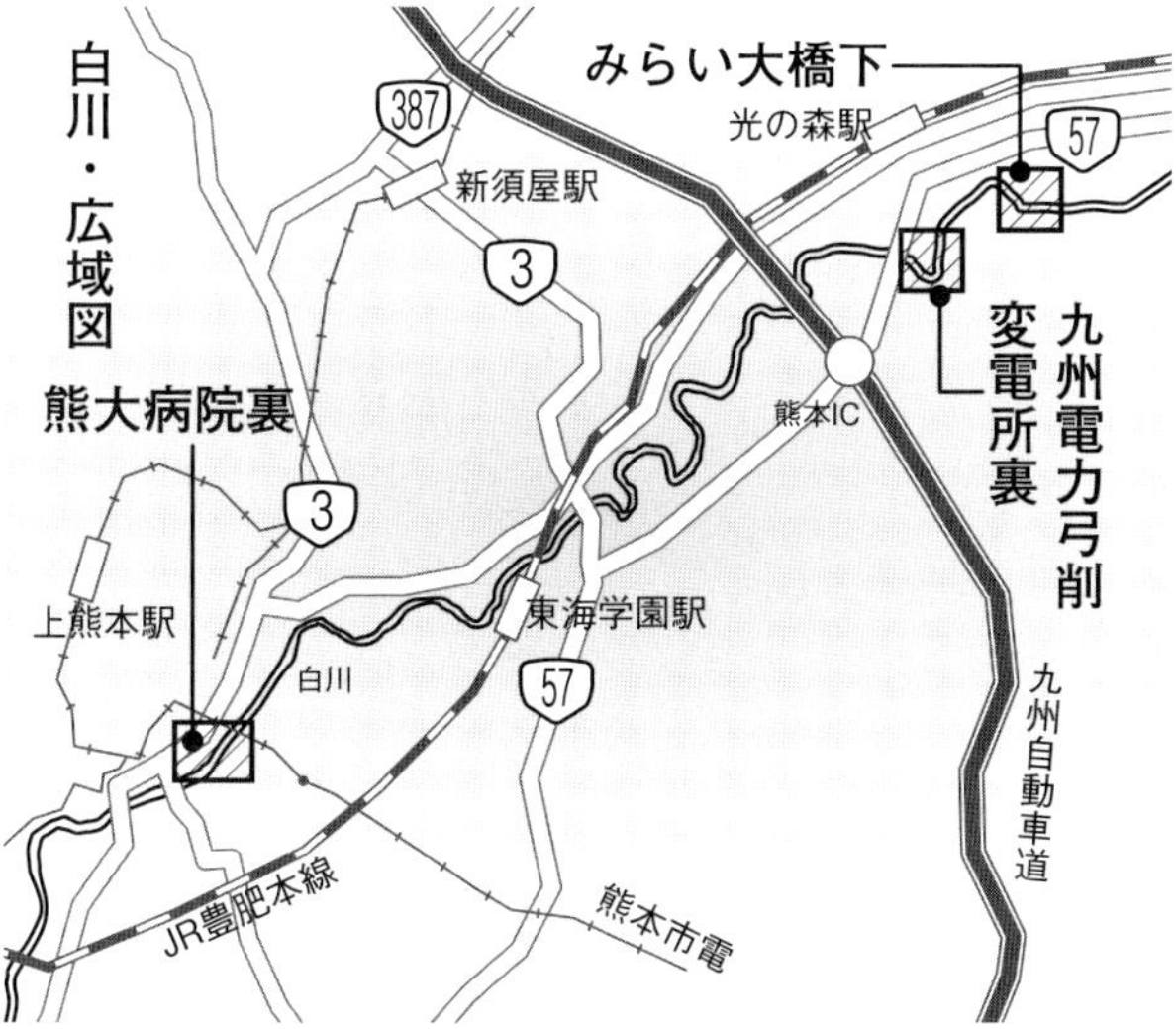

information
●河川名　白川
●釣り場位置　熊本県熊本市
●解禁期間　6月1日～12月31日
●遊漁料　日釣券500円・年券4000円
●管轄漁協　白川漁業協同組合（Tel 096-285-5382）
●最寄の遊漁券取扱所　山本釣具センター熊本店（Tel 096-371-2850）
●交通　九州自動車道・熊本IC下車。国道3号を経由して熊大病院裏へ。他のポイントへは国道57号を利用

【熊大病院裏】


熊本市内の繁華街を横断する熊大病院裏の流れは、白川随一の尺アユ実績ポイント。9月末からの落ちアユシーズンに訪れてサオをだしてみたい。

チャラ瀬や深トロのポイントがメインとなるが、川底はこぶし大の石が並び、所々に頭大の石が点在していて、その周辺や本流が寄る左岸側のヘチがねらいめとなる。

石が小さく流れの押しがかなり強いため、オモリや背バリを使った釣りが有効で、障害物がないため大アユも比較的取り込みやすいのがこのポイントの特徴だ。


【九州電力弓削変電所裏】

九州電力弓削変電所裏は大石が点在する急瀬と早瀬が絡むエリアで、尺アユの実績が高いポイントである。最もねらい

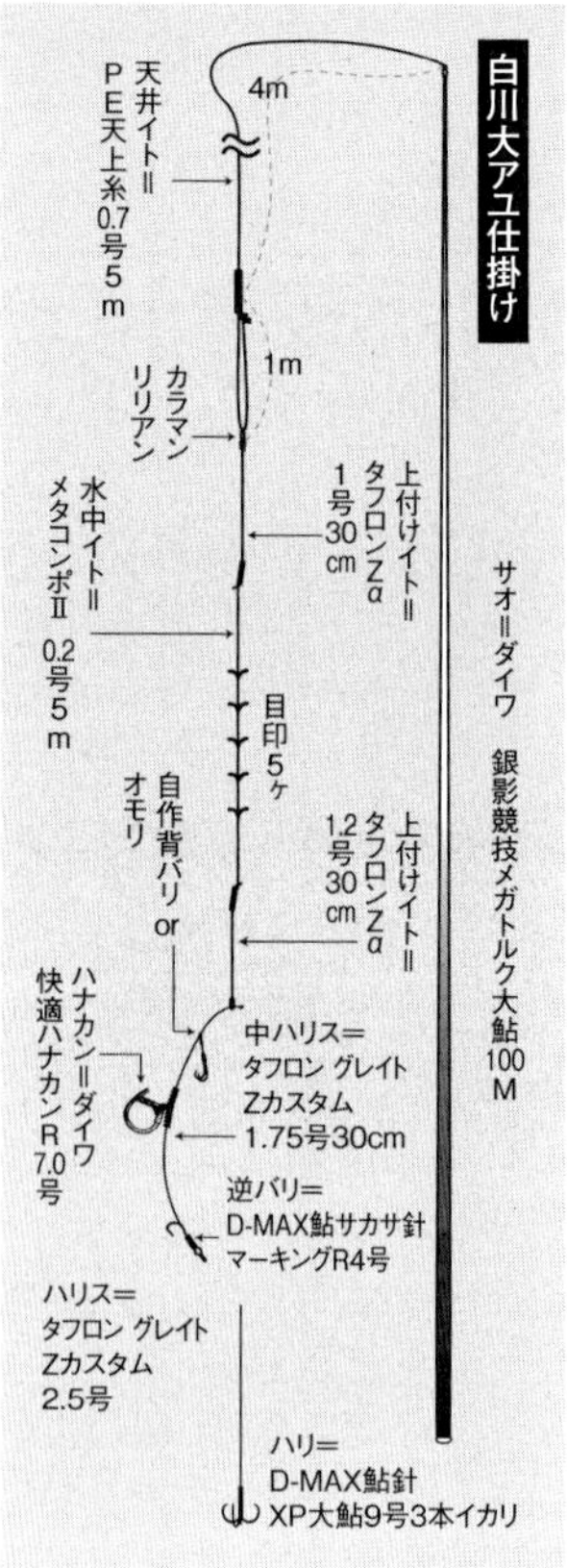

熊大病院裏の流れは、尺アユの実績では白川随一を誇る。落ちのシーズンをねらいたい

変電所裏で最もねらいめとなるのが、上流に位置する急瀬だ

めとなるのが上流に位置する急瀬で、水深があり流れが強いため、大きめのオモリを使用した釣りが有効だ。

アユを掛けた後の取り込みは、流れが左岸に集束しているため、右岸側の流れの緩いヨレに寄せると取り込みやすい。

【みらい大橋下】

みらい大橋下のポイントは、川筋が大きく曲がった荒瀬で、白川で最も大型の期待できるエリアだ。流れが強く、動ける範囲が狭いためオモリ使いはもちろん、取り込みも難しく、バラシも多発する。ワンランク太めのタックルで挑んでいただきたい。

みらい大橋の下流に広がる、川筋が大きく曲がった荒瀬がポイント

熊大病院裏

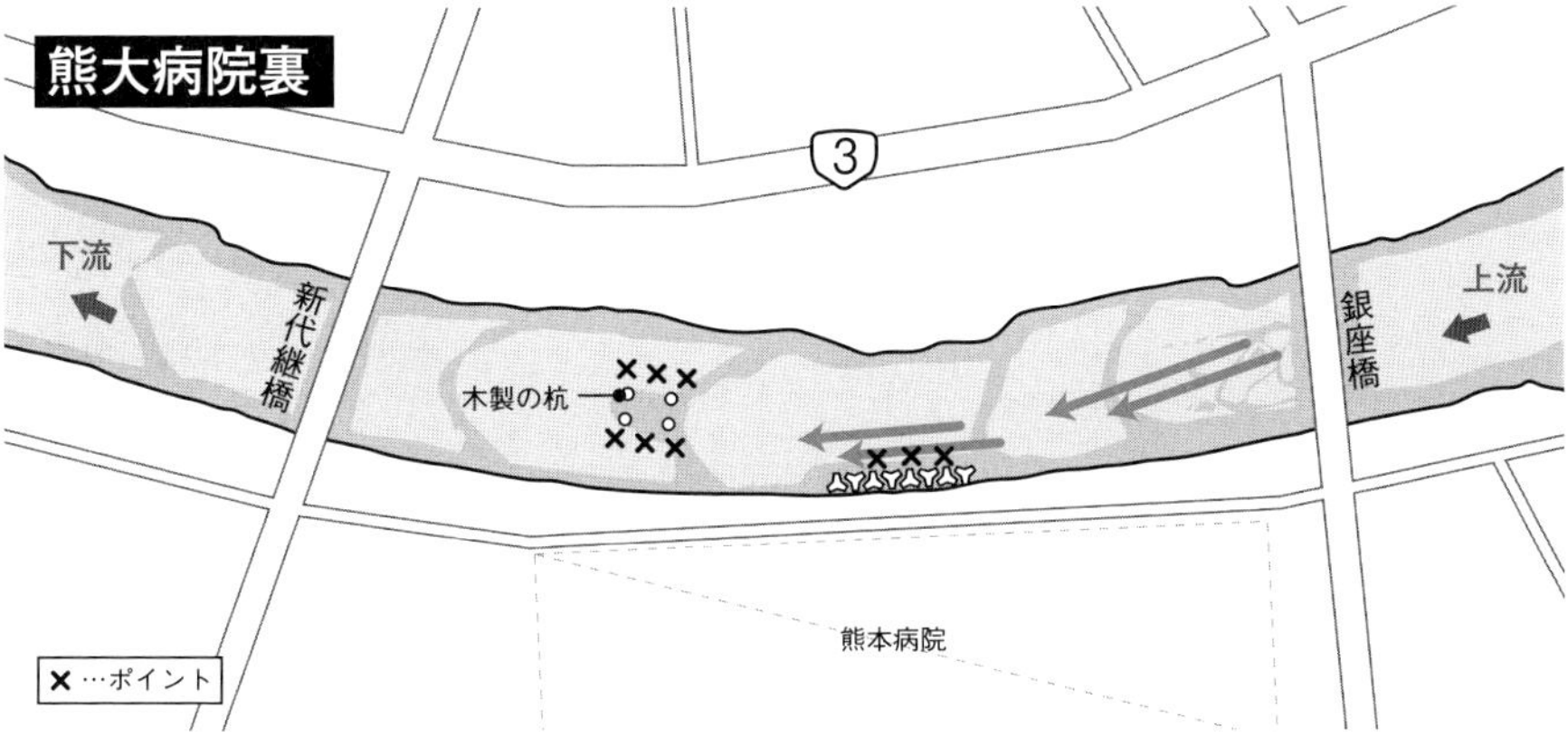

九州電力弓削変電所裏

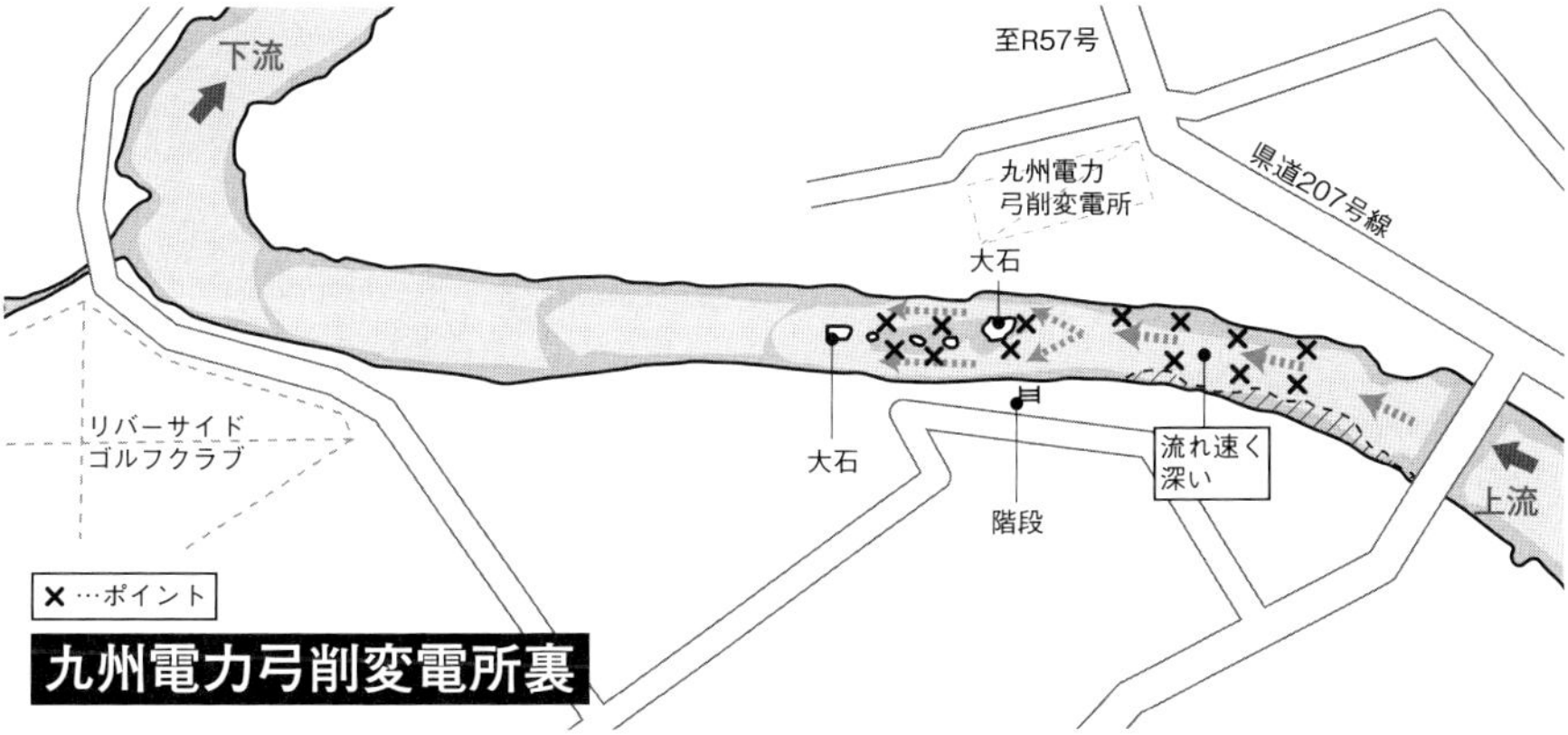

みらい大橋下

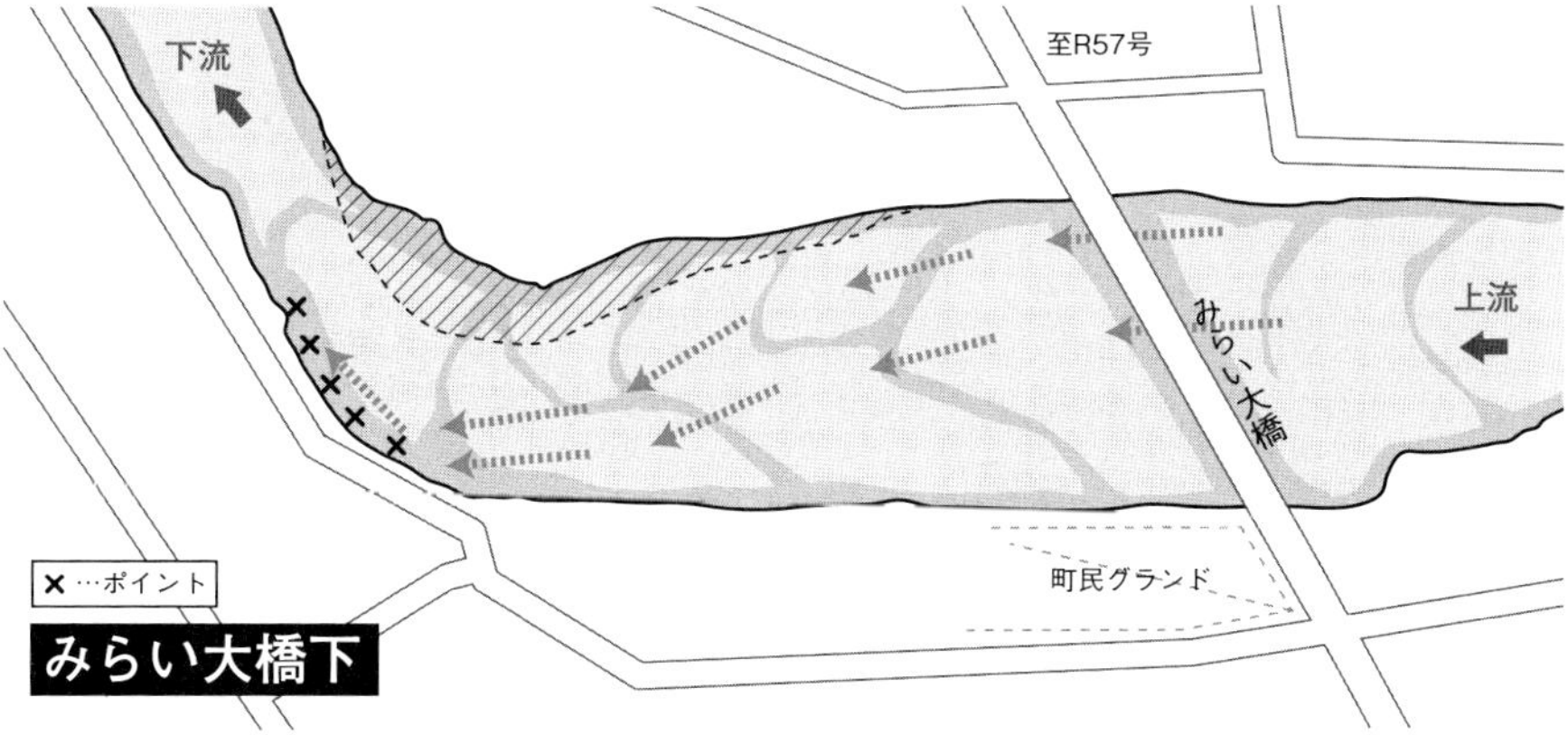

28

大分県 大《おお》野《の》川

本・支流ともに満遍なく天然ソ上が見られる九州の隠れた大アユ釣り場

犬飼大橋下の瀬でサオが曲がる。大野川らしい釣り風景だ

profile

●吉良弘和

昭和46年生まれ、大分県在住。サンライン・ステータス・クラブ所属。ホームグラウンドの大野川水系や一ツ瀬川へ足繁く通い精通している。最長寸は筑後川での31.4cm

全長107㎞の長さを誇る県内随一の一級河川である。

源流から別府湾に注ぐ河口まで、川を完全にせき止めるダムがないため、毎年天然アユのソ上が見られ、強いアタリと強烈な引きで、友釣りファンを楽しませてくれる。

川相もバラエティーに富んでいて、岩盤瀬あり、大トロあり、玉石の詰まった広大な瀬ありと、川を見ただけでもワクワクさせてくれるポイントが数多く存在する。

主体となる天然アユの多くは支流にもソ上するため、悪天候で本流が濁った場合でも、各支流でサオをだすことができる。釣行してもムダ足を踏むことが少ない。

年によってムラはあるが、シーズン初期から20㎝オーバーが混じり、時には23～25㎝という良型がサオを絞り込むから、たまらない。

中期に入るとアベレージも22～24㎝へとサイズアップするとともに数もねらえるようになる。

information

●河川名　大野川
●釣り場位置　大分県豊後大野市犬飼町～大分市内
●解禁期間　6月1日～12月31日
●遊漁料　日釣券2000円・年券5000円
●管轄漁協　大野川漁業協同組合（Tel 097-578-0105）
●最寄の遊漁券取扱所　釣具スーパーイヴ戸次店（Tel 097-597-1091）
●交通　東九州道・大分米良ICから国道10号を南下、20分ほどで釣り場

大野川終盤は美しい魚体の
良型混じりで数も揃う

後期の大アユ釣りに関しては九州の他の河川ほど注目されていないが、実は知る人ぞ知る大アユのねらえる穴場的な河川となっている。

お盆を過ぎたあたりから大アユ釣りの本番を迎え、尺アユの声も聞こえ始める。天候にもよるが友釣りのシーズンは長く、10月一杯までは良型の追いが楽しめるはずだ。

大アユのねらえるポイントは本流・舞田の瀬から下流域の大南大橋までの実績が高く、特に岩盤の入った瀬や、大石の沈んだトロ場は見逃せない。

押しの強い荒瀬もあるが、ほとんどのポイントが右岸、左岸どちらからもサオをだせるので、立ち込まなくても充分に大アユがねらえる。

足場のよいポイントも多いため、無理な取り込みを重視した太仕掛けを使う必要はなく、1ランクサイズを落として通常の瀬釣り仕掛けでの釣りが主流となっている。サオも川幅に合わせた9～9・5mの急瀬クラスを使用することが多い。

以上の特徴を踏まえて、尺アユを手に

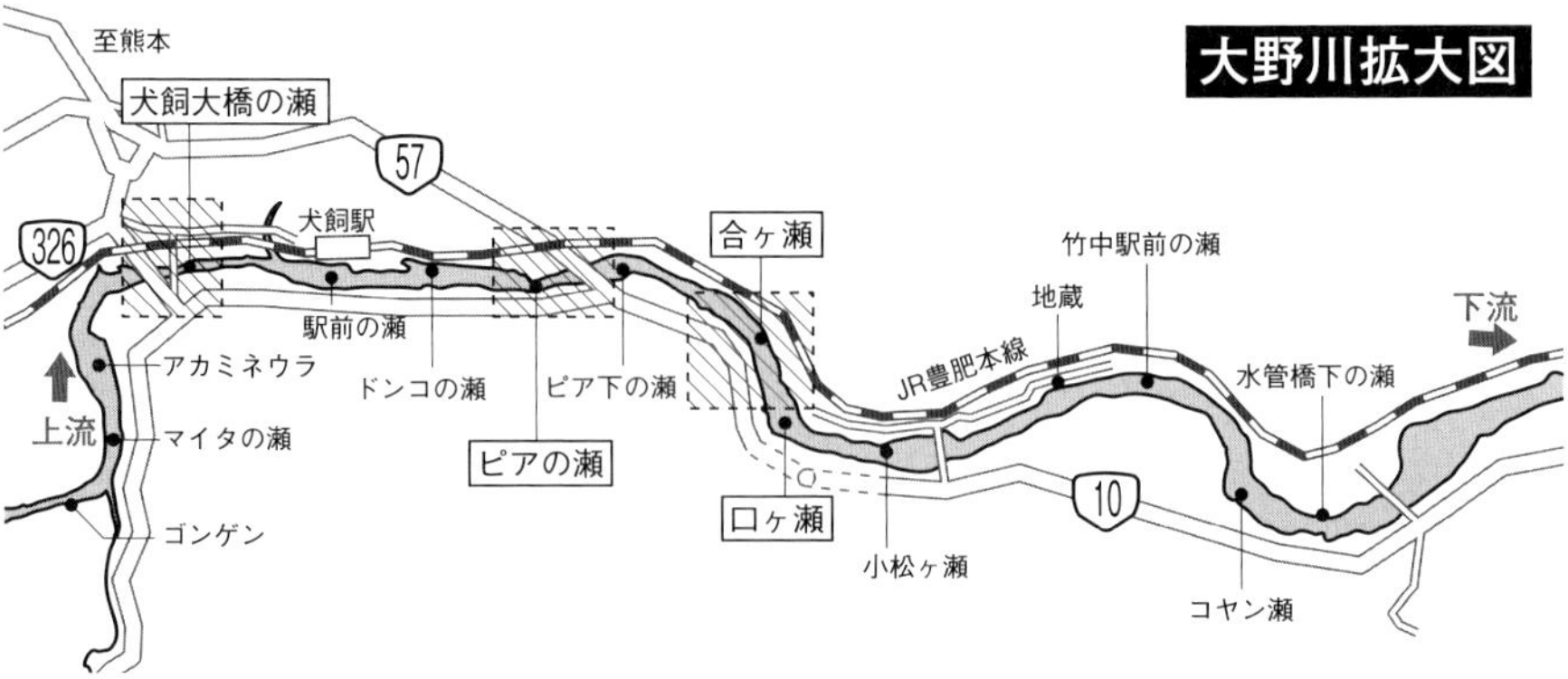

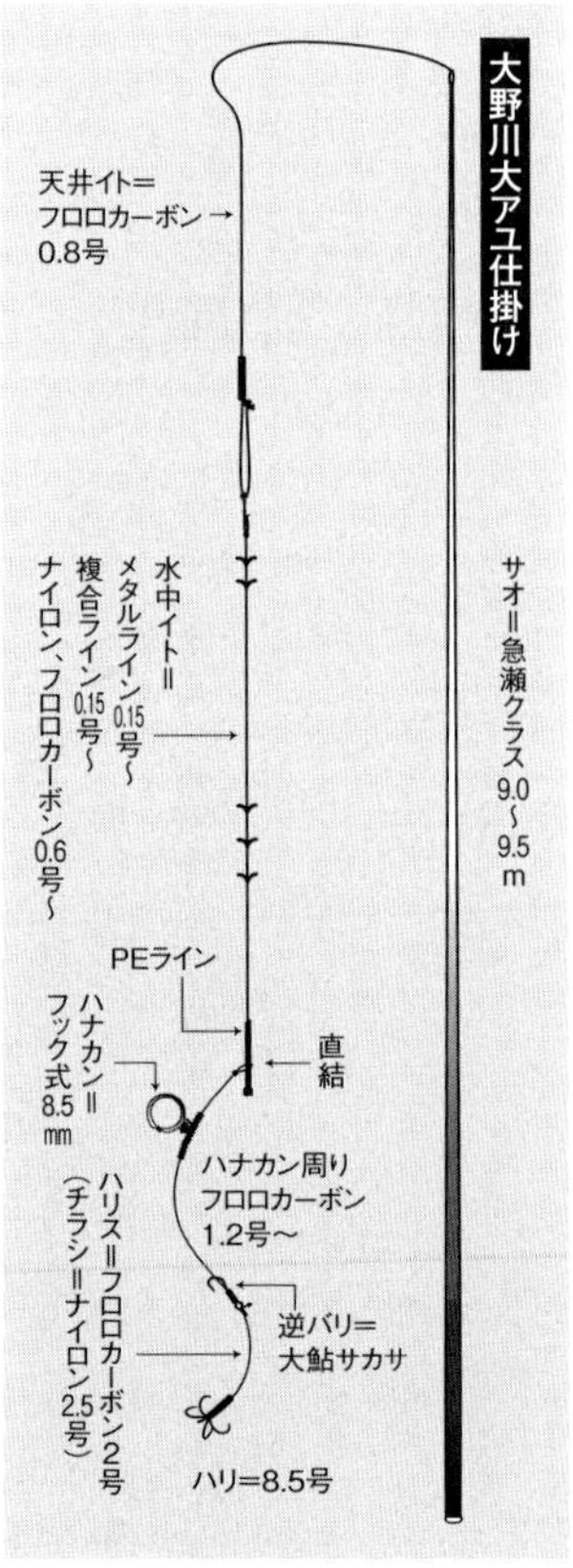

できるであろうポイントをピックアップしたので、ぜひ挑戦されたい。

【犬飼大橋下の瀬】

代表的な大野川のポイント。川相は岩盤と大石で形成された瀬である。

ねらいめは犬飼大橋と並ぶ旧犬飼大橋とを挟む岩盤瀬で、瀬肩から瀬尻まで高低差のある急流だが、オモリや背バリを駆使して岩盤の溝にしっかりオトリを沈めること。

ねらいどおりオトリがポイントへ入るとアユの反応は早く、数、型とも好釣果が得られる。

水深のある瀬の中に点在する、切り立った大きな岩盤の際は、例年大アユが釣りあげられている穴場中の穴場。流れが絞り込まれ、オトリの操作も難しくなるが、じっくりとねらってみたい。

瀬落ちから広がるトロ場も実績が高く、大石周りはもちろんだが、下流にある岩盤の馬の瀬もねらってみたいところだ。地元の友釣りの人たちが、泳がせ釣りで大アユを手にする定番ポイントとなっている。

【ピアの瀬】

犬飼大橋から５００ｍほど下流にある瀬。広大な瀬から絞り込まれた流心がトロ場に流れ込んでいる。

旧犬飼大橋から下流を望む。水深のある瀬の中に点在する、切り立った大きな岩盤の際で、例年大アユが釣りあげられている

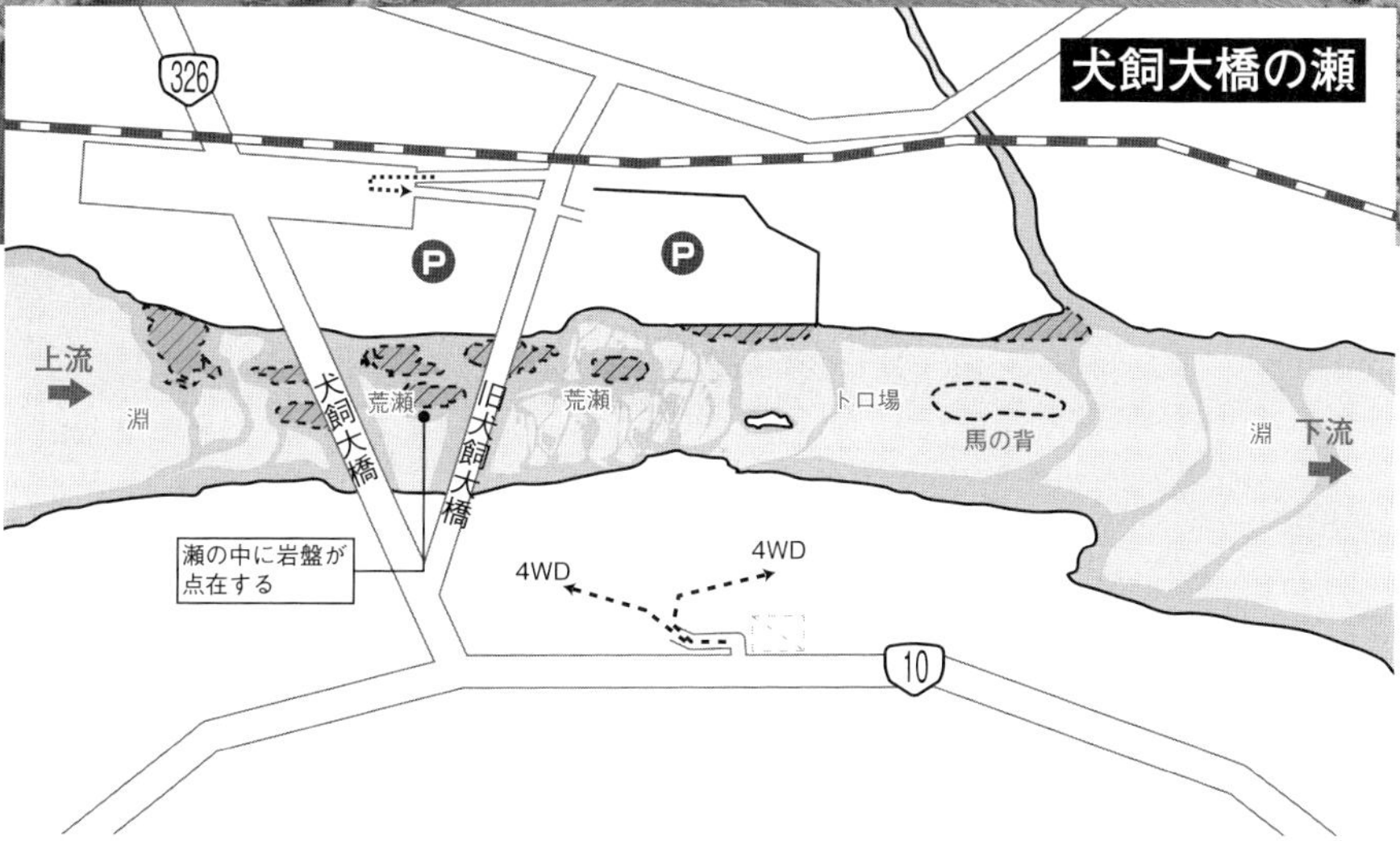

このポイントの本命は瀬のヒラキから右岸テトラに当たる流心と、その下に広がるトロ場である。

流心は右岸側から釣るとねらいやすいが、押しが強く水深もあるのでオモリを使いしっかりオトリを沈めることが必須となる。

流心までの距離が近く、足元からポイントとなるため、あまり立ち込まずにヘチ際からサオをだすのが有効である。

トロ場は対岸が切り立った崖になっており、水深もあるため左岸からアプローチしたい。

川底全体に石が入っておりポイントを絞り難いが、カケアガリや波立ちに変化がある場所が点在しているので、そこを重点的にねらうと釣果があがる。

サオの届かない沖のポイントは、仕掛けの手尻を1～2m余分に出し、しっかりと底を泳がせると大アユの掛かる確率がアップする。

大野川の中でも、最も尺アユの実績があるポイントなので、一度はチャレンジしてもらいたい。

犬飼大橋と並ぶ旧犬飼大橋を望む。周辺は岩盤瀬となり、瀬肩から瀬尻まで高低差のある急流が続く

【合ヶ瀬】

国道から見えない位置にあるため、地元の友釣りマンも知らない方が多い。そのため場荒れしておらず、思いもよらない釣果に巡り合えることもある。

国道側からの入川となるが、ロープを使い斜面を下ってのアプローチとなるので充分注意してもらいたい。

平瀬から、下流の口ヶ瀬まで続く瀬肩と急瀬が本命ポイントだが、下流には流れが垂直にあたる岩盤の壁があり、水深もあるため下ることができない。

問題は取り込みで、26～28㎝はなんとか手にできるものの、掛かりアユの姿を見ないまま仕掛けを切られることも多い。

このポイントに限っては、少々強引にやり取りできる1ランク太めの仕掛けを用意したい。釣り方はオモリを使った引き釣りがメインになる。

以上の3ヵ所以外にもポイントは多数あり、大人数でもサオを並べることができる川幅と広さがある。ぜひ一度、天然アユの強いアタリと終盤の大型をねらいに大野川へ足を運んでいただきたい。

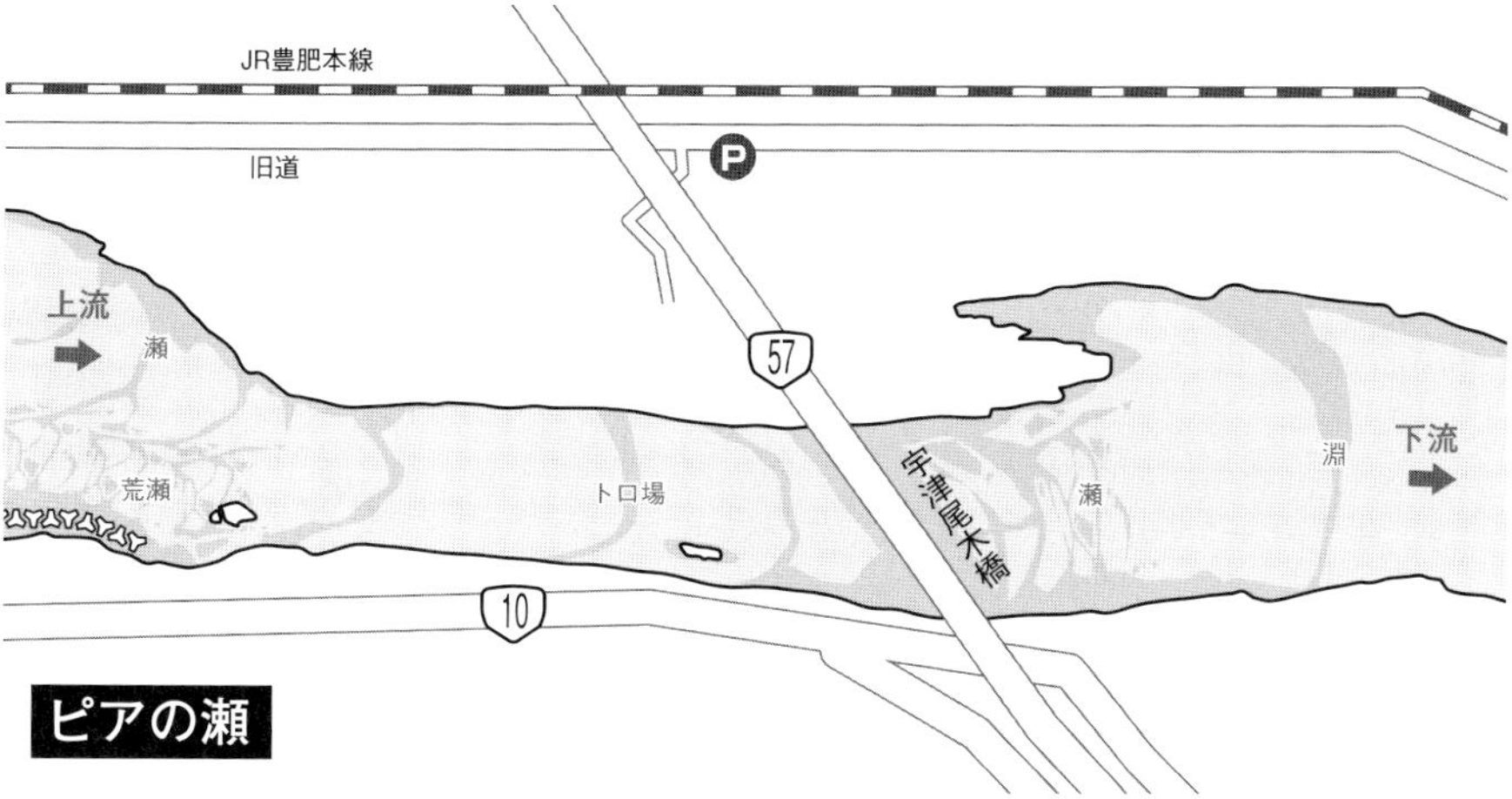

ピアの瀬

合ヶ瀬は国道から見えない位置にあるため釣り人の姿も少なく、サオ抜けしていることも多い

犬飼大橋から 500 mほど下流にあるピアの瀬。大野川の中でも、最も尺アユの実績があるポイント

合ヶ瀬

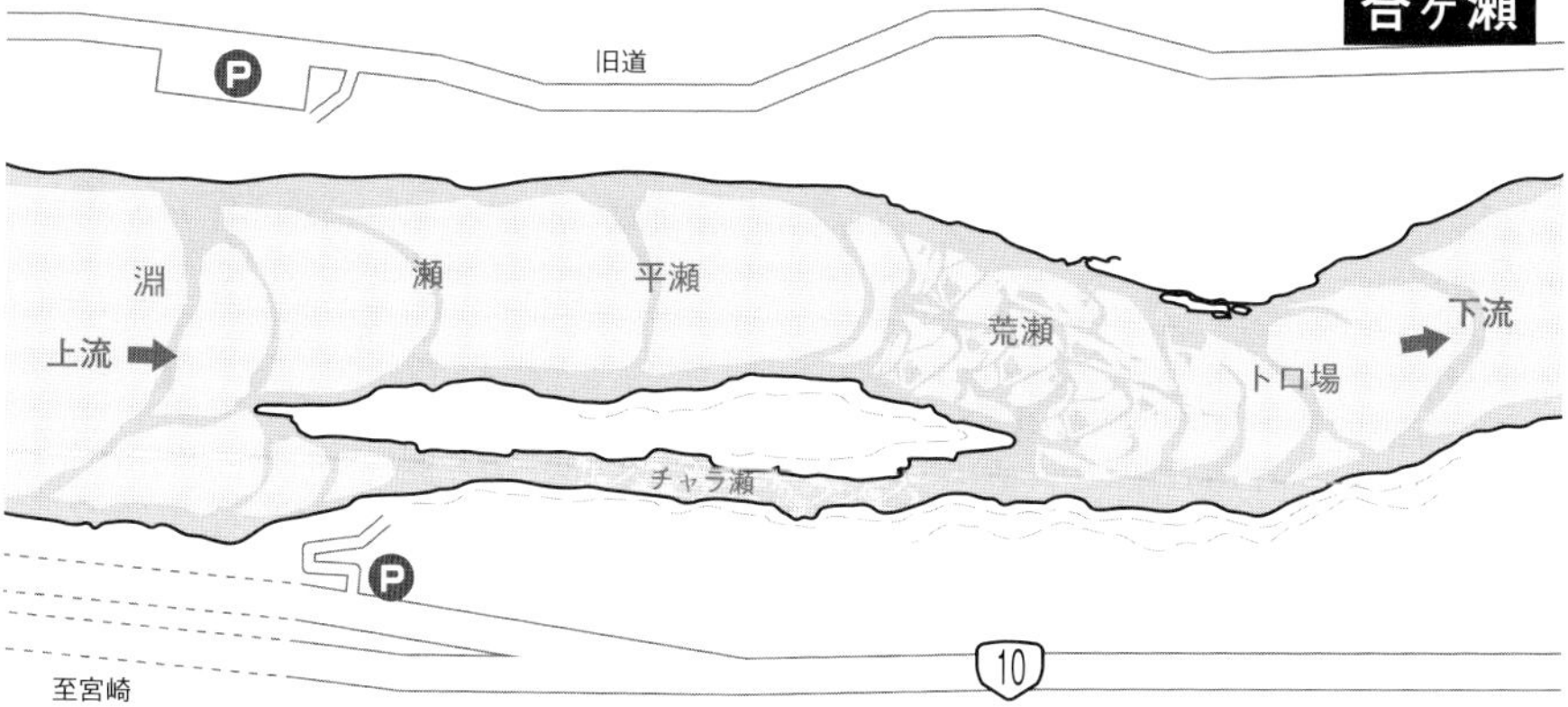

29

大分県 三《み》隈《くま》川

殿様に献上された「響アユ」の釣れる川
現在でも尺アユのラッシュに湧く

条件によっては、こんな大アユの数釣りを楽しめるのが三隈川の魅力だ

profile
●伊藤隆介
昭和48年生まれ、福岡県在住。大分県・三隈川、熊本県・球磨川をホームグラウンドに釣行を重ね尺アユをねらう。最長寸は32.5cm、1日で尺アユを5尾釣りあげた記録も持つ

日田市の水郷としての景観を支える三隈川は、知る人ぞ知る金色の魚体を誇る「響アユ」の釣れる川として昔から知られている。上流部の大山川で育った尺を超える大アユのことで、江戸時代には殿様に献上されていたという。

流域には梨、栗、梅など農産物も豊富で、夏には屋形舟で鵜飼を披露するなど情緒あふれる風景を望むこともできる。

また杉の材木産業も盛んで、毎年開催される「日田市長杯水郷ひた鮎釣り大会」では、杉板の表彰状で勝者をもてなしてくれる。

温泉も数多く湧き出ており、代表的な天ヶ瀬温泉街でアユ釣りを楽しみそのまま宿泊するもよし、河原にある100円温泉で疲れを癒すこともできる。

さて、三隈川は筑後川本流の上流部のうち、玖珠《くす》川との合流点より下流で、夜明地区周辺（主に大肥橋）より上流の区間の呼び名。さらに上流部を大山川と呼ぶが、3つの河川を総称して地元では三隈川と呼んでいる。

毎年、何尾もの尺アユが釣り人によっ

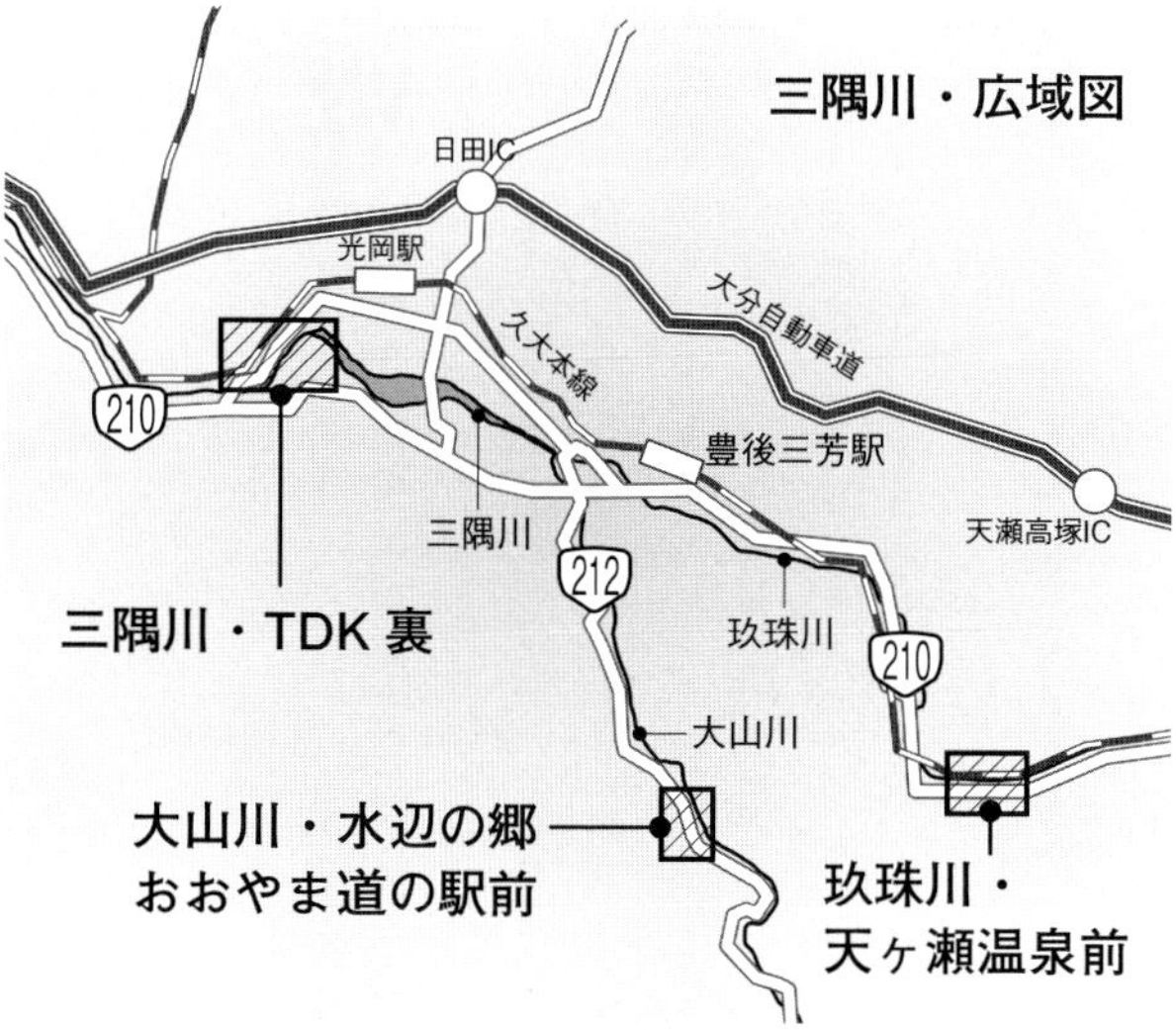

information

●河川名　筑後川水系三隈川、玖珠川、大山川
●釣り場位置　大分県日田市石井～天瀬町
●解禁期間　5月20日～12月31日
●遊漁料　日釣券3000円・年券1万円
●管轄漁協　日田漁業協同組合（Tel 0973-22-4021）
●最寄の遊漁券取扱所　大倉釣具店（Tel 0973-22-5691・竹田新町）／まつお釣具店（Tel 0973-22-3968・中釣町）／寛屋オトリ店（Tel 090-3323-7373・天瀬町）
●交通　大分自動車道・日田IC下車。国道212号利用で大山川へ、国道210号で玖珠川、三隈川へ

て釣りあげられており、そのアユは頭が小さくヘラブナのように背中が盛り上がった野武士のような体高のある魚体が特徴だ。もちろん、幅広の魚体から絞り出されるパワーも強烈で、ハリ掛かりすると一気にサオを引ったくっていく。

上流の松原ダムと下流の夜明ダムに挟まれたダム河川で、人工産稚魚放流ではあるが、解禁当初から25cm級が釣れることも少なくない。

そして、お盆を過ぎた頃からが本番となり、年によっては尺アユのラッシュに沸くこともしばしばあった。8月15日からは網が解禁になるが、コロガシは全面禁止なので、コロガシ仕掛けでの根掛かりの心配はない。

２０１２年、三隈川は流域全体で大洪水に見舞われたが翌年には復調を果たし、尺アユこそ少なかったものの30cm弱の大アユは数釣れた。いまさらながら、三隈川のポテンシャルの高さには驚かされた。そんな三隈川で高確率で尺アユのねらえるポイントをピックアップして紹介してみたい。

【玖珠川・天ヶ瀬温泉前】

玖珠川は、三隈川の支流となるが、かつては大山川より流程があるため、筑後川の本流と考えられていた。

大山川との出合から玖珠方面へ5kmほど上流、天ヶ瀬温泉街の前が尺アユの人気ポイント。川幅は約30mと狭いものの、川相の入り組んだ変化に富んだ流れを見せている。

短い距離に4本の橋があり、上流から「新天ヶ瀬橋」「成天閣吊り橋」と「天ヶ瀬橋」「新湯山橋」が架かっている。その区間はトロ場、瀬肩、急瀬、大トロ、荒瀬、瀬落ちで形成されており、岩盤、大石、小石と川底もかなり変化に富んでいる。入川、サオだしとも右岸、左岸両方可能で、周辺には駐車スペースも多く釣りやすい。

新天ヶ瀬橋上流はトロ場から早トロに変わる流れで、点在する大石周りを泳がせで広範囲にねらうとよい。掛かった所を覚えておいて、同じポイントで数を釣ることで大アユが混じってくる。

橋の下になると急瀬となり、所々石が顔を出す渓流のような川相を見せるので、上手くオトリを誘導できるかが、勝負の分かれ目になってくる。

2番目の吊り橋の下はかなりの大岩が顔を出しドン深、深瀬、急瀬と起伏の多いポイントだが、流程は非常に短く根掛かりにも注意が必要。釣り方は泳がせと止め釣りがメインで、引き釣りではあまり大アユは掛かってこないようだ。

この吊り橋から3番目の天ヶ瀬橋の間で尺アユが多く掛かっているが、橋脚や橋などがやり取りの妨げになって取り込めなかったという話もよく聞くので、あらかじめ取り込む場所などを把握しておくといい。

新湯山橋から中洲を挟んで二股に別れ、絞り込みの荒瀬へと変わっていく。川幅もサオ1本程度とさらに狭まる。メインは左岸の流れになるが、高水時は右岸もねらいめだ。

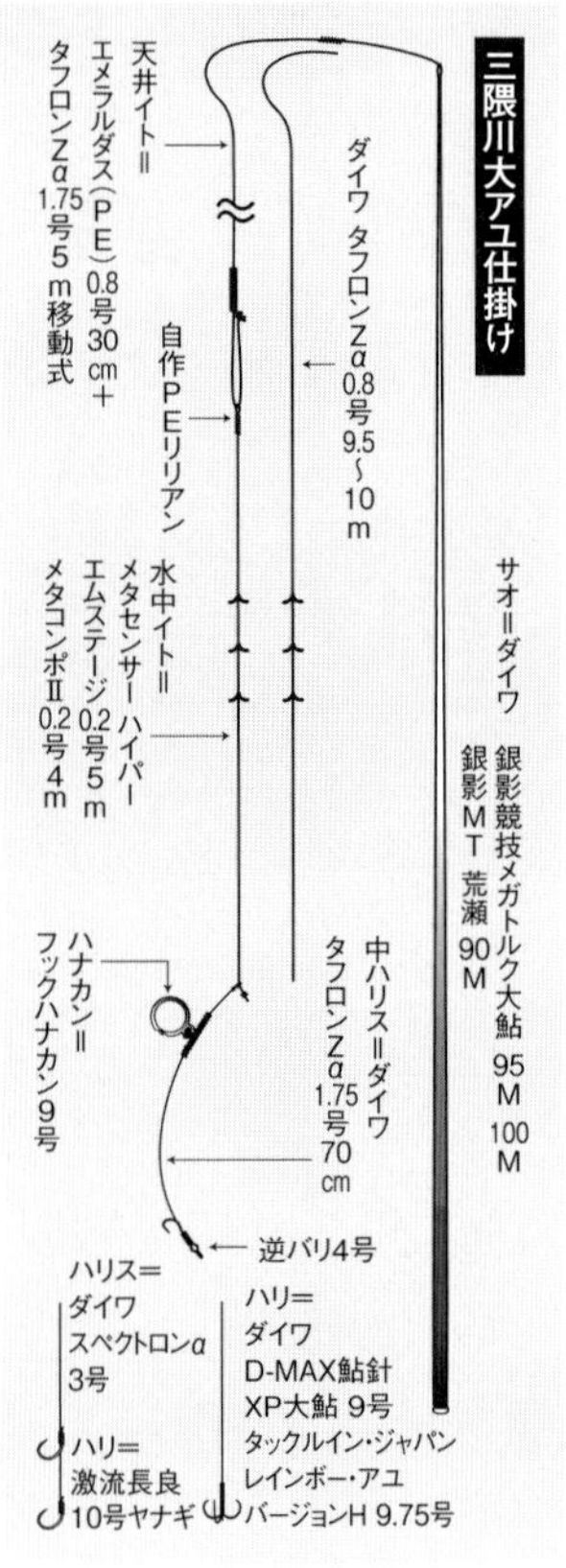

高低差の出てくる荒瀬は、上手く石裏やヨレを利用してオトリを止めておくことが鍵となる。オモリで沈めるだけでは根掛かりが多発するテクニカルなポイントだ。足場のよい最下流域なら取り込みも楽だが、荒瀬の途中で掛かると一気に下るため、追うにも足元が不安定なので気を付けたい。

【大山川・水辺の郷おおやま道の駅前】

三隈川は、玖珠川との合流点より上流部で大山川と名前を変える。見た目も高低差のある渓流相となるが、毎年尺アユの釣果が記録されている一級のポイントで人気も高い。

釣り場は「水辺の郷・おおやま道の駅」の前に広がる。岩盤が少なく、全体的に大きく丸い石が点在する流れを見せている。ここで釣れるアユは、玖珠川に比べて体高があり丸々した魚体が印象的である。入川、サオだしともに右岸、左岸可能で、左岸側に5台ほど駐車できる。

道の駅上流部に橋があり、その上は終

玖珠川・天ヶ瀬温泉前

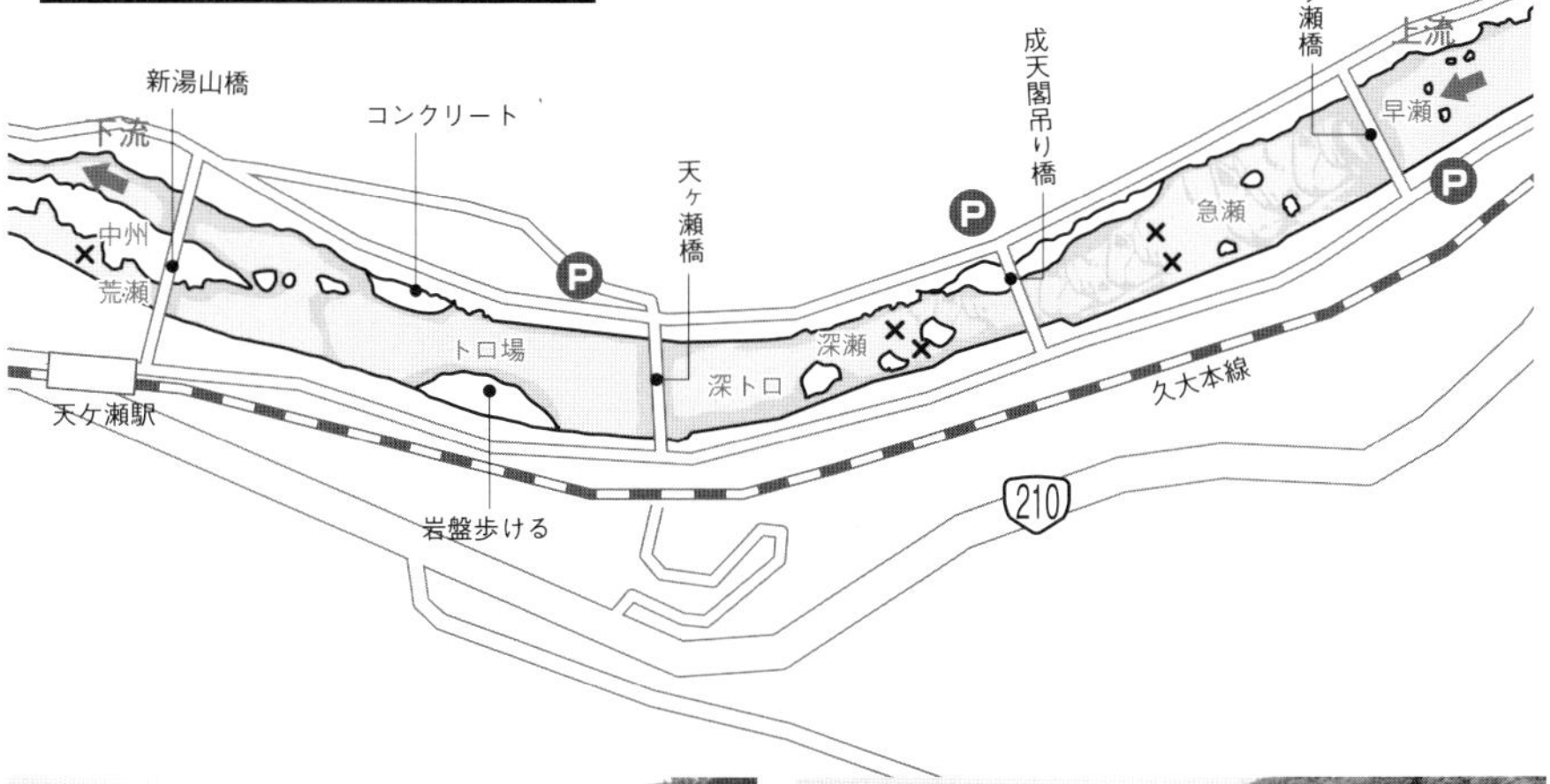

吊り橋下の瀬落～深トロ。大岩が顔を出しドン深、深瀬、急瀬と起伏の多いポイント

玖珠川の新湯山橋より下流左岸側の荒瀬を望む

盤サオ抜けになっていることが多い。ここだけは大石と岩盤が入り組んだ流れで、8月終盤に大アユを何度も掛けている。

　川幅も狭く右へ左へと流れが変わり、大岩の底がトンネル状態の場所もあるので、逃げ込まれるとラインブレイクは免れない。しかし、そんな場所ほど大アユは残っているのだ。実際に34㎝という尺アユも記録されており、川相からは想像もできない大ものがいるのは間違いない。

　道の駅駐車場前は唯一の急瀬で、少しの岩盤と大岩で構成された人気のポイント。足場もよく、尺アユが期待できるとシーズンには釣り人の姿が絶えない。

　その下流に架かる橋の周辺もおすすめで、トロ場から瀬肩になった流れは、シーズン終盤の夕方に大アユのチャンスが高まるようだ。

　全体的にこのポイントではあまり引き釣りをせず、丁寧に泳がせ、止めて待つことが尺アユを掛けるコツとなる。

【三隈川・TDK裏】

三隈川中でも1、2を争う大アユの人

大山川・水辺の郷 おおやま道の駅前

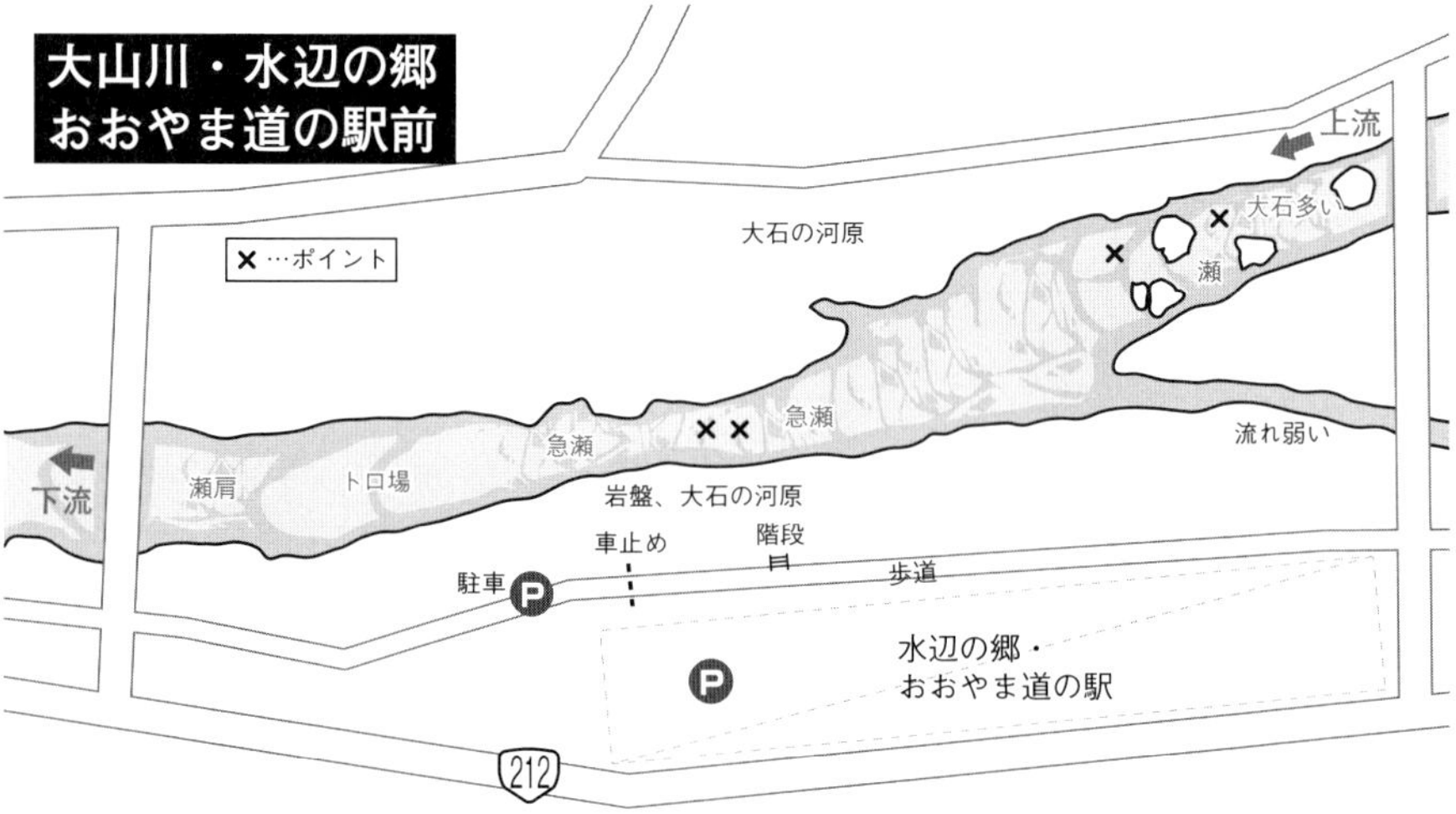

道の駅前、下流部に架かる橋より上流の瀬尻～トロ場を望む

大岩の点在する渓流の様相を見せる道の駅前の早瀬

気ポイント。岩盤、大岩、大石で形成された豊かな流れは、アユを大きく育むには最適な環境。川幅も広いところでは60mほどあり入川、サオだしとも両岸からアプローチできる。駐車も両岸可能だが、特に左岸は20台ほどの駐車スペースがある。

上流部の深トロから瀬肩になるが、この瀬肩が岩盤となり足元がよく滑るので要注意だ。その下の荒瀬も岩盤なので、切れ目切れ目で立ち込むと楽である。

岩盤でも大アユは掛かってくるが、ここでは瀬落ちが一番のポイントだ。下流に広がるトロ場に大アユが潜んでいるようで、状況によって差してくる。

ねらう流れは大きく分けて2つ。左岸ギリギリの瀬落ちと、川の中心の瀬落ちで、当日の石アカの状況でどちらをねらうか判断したいが、順序としては手前の左岸からねらうほうがいいだろう。

流れの真ん中に位置する岩盤の瀬肩、荒瀬、急瀬も一級のポイントとなる。トロ尻となる流れには丸い大石が入っており、綺麗に泳がせれば尺アユを手にでき

TDK 裏の中流域。流れの真ん中に位置する
岩盤の瀬肩、荒瀬、急瀬も一級のポイント

三隅川・TDK 裏の流れ。上流のトロ場～瀬肩を望む

三隅川・TDK 裏

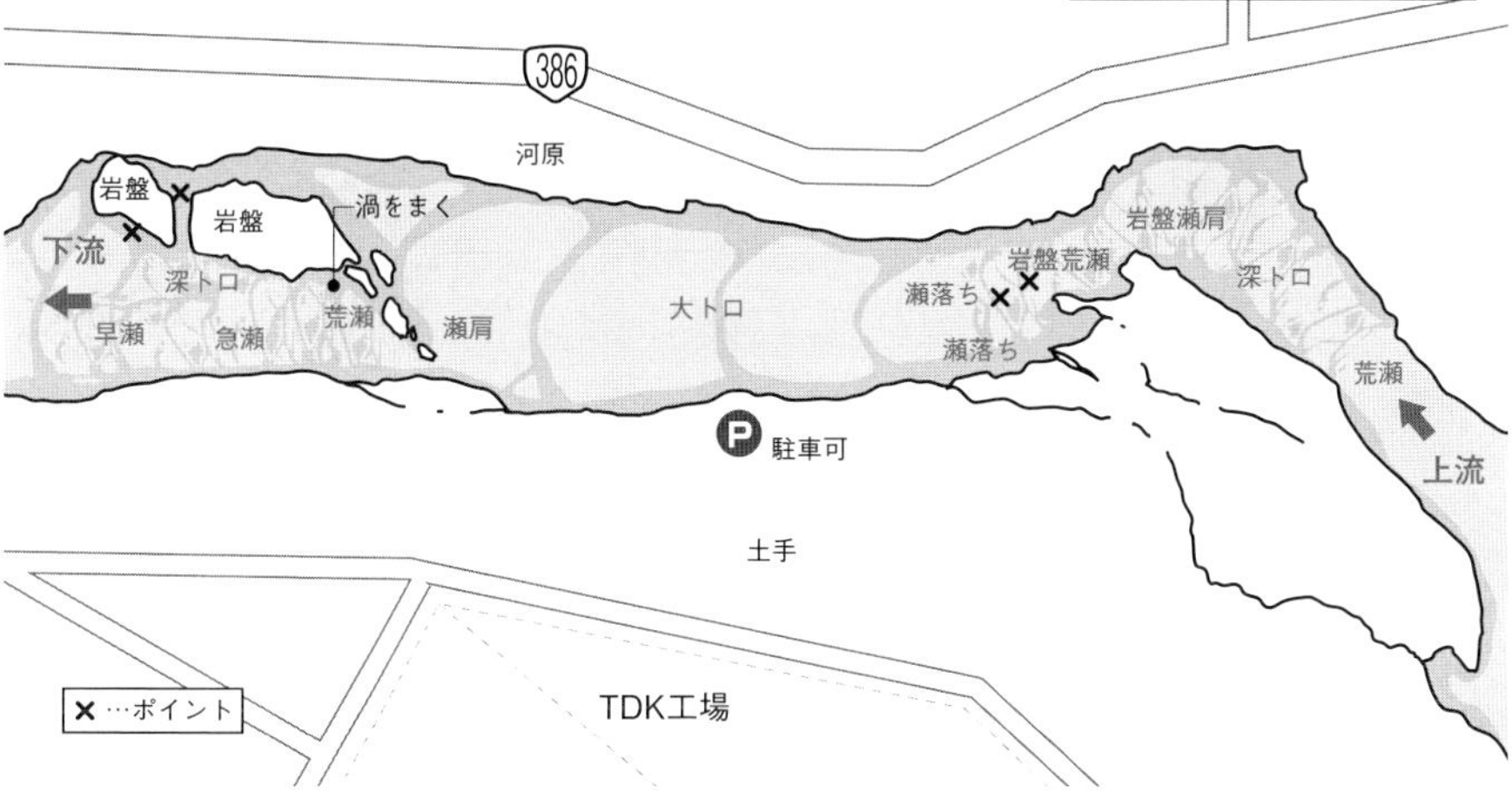

るはずだ。10年ほど前までは、この大トロに肩まで浸かって尺を釣る人で列ができるほどであった。

瀬肩から荒瀬、そして急瀬の岩盤をねらって私自身も1日で尺アユ2尾を含めて大アユを20尾以上釣った経験もある。

岩盤が掘れていることで急瀬の途中から岩盤沿いに渦が巻いており、ラインテンションをかけ上手く誘導しないとオトリが浮いたり、ラインに絡んだりと神経を使うポイントでもあるが、そのリスクを考慮してもねらってみたい。この岩盤に多くの大アユが付いているのは、間違いないからだ。

この岩盤下の早瀬も見逃せない。丸石で形成されているため大アユが潜んでいる。特に高水時は押しが強くなるためサオ抜けになりやすくチャンスは広がる。

いずれにせよ、このエリアはどこでも尺アユの掛かってくる可能性があるため、気を抜けない。２０１２年の水害の影響でここ2年は状況も芳しなかったが、尺アユの実績は高いので、今後も期待できる河川の筆頭といってもよい。

一ツ瀬川の釣り風景。水量も豊富で岩盤や大岩が入ったポイントは大アユの実績も高い

30

宮崎県 一《ひと》ツ瀬《せ》川

シーズン初期から活発な追いが魅力 数、型ともに楽しめる九州屈指の人気河川

profile

●吉良弘和

昭和46年生まれ、大分県在住。サンライン・ステータス・クラブ所属。ホームグラウンドの大野川水系や一ツ瀬川へ足繁く通い精通している。最長寸は筑後川での31.4cm

九州最大級のダム・一ツ瀬ダムの上流に向かって、原生林が多く残る山道を車で走ると、谷間を流れる清流に目を奪われる。

高い山と青い空、誰もが思い浮かべる、どこか懐かしい故郷のような景観の中に佇む西米良村。その中心を流れているのが一ツ瀬川である。

2012年まではダイワ鮎マスターズの九州地区予選会場でもあり、ローカル大会も多く開催されている。

一ツ瀬川が流れている西米良村は人口約1200人と小さな村だが、村のシンボルとなる「カリコボーズ大橋」は日本一の木造車道橋としても知られている。そのため観光地としても賑わいをみせ、民宿や温泉施設はもとより、オトリ店なども多くある。解禁を迎える時期には商工会や漁協を含め、アユ釣りで村全体を盛り上げようとする雰囲気だ。

さらに河川と魚のポテンシャルとを比較してみても、遊漁料の安さには驚かさてしまう。

この川の魅力はなんといっても清流に

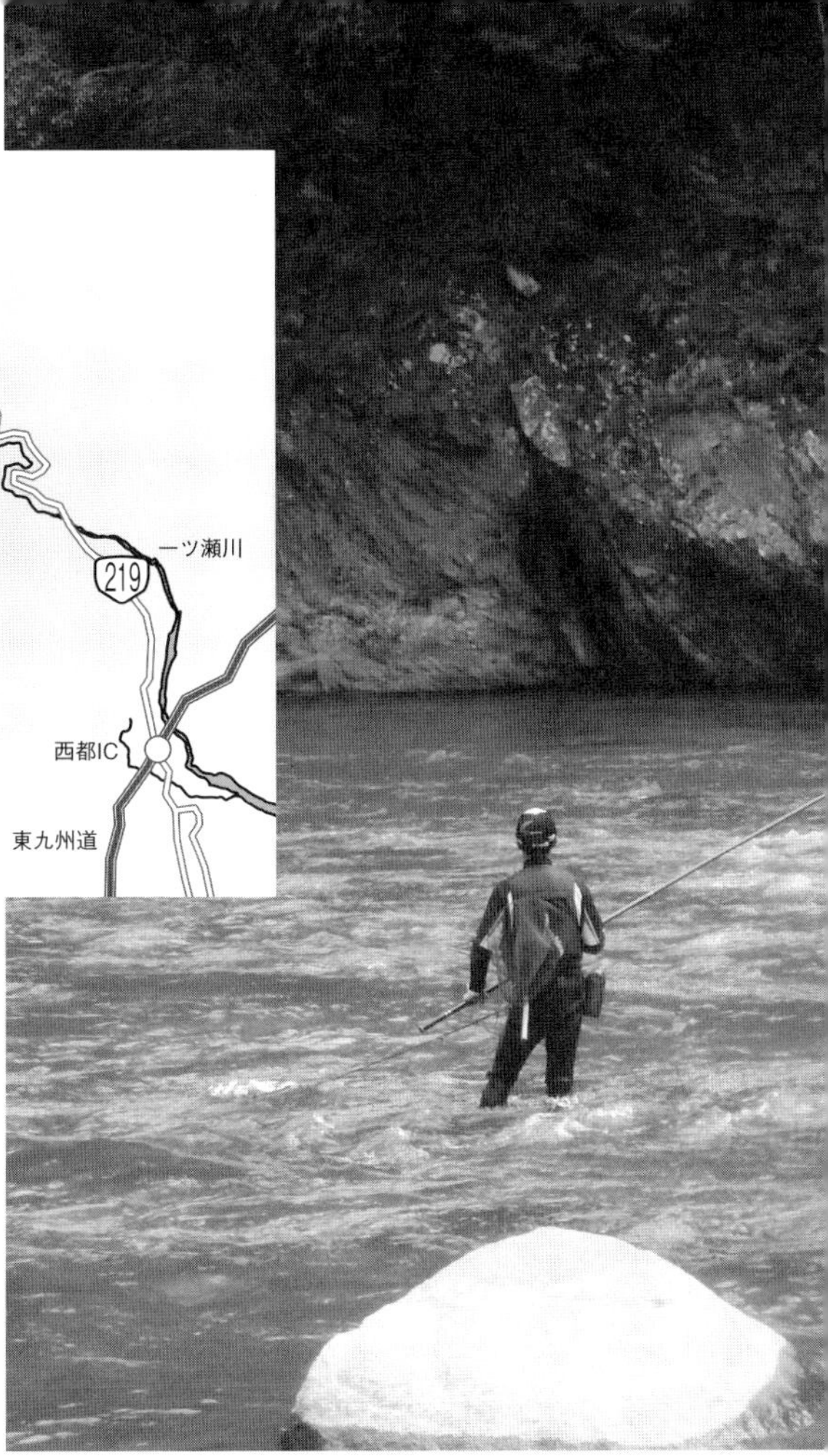

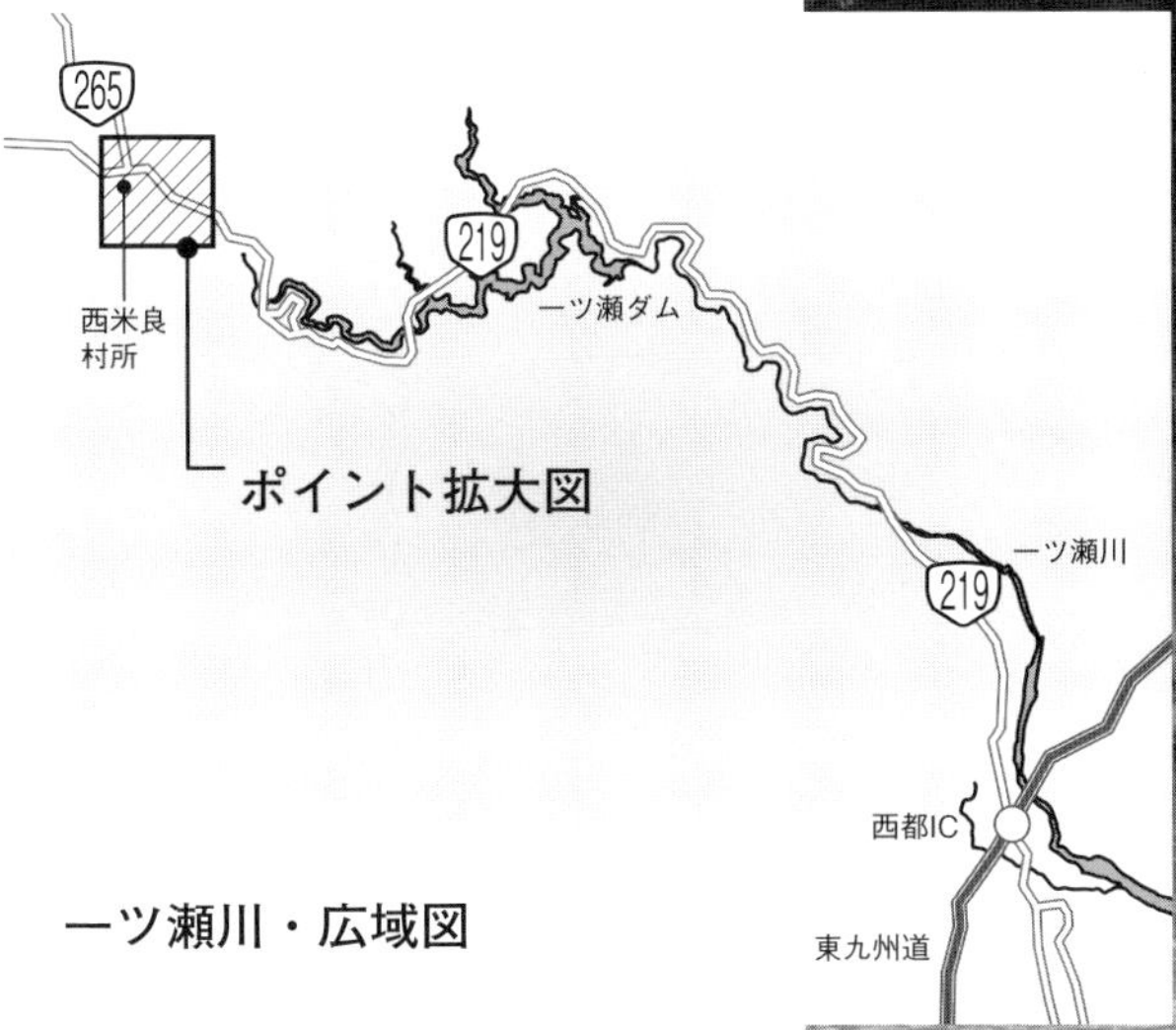

一ツ瀬川・広域図

information

●河川名　一ツ瀬川
●釣り場位置　宮崎県児湯郡西米良村
●解禁期間　6月1日〜12月31日
●遊漁料　日釣券1000円・年券3000円
●管轄漁協　西米良村漁業協同組合（Tel 0983-36-1111）
●最寄の遊漁券取扱所　民宿あさぎり（Tel 0983-36-1862）／田爪商店（Tel 0983-36-1961）
●交通　東九州道・西都ICから国道219号を北上。もしくは九州自動車道・熊本県人吉ICより国道219号を東進して釣り場へ

育まれた魚の美しさと香り、そして魚影の多さである。充分な放流量に加え、一ツ瀬ダムから溯上してくる湖産アユは追いも強く引きもよい。

毎年シーズン初期から県内外の友釣りマンがこのアユを求めて多く訪れ、九州屈指の人気河川となっている。

どちらかといえば数釣り河川として有名なのだが、終盤には大型もねらえ、状況やポイント次第では尺アユも手にできるだろう。

大アユのシーズンは意外にも早く訪れるのが、この川の特徴の1つ。7月末になると23〜25cmのアユが釣果に混じり、8月になると26〜28cmが掛かる。そして8月中旬から9月にかけての終盤に、最も尺アユの声が聞こえだすのだ。

釣れるポイントは下流域が中心。エリア的には村所前から下流がおすすめで、水量も豊富で岩盤や大岩が入ったポイントは大アユの実績も高い。意外な穴場としては、小石底のチャラやトロ瀬なども見逃せない。

解禁初期から盛期は流れの強い瀬や水

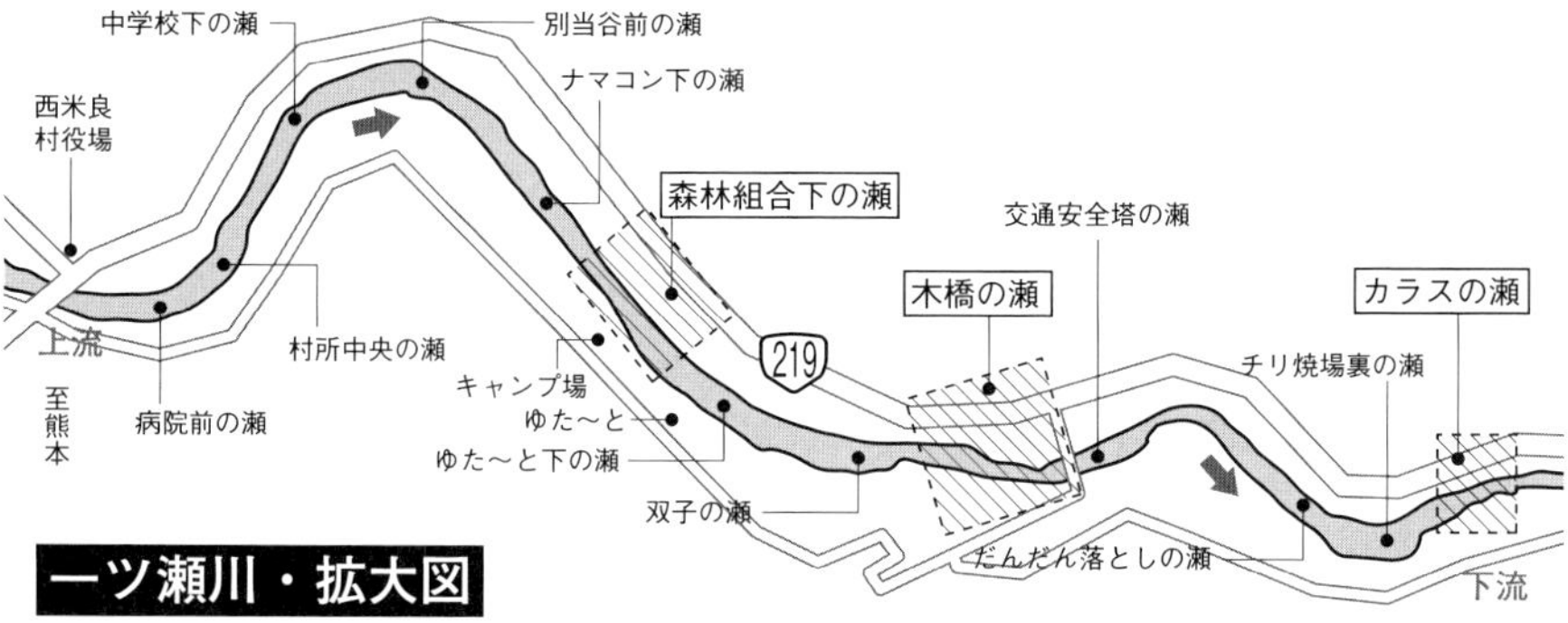

清流に育まれたアユは体高のある美しい
魚体と、香りもひときわ強いのが特徴

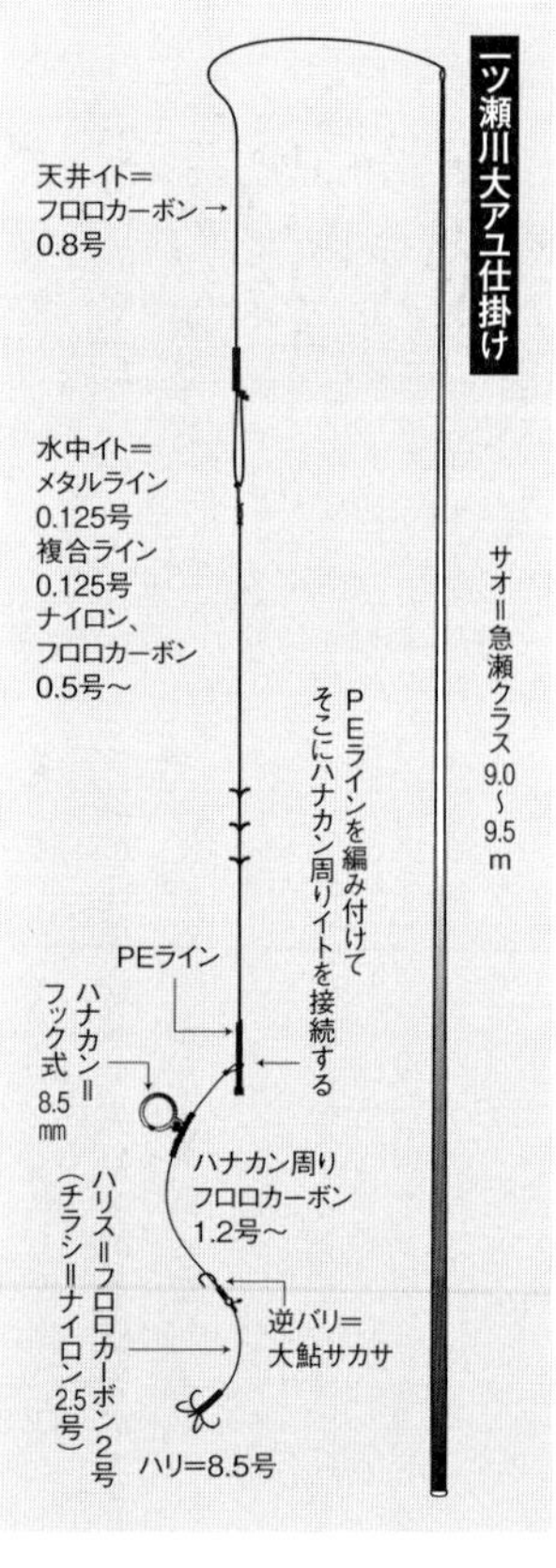

深のあるポイントがねらいめとなるが、お盆過ぎから9月の初旬には、早くもシーズンの終わりを思わせる産卵を意識したメスアユが、ダムに近い小石底メインの下流域に付くようになる。

一ツ瀬川でのタックルは急瀬クラスの9〜9・5mがあれば充分対応できる。仕掛はナイロン&フロロなら0・4〜0・6号、メタルなら0・1〜0・125号を基準に、ポイントやアユのサイズによっては1ランク号数を上げる場合もある。

湖産アユも掛かり、渓流相のポイントも多く点在する一ツ瀬川だが、標高の高い山々に囲まれた川の水質と、点在して

森林組合下の瀬を望む。大アユの実績が高いのは、身の丈ほどの大岩が多く点在する下流のトロ瀬だ

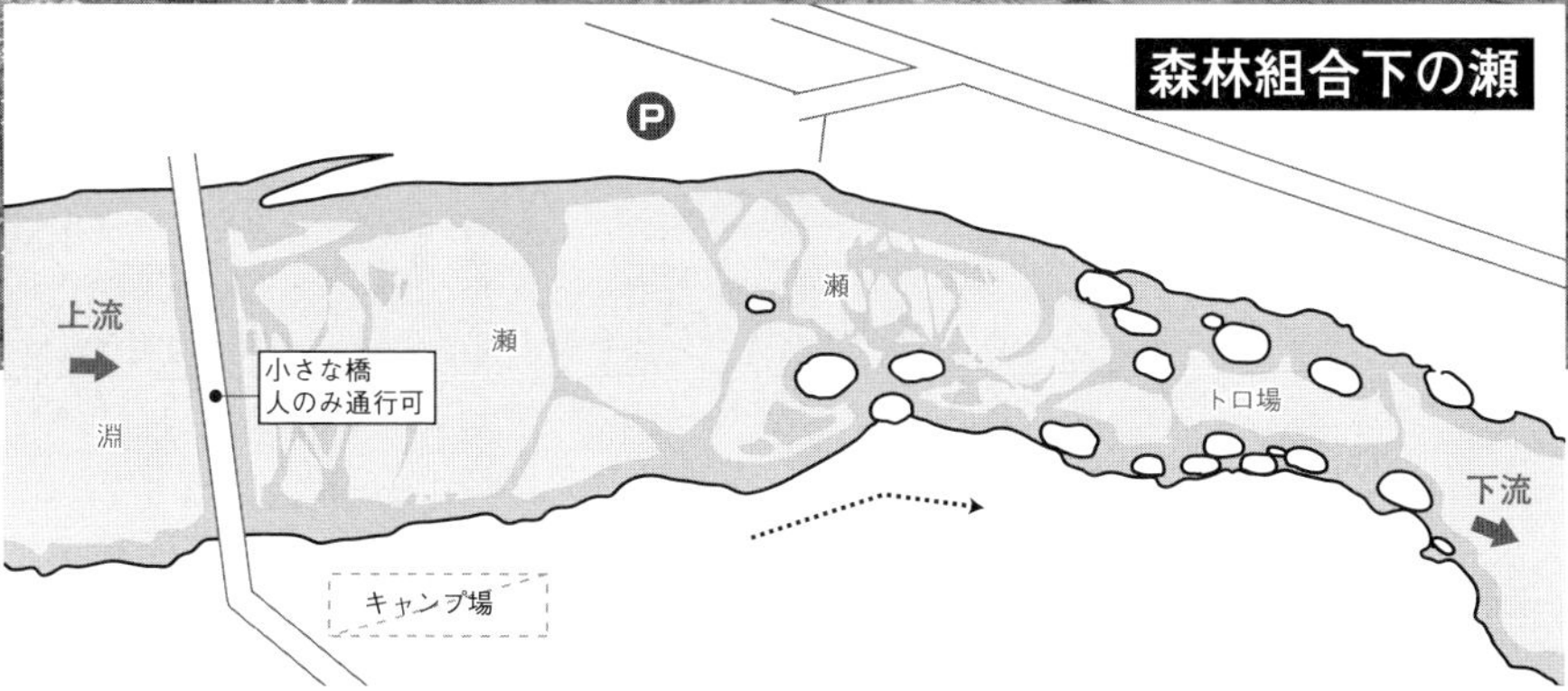

いる大きな石や岩盤に着く豊富で良質なコケによって育まれたアユは、その生育が早いだけではなく食べても美味しい。

掛かるアユのプロポーションも抜群で、パワーと重量を兼ね備えた走りはサオを満月に引き絞ってくれる。以下、おすすめのポイントを紹介してみたいが、どのポイントでも一発があるので大アユ釣りの心構えで挑んでみてほしい。

【森林組合下の瀬】

キャンプ場と森林組合跡地に挟まれ、駐車スペースも広くあるため、いろいろな大会のメイン会場としても使われることが多い有名ポイント。

目の前に広がる瀬でもシーズン中盤には良型のアユが掛かるのだが、やはり大アユの実績が高いのは身の丈ほどの大岩が多く点在する下流のトロ瀬である。

大岩に当たる流れが複雑に変化するため、オトリを泳がせにくく釣りづらいポイントだが、それがサオ抜けとなり大アユが残っているのだろう。

ナイロン・フロロ仕掛けや、高比重で

カリコボーズ大橋の上流部、トロ場を見下ろす駐車スペースから川に降りる階段がありアプローチしやすい

大型をねらえる一ツ瀬川だが、ダムから溯上してくる湖産アユの数釣りも楽しめる

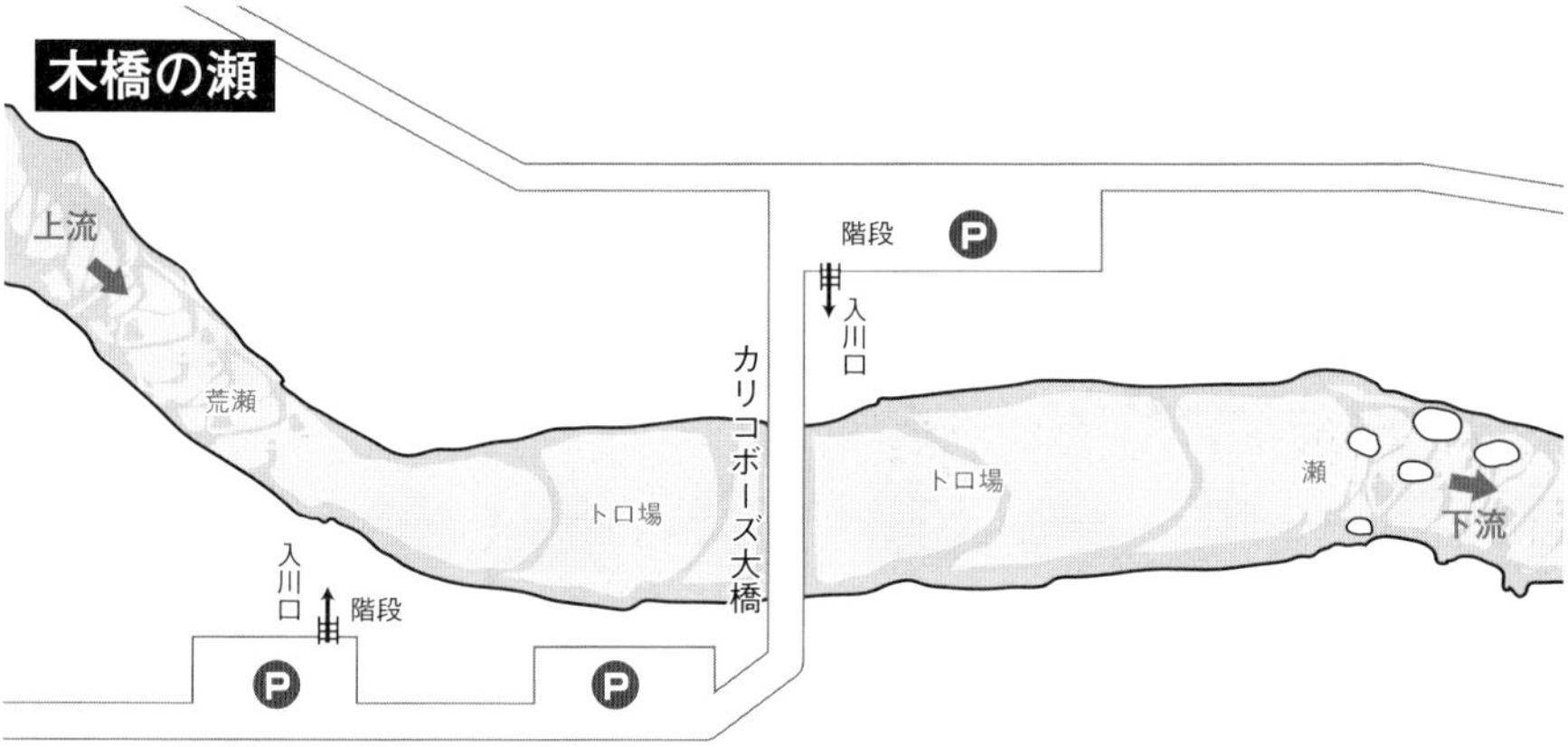

はない複合メタル仕掛けでの泳がせ釣り、背バリを使ってのピンポイントの止め泳がせ釣りでねらうのが有効だ。

【木橋の瀬】

カリコボーズ大橋を目印としたこの瀬は、上下にアユの補給源となるトロ場を挟み、水深も川相も変化に富んだ好ポイントである。

釣り方は引き釣り、泳がせをメインに、広範囲に探ってみたい。取り込みに危険な場所はなく、仕掛けも通常の瀬釣り仕掛けでねらえる。

大アユねらいでは、上流トロ場から左岸瀬肩に張り出す岩盤を、泳がせ釣りでねらうのも有効だ。

入川は右岸、カリコボーズ木橋から続く階段からが分かりやすい。左岸は橋を渡って、上流部トロ場を見下ろす駐車スペースから川に降りる階段があり、ともにアプローチしやすくなっている。

【カラスの瀬】

チリ焼き場裏の瀬の下流に位置し、川

カラスの瀬

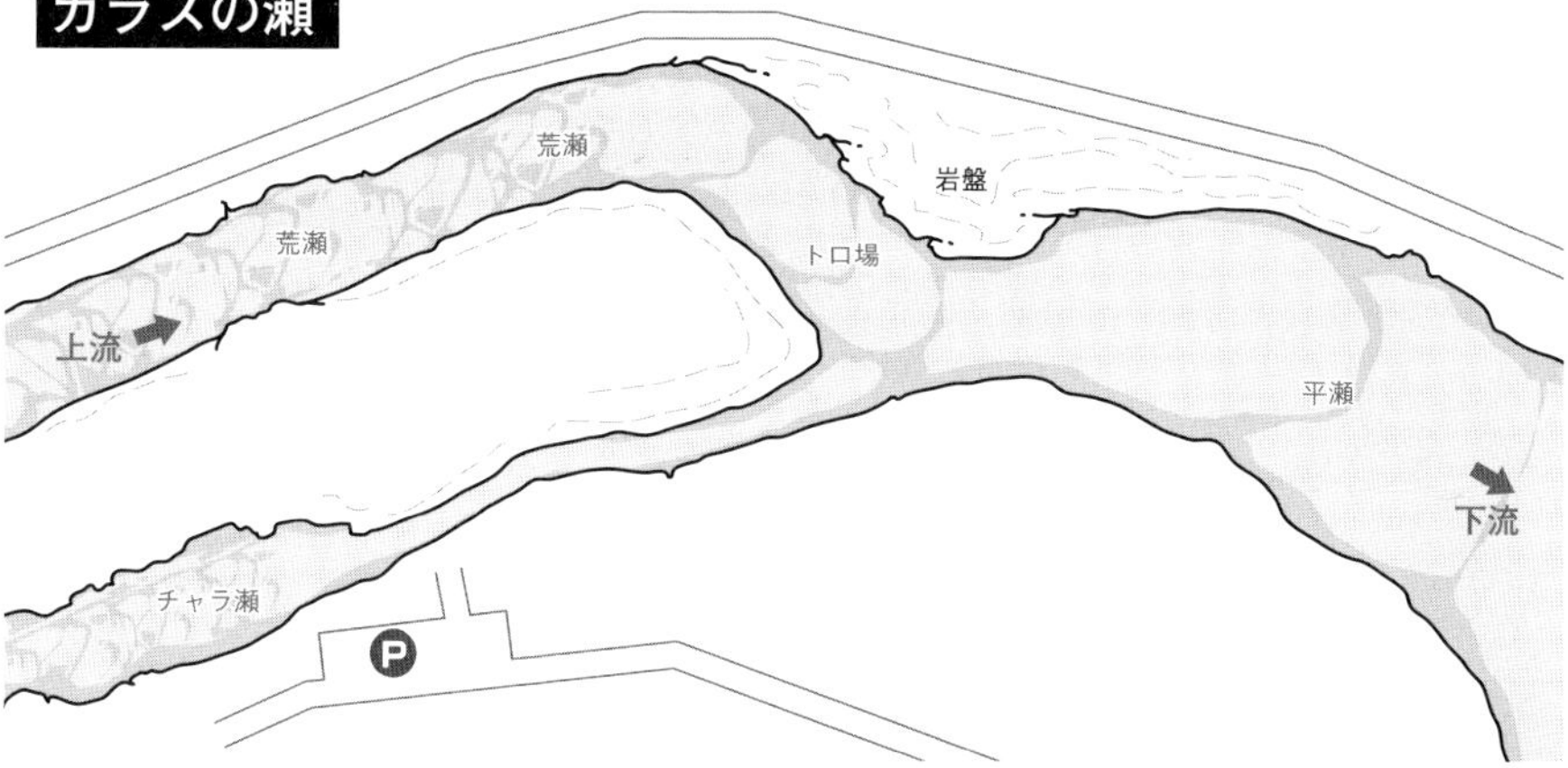

川相はトロ場から一気に絞り込まれた荒瀬になっている

いかにも大アユが出そうな雰囲気を漂わせているのがカラスの瀬だ

相はトロ場から一気に絞り込まれた荒瀬となっている。真っすぐに続く瀬の流心が左岸に張り出した大きな岩盤に当たり、いかにも大アユが出そうな雰囲気を漂わせている。

岩盤の側面は掘れていて水深もあり、流れが複雑で釣りづらいが、オトリが入ればアユの反応は早く、型も期待できる。

荒瀬の芯で掛かるアユは、終盤にかけて平均サイズが25～27㎝で、岩盤では28㎝クラスが連発した経験もある。

荒瀬にはオモリや背バリを使えば比較的入れやすいが、本命となる左岸の岩盤をねらうには、足元から水深がありオトリを誘導するのがなかなか困難だ。

ここでは、立ち込んで荒瀬からアプローチさせるか、手前の流れを回避して、ピンポイントを直撃する空中輸送も有効だ。

シーズン初期から楽しめる良型の湖産アユの数釣りに加え、川の景観や掛かりアユの美しさでもファンの多い一ツ瀬川で、贅沢にも大アユ釣りにチャレンジしてみてはいかがだろう。

列島縦断大アユ釣り場　超特選ガイド30河川

2014年4月1日発行

編　者　つり人社書籍編集部
発行者　鈴木康友
発行所　株式会社つり人社

〒101－8408　東京都千代田区神田神保町1－30－13
TEL 03－3294－0781（営業部）
TEL 03－3294－0766（編集部）
振替 00110－7－70582
印刷・製本　図書印刷株式会社

乱丁、落丁などありましたらお取り替えいたします。

ISBN978-4-86447-049-0 C2075
つり人社ホームページ　http://www.tsuribito.co.jp